구속사 100장면

구속사 100장면

Copyright ⓒ 도서출판 목양 2020

초판 1쇄 인쇄 2020년 4월 20일
초판 1쇄 발행 2020년 4월 27일

지은이 신현
펴낸이 정성준
펴낸곳 도서출판 목양

등록 2008년 3월 27일 제 2008호-04호
주소 경기도 용인시 처인구 양지면 양지리 38-2
전화 070-7561-5247 팩스 0505-009-9585
홈페이지 www.mokyangbook.com
이메일 mokyang-book@hanmail.net

ISBN 979-11-86018-83-5 (03230)

* 본 저작물은 신 저작권법에 의하여 한국 내에서 보호받는 저작물이므로 무단전재와 복제를 엄격히 금합니다.

· 책 값은 뒤표지에 있습니다.
· 잘못된 책은 교환하여 드립니다.

구속사
100장면

신약과 구약 100가지 장면으로 구속사 이해하기

신 현 지음

Preface
서언

하나님은 처음부터 말씀의 하나님이시다. 그래서 기독교를 계시의 종교라고 한다. 하나님께서 자기 백성과 함께 동행하시며 교제하시기 때문에 말씀하신다. 하나님은 말씀으로 온 세상을 창조하실 뿐만 아니라 말씀으로 관리하시고 통치하신다. 하나님의 말씀이 온 세상 만물과 자연의 질서가 되었고, 하나님의 말씀이 모든 사람들의 삶의 원리가 되었다. 그래서 누구든지 하나님의 말씀에 순종하면 선하고 의로움이고 하나님의 말씀에 불순종하면 악함이다. 하나님은 자신이 창조하신 온 세상 곧 자신의 나라에 말씀을 주시고 그 말씀을 기록하여 자기 백성들의 믿음에 유익함을 주신다. 그래서 기록한 말씀이 성경이다. 옛 시대에 기록한 말씀이 구약 성경이고 새 시대에 기록한 말씀이 신약 성경이다. 하나님은 성경 속에 하나님 자신이 누구이신가와 무슨 일을 하신가를 구체적으로 말씀하셨다. 이를 하나님의 인격과 사역이라고 한다. 기독교의 복음은 하나님의 인격과 사역이 핵심이다. 만약에 하나님께서 자신이 누구이심과 무슨 일을 행하셨음을 말씀으로 계시하지 않았다면 이 세상은 영적으로 캄캄할 것이다. 하나님이 말씀으로 계시하지 않았다면 이 세상이 어떻게 시작되어 존재하게 되었는지 알 길이 없다. 뿐만 아니라 이 세상의 존재의 목적도 알 수 없다. 모든 세상 만물이 창조 된 후에 태어났으니 어찌 그 이전의 일을 알 수 있겠는가? 전혀 알 길이 없다. 이 세상 창조의 시작과 목적을 알지 못하면 드러나는 윤리는 쾌락주의이다. 그래서 불신자들은 말하기를 "한 번 왔다간 인생 마음껏 즐기다 가자!" 라고 한다. 눈에 보이는 것이 전부라고 여겨 물질만능 주의로 살아간다.

다행히도 하나님께서 하나님 자신과 창조 그리고 말씀을 계시하셨다. 하나님은 말씀을 통해서 하나님 자신이 누구이심과 창조의 시작과 과정 그리고 목적을 계시하셨다. 하나님은 자신이 친히 계시한 말씀을 기록하게 하시어 한 권의 성경으로 자신의 교회에 주셨다. 그러므로 교회는 마땅히 하나님의 계시의 말씀인 성경에 깊은 관심을 가져야 한다. 하나님은 성경 속에서 만물의 창조에서부터 마지막 자신의 나라를 완성하실 것을 자세하게 계시하셨다. 곧 태초부터 종말까지의 긴 역사를 담고 있다. 그런데 많은 성도들이 하나님의 전체적인 계획과 섭리하심을 알려고 하지 않는다. 성경을 바르게 이해하려면 처음 창조에서부터 마지막 예수님의 재림까지 연결하여 이해를 해야 한다. 곧 성경을 통째로 연결하여 이해해야 한다. 그렇지 않고 부분적으로 이해하면 하나님이 하시려고 하신 일을 확실하게 알 수 없다. 그래서 드러나는 현상이 성도들의 개인주의이다. 성경의 모든 말씀을 모두 자신의 유익을 위해서 적용한다. 하나님의 말씀을 자신이 처한 상황에 맞추어 이해하고, 자신의 뜻을 이루기 위한 수단으로 사용한다. 구원조차도 자기 중심적으로 이해를 한다. 개인주의로 살아가는 성도들은 하나님까지도 자기의 유익을 위해서 필요한 후원자로 이해한다. 이는 하나님의 전 구원의 경륜을 알지 못해서 드러난 비극이다. 우리가 개인주의에 빠지지 않으려면 하나님이 시작하시고 진행하신 하나님 나라를 바르게 알아야 한다. 그러기 위해서는 창세기부터 시작해서 요한 계시록까지를 한 주제 곧 하나님 나라의 관점으로 연결하여 이해 해야 한다.

이런 관점을 갖는데 도움을 주기 위해서 구속사 100 장면을 기술하게 되었다. 사실 하나님의 구속의 역사를 100 장면 속에 다 담는 것은 무지한 시도 일 수 있다. 수천 년의 역사를 어떻게 100 장면 속에 다 구겨 넣는단 말인가? 그것을 알면서도 용감하게 시도한 것은 하나님의 백성들에게 하나님의 말씀에 대한 관심을 갖게 하기 위해서다. 더욱이 하나님의 말씀인 성경은 역사적인 발전을 가지고 있다. 그래서 성경을 이해 할 때에 역사적인 순서를 따라서 이해하는데 도움을 주고 싶었다. 사실 많은 그리스도인들이 성경을 역사적인 순서를 따라서 정리하지 못하므로 구약과 신약이 서로 뒤섞여 있는 경우가 많다. 그 결과 새 시대가 도래하므로 예수 그리스도 안에서 이미 완성되어 버린 구약의 어떤 말씀을 다시 꺼내어 행하려고 하는 경우가 많다. 그렇게 행하면 새 시대 새 백성들이 구약 모세의 제자로 사는 삶이 되어 버린다.

성경을 바르게 이해하기 위해서는 반드시 역사적인 토대를 놓아야 한다. 우리 주 예수 그리스도를 중심으로 그 이전과 이 후를 바르게 구분할 줄 알아야 한다. 그래야 완성 된 바른 복음으로 살 수 있다. 이 책은 역사적인 토대를 놓는데 도움을 줄 것이다. 목회자들에게나 일반 성도들 모두에게 하나님의 말씀이 성경에 더 깊이 관심을 가질 수 있는 안내서가 되기를 소망한다.

Contents
목차

서언   5

구약 The Old Testament

001 자신의 나라를 창조하신 하나님 · 13
002 하나님 나라의 샘플을 드러내신 하나님 · 19
003 에덴동산과 자신의 모든 나라를 연결하신 하나님 · 22
004 자기 백성과 언약을 맺으신 하나님 · 26
005 타락한 백성에게 은혜를 베푸신 하나님 · 30
006 회복자를 약속하신 하나님 · 34
007 죄와 싸우기로 작정하신 하나님 · 37
008 하나님 나라 안에 드러난 사탄의 권세 · 41
009 아벨 대신에 셋을 지정하신 하나님 · 44
010 셋 후손들의 예배를 받으신 하나님 · 47
011 죄를 심판하신 하나님 · 51
012 자신의 나라를 새롭게 시작하신 하나님 · 54
013 세상 나라를 흩으신 하나님 · 58
014 이스라엘의 조상, 아브라함을 부르신 하나님 · 62
015 죄악을 심판하신 하나님 · 65
016 약속의 씨를 주신 하나님 · 68
017 약속의 아들을 다시 받은 아브라함 · 72
018 야곱을 언약의 족장으로 택하신 하나님 · 75

019 이스라엘 나라의 12기초석을 세우신 하나님 · 80
020 야곱과 씨름하신 하나님 · 85
021 새로운 선지자를 세우신 하나님 · 89
022 여자의 후손을 준비하신 하나님 · 93
023 자기 백성을 애굽에서 번성시킨 하나님 · 97
024 모세를 예비하신 하나님 · 100
025 바로와 그 신을 심판하신 하나님 · 103
026 자기 백성을 출애굽시킨 하나님 · 107
027 홍해에서 자기 백성을 세례시킨 하나님 · 111
028 이방 세력에서 자기 백성을 지키신 하나님 · 115
029 이스라엘을 조직하신 하나님 · 119
030 시내산에서 언약을 맺으신 하나님 · 122
031 십계명 돌 판을 주신 하나님 · 126
032 성막을 지으시고 자기 백성과 교제하며 동행하신 하나님 · 130
033 광야에서 자기 백성의 헌신을 원하신 하나님 · 136
034 신 광야(모압 평지)에서 언약을 갱신하신 하나님 · 142
035 자기 백성을 약속의 땅, 가나안에 입성시킨 하나님 · 146
036 자기 백성에게 기업을 주신 하나님 · 151
037 자기 백성의 사사가 되신 하나님 · 156
038 암흑의 역사 속에서도 약속을 기억하신 하나님 · 160
039 거룩한 사사를 준비하신 하나님 · 165
040 백성들에게 버림당하신 하나님 · 168
041 세상 기준의 왕을 버리신 하나님 · 173
042 마음에 합한 자를 왕으로 기름 부으신 하나님 · 176
043 참 이스라엘왕을 드러내신 하나님 · 180
044 어둠의 왕으로부터 고난당한 하나님 나라의 왕 · 186
045 이스라엘왕을 등극시킨 하나님 · 190
046 왕궁으로 입성하신 하나님 · 194
047 아브라함의 약속을 성취하신 하나님 · 198
048 평화의 왕을 주신 하나님 · 205
049 예루살렘에 성전을 세우신 하나님 · 210
050 자신의 나라를 나누신 하나님 · 215

051 자기 백성에게 버림당하신 하나님 · 221
052 자기 백성을 앗수르에 넘기신 하나님 · 228
053 자기 백성을 바벨론에 넘기신 하나님 · 233
054 자신의 집을 헐어 버리신 하나님 · 245
055 바벨론에서 자기 백성과 함께 하신 하나님 · 250
056 포로 중에 있는 자기 백성에게 소망을 주신 하나님 · 256
057 자기 백성을 포로에서 돌아오게 하신 하나님 · 261
058 새로운 성전을 건축하신 하나님 · 266
059 자신의 도성을 회복하신 하나님 · 274
060 자기 백성을 정결케 하신 하나님 · 281

신약 The New Testament

061 친히 이 세상에 오신 하나님 · 291
062 애굽으로 피난 가신 예수 그리스도 · 296
063 나사렛에서 자라신 예수 그리스도 · 301
064 세례 요한을 준비시킨 하나님 · 306
065 메시야 임직식을 행하신 예수 그리스도 · 310
066 사탄에게 시험을 받으신 예수 그리스도 · 314
067 12제자를 세우신 예수 그리스도 · 319
068 하나님 나라를 선포하신 예수 그리스도 · 323
069 자신의 나라의 특성을 드러내신 예수 그리스도 · 328
070 새 시대의 복을 선포하신 예수 그리스도 · 333
071 하나님 나라를 교훈하신 예수 그리스도 · 339
072 생수의 강을 약속하신 예수 그리스도 · 346
073 자기 백성의 신앙 고백을 받으신 예수 그리스도 · 350
074 십자가의 길을 준비하신 예수 그리스도 · 356
075 새 계명을 주신 예수 그리스도 · 362
076 새 언약을 세우신 예수 그리스도 · 367
077 다른 보혜사를 약속하신 예수 그리스도 · 372
078 제자에게 배반당하여 팔리신 예수 그리스도 · 378

079 겟세마네 동산에서 기도하신 예수 그리스도 · 384
080 베드로에게 부인 당한 예수 그리스도 · 388
081 자기 백성에게 버림 당하신 예수 그리스도 · 394
082 자기 백성의 죄를 처리하신 예수 그리스도 · 399
083 새로운 길을 내신 예수 그리스도 · 406
084 무덤에 장사 지낸 바 되신 예수 그리스도 · 412
085 부활하심으로 새 생명을 도입하신 예수 그리스도 · 417
086 제자들과 연합하신 예수 그리스도 · 425
087 자기 백성들에게 평강을 주신 예수 그리스도 · 430
088 부활 후에 제자의 신앙 고백을 받으신 예수 그리스도 · 437
089 베드로에게 사명을 주신 예수 그리스도 · 441
090 자신의 일군들을 파송하신 예수 그리스도 · 447
091 만 왕의 왕으로 등극하신 예수 그리스도 · 453
092 무너진 12기초석 중 하나를 회복하신 예수 그리스도 · 459
093 교회를 설립하시고 성령으로 생명을 주신 예수 그리스도 · 462
094 자신의 교회에 거짓을 용납하지 않으신 예수 그리스도 · 470
095 자신의 일군을 부르신 예수님 · 476
096 이방 세계에 자신의 교회를 설립하신 예수 그리스도 · 481
097 악한 세력으로부터 자신의 교회를 지키신 예수님 · 485
098 죽은 자의 상황을 말씀하신 예수 그리스도 · 492
099 자신의 교회에 말씀을 주신 예수 그리스도 · 500
100 아들 안에서 자신의 나라를 완성하신 하나님 · 505

The Old Testament

자신의 나라를 창조하신 하나님
천지 창조
창 1:1- 2:25

태초에 하나님이 천지를 창조하셨다. 아무것도 없는 무에서 오직 말씀으로 창조하셨다. 첫째 날에 천지를 창조하셨다. 땅과 물, 빛과 어둠을 창조하셨다. 낮과 밤도 창조하셨다. 둘째 날에는 궁창(창공)을 만드셨다. 궁창 아래의 물과 궁창 위의 물로 나누셨다. 하나님은 궁창을 하늘이라 부르셨다. 셋째 날에는 천하의 물을 한 곳으로 모으시고 뭍이 드러나게 하셨다. 드러난 뭍을 땅이라 부르시고 모인 물을 바다라고 칭하셨다. 땅에 풀과 씨 맺는 채소와 각기 종류대로 씨 가진 열매를 맺는 나무가 나게 하셨다. 넷째 날에 하늘의 궁창에 낮과 밤을 주관하는 광명체들을 만드셨다. 그 광명체들로 인해 징조와 계절, 날과 해를 이루도록 하셨다. 그리고 두 광명체를 만들어 큰 광명체(태양)는 낮을 주관하게 하고, 작은 광명체(달)는 밤을 주관하게 하셨다. 다섯째 날에는 바다에 각종 짐승과 모든 생물을 만드시고 하늘의 궁창에 새들을 종류대로 창조하셨다. 그들에게 복을 주시며 생육하고 번성하여 바다와 땅에 충만하라고 하셨다. 여섯째 날에 땅 위에 여러 생물을 그 종류대로 창조하셨다. 그리고 맨 마지막에 하나님의 형상과 모양대로 사람을 창조하셨다. 하나님은 하나님 자신의 형상과 모양대로 창조된 사람에게 복을 주시면서 생육하고 번성하여 땅에 충만하라고 하셨다. 또한, 모든 생물을 다스리는 사명도 주셨다. 일곱째 날에는 6일 동안 모든 창조를 마치시고 안식하셨다. 하나님은 일곱째 날에 모든 창조물에게 복을 주셨다.

하나님이 우리에게 주신 계시의 말씀인 성경을 막 펼치면 첫 번째로 만나는 말씀이 "태초에 하나님이 천지를 창조하시니라."(창 1:1)는 선언이다. 이 말씀은 창조자의 선언이다. 이 선언에 대해 이 세상의 모든 피조물은 반박할 수 없다. 왜냐면 모든 피조물은 이미 창조된 세상에 태어났기 때문이다. 피조물이 태어나기 전에 하나님께서 행하셨던 일이기에 감히 하나님의 창조에 대해서 왈가왈부할 수 있는 처지가 아니라는 의미이다. 따라서 피조물인 인간은 하나님의 선언대로 수용할 수밖에 없다. 사람은 어머니의 태로부터 나와서 가장 먼저 하나님의 창조 세계를 만난다. 성경의 첫 번째 구절도 하나님의 창조의 선언이고 우리 인간들이 만나는 첫 번째 장면도 창조물들이다. 또한, 우리 자신도 하나님의 창조물이고 우리의 삶은 하나님의 창조 속에 속해 있다. 그렇다면 우리 피조물들은 당연히 하나님의 창조의 목적을 알아야 한다. 하나님의 창조의 목적은 곧 우리의 삶의 목적이기도 하기 때문이다.

하나님께서 어떤 목적으로 천지를 창조하셨는지를 분명하게 이해해야 한다. 결론부터 말씀드리면 하나님께서는 천지를 자신의 나라(하나님 나라)로 창조하셨다.

우리 눈에 보이는 모든 만물이 다 하나님의 나라이다.

하나님이 자기 백성에게 주신 계시의 말씀인 성경의 전체적인 주제는 하나님 나라이다. 성경은 하나님께서 자신의 나라를 창조하심으로 시작하시고 그 나라를 경영하시며 마지막에 자신의 나라를 완성하심에 대한 이야기다. 처음 창조 기사에서는 하나님 나라라는 단어가 등장하지 않는다. 그러나 하나님 나라의 요소는 처음부터 드러나 있다. 나라는 왕, 백성, 영토가 있어야 성립이 된다. 하나님 나라 또한 다르지 않다. 하나님 나라의 왕은 하나님이시다. 하나님 나라의 백성은 하나님의 형상과 모양대로 창조된 사람이다. 그리고 하나님이 창조하신 모든 것들은 하나님과 그 백성이 함께 교제하며 살아갈 영토, 즉 하나님 나라의 영역이다. 하나님은 자신의 나라를 이루어 가시면서 계시의 말씀을 점점 더 부요하게 드러내신다. 이렇게 하나님의 계시가 발전하면서 분명하게 드러나는 그림은 바로 하나님께서 자신의 나라를 세우시고 완성으로 이끌어 가시는 내용이다. 요한계시록 마지막 부분은 하나님께서 친히 오셔서 자신의 나라를 완성하심으로 계시를 종결짓는다. 이 일을 위해서 예수 그리스도가 다시 오실 것이며 이를 기다리는 내용으로 성경은 마무리된다. "이것들을 증언하신 이가 이르시되 내가 진실로 속히 오리라 하시거늘 아멘 주 예수여 오시옵소서. 주 예수의 은혜가 모든 자들에게 있을지어다. 아멘."(계 22:20-21) 이 말씀에서 예수님이 오셔서 이루실 일이 바로 하나님 나라의 완성이다. 그래서 모든 성도가 하나님 나라를 완성하시기 위해서 오실 우리 주 예수 그리스도를 기다린다.

하나님께서 모든 것들을 하나님의 나라로 창조하셨다면 지금 우리가 살고 있는 곳은 하나님 나라이다. 우리는 하나님이 창조하시어 시작하신 하나님 나라의 영역 안에 살고 있다. 모든 피조물은 하나님의 나라에서 하나님이 허락하신 범위 안에서 삶을 살다가 간다. 나라들의 경계가 있고 땅과 건물의 소유주들이 있지만 사실상 그들은 하나님의 것을 잠시 빌렸다가 내어놓고 세상을 떠난다. 자신의 소유로 삼기 위해 갖은 욕심을 부리기도 한다. 그러나 세상을 떠날 때가 가까워져 오면 그제야 하나님 나라의 원리를 깨닫는다. 지난날을 후회하면서 말이다.

우리는 하나님께서 창조하신 세상 속에 살고 있다. 그러므로 창조주 하나님께 감사와 찬양, 경배하는 것이 마땅하다.

하나님 나라의 창조 과정을 자세히 살펴보면 자기 백성을 중심으로 창조하셨음을 알 수 있다. 첫째 날에 하나님은 천지를 창조하신다. 그리고 빛을 창조하시고 빛과 어두움을 나눈다. 빛을 낮이라고 하시고 어두움을 밤이라고 하신다. 둘째 날에는 하나님께서 궁창을 만드시고 궁창 아래의 물과 궁창 위의 물을 나누신다. 하나님은 궁창을 하늘이라고 부르셨다. 셋째 날에는 궁창 아래에 있는 물을 한 곳으로 모으시고 뭍이 드러나게 하신다. 드러난 뭍을 땅이라고 부르시고 모은 물을 바다라고 하셨다. 드러난 땅에 풀과 씨 맺는 채소와 각기 종류대로 씨 가진 열매 맺는 나무를 내셨다. 넷째 날에는 하늘의 궁창에 광명체들을 만들고 그것들로 땅을 비추게 하셨다. 특별히 큰 두 광명체를 만드셨는데 큰 광명체로는 낮을 주관하게 하시고 작은 광명체로는 밤을 주관하게 하셨다. 여기에 별들도 창조하셨다. 하나님은 하늘 궁창에 있는 광명체들로 징조와 계절, 날과 해를 이루게 하셨다. 다섯째 날에는 하늘 궁창에 새들을 창조하시고 바다에는 물고기들을 만드셨다. 여섯째 날에는 땅의 여러 생물과 가축과 여러 종류의 짐승들을 창조하셨다. 이 모든 것을 창조하신 하나님은 맨 나중에 하나님의 형상대로 사람을 창조하셨다. 하나님께서 모든 것을 다 창조하시고, 맨 마지막에 자기 백성을 창조하신 것은 하나님의 특별한 사랑이고 배려이다.

이렇게 모든 것을 창조하신 후, 창조물 위에 복을 선언하신다. "천지와 만물이 다 이루니라 하나님이 그가 하시던 일을 일곱째 날에 마치시니 그가 하시던 모든 일을 그치고 일곱째 날에 안식하시니라. 하나님이 그 일곱째 날을 복되게 하사 거룩하게 하셨으니 이는 하나님이 그 창조하시며 만드시던 모든 일을 마치시고 그 날에 안식하셨음이니라."(창 2:1-3) 하나님은 창조를 마친 일곱째 날에 안식하시며 그 날을 복되게 하셨다. 이는 그날만 복되다는 뜻이 아니다. 모든 창조물 위에 복되게 하셨다는 것을 내포한다. 결국, 하나님 나라의 왕이신 하나님께서 자신의 나라를 설립하시고 자신의 나라에 복을 주심이다. 이는 하나님께서 자신이 창조하신 하나님 나라를 영원토록 책임지겠다는 결심이기도 하다. 여기서 하나님의 신실하심이 드러난다.

사실 하나님이 세상을 창조하신 창조주 하나님이심을 드러내신 목적은 이스라엘 때문이었다. 하나님은 자기 백성을 출애굽시키고 시내산으로 인도했다. 모세를 중보자로 세워 백성과 언약을 맺으셨다. 그 시내산 언약에서 하나님은 이스라엘의 하나님이 되시고 이스라엘은 하나님이 백성으로 확증하셨다. 이 언약을 통해 자기 백성, 이스라엘에게 하나님 자신이 누구이심을 드러내셨다. 곧 이스라엘의 하나님은 하늘과 땅을 창조하신 창조주 하나님이심을 알리셨다. 그러므로 이스라엘의 근거는 천지를 창조하신 하나님으로부터 시작되었음을 드러내셨다. 창조주 하나님께서 이스라엘의 하나님이 되시고 이스라엘을 온 세상의 장자의 나라로 세우셨다. 이스라엘의 하나님 곧 하늘과 땅을 말씀으로 창조하신 하나님께서 이스라엘도 말씀으로 출생시켰다. 하나님께서 말씀하심으로 온 세상 만물이 존재되고 순종하였다. 이스라엘의 하나님은 자기 백성 이스라엘에게도 자신의 말씀에 순종하도록 요구하신다. 그래서 하나님은 모세를 통해서 하나님의 창조의 기사를 기록하게 하셨다.

하나님 나라의 샘플을 드러내신 하나님
에덴동산
창 2:8-14

하나님은 동방의 에덴에 동산을 창설하셨다. 하나님이 자신의 형상과 모양대로 창조한 사람을 그 동산에 두셨다. 여호와 하나님이 그 땅에서 보기에 아름답고 먹기 좋은 나무가 자라게 하셨다. 동산 가운데는 생명나무와 선악을 알게 하는 나무도 있었다. 하나님은 에덴에서부터 강이 흘러나오게 하시어 동산을 적시고 네 근원으로 나누어져서 온 세상으로 흘러가게 하셨다. 그리고는 사람으로 하여금 에덴동산을 경작하며 지키게 하셨다.

하나님께서 자신의 나라로 천지를 창조하셨다. 하나님께서 하나님 나라의 왕이 되시고 하나님의 형상과 모양대로 창조함을 받은 사람이 백성, 모든 창조 세계는 하나님 나라의 영역이다.

하나님은 먼저 가장 작은 규모로 하나님 나라를 설립하셨는데, 그곳이 바로 에덴동산이다. 에덴동산은 기쁨의 동산이다. 하나님 나라는 곧 기쁨의 나라라는 의미이다. 하나님은 자기 백성으로 창조한 아담과 하와를 에덴동산에 두셨다. "여호와 하나님이 동방의 에덴에 동산을 창설하시고 그 지으신 사람을 거기 두시니라."(창 2:8) 에덴동산에 설립된 하나님 나라는 가장 작은 규모이다. 백성이라고는 이제 겨우 2명이다. 하나님은 자기 백성에게 복을 주시면서 생육하고 번성하여 땅에 충만하라고 하셨다. 앞으로 하나님의 백성들은 점점 번성해 갈 것이다. 이로 인해 하나님 나라도 점점 규모가 확장될 것이다. 하나님이 처음으로 설립한 에덴동산은 그야말로 첫발을 뗀 하나님 나라이다. 규모는 작지만 왕 되신 하나님이 계시고, 백성인 아담과 하와가 있다. 그리고 하나님과 백성이 교제할 영역인 에덴동산이 있다.

하나님의 성전의 개념으로 살펴보면 온 세상은 하나님의 성전의 성소라면 에덴동산은 하나님의 성전의 지성소와 같다. 하나님은 지성소인 에덴동산에 자신의 보좌를 설치하시고 그곳에 자기 백성을 두시고 동행하는 하나님 나라를 설립하셨다.

하나님은 처음에 설립한 자신의 나라 안에 자기 백성들의 모든 필요를 넉넉히 공급하셨다. "여호와 하나님이 그 땅에서 보기에 아름답고 먹기에 좋은 나무가 나게 하시니 동산 가운데에는 생명나무와 선악을 알게 하는 나무도 있더라."(창 2:9)

처음에 설립한 하나님 나라는 부족함이 없는 나라였다. 무엇보다 에덴동산에는 하나님이 계셨다. 하나님은 자기 백성인 아담과 하와를 가까이 두었다. 아담과 하와는 늘 하나님의 발자국 소리를 들을 수 있었다. 하나님은 그들을 무척이나 사랑하셨다. 그래서 하나님의 사랑을 받은 아담과 하와도 하나님을 두려움 없이 섬겼다. 하나님과의 관계에서 피조물의 반응은 당연히 두려움이다. 그런데 서로 사랑하면 두려움이 없다. 성령님이 사도 요한을 통해서 말씀하시기를 "사랑 안에 두려움이 없고 온전한 사랑이 두려움을 내쫓나니"(요1서 4:18)라고 하였다.

만일 아담과 하와가 하나님의 사랑을 느끼지 못했다면 하나님을 두려워했을 것이다. 하지만 아담과 하와는 두려움 없이 에덴동산에서 평화롭게 살았다. 하나님은 자기 백성에게 필요한 모든 먹을 것을 만족하게 주었다. 자기 백성이 먹고도 남을 만큼의 열매를 주었다. 에덴동산에는 생명나무도 있었다. 이는 에덴동산 안에 하나님의 생명의 부요함이 있었다는 증거이다.

하나님이 처음으로 설립한 가장 작은 규모의 하나님 나라인 에덴동산은 이제 막 시작한 하나님 나라이다. 앞으로 에덴동산의 하나님 나라는 점점 성장해 갈 것이다. 물론 에덴동산과 온 세상이 서로 하나로 연결되어 있다. 하나님이 에덴동산에서 아담과 하와와 함께 하심이 곧 온 세상에 함께 하심이다. 그런데 드러난 하나님 나라를 구체적으로 조명하기 위해서 이렇게 설정해 본 것이다. 출애굽기의 시각으로 보면 에덴동산은 지성소의 개념이 분명하다.

003

에덴동산과 자신의 모든 나라를 연결하신 하나님

네개의 강

창 2:8-14

    하나님은 에덴동산과 자신의 모든 나라를 하나로 연결하셨다. 하나님은 자신의 나라 안에서 특별하게 에덴동산을 준비하시고 자기 백성과 함께 거주할 장소로 삼으셨다. 그러나 에덴동산 밖의 하나님 나라의 영역과 하나로 묶어 놓으셨다. 그 증거로 에덴동산에서부터 강이 흘러서 나머지 하나님 나라의 영역으로 흘러간다. 당시의 지리적 상황을 기록하기를 "강이 에덴에서 흘러나와 동산을 적시고 거기서부터 갈라져 네 근원이 되었으니 첫째의 이름은 비손이라 금이 있는 하윌라 온 땅에 둘렀으며 그 땅의 금은 순금이요 그곳에는 베델리엄과 호마노도 있으며 둘째 강의 이름은 기혼이라 구스 온 땅을 둘렀고 셋째 강의 이름은 힛데겔이라 앗수르 동쪽으로 흘렀으며 넷째 강의 이름은 유브라데더라."(창 2:10-14)라고 하였다. 성경에서 강물은 죽은 것을 살리는 의미로 묘사된다. 하나님은 에스겔 47장에서 온 세상을 살릴 강물이 여호와의 성전에서 흘러나오게 하신다. 그리고 그 강물이 바다로 흘러가면 죽었던 바다의 물이 되살아난다. 이 강물이 이르는 곳마다 번성하여 모든 생물이 살아난다.

또한, 요한계시록 22장에서는 마지막에 온 세상을 온전히 회복하실 생명수의 강물이 하나님과 어린 양의 보좌에서 흘러나온다. 생명수의 강물은 길 가운데로 흐르면서 강을 이룬다. 강 좌우에는 생명나무가 있고 달마다 열두 가지 과일을 맺는다. 그리고 그 나무 잎사귀는 만국을 치료하는 약재료가 된다.

이를 바탕으로 보면, 에덴동산에서 흘러나온 강물은 네 근원이 되어 온 세상으로 흘러가는데, 이는 하나님이 계신 에덴동산으로부터 온 세상에 생명을 부요케 할 것이라는 의미가 있을 것이다. 에덴동산에 있는 생명의 부요함이 온 세상으로 확대된다고 할 수 있다.

분명 에덴동산은 하나님께서 특별하게 만드셔서 온 세상과 연결하셨다. 하나님은 자신의 형상과 모양대로 사람을 창조하셨다. 그리고 복을 주시면서 명하시기를 "생육하고 번성하여 땅에 충만하라 땅을 정복하라 바다의 모든 물고기와 하늘의 새와 땅에 움직이는 모든 생물을 다스리라"(창 1:28)라고 하셨다.

여기서 우리는 한 가지 질문을 할 수 있다. 만약에 아담과 하와가 하나님의 말씀에 불순종하지 않고 에덴동산에서 쫓겨나지 않고 생육하고 번성하여 많은 자손이 되었다면 그들은 다 에덴동산에서 살았을까? 아니면 에덴동산 밖에서 살았을까? 에덴동산 밖에서 살았다면 에덴동산은 텅 비워두셨을까? 아니면 어떤 사람은 에덴동산에서 살고 어떤 사람은 에덴동산 밖에서 살았을까?

우리가 확신하는 하나님은 자기 백성들에게 공평한 하나님이시다. 즉 누구는 에덴동산에서 살게 하고, 또 누구는 에덴동산 밖에서 살도록 하실 분은 아니라는 것이다. 그럼 답은 분명하다. 하나님은 모두를 에덴동산에서 살게 했을 것이다. 그렇다면 하나님 백성들의 숫자가 점점 번성해 갈 텐데 어떻게 그 많은 백성을 에덴동산 안에 살게 할 수 있을까? 그것은 하나님께서 에덴동산을 자신의 모든 나라로 확장하시면 된다. 그래서 강이 에덴에서부터 흘러나와 동산을 적시고 갈라져서 네 근원을 이루어 온 세상으로 흘러갔다. 하나님께서 에덴동산과 자신이 창조하신 모든 세계를 하나로 연결하셨다.

회사에서 물건을 만들 때는 먼저 완제품을 샘플로 만든다. 그 이후에 제품을 출시한다. 에덴동산은 장차 온 세상에 확장하실 완제품 샘플과 같은 동산이었다. 첫 사람 아담과 하와가 하나님과 함께 동거한 에덴동산은 잠시 살다가 이사할 동산이 아니라 아담과 하와가 하나님과 함께 계속해서 살아갈 동산이었다. 그렇다면 아담의 후예들도 아담과 하와처럼 에덴동산에서 하나님과 동행하는 삶이 약속되어 있었다는 말이다. 만약에 첫 사람 아담이 범죄하지 않고 하나님의 말씀에 온전히 순종하였더라면 우리도 에덴동산에서 하나님과 동행하는 삶을 살고 있을 것이다.

지금 우리는 우리 주 예수 그리스도 안에서 에덴동산에서보다 더 영광스러운 하나님과의 동행을 이루고 있다. 예수님이 이 세상에 오셔서 에덴동산을 회복하신 것이 아니라 에덴동산보다 더 나은 구원의 부요함을 주셨다. 하나님 나라는 역사의 초기보다 점점 더 확장되고 발전되어 가기 때문이다. 마지막 때에 우리 주님이 재림하시면 지금보다 더 영광스러운 동행이 주어질 것이다.

자기 백성과 언약을 맺으신 하나님
선악과

창 2:15-17

하나님께서 자신의 형상과 모양대로 창조하신 자기 백성을 이끌어 에덴동산에 두시고 그것을 경작하며 지키게 하셨다. 그리고 온 인류의 대표자인 아담에게 명하시기를 "동산 각종 나무의 열매는 네가 임의로 먹되 선악을 알게 하는 나무의 열매는 먹지 말라 네가 먹는 날에는 반드시 죽으리라 하시니라."라고 하셨다.

하나님께서 베푸신 풍성한 은혜로 말미암아 아담은 동산 안에 있는 각종 나무의 열매를 먹고 싶은 만큼 늘 먹을 수 있었다. 모자람이 없었다. 하나님은 부족함이 없는 하나님이시다. 어느 시대에나 하나님은 자기 백성에게 넉넉한 은혜를 주신다. 이렇게 넉넉하게 각종 나무의 열매를 주신 하나님께서 한 가지 선악과를 금하셨다. "선악을 알게 하는 나무의 열매는 먹지 말라"(창 2:17) 하나님께서 선악을 알게 하는 나무의 열매를 먹지 말라고 금하신 것은 아직 온전한 하나님의 생명의 부요함이 오지 않았다는 뜻이다. 하나님께서 자신의 나라로 천지를 창조하시고, 자기 백성으로 아담과 하와를 창조하셨다. 이제 막 하나님 나라가 설립되었다. 이렇게 설립된 하나님 나라는 점점 성장하여 마지막에 완성될 것이었다. 하나님은 오직 선악을 알게 하는 나무의 열매를 금하셨다. 하나님은 자기 백성들이 선악을 아는 지혜를 오직 하나님 자신을 통해서만 얻기를 원하셨다. 하나님은 지혜의 근본이시기 때문이다. 그러므로 인간의 모든 지혜, 특별히 선악을 아는 지혜는 하나님으로부터 주어진다. 하나님은 자기 백성 아담과 하와가 하나님 자신의 말씀에 순종하고 의뢰하므로 선악을 아는 지혜가 있도록 하셨다.

그래서 하나님은 기쁨의 동산인 에덴에 자기 백성을 두시고 생명의 교제를 나누셨다. 이 생명의 교제는 아담과 하와가 하나님이 금하신 선악을 알게 하는 나무의 열매를 먹지 아니하므로 지속될 것이었다. 자신들의 지혜가 아니라 하나님이 주신 지혜로 살아갈 수 있도록 배려하신 것이다. 하나님은 아담과 하와를 자신의 대리자로 세우시고 생육하고 번성하여 땅에 충만하도록 명하셨다. 이 일을 이루는 과정은 하나님이 주신 지혜로 그 직무를 감당해야 한다. 사람의 지혜는 하나님과 그분의 말씀에 순종함으로 주어진다. 선악과 자체에 어떤 신비한 요소가 들어있는 것이 아니다. 하나님의 말씀에 순종하느냐, 순종하지 않느냐, 이것만이 중요한 문제였다.

이 사건은 하나님께서 자기 백성들에게 명하신 첫 번째 언약이었다. 하나님께서 이 첫 언약을 아담과 맺으셨고 그 언약의 동반자로 여자를 창조하시어 아담에게 주셨다.

하나님은 언약의 하나님이시다. 하나님께서 자기 백성에게 계시하여 기록하게 하신 말씀은 곧 언약이다. 그래서 구약은 옛 언약의 말씀이고 신약은 새 언약의 말씀이다. 하나님께서 자기 백성 이스라엘에게 하나님 자신을 드러내실 때 언약의 하나님으로 계시하셨다. 이 언약에는 자기 백성들이 언약을 지키면 복을 주시고 언약을 지키지 않으면 징벌을 하신다는 복과 저주가 함께 들어있다. 만일 아담과 하와가 하나님 언약의 말씀에 순종하여 선악을 알게 하는 나무의 열매를 먹지 않았다면, 기쁨의 동산인 에덴에서 하나님과 함께 생명의 부요함을 누렸을 것이다. 하나님이 주신 지혜로 생명의 교제를 나누며 생육하고 번성하여 땅에 충만했을 것이다. 그런데 안타깝게도 하나님의 말씀에 불순종하여 에덴동산에서 쫓겨나고, 사망의 질서 속에서 수고하며 고통받는 삶이 되었다.

우리 주 예수 그리스도께서는 하나님의 지혜로 이 세상에 오셨다. 우리 주 예수 그리스도는 죽음의 질서를 끝내시고 3일 만에 새 생명으로 부활하셨다. 하나님의 생명의 일이 우리 주 예수 그리스도의 부활에서 확정되었다. 새 생명으로 부활하신 후, 승천하시어 아버지 보좌 우편에 좌정하셨다. 그리고 지혜의 영이신 성령 하나님을 우리(교회)에게 보내 주셨다.

이제 누구든지 우리 주 예수 그리스도를 구주로 영접하여 세례를 받으면 부활의 영이신 성령 하나님이 함께하신다. 성령 하나님으로 인해 선악을 분별하고 지혜의 삶을 살게 된다. 첫 사람 아담이 실패하여 넘어졌지만 둘째 아담이신 우리 주 예수 그리스도께서 오셔서 하나님과 영원토록 함께 하는 지혜의 길을 여셨다. 이것이 아들 안에서 주어진 새 시대의 영광이다. 우리 주 예수 그리스도의 은혜 안에서 하늘의 지혜가 열렸다.

타락한 백성에게 은혜를 베푸신 하나님
가죽옷

창 3:7, 21

첫 사람 아담과 하와는 사탄에게 미혹되어 하나님께서 먹지 말라고 하신 선악과를 먹었다. 이에 그들이 눈이 밝아져 자신들의 벗은 몸이 부끄러워서 무화과나무 잎을 엮어 치마를 만들어 입었다. 그들은 동산에서 거니시는 여호와 하나님의 낯을 피하여 동산 나무 사이에 숨었다. 하나님은 아담을 부르셨다. 그리고 네가 어디 있느냐고 찾으셨다. 모르셔서 찾고 계셨던 것이 아니다. 이미 모든 것을 알고 계셨지만, 하나님은 아담의 입술로 자신들의 죄를 고백하기를 원하셨다. 아담은 고백하기를 "내가 동산에서 하나님의 소리를 듣고 내가 벗었으므로 두려워하여 숨었나이다..... 내가 먹었나이다."(창 3:10, 12)라고 하였다.

하나님은 사탄에게 미혹되어 하나님께 불순종한 아담과 하와를 긍휼히 여기셨다. 그래서 아담과 하와를 넘어지게 한 사탄의 앞잡이 뱀을 저주하셨다. 죄의 결과로 여자에게 해산의 고통이 주어졌지만, 생육하고 번성하여 땅에 충만하라는 사명은 지속되었다. 그래서 아담은 하나님이 주신 사명이 유효함을 알아서 여자의 이름을 하와라고 지었다. 하와의 이름의 뜻은 모든 산 자의 어머니라는 의미다. 비록 범죄하여 타락하였지만, 하나님께서 베풀어주시는 은혜로 생육하고 번성하여 온 세상에 충만하게 될 것이다. 이 사명을 이루는 과정은 쉽지 않다. 아담은 열매를 먹기 위해 땅을 경작하고 수고하며 땀을 흘려야 한다. 땅이 가시덤불과 엉겅퀴를 낼 것이어서 힘쓰고 애쓰는 수고를 해야 했다. 비록 아담에게 이런 고통이 주어졌지만, 이는 하나님이 범죄한 자기 백성에게 베푸신 은혜였다.

하나님은 무화과나무 잎으로 치마를 만들어 입은 자기 백성을 긍휼히 여기셔서 특별히 가죽옷을 지어 입히셨다. "여호와 하나님이 아담과 그의 아내를 위하여 가죽옷을 지어 입히시니라."(창 3:21)

죄는 항상 부끄러움을 가져온다. 첫 사람 아담과 하와도 범죄한 이후에 부끄러움을 느꼈다. 그 부끄러움의 출발은 자신들이 벗은 몸이라는 것을 깨달은 것이지만 궁극적으로는 하나님이 두려워서 하나님의 낯을 피하고자 하는 부끄러움이었다. 아담이 먹은 선악과는 분명 지혜의 나무였다. 사탄이 하와를 미혹할 때에 했던 말을 보면 이를 알 수 있다. "뱀이 여자에게 이르되 너희가 결코 죽지 아니하리라 너희가 그것을 먹는 날에는 너희 눈이 밝아져 하나님과 같이 되어 선악을 알 줄 하나님이 아심이니라."(창 3:4-5) 선악과를 먹게 되면 선악을 알게 될 것이라고 하였다. 이 지혜는 하나님께로부터 온 지혜가 아니라 하나님과 무관하게 행하는 자신들의 지혜이다.

현재 우리 주 예수 그리스도 밖에 있는 모든 지혜가 여기에 속한다. 스스로 똑똑하다고 생각하지만, 그리스도 밖에 있는 세상의 지혜는 드러내면 드러낼수록 부끄러움만 더해지는 지혜이다.

범죄한 아담과 하와는 자신들의 지혜로 무화과나무 잎으로 치마를 만들어 부끄러운 곳을 가리고 동산 나무 사이에 숨었다. 그러나 두려움을 동반한 부끄러움이 가려지지 않았다. 하나님은 그런 아담과 하와에게 가죽옷을 지어 입히셨다. 그리고 회복의 말씀을 주시고 소망으로 살게 하셨다.

하나님은 아담에게 선악과를 먹으면 반드시 죽을 것이라고 하셨다. "선악을 알게 하는 나무의 열매는 먹지 말라 네가 먹는 날에는 반드시 죽으리라 하시니라."(창 2:17) 여기서 아담과 하와의 죽음을 논하지 않을 수 없다. 동양적인 사상에서 죽음은 소멸되는 것이다. 그러나 성경에서의 죽음은 분리됨을 의미한다. 요한복음 15장에서 예수님과 성도들의 관계를 포도나무와 가지로 말씀하신다. "나는 포도나무요 너희는 가지라 그가 내 안에 내가 그 안에 거하면 사람이 열매를 많이 맺나니 나를 떠나서는 너희가 아무것도 할 수 없음이라."(요 15:5) 가지가 포도나무에 붙어 있으면 생명이고 붙어 있지 않으면 사망이다. 주 안에 거하면 생명이고 주 밖에 있으면 사망이다. 그래서 하나님은 모든 불신자를 가리켜 죽은 자들이라고 하신다. 예수 그리스도를 믿기 전에는 우리도 동일하게 죽은 자들이었다. 우리 주 예수 그리스도께서 허물과 죄로 죽었던 우리를 살리셨다. "그는 허물과 죄로 죽었던 너희를 살리셨도다."(엡 2:1) 즉, 하나님께서 아담에게 선악과를 먹으면 반드시 죽으리라고 하셨던 그 죽음은 하나님 앞에서 쫓겨남이다. 에덴동산에서 하나님과 함께 하는 것이 아담의 생명이었다. 이 생명의 동행이 에덴동산에서 쫓겨나므로 잃어버린 것이다. 이것이 아담에게 주어진 사망이다. 에덴에서 쫓겨난 아담은 이제 사망과 저주의 질서 속에서 살게 되었다. 이전의 에덴동산 곧 기쁨의 동산에서 생명이 충만함으로 살았던 것과는 완전히 반대되는 상황이다. 사망과 저주의 질서 속에서 육체적인 죽음도 주어졌다. 육체적인 죽음도 육체와 영혼의 분리다. 소멸되거나 사라지는 것이 아니라 분리되는 것을 의미한다. 생명이신 우리 주 예수 그리스도께서 오셔서 사망과 저주의 질서를 끝내시고 새 생명의 질서를 주실 때까지 아담의 후예들은 사망의 그늘에서 살게 되었다.

하나님은 생명인 자신의 말씀을 버리고 사탄의 말을 따라 타락한 아담과 하와를 에덴동산에서 추방하였다. 이는 자기 백성을 버린다는 의미가 아니다. 죄를 지은 것에 대한 합당한 처소로 보내진 것이다. 그곳이 바로 에덴동산 밖의 세상이다.

하나님은 범죄한 자기 백성인 아담과 하와로 하여금 에덴동산 밖에서 그의 근원이 된 땅을 갈게 하셨다. "여호와 하나님이 에덴동산에서 그를 내보내어 그의 근원이 된 땅을 갈게 하시니라."(창 3:23)

회복자를 약속하신 하나님

여자의 후손을 약속하심

창 3:15-21

하나님은 범죄하여 떨고 있는 아담과 하와에게 찾아가셨다. 그들의 입술로 자신들의 죄를 고백받으신 후에 회복자를 약속하신다. 원시복음이라고 하는 창세기 3:15절이 바로 그 약속이다. "내가 너로 여자와 원수가 되게 하고 네 후손도 여자의 후손과 원수가 되게 하리니 여자의 후손은 네 머리를 상하게 할 것이요 너는 그의 발꿈치를 상하게 할 것이니라." 하나님은 이 약속의 말씀을 하와를 미혹한 뱀에게 하셨다. 이 말씀에서 핵심적인 부분은 "여자의 후손은 네 머리를 상하게 할 것이요"라는 내용이다. 하나님께서 때가 되면 여자의 후손을 보내주실 것이고 그 여자의 후손이 사탄의 머리를 상하게 할 것이라는 약속이다. 이후로 하나님의 구속 이야기는 여자의 후손을 준비하는 내용이 중심을 이룬다. 하나님은 여자의 후손을 보내기 위해서 특별하게 여자 후손의 조상들을 준비하신다. 먼저 아벨을 준비하신다. 그런데 사탄은 아벨이 여자 후손의 조상이 될 줄 알고 아벨을 제거한다. 사탄에 의해 하나님의 계획이 중단될 리 없다. 하나님은 아벨 대신에 셋을 준비하시어 여자의 후손의 길을 이어가신다. 우리는 창세기에서 여자의 후손으로 준비된 족보를 읽을 수 있다. 창세기 5장에 기록된 족보이다. 여기에 기록된 족보는 아담에게서부터 시작해서 노아의 아들 셈까지 이르는 족보이다. 곧 아담-셋-에노스-게난-마할랄렐-야렛-에녹-무두셀라-라멕-노아-셈이다. 하나님은 창세기 11:10절 이하에서 다시 셈의 족보를 이어 가신다. 곧 셈-아르박삿-셀라-에벨-벨렉-르우-스룩-나홀-데라-아브라함이다. 이 모든 족보는 여자의 후손 곧 우리 주 예수 그리스도를 위한 조상들의 족보이다.

신약 성경의 마태복음에서는 예수님의 족보를 아브라함부터 시작한다. 하지만 그 이전에 예수님의 족보가 없었다는 말이 아니다. 그렇게 시작한 이유는 아브라함과 다윗의 후손으로 예수님을 드러내기 위한 특별한 목적을 가지고 마태복음을 기록했기 때문이다. 유대인들에게 아브라함은 부인할 수 없는 조상이었기 때문에 특별히 예수 그리스도를 아브라함의 후손으로 드러내는 것이 필요했다. 하나님은 이스라엘 백성을 아브라함 한 사람으로 시작해서, 한 민족 한 나라로 키우셨다. 이스라엘 가운데 오신 우리 주 예수 그리스도께서 아브라함의 후손으로 오신 메시아임을 증거하고 있다. 그래서 예수님의 족보를 아브라함으로부터 시작한다.

하나님께서 우리 주 예수 그리스도의 족보를 나열하는 방식은 아버지가 아들을 낳았다라는 식으로 표현하셨다. 곧 "아브라함이 이삭을 낳고 이삭은 야곱을 낳고 야곱이 유다와 그의 형제들을 낳고" 여기에 드러난 이름들은 모두 아버지와 아들의 이름이다. 마지막에 예수님의 아버지 요셉에 대한 기록도 있다. "맛단은 야곱을 낳고 야곱은 마리아의 남편 요셉을 낳았으니" 여기까지 계속해서 아버지와 아들의 이름을 기록하였다. 그러다가 예수 그리스도의 탄생과 관련해서는 요셉과 무관하게 "마리아에게서 그리스도라 칭하는 예수가 나시니라."(마 1:16)고 기록한다. 이는 예수 그리스도는 요셉과 무관하게 하나님의 성령으로 마리아를 통해서 오셨음을 말한다. 그야말로 여자의 후손이다. 성령 하나님이 개입하셔서 남자를 알지 못한 동정녀 마리아의 몸을 통해서 예수님이 태어나셨다. 온 세상을 죄에서 구원하실 구원자 예수님은 반드시 여자의 후손을 통해서 오셔야만 하는 이유가 있다. 그것은 부정 모혈로 태어난 모든 사람은 태어나면서부터 죄와 연루되어 태어난 죄인이기 때문이다. 죄인은 죄인을 구원할 수 없다. 그래서 죄에서 자기 백성을 구원할 구원자는 반드시 죄와 무관하게 태어나야 한다. 이렇게 죄와 무관하게 태어나신 예수 그리스도는 자기 백성들의 죄의 문제를 온전히 해결하신 우리의 구세주이시다. 구원자 예수님이 여자의 후손으로 오신 사건은 타락한 아담 이후로 전무후무한 사건이다. 하나님께서 자신의 나라를 온전히 회복하시기 위해서 타락한 아담 때에 약속하셨고, 오랜 시간 동안 준비하여 때가 되매 여자의 후손으로 오셨다. 여자의 후손으로 오신 우리 주 예수 그리스도는 진정, 온 세상의 구주이시다. 이렇게 일하신 하나님께 찬양을 드리자.

죄와 싸우기로 작정하신 하나님
자신의 나라를 보존하심

창세기 3:15

하나님은 자기 백성을 미혹한 사단에 대해서 엄중한 태도를 보이신다. "내가 너로 여자와 원수가 되게 하고 네 후손도 여자의 후손과 원수가 되게 하리니 여자의 후손은 네 머리를 상하게 할 것이요 너의 그의 발꿈치를 상하게 할 것이니라."(창 3:15) 하나님은 항상 자기 백성들을 중심으로 일하신다. 곧 하나님은 여자의 후손 편에 서 계신다. 여자의 후손을 보호하고 여자의 후손이 승리하도록 일하신다. 이는 그 반대편에 서 있는 뱀의 후손 곧 사탄의 세력들에 대해서 하나님이 친히 싸우시겠다는 의미이다. 사탄의 세력과 여자의 후손은 원수관계이다. 앞으로 진행될 하나님 나라의 구속 역사는 여자의 후손과 사탄의 세력들이 계속해서 대적 관계로 드러나게 될 것이다. 이 부분을 특히 주목해서 봐야 한다. 즉, 하나님께서 자신의 약속대로 일해 가는 중에 어둠의 세력이 어떻게 그 일을 방해하고 대적하는지를 눈여겨봐야 한다.

사탄의 세력은 즉시 움직인다. 하나님이 예비하신 아벨을 죽이는 것으로 멈추지 않고 계속해서 하나님의 일을 방해한다. 그러나 결론은 항상 해피 엔딩으로 끝난다. 하나님이 승리하신다.

하나님께서 여자의 후손을 준비하는 역사가 곧 구속의 역사이다. 하나님은 약속하시고 계획하신 일은 반드시 이루신다. 그래서 하나님은 신실하신 하나님이시다. 하나님께서 자신의 나라를 시작하셨고, 시작하신 그 나라를 끝까지 완성하실 것이다. 그 일을 여자의 후손을 통해서 이루실 것이다. 그런데 어둠의 세력이 끊임없이 방해할 것이다. 어둠의 세력의 방해는 항상 하나님을 대적하는 행위로 드러난다. 그래서 드러나는 것마다 죄이다. 모든 죄는 하나님의 나라 안에서 행해진다. 하나님은 하나님 나라의 왕이시다. 그래서 자신의 나라 안에서 자행되는 악한 행위에 대해서 반드시 심판하신다. 하나님은 죄와 싸우시면서 자신이 약속하시고 계획하신 일을 성취하신다. 그리고 하나님 나라의 거룩함을 보존하기 위해서 죄와 싸우신다. 죄는 자라나는 특성을 가졌다. 작은 죄가 점점 자라서 큰 죄가 된다. 죄가 왕성하게 자라나면 그로 인해서 하나님 나라의 공의와 선함이 침해를 받는다. 하나님은 죄악이 어느 선까지 차오르면 반드시 죄를 심판하신다. 심판을 통해 하나님의 공의가 존재함을 온 천하에 드러내신다. 만약에 하나님이 죄와 싸우지 않으시고 그냥 내버려 두었다면 이 세상은 이미 죄악으로 물들다 못해 가득 찼을 것이다. 하나님이 어떻게 소돔과 고모라 성을 심판하셨는지 기억해 보라. 노아 시대에 물로 온 세상을 심판하셨음을 기억하라. 이 사건들 모두 하나님 나라에 죄가 왕성하게 됨에 따라 받은 심판이다. 이 외에도 하나님은 개인의 죄에 대해서 개인적으로 심판을 행하신다. 때로는 한 가정의 죄악에 대해서 가족들에게 심판을 행하심으로 죄와 싸우신다. 한 국가와 민족의 죄악에 대해서도 심판을 행하시므로 죄를 억제시킨다.

이 세상이 소망이 있는 것은, 바로 하나님이 죄와 싸우시기 때문이다. 죄와 싸우면서 하나님 나라를 보존하시는 것이 곧 하나님의 역할이시다. 그러므로 죄를 지은 모든 사람은 하나님을 두려워해야 한다. 하나님의 공의는 죄를 간과하지 않으신다. 철저하게 심판하신다.

우리 주 예수 그리스도께서 여자의 후손으로 오셔서 어둠의 세력의 머리를 상하게 하셨다. 어둠의 후손은 여자의 후손인 주 예수 그리스도의 발꿈치를 상하게 하였을 뿐이다. 우리의 구주이신 예수 그리스도께서도 죄와 싸우신다. 그래서 세상의 모든 죄를 짊어지시고 십자가에서 대속의 죽음을 죽으셨다. 그리고 죄와 사망을 이기시고 3일 만에 부활하시므로 온전한 승리를 이루셨다. 새 생명으로 부활하신 예수님은 승천하시어 하나님 보좌 우편에 좌정하시어 하늘과 땅의 왕으로 통치하신다. 이미 패배한 어둠의 세력은 자신의 때가 얼마 남지 않음을 알고 최후의 순간까지 발악을 하면서 성도들을 미혹하고 있다. 우리는 승리하신 예수 그리스도에게 속한 하늘의 새 백성들이다. 새 백성들인 우리 성도들이 깨어 있으면 모든 어둠의 세력들의 미혹에서 능히 이길 수 있다. 승리하신 그리스도에게 속한 새 백성들은 여전히 죄와 싸우는 자들이다. 예수님이 재림하실 때까지 어둠의 미혹은 계속될 것이다. 그때까지 교회는 어둠의 미혹을 물리치는 싸움을 계속해야 한다.

우리 가운데 함께 내주하신 성령 하나님도 죄와 싸우시기 때문이다. 죄와 싸우시는 하나님의 일은 우리 주 예수 그리스도의 재림으로 막을 내린다. 심판주로 오신 그리스도께서 모든 죄와 사망을 심판하시고 온 세상을 새롭게 하시므로 하나님 나라를 완성하실 것이다.

하나님 나라 안에 드러난 사탄의 권세

아벨의 죽음

창세기 4:1-25

하나님께서 아담에게 두 아들을 주셨다. 첫째 아들 가인은 농사하는 자였고, 둘째 아들 아벨은 양을 치는 자였다. 둘 다 여호와 하나님께 제사를 드렸는데 가인은 농사하는 자였으므로 땅의 소산으로 제물을 삼아 여호와께 제사하였고, 아벨은 양의 첫 새끼와 그 기름으로 제물을 삼아 제사를 드렸다. 하나님은 아벨과 그 제물은 열납하셨는데 가인과 그 제물은 열납하지 않으셨다. 이에 분을 품은 가인은 아벨을 돌로 쳐서 죽인다.

이 사건에 대해서 성령 하나님은 히브리서 11장 4절에서 이렇게 해석하였다. "믿음으로 아벨은 가인보다 더 나은 제사를 하나님께 드림으로 의로운 자라 하시는 증거를 얻었으니 하나님이 그 예물에 대하여 증언하심이라 그가 죽었으나 그 믿음으로써 지금도 말하느니라." 아벨이 믿음으로 형 가인보다 더 나은 제사를 드렸다고 하나님이 증언하셨다. 하나님은 가인보다 아벨을 기뻐하셨다. 우볼 것은 하나님께서 가인과 그 제물은 열납하지 않으셨고, 아벨과 그 제물은 열납하셨다. 여기에 보면 그들의 전인격과 제물이 연결되어 있다. 성경은 대표자 언어로 되어 있다. 첫 사람 아담은 모든 인류의 대표자였다. 동일하게 하나님은 아벨을 아담 이후의 대표자로 세우시고 아벨을 기뻐하셨다. 이는 후에 하나님께서 이삭의 두 아들 중에서 '에서' 보다는 '야곱'을 대표자로 세우심과 같다. 가인은 하나님이 기뻐하신 아벨을 중심으로 자신의 삶을 경영해야 했다. 그런데 오히려 하나님이 기뻐하신 대표자 아벨을 죽였다. 하나님 나라 안에서 첫 번째로 드러난 살인은 단순한 사건이 아니다. 이는 어둠의 세력에 의해서 자행된 하나님의 일에 대해 대적한 사건이다.

하나님은 아담의 후손의 첫 조상으로 아벨을 택하셨다. 첫째 아들 가인이 있었지만, 하나님은 둘째 아들 아벨을 여인의 후손의 조상으로 정하셨다. 이는 후에 아벨 대신 셋을 주심으로 확증된다. 아담의 가정에 아벨이 죽은 후에 그냥 셋을 주시면 되지, 아벨 대신에 셋을 주셨다고 하셨다. 이것은 아벨이 메시아의 계보에 택정된 자임을 나타내는 것이다. 이 일을 어둠의 세력도 알았다. 어둠의 세력은 여자의 후손 탄생을 막아야만 했다. 왜냐면 여자의 후손이 태어나면 자신들을 온전히 멸하실 것이기 때문이다. 후에 성령 하나님께서 예수님이 이 세상에 오신 목적을 말씀하시기를 "하나님의 아들이 나타나신 것은 마귀의 일을 멸하려 하심이라."(요1서 3:8)라고 하셨다. 어둠의 세력들이 자신들의 일을 멸하기 위해서 오실 예수님이 태어나는 것을 막는 것은 당연하였다. 여인 후손의 조상으로 택정 된 아벨을 죽임으로 처음부터 싹을 자르려고 하였다. 그래서 가인을 통해서 여인의 후손의 조상인 아벨을 죽였다. 이는 시작에 불과하다. 하나님의 일하심을 방해하는 사건은 이후에도 끊임없이 지속된다. 다윗왕을 죽이려고 한 사울의 시도도 이에 속한다. 갓 태어난 아기 예수를 죽이려는 헤롯왕의 포악한 명령은 두말할 필요도 없다. 베들레헴 경내의 애꿎은 2살 아래의 사내아이들만 죽임을 당하였다. 사탄은 아벨만 죽이면 여인의 후손에 대한 하나님의 약속이 물거품이 될 것으로 여겼다. 어떻게 해서라도 여인의 후손을 막아야 자신들의 멸망을 막을 수 있기 때문이었다. 사탄의 입장에서 보면 가장 절호의 기회라고 생각했을 것이다. 아담의 후예로서 이제 막 여인의 후손의 조상으로 싹이 난 상황이니 말이다. 따라서 이 싹만 잘라 버리면 영원토록 여인의 후손이 오심을 막을 수 있다고 여겼다. 사탄도 나름대로 지혜롭게 행한 것이다. 사탄이 이렇게 행함은 하나님에 대해서 잘 알지 못했기 때문이었다. 하나님은 약속하신 것에 대해서 자신의 때에 반드시 이루신다. 아무도 하나님의 일하심을 막을 수 없다. 하나님은 말씀으로 천지를 창조하신 분이시다. 하늘과 땅을 자신의 나라로 창조하신 하나님은 일을 이루시는 분이시다. 사탄의 전략은 성공적이었다. 가인은 분노하여 동생 아벨을 죽였기 때문이다. 하지만 하나님은 아벨 대신 셋을 주셨다. 사탄은 결과적으로 실패했다.

아벨 대신에 셋을 지정하신 하나님
메시아의 계보를 지정하심

창세기 4:25

아담이 다시 자기 아내와 동침하매 그가 아들을 낳아 그의 이름을 '셋'이라고 하였다. 아담은 셋의 탄생에 의미를 부여하였다. 곧 "하나님이 내게 가인이 죽인 아벨 대신에 다른 씨를 주셨다."라고 하였다. 셋의 이름의 뜻은 '지정된 자'이다.

하나님의 일하심이 처음부터 사탄의 방해를 받았다. 하나님께서 아벨을 통해서 이루시려는 일이 있었는데 사탄이 가인을 통해서 아벨을 죽이므로 마치 하나님의 일에 차질이 생긴 것처럼 보였다. 아담 이후로 첫 여인의 후손을 위한 계보의 시작이 형 가인에 의해 죽임을 당하였으니 하나님으로서 난감한 상황이 아닐 수 없었다. 어둠의 세력들은 아벨을 죽인 후에 승리의 개가를 불렀을 것이다. 그러나 하나님은 아벨 대신에 셋을 지정하여 주시므로 어둠의 세력들이 부른 승리의 개가를 무색하게 만들어 버렸다. 이런 상황은 하나님의 구속의 역사 속에서 계속해서 반복된다.

　메시아의 계보가 아브라함과 이삭, 야곱 그리고 유다로 이어졌다. 그런데 유다의 후손으로 이어질 메시아의 계보에 문제가 생겼다. 유다의 장남 엘이 악행으로 인해 죽었다. 둘째 아들 오난도 하나님 앞에 악함으로 죽었다. 어둠의 세력들은 유다의 3명의 아들 중에 2명이 죽었으니 이쯤에서 메시아의 계보가 끊어질 것이라고 여겼다. 유다는 셋째 아들도 죽을까 봐 며느리에게 주지 않았다. 하나님은 특별한 방식으로 유다의 후손 곧 메시아의 계보를 이어가셨다. 유다가 며느리인 다말에게서 쌍둥이를 낳은 것이다. 그 쌍둥이 중에서 베레스를 메시아의 계보가 되게 하셨다.

　이런 식으로 이어진 사탄의 역사는 마침내 우리 주 예수 그리스도의 십자가와 부활에서 분명하게 드러난다. 어둠의 세력들은 예수님을 죽이기 위해서 십자가에 못 박았다. 그리고 분명히 죽였다. 십자가에 달리신 예수 그리스도는 "다 이루었다."라고 하시고 운명하셨다. 어둠의 세력들은 신나게 승리의 개가를 불렀다. 드디어 모든 일이 다 끝났다고 여겼다. 그런데 3일 만에 그리스도는 사망을 이기시고 새 생명으로 부활하셨다. 이렇게 부활하신 우리 주 예수 그리스도는 하늘과 땅의 왕으로 지정되셨다. 만 왕의 왕이 되시어 온 세상을 통치하신다. 사탄의 방해에도 불구하고 하나님의 일하심은 계속된다. 하나님은 아벨 대신에 셋을 메시아의 계보로 지정하셨다. 이는 변개할 수 없는 하나님의 결심이다. 여인의 후손을 약속하신 하나님은 반드시 여인의 후손을 위한 계보를 이어가신다. 아벨은 죽었어도 아벨을 대신하여 셋을 세움에서 이를 확증할 수 있다. 아담의 입장에서도 황당하였을 것이다. 하나님께서 메시아의 계보로 아벨을 세우셨는데 아벨이 죽임을 당하였으니 말이다. 이미 아담도 하나님께서 자신의 나라를 회복하실 여인의 후손을 약속하심을 알았을 것이다. 그랬기 때문에 아담은 자신의 아내의 이름을 '하와' 곧 '모든 산 자의 어머니'라고 지었다. 그리고 아담과 하와는 여인의 후손을 기다리며 아이를 낳았다. 아담은 첫 번째 아들을 낳고 이름을 가인이라고 지었다. 이는 여호와께서 주신 아들이라는 의미이다. 아담은 하나님께서 자신들에게 주신 첫 번째 아들이 약속하신 여인의 후손이 아닐까? 짐작했을 것이다. 그런데 첫 번째 아들인 가인의 삶을 보면서 약속하신 여인의 후손이 아니라는 것을 알았다. 그리고 두 번째의 아들을 낳고 한숨을 쉬었다. 하지만 하나님은 아담과 하와가 한숨을 쉰 그 아들을 통해서 메시아의 계보로 이어갈 것을 확정하셨다. 어둠의 세력은 하나님이 메시아의 계보로 확정한 아벨을 죽임으로 여자의 후손의 오심을 막았다. 그럴지라도 하나님은 아벨 대신에 셋을 여인의 후손의 계보로 지정하여 세우셨다. 앞으로 하나님은 셋의 계보로 이어질 여인의 후손의 조상을 이어가실 것이다. 약속하신 여인의 후손인 우리 주 예수 그리스도께서 오실 때까지 계속될 것이다.

셋 후손들의 예배를 받으신 하나님

셋의 하나님

창세기 4:26

이 세상에 살고 있는 사람들을 크게 분류하면 여호와 하나님을 예배하는 자와 예배하지 않는 자로 나눌 수 있다. 하나님께서 가장 중요하게 여긴 것은 예배이다. 하나님께서 처음으로 언약의 모든 말씀을 기록하게 하신 때가 모세 때이다. 출애굽기 34:27에 보면 "여호와께서 모세에게 이르시되 너는 이 말씀들을 기록하라 내가 이 말들의 뜻대로 너와 이스라엘과 언약을 세웠음이니라 하시니라."라고 하셨다. 하나님께서 모세를 통해 주신 말씀들을 기록하게 하신 것이다. 하나님이 모세를 통해 시내산에서 자기 백성들과 언약을 맺으시고 주신 말씀은, 하나님과 교제하는 내용이다. 곧 제사에 대한 말씀이었다. 그래서 언약을 맺은 후에 하나님이 자기 백성 중에 예배를 받으시려고 성막을 지으시고 임재하셨다. 하나님이 자기 백성에게서 예배를 받으시고 함께 교제하며 동행하심이 성경의 모든 틀을 이룬다. 하나님의 관심은 자기 백성들의 예배에 집중되어 있다. 그러므로 우리 또한 하나님께 예배함을 가장 중요하게 여겨야 한다. 성경을 읽을 때도 하나님의 백성들이 여호와 하나님을 온전히 예배하고 있는가를 유심히 살펴야 할 것이다. 그런데 창세기 4:26에서 이런 표현이 드러난다. "셋도 아들을 낳고 그의 이름을 에노스라 하였으며 그때에 사람들이 비로소 여호와의 이름을 불렀더라." 하나님이 아벨 대신에 메시아의 계보로 지정한 셋에게 자식을 주셨다. 그래서 셋은 그 자식을 에노스라고 불렀다. 에노스라는 이름의 뜻은 '사람'이라는 뜻인데 사람 중에서도 '남자'라는 의미이다. 유추하건대 셋이 아들의 이름을 에노스 곧 '남자'라는 이름으로 지은 것은 하나님과의 관계에서 하나님의 형상과 모양으로 지음 받은 자임을 분명히 심어주기 위함이었을 것이다. 더불어 사람은 연약한 피조물이라는 것을 정확히 인지시키기 위해서 그렇게 지었을 것이다. 이로 보건대 셋은 자신이 먼저 하나님의 형상과 모양대로 지음 받은 존재임을 알고 여호와 하나님을 예배하는 자로 살았을 것이다. 그래서 그와 관련하여 에노스 때에 사람들이 여호와의 이름을 부른 예배가 자리를 잡았다고 볼 수 있다.

아담의 후예들은 두 부류의 특성을 가지고 번성해 갔다. 한 부류는 가인의 후예들인데 그들은 여호와 하나님을 의지하지 않고 자신들의 지혜와 힘을 의지하면서 공동체를 이루며 사는 자들이었다. 또 한 부류는 셋의 후예들인데 이들은 여호와 하나님을 의지하며 여호와의 이름을 부르며 예배하는 공동체를 이루며 살았다. 하나님의 구속의 역사는 셋 계통의 경건한 후예들을 중심으로 진행된다. 가인의 후손들이나 셋의 후손들 모두가 하나님의 나라 안에 살고 있으며, 하나님이 돌보시고 통치하신다. 그러나 하나님의 관심은 자신의 이름을 부르며 예배하는 공동체에 있다. 아무도 여호와의 이름을 부르지 않을 때에 누군가 여호와의 이름을 부르며 예배한다면 이는 하나님께 영광 돌리는 일이다. "그때에 사람들이 비로소 여호와의 이름을 불렀더라." 하나님이 얼마나 기뻐하셨을까? 가인의 후예들이 여호와 하나님을 잊어버리고 마음대로 살고 있을 때, 경건한 셋의 후손들이 여호와의 이름을 부르며 예배의 자리에 나아왔으니 참으로 기특한 일이 아닐 수 없다. 이 일의 시작을 셋이 하였고 에노스 때에 꽃을 피웠다. 하나님은 경건한 셋의 후손들의 예배를 받으셨다.

하나님은 경건한 자기 백성들의 예배를 예수 그리스도 안에서 온전히 이루셨다. 예수님께서 사마리아 수가성 여인과 나누었던 대화를 통해 알 수 있다. 여인은 예수님께 어디서 예배를 드려야 하는지 물었다. "우리 조상들은 이 산에서 예배하였는데 당신들의 말은 예배할 곳이 예루살렘에 있다 하더이다."(요 4:20) 어디서 즉, 장소에 대해서 질문했다. 그런데 예수님은 장소에 대한 대답을 하지 않고 예배하는 때에 대해서 말씀하셨다. "여자여 내 말을 믿으라 이 산에서도 말고 예루살렘에서도 말고 너희가 아버지께 예배할 때가 이르리라."(요 4:21) 그리고 예수님은 참된 예배에 대한 중요한 말씀을 하셨다. "아버지께 참되게 예배하는 자들은 영과 진리로 예배할 때가 오나니 곧 이때라 아버지께서는 자기에게 이렇게 예배하는 자들을 찾으시니라. 하나님은 영이시니 예배하는 자가 영과 진리로 예배할지니라." 예수님의 말씀을 들은 여인은 메시아가 오시면 이 모든 것에 대해서 알려주실 것이라고 대답했다. 예수님께서는 즉각 "네가 말하는 내가 그라."고 하시므로 자신이 그들이 그토록 기다리던 메시아이심을 알리셨다. 우리 주 예수 그리스도께서 이루신 구속의 은혜로 성령 하나님이 임재하셨다. 성령 하나님과 함께 하는 새 시대의 모든 성도는 하나님께 참된 예배를 드리는 자들이다. 우리 성도들이 성령 안에서 진리로 예배하는 자들이기 때문이다. 아담과 하와를 지나 에노스 시대에 이르러서야 사람들이 비로소 여호와의 이름을 부르며 예배하였다. 이제, 아들의 영이신 성령 안에서 진리로 예배하는 공동체, 바로 예배 공동체가 여호와의 이름을 부르며 예배를 드린다. 새 백성들은 생명으로 예배하는 자들이다. 최고의 영광이 하나님을 예배하는 일이다.

죄를 심판하신 하나님
노아 홍수

창세기 6장, 7장, 8장

노아 시대에 하나님의 나라 안에 온갖 죄악이 난무하였다. 가인 계통의 후예들은 이미 죄로 얼룩진 삶을 살고 있었다. 문제는 경건한 셋의 후예들이 담대하게 죄를 지었다는 것이다. 하나님의 아들들의 죄를 성경은 이렇게 기록하고 있다. "사람이 땅 위에 번성하기 시작할 때에 그들에게서 딸들이 나니 하나님의 아들들이 사람의 딸들의 아름다움을 보고 자기들이 좋아하는 모든 여자로 아내를 삼는지라."(창 6:1-2) 하나님은 자기 백성들의 경건한 삶을 분명히 말씀하셨다. 그런데 하나님의 아들들이 하나님의 뜻을 거역하고 자기들 마음대로 여자를 택하여 아내로 삼았다. 자신들이 원하는 여자로 아내로 삼는 것이 대체 무엇이 문제인지 반문할 수 있다. 그러나 죄는 이렇게 시작된다. 솔로몬의 죄가 이방 여인들을 첩으로 데려옴에서부터 시작되었다. 이방 여인들은 모두 자신들이 섬기던 우상을 가지고 들어왔고, 결국 온 나라에 우상이 가득하게 만들었다. 하나였던 이스라엘 나라가 북 이스라엘과 남 유다로 분열되는 원인이 솔로몬의 이방인 후궁과 첩들이 가지고 들어온 우상 숭배 때문이었다.

노아 시대 때도 마찬가지였다. 하나님의 아들들 곧 당대에 통치자들은 자기들이 좋아하는 많은 여자를 아내로 삼았다. 당대에 이런 일은 가인 계통에서는 일반적으로 자행되고 있었다. 그런데 경건한 셋 계통의 통치자들까지 악을 자행하였다. 온 세상 모든 사람이 하나님과 그분의 뜻을 버리고 자기들의 정욕대로 행하였다. 하나님이 보시기에 사람들의 죄악은 이미 세상을 넘어섰다. 사람들의 마음에서 나온 모든 계획은 항상 악했다. 하나님은 땅 위에 사람 지으셨음을 한탄하시고 온 세상을 물로 심판하여 새롭게 하시기로 작정하셨다.

하나님은 당시에 하나님과 동행하며 의롭게 사는 노아와 그의 가족들에게 은혜를 베푸셨다. 노아의 가족 구성을 보면 한 남편에 한 아내였다. 하나님은 노아에게 세상을 심판하실 뜻을 밝히고 방주를 지으라고 하셨다. 노아와 그의 가족은 하나님의 명을 받들어 방주를 지었다. 방주가 완성되자 하나님은 혈육 있는 생물들을 보존하기 위해 혈육 있는 모든 생물은 암수 한 쌍씩 방주로 인도하였다. 노아는 그 생물들의 양식을 저축하였다. 짐승 중에는 정결한 짐승은 암수 일곱 쌍씩, 그리고 부정한 짐승은 암수 둘씩을 방주로 인도하였다. 공중의 새들도 암수 일곱씩 방주로 들였다. 노아는 여호와 하나님께서 명하신 대로 다 준행하였다. 노아의 가족을 비롯한 짐승과 생물들이 방주에 들어갔다. 하나님은 노아가 방주에 들어간 지 7일 후 온 세상이 홍수에 덮이게 하셨다. 큰 깊음의 샘들이 터지고 하늘의 창문이 열려 40주야 동안 비가 땅에 쏟아졌다. 물이 150일을 땅에 넘쳤다. 그 결과는 땅에 있는 모든 사람, 모든 생물이 죽었다. 땅 위에 물이 감한 후에야 방주에서 나오게 하셨다. 지면의 모든 사람과 생물들과 짐승들은 죽었고 오직 방주에 있는 자들만 살아남았다.

하나님은 자신의 나라 안에 죄가 관영하는 것을 그냥 두고 볼 수 없으셨다. 이미 하나님은 죄와 싸우기로 작정하셨다. 그래서 자신의 나라에 드러난 죄에 대하여 반드시 심판하신다. 하나님이 가장 싫어하신 것은 죄이다. 죄는 하나님을 마음에 모시기 싫어하는 것에서부터 시작하여 급속도로 성장한다. 오죽했으면 하나님께서 땅 위에 사람 지으셨음을 후회하시고 물로 온 세상을 심판하였겠는가? 하나님께서 자신의 나라를 정결케 하신 사건이 바로 노아 시대에 물로 세상을 심판하심이다. 하나님 나라를 시작하신 하나님께서는 반드시 그 나라를 완성하실 것이다. 그러므로 이 과정 속에서 하나님의 나라 안에 죄가 자라지 못하도록 정결케 하실 것이다. 노아 시대에는 하나님께서 전체적으로 자신의 나라를 정결케 하셨다. 그러나 앞으로 드러날 하나님의 정결 사역은 국지적으로 드러난다. 소돔과 고모라처럼 한 지역을 심판하기도 하시고 한 개인을 심판하기도 하신다. 죄가 자라나는 곳에는 반드시 하나님의 심판의 손길이 임한다. 이는 하나님께서 자신의 나라를 경영하시는 방식이다. 하나님은 온 세상을 물로 심판하시는 중에서도 의롭고 경건한 노아와 그의 가족들은 보존하셨다.

자신의 나라를 새롭게 시작하신 하나님
무지개 언약
창세기 9:1-17

하나님은 자신의 나라에 죄악이 가득해지자 더이상 두고 볼 수 없으셨다. 그래서 홍수로 심판하셨다. 그때가 노아 시대이다. 하나님이 창조한 세상 곧 하나님 나라 안에 하나님의 형상으로 지음 받은 사람은 노아의 8식구만 남았다. 하나님은 노아의 8식구를 통해서 자신의 나라를 새롭게 시작하셨다. 그래서 첫 사람 아담에게 명하신 명령을 동일하게 하신다. "생육하고 번성하여 땅에 충만하라."(창 9:1)이 명령은 첫 사람 아담에게 하셨던 것이다. 하나님은 노아에게 동일한 명령을 두 번씩이나 말씀하신다. "너희는 생육하고 번성하며 땅에 가득하여 그중에서 번성하라 하셨더라."(창 9:7)

이처럼 하나님은 첫 창조의 세상을 아담을 통해서 시작하셨던 것처럼, 물로 심판하여 새롭게 설립하신 자신의 나라를 노아를 통해서 시작하신다. 이러한 관점에서 살펴보면 노아와 그의 가족은 홍수로 인한 세례를 받았다고도 볼 수 있다. 이는 하나님께서 물로 온 세상에 세례를 베푸신 것이다. 세례가 끝나고 나면 정결케 될 뿐만 아니라 하나님과 함께 새로운 출발을 한다. 하나님께서 물로 온 세상을 세례 베풀어 정결케 하시고 이제 노아의 가족을 새롭게 출발시키신다. 노아의 가족이 새롭게 시작한 세상은 이전의 세상이 아니다. 전에는 죄악으로 관영한 세상이었지만 새롭게 출발한 세상은 정결한 세상이다. 하나님이 새롭게 하신 세상이다. 하나님은 새 인류로 인침 받은 노아와 그의 가족과 새로운 언약을 맺는다.

이 언약은 노아와 그의 아들들에게만 국한된 약속이 아니라, 방주 안에 보존되었던 모든 생물까지 포함된 약속이다. "하나님이 노아와 그와 함께 한 아들들에게 말씀하여 이르시되 내가 내 언약을 너희와 너희 후손과 너희와 함께 한 모든 생물 곧 너희와 함께 한 새와 가축과 땅의 모든 생물에게 세우리니 방주에서 나온 모든 것 곧 땅의 모든 짐승에게니라." 하나님이 노아와 그의 아들 그리고 방주 안에 있는 모든 생물과 맺은 언약은 다시는 홍수로 모든 생물을 멸하지 않으시겠다는 언약이다. "내가 너희와 언약을 세우리니 다시는 모든 생물을 홍수로 멸하지 아니할 것이라 땅을 멸할 홍수가 다시 있지 아니 하리라. 하나님이 이르시되 내가 나와 너희와 및 너희와 함께 하는 모든 생물 사이에 대대로 영원히 세우는 언약의 증거는 이것이니라."(창 9:11-12)

하나님은 이 언약을 확증하는 표시로 하나님의 무지개를 구름 속에 두셨다. 하나님은 언약의 증표가 되는 무지개를 "내 무지개"라고 하셨다. 이는 하나님과 세상이 맺은 언약의 증거였다. 하나님은 구름 속에 무지개가 나타날 때마다 다시는 물로 세상을 멸하지 않겠다는 언약을 기억하리라고 약속하셨다. "내가 구름으로 땅을 덮을 때에 무지개가 구름 속에 나타나면 내가 나와 너희와 및 육체를 가진 모든 생물 사이의 내 언약을 기억하리니 다시는 물로 모든 육체를 멸하는 홍수가 되지 아니할지라."(창 9:14-15) 지금도 무지개가 구름 속에 나타날 때마다 하나님은 물로 세상을 멸하지 않겠다는 언약을 기억하시고 자신의 나라를 물로부터 보존하신다. 노아 시대에 맺었던 이 언약은 지금까지 지켜졌다. 하나님께서는 앞으로도 이 언약을 지키실 것이다.

하나님은 새로운 세상에서 새 언약의 중보자로 세워진 노아에게 새로운 양식을 주셨다. 전에 아담에게는 씨 맺는 모든 채소와 씨 가진 열매 맺는 모든 나무를 양식으로 주셨다. 그러나 이제부터는 그와 더불어 모든 산 동물을 양식으로 주셨다. 하나님이 고기를 양식으로 주신 이때로부터 공교롭게도 사람들의 생명의 연수가 점점 짧아진다. 노아는 950년을 살았다. 노아의 아들 셈은 600년을 살았다. 그리고 아브라함은 175세를 살았다. 이는 단지 유추일 뿐이다. 하나님은 모든 산 동물을 양식으로 주시면서 고기를 그 생명되는 피째 먹지 말라고 하셨다. 하나님은 자신의 나라 안에 생명들이 보존되기를 원하셨다. 그래서 너희의 피 곧 생명의 피를 반드시 찾으시겠다고 하셨다. 짐승이면 그 짐승에게서 찾으시고 사람이나 사람의 형제라면 그에게서 그 생명을 찾으리라고 하셨다. 특별히 하나님 자신의 형상대로 지음 받은 사람들의 피를 흘리지 말 것을 명하셨다. 장차 하나님께서 완성하실 하나님 나라는 해 됨도 없고 상함도 없는 나라가 될 것이다. 하나님의 나라는 피 흘림으로 생명이 해를 받는 곳이 결코 아니다. 생명의 주인이신 하나님은 자신의 나라가 생명의 부요한 나라가 되기를 원하신다.

세상 나라를 흩으신 하나님

바벨탑

창세기 11:1-9

하나님께서 죄악으로 관영한 온 세상을 물로 심판하시고 노아의 8식구를 통해서 자신의 나라를 새롭게 출발시켰다. 하나님은 노아를 비롯한 모든 생물과 언약을 맺으시고 그 증표로 구름 속에 하나님의 무지개를 두셨다. 하나님은 자신의 무지개를 간간이 드러내어 그 언약이 유효함을 확증하신다.

노아의 가족들은 하나님의 명령을 받은 대로 생육하고 번성하여 땅에 충만하였다. 노아의 세 아들들 곧 셈과 함과 야벳은 하나님의 은혜를 입어 많은 숫자로 번성하였다. 하나님은 그들 모두가 무지개 언약을 의지하고 하나님을 의뢰하는 경건한 백성으로 살기를 원하셨다. 이에 비해 노아의 후손들은 홍수에 대한 두려움이 트라우마처럼 자리 잡고 있었다. 그들은 온 세상을 덮은 홍수로 인해 노아와 가족들 외에 모든 사람이 멸망 당했다는 것을 알고 있었다. 하나님께서 다시는 물로 심판하지 않으실 것이라고 약속하셨지만, 그들의 마음 한편에는 늘 불안함이 있었다. 언젠가 다시 하나님께로부터 홍수와 같은 심판이 주어질지도 모른다는 두려움이 있었다. 결국, 노아의 후손들은 자신들의 지혜를 동원하여 인간 중심의 나라를 세웠다. 다시는 물로 멸망을 당하지 않게 하기 위해서 높이 탑을 쌓기도 했다. 시날 평지에 모여서 성읍과 탑을 건설하였다. 성읍은 그들이 살아갈 도성이다. 어디에 살든지 성읍은 지어야 했다. 그런데 문제는 탑이었다. 그 탑의 꼭대기를 하늘에 닿게 하였다. 즉 탑을 높이 세웠다는 말이다. 그 이유는 먼저 자신들의 이름을 내기 위해서다. 인간들의 지혜와 기술을 자랑하는 탑이다. 탑을 높이 세우므로 자신들의 명성을 드러내기 위함이었다. 그뿐만 아니라 온 지면에 흩어짐을 면하기 위해서 높은 탑을 세웠다. 높이 세운 탑을 중심으로 하나로 연합하기 위함이었다. 혹시 이전과 같은 홍수가 다시 온다 해도 이 높은 탑을 보고 다시 이곳으로 모이기를 소망하였다. 노아의 후손들의 이와 같은 생각과 행위는 하나님의 약속을 불신하는 행위였다. 하나님께서 구름 속에 언약의 표징인 무지개를 두시면서 다시는 물로 이 세상을 멸하지 않으실 것이라고 약속하셨다. 그런데 노아의 후손들은 그 약속을 온전히 신뢰하지 못하고 또다시 물로 인한 홍수가 임하면 흩어짐을 면하자고 하였다. 그리고 그들이 세운 도성과 탑은 지극히 인간 중심의 나라였다. 하나님 없이 우리의 힘으로 우리의 도성을 만들고 우리의 이름을 내자고 하는 것이 바로 인본주의이다.

여호와께서 사람들이 건설하는 그 성읍과 탑을 보시려고 내려오셨다. 그리고 그들의 중심과 행위를 보시고 하나님 자신의 뜻에 일치하지 않음을 아셨다. 그리고 말씀하시기를 "이 무리가 한 족속이요 언어도 하나이므로 이같이 시작하였으니 이후로는 그 하고자 하는 일을 막을 수 없으리로다. 자 우리가 내려가서 거기서 그들의 언어를 혼잡하게 하여 그들이 서로 알아듣지 못하게 하자."라고 하셨다(창 11:6-7). 결국, 하나님께서 그들의 언어를 혼잡하게 하셨다. 성읍을 짓고 높은 탑을 세우는데 언어가 혼잡하므로 서로 의사소통이 되지 않아 더이상 성읍과 탑을 세울 수 없었다. 그래서 그 탑의 이름을 '바벨'이라고 하였다. 이는 "혼잡하게 하다."는 의미이다. 곧 하나님께서 언어를 혼잡하게 하시므로 성읍을 짓는 일과 탑을 세우는 일을 멈추셨다. 그리고 그들을 온 지면으로 흩으셨다. 원래 탑을 하늘 높이 세운 목적이 흩어짐을 면하기 위해서였는데 오히려 이 일로 인해서 온 지면으로 흩어지게 되었다. 참으로 아이러니하지 않은가? 인간들의 생각은 높이 탑을 세워서 자신들의 이름을 내고 온 지면으로 흩어짐을 면하기 위함이었는데, 자신들의 이름을 내지도 못하고 온 땅으로 흩어졌다. 하나님께서 그들의 중심을 보시고 그들이 두려워하는 대로 갚아 주셨다.

  이때로부터 하나님 나라 안에 여러 언어가 나뉘었다. 언어가 다름으로 인해 온 세상의 모든 민족이 서로 하나 되지 못하고 분열하고 갈등하였다. 같은 언어를 사용하는 민족들이 한 공동체를 이루었다. 언어는 삶이고 문화이다. 언어가 다르면 하나가 될 수 없다. 그래서 온 세상의 모든 국가와 민족들이 서로 나뉘고 분쟁하였다.

  우리 주 예수 그리스도께서 이 세상에 오심은 모든 분열과 갈등을 해소하고 하나로 연합시키기 위해서이다. 모든 분열의 원인이 죄악이므로 예수님께서 십자가에서 죄의 문제를 처리하셨다. 3일 만에 새 생명으로 부활하시고 승천하시어 아버지께로부터 성령을 받아 자기 교회에 보내주셨다. 그 첫 번째 사건이 바로 마가의 다락방에 임하신 성령 강림이다. 그때에 오신 성령 하나님은 120명의 제자에게 임재하시었다. 성령 충만함을 받은 제자들이 성령의 말하게 하심을 따라 다른 언어들로 말하기를 시작하였다. 바로 그 자리에 천하 각국으로부터 온 경건한 유대인들의 큰 무리가 모였는데 각각 자기의 방언으로 제자들이 말하는 것을 들었다. 말하는 사람들은 다 갈릴리 사람들이었다. 그런데 각 나라의 언어로 하나님의 큰일을 들었다. 우리 주 예수 그리스도의 구속의 결과로 성령 하나님이 임재하시어 천하 각국 사람들이 듣도록 언어를 통일하셨다. 이는 성령 하나님이 오셔서 예수 그리스도의 이름으로 이루신 새 생명의 연합이다. 이 땅의 모든 사람이 우리 주 예수 그리스도 안에서 하나로 연합될 것이다. 우리 가운데 임재하신 성령 하나님이 그 연합의 일을 이루실 것이다. 성령 하나님은 에베소 교회에 말씀하시기를 "성령이 하나 되게 하신 것을 힘써 지키라."하고 말씀하셨다. 앞으로 온 세계 모든 민족은 우리 주 예수 그리스도 안에서 하나로 연합될 것이다.

이스라엘의 조상, 아브라함을 부르신 하나님

이스라엘의 시작

창세기 12:1-20

　인간 중심의 나라와 민족을 온 지면에 흩으신 하나님은 하나님 중심의 나라를 세우신다. 곧 한 사람 아브라함을 택하셔서 이스라엘의 시조가 되게 하신다. 아브라함부터는 이전 세계와는 달리, 구체적으로 드러낼 이스라엘을 시작하신다. 하나님은 하란에 있는 아브라함에게 찾아가서 "너는 너의 고향과 친척과 아버지의 집을 떠나 내가 네게 보여 줄 땅으로 가라 내가 너로 큰 민족을 이루고 네게 복을 주어 네 이름을 창대하게 하리니 너는 복이 될지라. 너를 축복하는 자에게는 내가 복을 내리고 너를 저주하는 자에는 내가 저주하리니 땅의 모든 족속이 너로 말미암아 복을 얻을 것이라." 고 하셨다(창 12:1-3). 하나님의 명령을 받은 아브라함은 하란을 떠나 가나안 땅으로 이주하였다. 당시 그의 나이 75세였다. 하나님은 아브라함에게 가나안 땅을 네 자손에게 주리라고 약속하였다. 아브라함은 자기에게 나타나서 약속하신 하나님께 제단을 쌓고 여호와의 이름을 불렀다.

하나님은 자신의 말씀에 순종하여 가나안에 거주한 아브라함에게 3가지를 약속하셨다. 첫째는 나는 너와 너의 후손의 하나님이 되시겠다고 하셨다. "내가 내 언약을 나와 너 및 네 대대 후손 사이에 세워서 영원한 언약을 삼고 너와 네 후손의 하나님이 되리라."(창 17:7) 이미 하나님은 아브라함의 하나님이셨고 아브라함은 하나님의 백성이었다. 이제 후로 아브라함의 자손이 태어나면 하나님은 그 아브라함의 후손의 하나님이 되시고 그 후손들은 하나님의 백성이 될 것이다. 두 번째로 하나님은 아브라함의 후손을 크게 번성시켜 주시겠다고 하셨다. "내가 네 자손이 땅의 티끌 같게 하리니 사람이 땅의 티끌을 능히 셀 수 있을진대 제 자손도 세리라."(창 13:16) "하늘을 우러러 뭇별을 셀 수 있나 보라 또 그에게 이르시되 네 자손이 이와 같으리라."(창 15:5)

셋째로 네 자손에게 가나안 땅을 기업으로 주시겠다고 하셨다. "내가 이 땅을 네 자손에게 주리라."(창 12:7) "보이는 땅을 내가 너와 네 자손에게 주리니 영원히 이르리라."(창 13:15)

이 세 가지의 약속은 이스라엘을 세우기 위한 내용이다. 첫 번째 약속 곧 나는 너와 너의 후손의 하나님이 되시겠다는 것은 하나님께서 직접 통치하시겠다는 말씀이다. 그리고 두 번째 약속인 네 자손을 번성시키겠다는 것은, 하나님이 자기 백성을 번성시켜서 한 나라를 이루시겠다는 말씀이다. 그리고 마지막 세 번째 약속 곧 가나안 땅을 네 후손에게 주시리라는 약속은, 하나님께서 가나안에 자신의 나라를 세우시겠다는 말씀이다. 이 세 가지의 약속이 다 이루어지면 가나안 땅에 하나님이 왕이 되시어 통치하신 하나님 나라가 세워진다. 하나님께서 아브라함에게 약속하신 이후로 하나님의 일하심은 이 세 가지의 약속을 중심으로 행하신다. 하나님은 아브라함과 그의 후손의 하나님으로서의 역할을 충실히 행하신다. 여기에는 아브라함의 후손들을 번성시키는 일 또한 포함된다. 요셉을 애굽으로 먼저 보내시고 후에 야곱과 그의 가족을 애굽으로 이주시킨다. 그리고 애굽의 곡창 지대에서 430년 동안 아브라함의 후손들을 번성시키신다. 하나님께서 모세를 통해서 출애굽시킨 때에 20세 이상 된 남자들의 숫자가 무려 603,550명이나 되었다. 처음 애굽에 정착한 아브라함의 자손이 70명이었다는 것을 고려한다면, 어마어마한 번성을 이룬 것이다. 모세를 통해 출애굽시켜서 가나안 땅으로 인도하신 하나님, 그 하나님은 이렇게 아브라함에게 약속하신 것을 하나하나 이루고 계셨다. 여호수아를 통해 자기 백성을 가나안 땅에 입성시킨 하나님은 약속하신 땅을 분배하신다. 하나님께서 자기 백성에게 약속하신 가나안 땅은 다윗왕 때에 온전히 주어졌다. 하나님의 약속이 다 이루어졌다. 구약의 목표는 하나님이 아브라함에게 약속하신 나라 곧 가나안에 세워진 하나님 나라이다. 하나님은 아브라함에게 약속하신 나라를 다윗왕 때에 완성하셨다. 하나님은 한 사람 아브라함을 이스라엘의 조상으로 삼으시고 그 후손들을 번성시켜 가나안에 하나님 자신의 나라를 설립하셨다. 이스라엘의 하나님은 먼저 아브라함의 하나님이셨다.

죄악을 심판하신 하나님

소돔과 고모라 사건

창세기 19:1-29

하나님의 백성들이 늘 기억해야 할 진리는 하나님께서 온 세상을 하나님 나라로 창조하셨다는 사실이다. 이 사실을 전제해야만 하나님이 행하신 모든 일이 해석되기 때문이다. 하나님은 자신이 창조하신 나라의 왕이시다. 그리고 하나님과 언약을 맺은 모든 사람이 하나님 나라의 백성들이다. 눈에 보이는 천지 모두가 하나님 나라의 영역이다. 하나님은 온 세상을 자신의 나라로 창조하셨다. 따라서 자신의 나라에서 죄악이 관영한 것을 간과할 수 없다. 이미 언급한 대로 하나님은 아담의 타락 이후에 죄와 싸우시기로 작정하셨다. 모든 죄는 하나님을 대항해서 지은 죄이다.

소돔과 고모라의 죄악은 심각했다. 가만히 두고 볼 수 없었던 하나님은 심판하시기로 작정하셨다. 그들에게 드러난 가장 큰 죄악은 음란한 죄였다. 롯을 찾아간 천사들에게 행한 소돔과 고모라 사람들의 악행에서 이를 확인할 수 있다. 두 천사가 소돔성에 사는 롯의 집에 찾아갔다. 롯은 아브라함의 조카이다. 롯은 성문에 앉았다가 두 천사를 영접하고 자신의 집에서 극진히 대접했다. 당시에 의인들은 나그네를 잘 대접하였다. 하나님은 롯을 의인으로 인정하셨다. 소돔 사람들의 죄악은 그날 저녁에 드러났다. 소돔성 사람들은 이내 롯의 집을 에워싸고 손님으로 온 천사를 내놓으라고 하였다. 오직 성욕을 채우기 위해서였다. 우리나라 성경 개역개정판에서는 "이끌어 내라 우리가 그들을 상관하리라."라고 번역하였다. 영어 성경 NIV 에서는 "Bring them out to us so that we can have sex with them."이라고 번역하였다. 당시 소돔성 사람들이 얼마나 문란한 성생활을 했는지 알 수 있는 대목이다. 롯은 소돔 사람들에게 "내 형제들아 이런 악을 행하지 말라 내게 남자를 가까이 하지 아니한 두 딸이 있노라 청하건대 내가 그들을 너희에게로 이끌어 내리니 너희 눈에 좋을 대로 그들에게 행하고 이 사람들은 내 집에 들어왔은즉 이 사람들에게는 아무 일도 저지르지 말라."고 부탁하였다. 그러나 이미 악으로 가득 찬 소돔사람들은 그의 부탁을 거절하는 것도 모자라 롯까지 해치려고 하였다.

하나님은 유황과 불을 비같이 내려 죄악으로 가득한 소돔과 고모라성을 심판하였다. 하나님은 죄악이 가득한 소돔과 고모라성을 멸하시는 중에서도 롯과 두 딸을 구원하셨다. 롯의 아내는 하나님의 말씀에 불순종하여 뒤를 돌아 본고로 소금 기둥이 되었다. 하나님은 롯과 두 딸을 구원하신 근거를 아브라함에게서 찾는다. "하나님이 그 지역의 성을 멸하실 때에 곧 롯이 거주하는 성을 엎으실 때에 하나님이 아브라함을 생각하사 롯을 그 엎으시는 중에서 내보내셨더라."(창 19:29) 하나님께서는 이전에 소돔과 고모라성을 멸할 것이라고 아브라함에게 말씀하셨다. 이 말을 들은 아브라함은 그 성에 살고 있는 조카 롯을 생각하여 하나님께 중보기도를 올렸다. 아브라함의 중심을 아셨던 하나님은 남아 있는 의인의 수를 점점 줄이는 아브라함의 간청을 들으셨다. 하나님은 아브라함의 조카 롯과 그의 가족을 구원하심으로 아브라함의 간구에 응답하셨다. 롯을 소돔성에서 구원하심은 전적인 하나님의 배려하심이다.

하나님은 죄를 그대로 두고 보지 않으신다. 국가나 지역, 개인에 이르기까지 반드시 그 죄악에 따른 심판을 행하신다. 이것이 곧 하나님께서 자신의 나라를 경영하는 통치 원리이기도 하다. 소돔과 고모라성의 멸망은 그 주위에 있던 모든 성읍과 나라들에 경종이 되었을 것이다.

약속의 씨를 주신 하나님

이삭

창세기 21:1-7

하나님은 아브라함에게 약속하시기를 "내가 너로 큰 민족을 이루겠다."라고 하셨다(창 12:2). 하나님이 이 약속을 하실 때에 아브라함에게는 아들이 없었다. 아브라함은 당시 75세였고 큰 민족의 씨가 될 아들이 절실했다. 이는 한 가계의 가업을 잇는 수준이 아니라 하나님 나라를 위한 큰 민족을 이루는 문제였기 때문이다. 아브라함이 하나님께로부터 아들을 약속받은 후에 아내 사라에 대한 위협이 찾아온다. 아브라함의 가족이 애굽에 도착하자 이내 애굽왕 바로가 사라의 외모에 반해서 취하려고 했다. 만일 이대로 진행이 되었다면 하나님의 약속은 무색해졌을 것이다. 하나님은 바로에게 재앙을 내려 약속을 지키셨다. 그 후에도 아브라함은 하나님의 약속을 계속 기다렸다. 사라의 위기도 여기서 끝난 것은 아니다. 아브라함이 그랄에 거주할 때 그랄왕 아비멜렉이 사라를 취하려고 하였다. 물론 이런 상황이 주어진 것은 아브라함이 아내 사라를 누이라고 했기 때문이기도 하다. 하지만 하나님께서는 이때에도 사라를 안전하게 지키셨다. 이는 하나님께서 자신의 약속을 이루시려는 신실하심이시다.

하나님은 아들을 기다리고 있는 아브라함에게 찾아가셨다. 찾아가셔서 하나님 자신이 아브라함의 방패이자 큰 상급이라고 선언하셨다. 아브라함은 여호와 하나님께 "주 여호와여 무엇을 내게 주시려 하나이까 나는 자식이 없사오니 나의 상속자는 이 다메섹 엘리에셀이니이다. 주께서 내게 씨를 주지 아니 하셨으니 내 집에서 길린 자가 내 상속자가 될 것이니이다."라고 하였다. 하나님은 아브라함에게 분명하게 말씀하시기를 "그 사람이 네 상속자가 아니라 네 몸에서 날 자가 네 상속자가 되리라."라고 하셨다(창 15:4). 하나님은 아브라함에게 하늘의 수많은 별을 보여주시면서 "네 자손이 이와 같으리라."라고 하셨다. 아브라함은 여호와 하나님의 말씀을 온전히 믿었다. 하나님은 아브라함의 이 믿음을 의로 여기셨다.

그 후로도 아브라함은 아주 오랫동안 아들을 기다렸다. 하지만 사라에게서 아들을 얻지 못했다. 결국, 아내 사라는 자신의 몸종 하갈을 통해 아들을 얻고 싶어 했다. 사라가 남편 아브라함에게 이르기를 "여호와께서 내 출산을 허락하지 아니하셨으니 원하건대 내 여종에게 들어가라 내가 혹 그로 말미암아 자녀를 얻을까 하노라."라고 하였다. 그들은 인간적인 방법을 선택했다. 아브라함은 아내 사라의 말대로 하갈과 동침하여 이스마엘을 낳았다. 하지만 이스마엘은 하나님이 주시려던 아들이 아니었다. 오직 사라를 통해서 낳은 자가 하나님의 약속의 아들이었다. 아브라함이 99세 때에 하나님께서 아브라함에게 말씀하시기를 "네 아내 사라가 네게 아들을 낳으리니 너는 그 이름을 이삭이라 하라 내가 그와 내 언약을 세우리니 그의 후손에게 영원한 언약이라."고 하셨다. 이때 사라의 나이는 이미 89세로 경수가 끊어진 상태였다. 의학적인 관점에서 보면 낳을 수 없다. 사라는 하나님의 약속의 말씀을 듣고 웃었다. 그리고 1년 후에 하나님께서 말씀하신 대로 아브라함의 아내 사라가 아들을 낳았다. 아브라함의 나이 100세, 사라 90세 때의 일이다. 하나님은 아브라함의 나이 75세 때에 아들을 주시겠다고 약속하셨는데 25년 후에 약속하신 아들을 품에 안았다. 하나님은 일부러 사라의 경수가 끊어지고 도저히 아들을 낳을 수 없을 때까지 기다리셨다가 이삭을 주셨다. 이는 이삭이 일반적으로 태어난 육신적인 아들이 아니라 약속의 아들임을 분명히 하기 위해서였다. 하갈을 통해서 태어난 이스마엘이 육신적 아들이라면 사라를 통해서 태어난 이삭은 약속의 아들이다. 하나님께서는 갈라디아서를 통해서 이 부분에 대해 말씀하셨다. "아브라함에게 두 아들이 있으니 하나는 여종에게서 하나는 자유 있는 여자에게서 났다 하였으며 여종에게서는 육체를 따라 났고 자유 있는 여자에게서는 약속으로 말미암았느니라."(갈 4:22-23) 여종 하갈이 낳은 이스마엘과 자유 있는 사라가 낳은 이삭을 두 언약에 비유하였다. 곧 옛 시대에 시내산에서 맺은 언약과 우리 주 예수 그리스도 안에서 맺은 새 언약을 비유하였다. "이것은 비유니 이 여자들은 두 언약이라 하나는 시내산으로부터 종을 낳은 자니 곧 하갈이라. 이 하갈은 아라비아에 있는 시내산으로서 지금 있는 예루살렘과 같은 곳이니 그가 그 자녀들과 더불어 종노릇하고"라고 하므로 하갈은 옛 시대 시내산에서 맺은 옛 언약과 연결하였다. 그리고 자유 있는 여자 사라는 위에 있는 예루살렘으로 비유하였다. 하나님은 새 시대의 성도들을 가리켜 이삭과 같이 약속의 자녀라고 말씀하셨다. 그렇다, 새 시대의 새 백성들은 자유 있는 여자의 자녀들이다. "그리스도께서 우리를 자유롭게 하려고 자유를 주셨으니 그러므로 굳건하게 서서 다시는 종의 멍에를 메지 말라"라고 하셨다(갈 5:1).

하나님께서 아브라함의 아들 이삭을 약속의 자녀로 주신 이유는 이삭의 모든 후예를 다 약속의 자녀로 세우기 위해서이다. 이삭이 약속의 아들이면 이삭의 모든 자손은 다 약속의 자손이다. 새 시대에는 우리 주 예수 그리스도께서 하나님의 아들로 이 세상에 오셨다. 그분은 우리의 대표자로 오셨다. 이제 누구든지 우리 주 예수 그리스도를 믿고 그분 안에 있으면 하나님의 아들이 되는 것이다. 하나님은 믿음의 조상 아브라함 때부터 약속의 자손 틀을 세우셨다. 아브라함은 장차 하나님이 메시아를 통해서 이루실 일을 약속의 아들 이삭의 탄생으로 먼저 맛보았다. 이런 의미로 본다면 아브라함은 이 세상의 그 누구보다 가장 먼저 성탄의 즐거움을 누렸다. 하나님은 이삭을 약속의 자손으로 출생시키고 그 후로 모든 이삭의 후손들을 다 약속의 자손으로 영입하셨다. 동일하게 하나님의 아들인 우리 주 예수 그리스도 안에 있는 모든 성도를 하나님의 자녀로 영입하신다. 이렇게 일하신 하나님의 지혜를 찬양한다.

약속의 아들을 다시 받은 아브라함
이삭의 번제, 여호와 이레
창세기 22:1-19

약속의 아들 이삭이 잘 성장하고 있을 때에 하나님은 아브라함을 시험하셨다. 이것은 어쩌면 아브라함이 아들 이삭을 너무 사랑했기 때문에 시작된 것인지도 모르겠다. 하나님은 "네 아들 네 사랑하는 독자 이삭을 데리고 모리아 땅으로 가서 내가 네게 일러 준 한 산 거기서 그를 번제로 드리라."라고 하셨다(창 22:2). 하나님이 아브라함에게 시험하는 말씀을 보면 이삭을 향한 아브라함의 마음을 엿볼 수 있다. "네 아들 네 사랑하는 독자 이삭"이라고 하셨다. 아브라함에게 있어 이삭은 자신의 생명보다 더 사랑하는 존재였다. 이것만큼은 빼앗길 수 없고, 드릴 수 없는 존재였을 것이다. 그런데 하나님께서 "네 사랑하는 독자 이삭을" 번제로 드리라고 하셨다. 번제는 제단 위에 나무를 놓고 번제물을 죽여 각을 뜨고 태워서 드리는 제사이다. 이런 황당한 명령도 명령인가? 아브라함은 수용하기 힘들었다. 이것은 하나님께서 아브라함에게 약속하셨던 말씀과 정 반대인 명령이었다. 하나님께로부터 처음 약속을 받은 후 25년 만에 얻은 약속의 아들인데 인제 와서 그 아들을 번제로 드리라고 하시는 것이다. 그러나 아브라함은 하나님의 명령이기에 순종하였다. 아침 일찍 두 종과 이삭을 데리고 3일 길을 걸어서 하나님이 지시하신 그 산으로 갔다. 그리고 두 종을 산 아래 두고 이삭을 데리고 번제할 장소로 올라갔다. 이삭은 자신을 태울 번제할 나무를 친히 짊어졌다. 그리고 아브라함은 불과 칼을 들었다. 올라가는 길에 이삭이 아버지 아브라함에게 "아버지여, 불과 나무는 있거니와 번제할 어린 양은 어디 있나이까?"라고 물었다. 참으로 대답하기 고통스러운 질문이었다. 아브라함은 아들 이삭에게 "내 아들아 번제할 어린 양은 하나님이 자기를 위하여 친히 준비하시리라."하고 대답하였다. 드디어 번제할 장소에 도착하였다. 아브라함은 이삭과 함께 제단을 쌓고 제단 위에 나무를 벌려놓았다. 그리고 사랑하는 아들 독자 이삭을 결박하여 제단 나무 위에 올려놓았다. 생각해 보라, 이삭이 얼마나 놀랐겠는가? 이는 실제 상황이다. 아브라함이 칼을 빼어 들고 사랑하는 아들 독자 이삭을 찔러 죽이려고 할 때에 여호와 하나님의 사자가 아브라함을 불러 멈추게 하였다. "그 아이에게 네 손을 대지 말라 그에게 아무 일도 하지 말라 네가 네 아들 네 독자까지라도 내게 아끼지 아니하였으니 내가 이제야 네가 하나님을 경외하는 줄을 아노라"하고 말씀하셨다. 이미 하나님은 번제할 양을 준비해 놓으셨다. 한 숫양의 뿔이 수풀에 걸려 있는 모습이 아브라함의 눈에 들어왔다. 곧장 그 숫양을 아들 대신하여 번제로 드렸다. 아브라함은 그 땅 이름을 '여호와 이레' 곧 여호와께서 준비하리라는 의미로 이름을 지었다.

  이 사건으로 아브라함은 이삭을 죽은 자 가운데서 다시 받게 되었다. 아브라함은 이삭을 번제로 드려도 하나님이 다시 살리실 것을 믿었다. 이 사건에 대해서 하나님은 아브라함의 믿음을 이렇게 설명하셨다. "아브라함이 시험을 받을 때에 믿음으로 이삭을 드렸으니 그는 약속을 받은 자로되 그 외아들을 드렸느니라. 그에게 이미 말씀하시기를 네 자손이라 칭할 자는 이삭으로 말미암으리라 하셨으니 그가 하나님이 능히 이삭을 죽은 자 가운데서 다시 살리실 줄로 생각한지라 비유컨대 그를 죽은 자 가운데서 도로 받은 것이니라."(히 11:17-19) 이와 같은 아브라함의 믿음은 아브라함이 두 종에게 한 말 속에서 확증된다. 번제할 산에 도착할 즈음에 아브라함은 두 종에게 "너희는 나귀와 함께 여기서 기다리라 내가 아이와 함께 저기 가서 예배하고 우리가 너희에게로 돌아오리라"하고 말하였다. 여기서 눈여겨볼 것은 "내가 아이와 함께 저기 가서 예배하고 우리가 너희에게로 돌아오리라"라는 부분이다. 이삭을 번제물로 드리면 아브라함 혼자 돌아와야 한다. 그런데 아브라함은 "우리가 너희에게로 돌아오리라"라고 하였다. 이는 하나님이 이삭을 다시 살리실 줄 믿었기 때문이었다. 그렇다. 아브라함은 이삭을 죽은 자 가운데서 도로 받은 것이다. 즉 아브라함은 이 사건을 통해, 예수 그리스도의 부활을 미리 체험한 선지자이다. 오직 하나님의 은혜로 이삭의 탄생으로 메시아의 탄생을 미리 체험한 아브라함은 이삭을 번제물로 드리는 사건으로 예수 그리스도의 부활을 미리 맛볼 수 있었다.

야곱을 언약의 족장으로 택하신 하나님

은혜의 선택

창세기 25:19-34

이삭의 아내 리브가가 임신하지 못하므로 이 일로 여호와께 부르짖었다. 그랬더니 여호와께서 리브가에게 쌍둥이를 허락하셨다. 이 둘은 태에서부터 서로 다투었다. 이로 인해 몹시 힘이 든 리브가는 여호와께 물었다. 여호와께서 말씀하시기를 "두 국민이 네 태중에 있구나 두 민족이 네 복중에서부터 나누이리라 이 족속이 저 족속보다 강하겠고 큰 자가 어린 자를 섬기리라"라고 하셨다. 여기서 두 국민은 이스라엘 국민과 에돔 국민이다. 두 민족은 야곱을 통해서 번성할 민족과 에서를 통해서 번성할 민족을 일컫는다. 또한, 이 족속이 저 족속보다 강하겠다는 의미는 야곱으로 말미암은 이스라엘 족속이 에서로 말미암은 에돔 족속보다 강하겠다는 뜻이다. 그리고 큰 자가 어린 자를 섬기리라는 의미는 큰 자 곧 에서가 어린 자 곧 야곱을 섬길 것이라는 뜻이다. 하나님은 그들이 아직 태 안에 있을 때에 이미 모든 것을 정하시고 말씀하셨다. 이는 우리의 구원이 우리의 행위에 있지 않고 오직 여호와 하나님의 은혜로 택하심에 있음을 확인할 수 있다. 하나님께서 자기 백성을 택하실 때에 약속의 자손들로 자기 백성을 삼으신다. 로마서에 이에 대한 설명을 하면서 야곱을 예로 든 것을 보자. "곧 육신의 자녀가 하나님의 자녀가 아니요 오직 약속의 자녀가 씨로 여기심을 받느니라. 약속의 말씀은 이것이니 명년 이때에 내가 이르리니 사라에게 아들이 있으리라 하심이라. 그 뿐 아니라 또한 리브가가 우리 조상 이삭 한 사람으로 말미암아 임신하였는데 그 자식들이 아직 나지도 아니하고 무슨 선이나 악을 행하지 아니한 때에 택하심을 따라 되는 하나님의 뜻이 행위로 말미암지 않고 오직 부르시는 이로 말미암아 서게 하려 하사 리브가에게 이르시되 큰 자가 어린 자를 섬기리라 하셨나니 기록된바 내가 야곱은 사랑하고 에서는 미워하였다 하심과 같으니라."(롬 9:8-13) 아직 출생하지도 않았고 아직 선이나 악을 행하지도 않았는데 하나님이 야곱은 사랑하고 에서는 미워하셨다. 하나님은 긍휼히 여길 자를 긍휼히 여기시고, 불쌍히 여길 자를 불쌍히 여기신다. 전적으로 하나님의 주권이고 은혜이다.

드디어 리브가가 두 아들을 출산하였다. 먼저 태어난 자는 붉고 전신이 털옷 같아서 이름을 '에서'라고 하였고, 후에 태어난 아이는 에서의 발꿈치를 잡고 나왔다고 해서 '야곱'이라고 하였다. 두 형제는 어머니의 태에서부터 그랬던 것처럼 늘 경쟁하였다. 하나님께서 약속의 후손으로 택한 야곱은 이름처럼 형과 씨름하여 이기려고 하였다. 팥죽 한 그릇에 형 에서의 장자권을 빼앗았다. 당시에 장자권이 축복권이었음에도 에서는 이것을 가볍게 여겼다. 육신의 배가 고프다는 이유에서다. 후에 하나님은 장자의 명분을 가볍게 여긴 에서에 대해서 이렇게 말씀하셨다. "한 그릇 음식을 위하여 장자의 명분을 판 에서와 같이 망령된 자가 없도록 살피라 너희가 아는 바와 같이 그가 그 후에 축복을 이어 받으려고 눈물을 흘리며 구하되 버린 바가 되어 회개할 기회를 얻지 못하였느니라."(히 12:16-17) 하나님께서 장자의 명분을 팥죽한 그릇과 바꿔 버린 에서에 대해서 망령된 자라고 하셨다. 반면에 야곱은 태어날 때는 차자로 태어났지만 형의 장자권을 샀으므로 장자의 명분을 갖게 되었다.

그런데 문제는 아버지 이삭의 영적인 어둠이었다. 분명 하나님께서는 야곱을 약속의 자손으로 지정하셨는데 이삭은 하나님의 뜻과 반대로 에서에게 약속의 자손의 복을 주려고 하였다. 그래서, 에서에게 사냥한 고기를 요리해 오면 약속의 자손의 축복을 해 주겠다고 했다. 다행히 리브가는 하나님의 말씀을 마음에 간직하고 있었다.

그래서 리브가는 이삭이 좋아하는 요리를 준비하고 야곱을 에서로 둔갑시켜 약속의 자손의 축복을 받게 하였다. 이삭이 야곱에게 한 약속의 자손의 축복은 다음과 같다. "내 아들의 향취는 여호와께서 복 주신 밭의 향취로다. 하나님은 하늘의 이슬과 땅의 기름짐이며 풍성한 곡식과 포도주를 네게 주시기를 원하노라. 만민이 너를 섬기고 열국이 네게 굴복하리니 네가 형제들의 주가 되고 네 어머니의 아들들이 네게 굴복하며 너를 저주하는 자는 저주를 받고 너를 축복하는 자는 복을 받기를 원하노라."(창 27:27-29) 약속의 자손 야곱을 위한 이삭의 축복은 전에 야곱이 리브가의 태에 있을 때에 하신 하나님의 말씀과 일치한다. 그러므로 이삭의 이 축복은 반드시 야곱이 받아야 했다. 하나님은 리브가를 통해서 언약의 족장인 이삭의 축복을 야곱이 받도록 일하셨다. 이삭은 후에 에서의 간청으로 에서에 대해서도 축복하기를 "네 주소는 땅의 기름짐에서 멀고 내리는 하늘 이슬에서 멀 것이며 너는 칼을 믿고 생활하겠고 네 아우를 섬길 것이며 네가 매임을 벗을 때에는 그 멍에를 네 목에서 떨쳐버리리라."라고 하였다(창 27:39-40). 에서에 대한 이 축복도 전에 에서가 리브가의 태에 있을 때에 하신 하나님의 말씀과 일치한다. 장자의 축복을 동생 야곱에게 빼앗긴 것을 안 에서는 야곱을 죽이려고 하였다. 하나님은 약속의 자손인 야곱을 통해서 장차 이루시는 일이 있었다. 그래서 하나님은 야곱을 외삼촌 라반의 집으로 피신시켰다. 이미 하나님은 야곱의 하나님이 되셨다. 전에 아브라함에게 약속하신 것처럼 하나님은 아브라함의 하나님이셨고 이삭의 하나님이셨으며 그리고 이제 야곱의 하나님이 되셨다. 하나님은 야곱을 외삼촌 라반의 집으로 인도하는 중에 루스에서 친히 만났다. 그리고 장차 행하실 일을 알려 주셨다. "나는 여호와니 너의 조부 아브라함의 하나님이요 이삭의 하나님이라 네가 누워 있는 땅을 내가 너와 네 자손에게 주리니 네 자손이 땅의 티끌같이 되어 네가 서쪽과 동쪽과 북쪽과 남쪽으로 퍼져 나갈 지며 땅의 모든 족속이 너와 네 자손으로 말미암아 복을 받으리라. 내가 너와 함께 있어 네가 어디로 가든지 너를 지키며 너를 이끌어 이 땅으로 돌아오게 할지라. 내게 네게 허락한 것을 다 이루기까지 너를 떠나지 아니하리라."(창 28:13-15) 이보다 더 큰 복이 세상에 어디에 또 있겠는가? 야곱은 하나님이 찾아와 만난 그곳을 '벧엘' 곧 하나님의 집이라고 칭하였다. 그리고 하나님께 서원하기를 "하나님이 나와 함께 계셔서 내가 가는 이 길에서 나를 지키시고 먹을 떡과 입을 옷을 주시어 내가 평안히 아버지 집으로 돌아가게 하시오면 여호와께서 나의 하나님이 되실 것이요 내가 기둥으로 세운 이 돌이 여호와의 집이 될 것이요 하나님께서 내게 주신 모든 것에서 십분의 일을 내가 반드시 하나님께 드리겠나이다."라고 하였다(창 28:20-22). 하나님의 일하심과 야곱의 거룩한 결단과 헌신이 감동적이다. 하나님께서 이루신 이 모든 일은 전에 아브라함에게 약속하신 일을 이루어 가는 과정이다. 하나님은 야곱을 통해서 전에 아브라함에게 약속하신 나라의 틀을 세우실 것이다. 이들 모두는 장차 오실 우리 주 예수 그리스도께 헌신한 자들이다. 이런 과정을 통해서 다윗왕 때에 온전한 이스라엘 나라가 세워진다. 그리고 그 나라를 통해서 우리 주 예수 그리스도께서 오셨다. 그러므로 하나님이 이루시려는 일에 동참하여 헌신한 모든 사람은 다 우리 주 예수 그리스도의 일꾼들이다.

이스라엘 나라의 12기초석을 세우신 하나님
야곱과 그 아들들

창세기 29장-30장

하나님은 세상 속에 설립하실 자신의 나라 이스라엘을 12기초석 위에 세우시기로 계획하셨다. 마지막 때에 우리 주 예수 그리스도도 12사도 위에 자신의 교회를 설립하신다. 이는 서로 연결되어 있다. 하나님은 옛 시대에 가나안에 설립하실 자신의 나라의 12기초석을 야곱을 통해서 준비하셨다. 하나님은 약속의 자손 야곱을 형 에서에게서 도피시켜 외삼촌 라반의 집으로 인도하셨다. 야곱이 그곳에서 머문 20년 동안 12아들을 낳았다. 그 과정이 매우 흥미롭다. 야곱은 외삼촌의 딸 라헬을 사랑했다. 하지만 결혼 지참금이 없었던 야곱은 지참금 대신 라헬을 위해 7년을 일한다. 겨우 외삼촌의 허락을 받고 드디어 라헬과 결혼식을 하였다. 그런데 첫날밤을 보내고 아침에 눈을 떠 보니 자신과 동침한 여인이 라헬이 아니라 언니 레아였다. 야곱은 외삼촌 라반에게 항의하였다. 그랬더니 외삼촌 라반이 "언니보다 아우를 먼저

주는 것은 우리 지방에서 하지 아니하는 바이라."고 하면서 라헬을 위해서 또 7년을 일하라고 하였다. 야곱은 라헬을 아내로 맞이하기 위해서 다시 7년을 약속하고 7일 후에 라헬을 아내로 맞이하였다. 야곱은 졸지에 두 아내를 맞이하게 되었다. 하나님은 이제부터 야곱에게 아들들을 주시기 시작하였다. 먼저 레아가 아들을 낳아 르우벤(뜻: 보라 아들이라)이라고 이름 하였다. 이는 여호와께서 나의 괴로움을 돌보시고 아들을 주셨다는 뜻이다. 레아는 남편 야곱이 자기를 사랑하지 않고 동생 라헬을 사랑하는 것을 알고 마음에 괴로움이 컸다. 레아는 고백하기를 "이제는 내 남편이 나를 사랑하리로다."라고 하였다.(창 29:32) 레아가 다시 임신하여 아들을 낳고 그 이름을 시므온(뜻: 들으심)이라고 했다. 이는 여호와께서 자신이 사랑받지 못함을 들으셨으므로 아들을 주셨다고 생각하였다. 하나님은 레아에게 또 아들을 주셨다. 레아는 셋째 아들 이름을 레위(뜻: 연합하다)라고 하였다. 그리고 고백하기를 "내가 그에게 세 아들을 낳았으니 내 남편이 지금부터 나와 연합하리로다."라고 하였다. 하나님은 남편의 사랑을 받지 못한 레아에게 넷째 아들을 주셨다. 레아는 그 아들의 이름을 유다(뜻: 찬송함)라고 지었다. 그리고 "내가 이제는 여호와를 찬송하리로다."라고 찬양하였다. 언니 레아가 4명의 아들을 낳은 걸 옆에서 지켜본 라헬은 마음의 고통이 컸다. 언니를 시기한 라헬은 남편 야곱에게 "내게 자식을 낳게 하라 그렇지 아니하면 내가 죽겠노라."라고 협박하였다. 야곱은 사랑하는 라헬의 고통을 알면서도 자신의 힘으로는 할 수 없는 일임을 알았다. 그래서 라헬에게 말하기를 "그대를 임신하지 못하게 하시는 이는 하나님이

시니 내가 하나님을 대신하겠느냐?"라고 하였다. 라헬은 자신의 여종 빌하를 통해서라도 아들을 품에 안고 싶었다. 그래서 자신의 시녀 빌하를 남편에게 아내로 주었다. 야곱은 빌하를 아내로 맞이하여 아들을 낳아 단(뜻: 재판장)이라고 이름 하였다. 라헬은 시녀 빌하가 낳은 아들을 자신의 품에 품고는 하나님이 내 억울함을 푸시고 내 호소를 들어 주셨다고 고백하였다. 하나님은 빌하에게 두 번째 아들을 주셨다. 라헬은 언니와 경쟁하여 이겼다고 생각하여 빌하가 두 번째 낳은 아들을 납달리(뜻: 경쟁함)라고 이름 하였다. 레아는 이 모든 모습을 곁에서 지켜보고 있었다. 그리고 자신의 출산이 멈춤을 보고 자신의 시녀 실바를 야곱에게 주어 아내로 삼게 하였다. 하나님은 실바에게 아들을 주었다. 레아는 실바가 낳은 아들 이름을 갓(뜻: 복되도다.)이라고 지었다. 이는 하나님이 자신에게 복을 주셨다고 여겼기 때문이었다. 하나님은 실바에게 두 번째 아들을 주셨다. 레아는 너무 기뻐서 모든 딸이 나를 기쁜 자라고 할 것이라고 여겨 이름을 아셀(뜻: 기쁨)이라고 지었다. 레아와 라헬이 아들을 낳는 경쟁을 벌이고 있음이 느껴지지 않는가? 그렇다, 그들은 더 많은 아들을 낳기 위해서 경쟁을 벌이고 있다. 자신들의 시녀들까지 동원하여 아들을 낳고 있다. 하나님은 레아에게 다섯 번째 아들을 주셨다. 레아는 "내가 내 시녀를 내 남편에게 주었으므로 하나님이 내게 그 값을 주셨다고 하여 그 이름을 잇사갈(뜻: 고용하다)이라고 지었다. 하나님은 레아에게 여섯 번째 아들을 주셨다. 레아는 하나님이 내게 후한 선물을 주셨다고 하여 그 아들을 스불론(뜻: 후한 선물)이라고 지었다. 그 후로 하나님은 레아에게 딸도 한 명 주셨다. 그

딸의 이름을 디나라고 지었다. 이때쯤에 하나님은 라헬을 생각하셨다. 하나님은 라헬의 소원을 들으시고 라헬의 태를 여시어 아들을 주셨다. 라헬은 하나님이 내 부끄러움을 씻어 주셨다고 하면서 이름을 요셉(뜻: 그는 더하실 것임)이라고 지었다. 라헬은 몸이 건강치 못했지만 한 명의 아들로 만족하지 못하였다. 그래서 "여호와는 다시 다른 아들을 내게 더하시기를 원하노라."라고 소원하였다. 하나님은 라헬의 소원을 들으시고 마지막으로 한 아들을 더 주셨다. 라헬은 마지막 아들을 낳은 후에 산고로 인해 죽음을 맞이했다. 죽으면서 아들의 이름을 베노니라고 불렀는데 야곱은 그 이름을 베냐민(뜻: 오른손의 아들)이라고 불렀다.

이렇게 하여 야곱에게 12아들이 주어졌다. 이는 하나님의 일하심이었다. 하나님은 야곱의 12아들을 통해 장차 설립하실 이스라엘 나라의 12기초석을 삼으시려고 야곱에게 12아들을 주셨다. 이 일을 이루는 과정에서 레아와 라헬이 서로 경쟁하듯이 아들을 낳았고 자신들이 못할 때에는 시녀까지 동원하여 아들을 낳았다. 그녀들에게 그런 열망이 없었다면 12아들을 낳을 수 없었을 것이다. 하나님의 일하심은 참으로 오묘하다. 레아와 라헬은 12의 의미를 잘 알지 못했을지라도 하나님의 섭리는 네 명의 여인들이 경쟁하듯이 낳은 12를 통해서 장차 세우실 이스라엘 나라의 12지파를 준비하셨다. 옛 시대에 자신의 나라를 12지파 위에 세우신 하나님께서 새 시대에 12사도 위에 자신의 교회를 세우셨다. 이는 옛 시대에 이스라엘의 하나님이 친히 오셔서 새 시대의 새로운 이스라엘을 세우심이다. 우리 가운데 오신 예수 그리스도는 옛 시대에 이스라엘과 함께 계신 하나님이시다. 그 이스라엘의 하나님이 친히 우리 가운데 오셨다. 그러므로 옛 시대의 이스라엘과 새 시대의 교회는 서로 깊이 연결되어 있다. 12지파를 기초로 하여 가나안 땅에 설립되었던 이스라엘 나라는 무너졌지만 새로운 12사도로 세우신 교회 곧 하늘에 속한 교회는 영원히 무너지지 않을 것이다.

야곱과 씨름하신 하나님
야곱을 이스라엘이 되게 하심

창세기 32:13-32

하나님께서 리브가의 태 안에 있는 두 아들 에서와 야곱 중에서 야곱을 택하여 언약의 후손이 되게 하셨다. 야곱은 태어나면서부터 형의 발꿈치를 붙잡았다. 곧 야곱은 씨름하는 자였다. 실제로 야곱의 삶은 늘 씨름하는 삶이었다. 가장 먼저는 형 에서와의 씨름이다. 어머니의 태에서부터 그랬다. 야곱은 차자로 태어났기에 형 에서의 장자권을 가지고 씨름하였다. 결국, 팥죽 한 그릇에 장자권을 차지하였다. 야곱은 아버지 이삭과도 씨름하였다. 아버지는 에서에게 축복하려고 하였지만, 어머니와 짜고 형 에서처럼 분장하여 아버지를 속였다. 야곱은 아버지와 씨름하여 이겼다. 분노한 형 에서를 피해 외삼촌 라반의 집으로 피신해서는 그와 씨름하였다. 먼저는 외삼촌 라반의 딸들을 취하기 위해서 씨름하였다. 그래서 두 딸 레아와 라헬을 아내로 맞이했다. 야곱은 외삼촌과의 씨름에서도 이겼다. 야곱은 외삼촌 라반과 품삯을 가지고도 씨름하였다. 외삼촌 라반은 야곱에게 줄 품삯을 10번이나 변경하였지만, 야곱은 야곱 나름대로의 지혜로 품삯에 관해서도 외삼촌 라반을 이겼다. 야곱은 마침내 거부가 되었다. 라반의 아들들이 말하기를 "야곱이 우리 아버지의 소유를 다 빼앗고 우리 아버지의 소유로 말미암아 이 모든 재물을 모았다."고 하였다(창 31:1). 물론 하나님께서 야곱에게 은혜를 베푸셔서 야곱이 거부가 되었다. 그래서 야곱은 고백하기를 "하나님이 이같이 그대들의 아버지의 가축을 빼앗아 내게 주셨느니라."라고 하였다.

 하나님은 언약의 족장인 야곱이 여러 사람과 씨름하는 것을 기뻐하지 않았다. 그래서 하나님은 야곱의 씨름을 멈추게 하려고 하나님 자신이 친히 야곱을 찾아가셨다. 하나님은 에서로 인해서 야곱을 두렵게 한 상황에서 친히 야곱에게 찾아가서 씨름을 시작하셨다. "야곱은 홀로 남았더니 어떤 사람이 날이 새도록 야곱과 씨름하다가 자기가 야곱을 이기지 못함을 보고 그가 야곱의 허벅지 관절을 치매 야곱의 허벅지 관절이 그 사람과 씨름할 때에 어긋났더라."(창 32:24-25) 야곱은 자기와 씨름한 하나님까지 이기려고 온 힘을 다했다. 하나님은 야곱이 더이상 씨름하지 못하도록 야곱의 허벅지 관절을 쳤다. 야곱은 하나님을 끝까지 붙들고 이르기를 "당신이 내게 축복하지 아니하면 가게 하지 아니하겠나이다."라고 하였다. 지금 야곱의 상황은 위급한 상황이었다. 형 에서가 400명의 군대를 거느리고 야곱에게로 오고 있었기 때문이다. 하나님은 씨름꾼 야곱의 이름을 이스라엘로 개명하여 주셨다. 지금까지는 야곱 곧 씨름꾼으로 살았지만 이제부터는 이스라엘 곧 하나님이 통치하시는 삶으로 살게 될 것이다. 이후로 야곱은 더이상 씨름하지 않았다. 하나님이 이끄신 대로 순종하면서 살았다. 씨름꾼 야곱으로 살지 않고 하나님의 통치에 순종하는 이스라엘로 살았다. 태에서부터 하나님이 택하였기에 하나님이 언약 족장에 합당한 은혜를 준비하셨다. 그런데 야곱은 항상 하나님보다 앞서서 행하였다. 이제 하나님은 야곱을 이스라엘로 부르시고 야곱을 이스라엘로 인도하신다. 하나님이 야곱에게 주신 이스라엘의 이름이 후에 하나님이 가나안에 세운 하나님 나라의 국호가 된다. 이는 하나님이 야곱에게 주신 이스라엘의 기초석이 될 12아들들 때문이었다. 하나님은 야곱 곧 이스라엘의 12아들로 이루어진 아브라함의 후손들을 이스라엘로 부르셨다. 하나님은 애굽에 내려간 야곱 곧 이스라엘의 자손들을 부를 때에 "애굽에 이른 이스라엘의 아들들의 이름은 이러하니"라고 하면서 야곱의 12아들들의 이름을 나열했다. 하나님은 야곱의 자손이라고 하지 않고 이스라엘의 자손이라고 하셨다. "이스라엘 자손은 생육하고 불어나 번성하고 매우 강하여 온 땅에 가득하게 되었더라."(출 1:7) 하나님께서 모세를 바로에게 보내면서 이르시기를 "너는 바로에게 이르기를 여호와의 말씀에 이스라엘은 내 아들 내 장자라."라고 하셨다. 하나님은 애굽에 내려간 야곱의 후손들을 이스라엘의 후손이라고 하셨고 그 후로부터 자연스럽게 이스라엘이라고 칭하셨다. 이제 이스라엘의 이름은 야곱 개인의 이름에서 그의 후손들로 세워질 한 나라의 이름이 되었다. 그리고 하나님은 자신을 이스라엘의 하나님이라고 칭하셨다. 하나님은 이스라엘의 하나님으로서 언약하신 대로 하나님의 역할을 충실히 행하셨다. 그래서 이스라엘이 가나안에 하나님 나라를 설립할 수 있었다.

　새 시대에 우리와 같은 모습으로 이 세상에 오신 우리 주 예수 그리스도는 옛 시대에 이스라엘과 함께 하신 이스라엘의 하나님이시다. 옛 시대에 이스라엘과 함께 하신 하나님이 아니면 우리의 구원자가 될 수 없다. 우리 중에 오신 하나님 곧 우리 주 예수 그리스도께서 이스라엘의 하나님이 아니면 그 하나님은 우리가 이해할 수 없는 분이다. 옛 이스라엘의 하나님만이 우리의 구주이시고 우리의 하나님이시다.

새로운 선지자를 세우신 하나님
이스라엘의 장자가 된 요셉

창세기 37:1-36

하나님은 아브라함에게 약속하신 일을 하나하나 이루어 가셨다. 아브라함에게 한 나라를 약속하셨고 그 나라는 가나안에 설립될 이스라엘이었다. 하나님께서 아브라함에게 가나안에 한 나라를 약속하실 때만 해도 꿈만 같은 일이었다. 아브라함은 혈혈단신이었고 가나안 땅에는 강대한 가나안의 일곱 족속이 거하고 있었다. 아브라함은 그 약속을 의지하고 가나안으로 이사하였고, 아내 사라가 죽었을 때에 아내의 매장지로 헷 족속 에브론의 밭인 마므레 앞 막벨라에 있는 밭과 거기에 속한 굴을 은 400세겔에 구입하였다. 이 마므레 곧 헤브론은 아브라함과 이삭 그리고 야곱의 매장지가 되었다. 이곳이 아브라함과 이삭과 야곱의 안식처가 된 것이다.

하나님은 아브라함에게 약속하시기를 "너희 후손이 하늘의 별 같이 바닷가의 모래같이 번성할 것이라"고 하셨다. 아브라함의 후손이 이렇게 번성해야만 한 나라를 설립할 수 있기 때문이다. 하나님은 이 일을 위해서 특별히 요셉을 준비하셨다. 요셉은 야곱의 11번째 아들이다. 그러나 하나님은 이스라엘(야곱)의 장자로 내정하셨다. 특별한 은혜를 베푸셔서 요셉을 언약 백성들의 선지자로 세우셨다. 선지자는 하나님이 지정하신다. 선지자에게 하나님 자신의 일을 미리 보여주시고 그가 하나님의 백성들에게 선포하게 하신다. 하나님은 요셉이 아직 어렸을 때에 장차 하실 일을 꿈으로 보여주셨다. "우리가 밭에서 곡식 단을 묶더니 내 단은 일어서고 당신들의 단은 내 단을 둘러서서 절하더이다."(창 37:7) 요셉은 이 꿈을 선포하였고 이로 인해 형들에게 미움을 받게 되었다. 요셉의 형들은 요셉에게 "네가 참으로 우리의 왕이 되겠느냐 참으로 우리를 다스리겠느냐"라고 하면서 그를 더욱 미워했다. 하나님은 자신의 선지자 요셉에게 두 번째로 꿈을 주셨다. 하나님의 선지자 요셉은 두 번째로 받은 하나님의 계시를 언약의 백성들에게 말하였다. "내가 또 꿈을 꾼즉 해와 달과 열 한 별이 내게 절하더이다."(창 37:9)라고 선포하였다. 이 일은 형들의 시기를 더욱 받게 되는 계기가 되었지만 아버지 야곱은 이 말을 마음에 간직하였다.

하나님의 선지자는 백성들의 죄악을 지적하고 진실과 공의가 시행되게 하는 역할도 있다. 그래서 선지자 요셉은 형들의 잘못을 아버지 야곱에게 말하였다. 하나님께서 요셉에게 주신 꿈은 언약의 백성들의 생명을 보존하시기 위한 계획을 알리는 내용이었다. 그러나 형들은 당장 자신들의 비위에 거슬리는 요셉이 미웠다. 사실 요셉이 꾼 꿈은 형들을 살리는 꿈이었다. 하나님은 요셉을 통해서 언약의 백성들의 생명을 보존하실 것이라는 내용이었다. 그런데 요셉의 형들은 하나님의 존귀한 섭리를 알지 못하므로 당장 자신들의 비위에 거슬리는 요셉을 시기하고 미워하였다. 뿐만 아니라 요셉을 죽이려고 하였다. 형들은 요셉을 해치려고 하면서 "그의 꿈이 어떻게 되는지를 우리가 볼 것이니라."라고 하였다. 결국 하나님은 유다를 통해서 요셉을 미디안 사람들의 상인들에게 은 20을 받고 팔았다. 미디안 상인들은 요셉을 데리고 애굽으로 내려가 바로의 신하 친위대장 보디발에게 팔았다. 이 모든 과정은 하나님께서 요셉을 애굽으로 인도하시는 과정이었다. 자신의 선지자 요셉을 먼저 애굽으로 인도하시고 애굽의 국무총리로 세우셨다. 하나님은 요셉에게 지혜를 주셔서 7년 동안 풍년이 들었을 때 곡식을 잘 비축하게 하여 7년 흉년이 들었을 때 애굽과 주변 국가의 백성들이 생명을 유지할 수 있도록 인도하셨다. 요셉에게 주신 하나님의 꿈은 하나님의 언약의 백성들을 살리는 바로 그 꿈이었다.

하나님은 먼저 요셉을 애굽에 보내어 존귀함을 얻게 하시고 그 후에 자기 백성들을 애굽으로 이주시키셨다. 그리고 애굽의 나일강 유역의 가장 기름진 땅 라암셋에 거주케 하여 자기 백성들을 번성시켰다.

하나님은 온 가족의 생명을 살리고 보존케 한 요셉을 야곱의 12아들들 중에 장자로 삼으셨다. 그래서 장자가 차지한 두 몫을 상속 받았다. 장차 하나님께서 이스라엘 나라를 설립하실 때에 12지파를 기초석으로 삼아 설립하시는데 요셉에게는 두 몫이 돌아갔다. 곧 요셉의 두 아들 에브라임과 므낫세가 각각 한 지파씩 이름을 올렸다. 후에 하나님께서 과거를 추억하면서 요셉을 이스라엘의 장자로 세움에 대해서 언급하시기를 "르우벤은 장자라도 그의 아버지의 침상을 더럽혔으므로 장자의 명분이 이스라엘의 아들 요셉의 자손에게로 돌아가서 족보에 장자의 명분대로 기록되지 못하였느니라. 유다는 형제보다 뛰어나고 주권자가 유다에게서 났으나 장자의 명분은 요셉에게 있느니라."라고 하였다(대상 5:1-2). 요셉은 아버지가 죽은 후에도 장자답게 아비의 마음을 품고 형제들과 조카들을 길렀다. 무엇보다 하나님의 언약을 붙잡고 살다가 죽었다. 언젠가 하나님께서 이스라엘의 모든 족속을 출애굽시켜 가나안으로 인도하실 것을 분명히 알았다. 그래서 그의 형제들에게 이르기를 "나는 죽을 것이나 하나님이 당신들을 돌보시고 당신들을 이 땅에서 인도하여 내사 아브라함과 이삭과 야곱에게 맹세하신 땅에 이르게 하시리라."고 하였다(창 50:24). 그리고 자손들에게 맹세시키기를 "하나님이 반드시 당신들을 돌보시리니 당신들은 여기서 내 해골을 메고 올라가겠다 하라."고 하였다. 이는 하나님의 약속을 확실히 믿은 믿음의 말이다.

하나님은 아브라함의 후손들을 번성시켜 가나안에 자신의 나라를 세우기 위해서 차근차근 준비하셨다.

여자의 후손을 준비하신 하나님
유다와 다말

창세기 38장

　이 사건의 전말은 세상 사람들에게 드러내기가 어렵다. 시아버지가 며느리와 동침하여 쌍둥이 사내아이들을 낳았기 때문이다. 물론 시아버지가 동침할 당시 상대 여인이 며느리인지 몰랐다고는 하지만 드러내기가 어려운 이야기이다. 사건의 내용은 대략 이렇다. 유다는 가나안 사람 수아의 딸과 결혼을 하여 세 명의 아들 엘과 오난과 셀라를 낳았다. 유다가 장자 엘을 위해서 다말을 며느리로 삼았다. 엘은 하나님 앞에서 악을 행하므로 하나님께서 그를 죽이셨다. 엘에게는 자손이 없었으므로 동생 오난이 다말과 동침하여 형의 후손을 이어야 했다. 그래서 유다는 오난에게 "네 형수에게로 들어가서 남편의 아우 된 본분을 행하여 네 형을 위하여 씨가 있게 하라."고 하였다. 그러나 오난은 그것으로 자신에게 돌아올 것이 없으므로 형수 다말에게 들어갔을 때 땅에 설정하였다. 이 일이 여호와 보시기에 악하므로 여호와께서 오난을 죽이셨다. 유다는 졸지에 두 아들을 잃었다. 이제 유다의 셋째 아들 셀라가 형수 다말에게 들어가서 아우 된 본분을 감당해야 했다. 유다는 셋째 아들 셀라도 죽을 것이 염려되었다. 그래서 아직 어리다는 핑계로 그의 본분을 뒤로 미뤘다. 며느리 다말에게는 셀라가 장성할 때까지 친정에서 지내라고 하며 보냈다. 셀라가 장성할 때까지 다말은 친정에서 기다렸다. 그러나 유다는 아들 셀라가 다 장성했지만 일부러 다말을 부르지 않았다. 이미 셀라를 다말에게 주지 않기로 결심했기 때문이다. 그동안에 유다의 아내가 죽었다. 이런 소식을 모두 알게 된 다말은 작전을 짰다. 유다가 자기 양털을 깎기 위해 딤나로 온다는 소식을 듣고 너울로 자신의 얼굴을 가리고 에나임 문에 앉아 있었다. 양털을 깎으러 올라온 유다는 다말이 창녀인 줄 알고 나중에 염소 새끼를 주기로 약속하고 동침하였다. 얼마가 지난 후에 유다는 친구 아둘람 사람에게 염소 새끼를 보내어 그 창녀에게 주었던 담보물인 도장과 그 끈, 지팡이를 찾으려고 했는데 찾을 수가 없었다. 석 달이 지난 후에 어떤 사람이 유다에게 며느리 다말이 행음하여 임신했다는 소식을 전했다. 이 소식을 들은 유다는 며느리 다말을 불사르라고 명령했다. 다말은 끌려 나갈 때, 도장과 그 끈, 지팡이를 자신에게 준 사람으로 인해 임신했다는 것을 알렸다. 유다가 그것이 자기 것임을 알아보고 다말에 대하여 이르기를 "그는 나보다 옳도다 내가 그를 내 아들 셀라에게 주지 아니하였음이로다."라고 하였다. 여기서 태어난 쌍둥이 아들들이 세라와 베레스이다.

하나님께서 유다와 다말의 사건이 기록된 창세기 38장은 특별한 위치에 배정하셨다. 하나님은 창세기 37장부터 요셉을 통해서 이루실 일을 기록하기 시작하셨다. 그 줄거리를 보면 창세기 37장과 창세기 39장이 서로 연결되어 있다. 창세기 37장 마지막 부분에서 요셉을 산 미디안 상인들이 요셉을 바로의 친위대장 보디발에게 팔았다는 내용으로 마친다. 그리고 39장에서 보디발이 요셉을 샀다는 내용으로 시작한다. 얼마나 자연스러운 연결인가? 그런데 하나님은 그 사이에 유다와 다말의 이야기를 굳이 배정하셨다. 이는 하나님께서 이 사건을 아주 중요하게 여기셨다는 증거이다.

하나님께서는 약속하신 메시아 곧 여자의 후손으로 오실 예수 그리스도의 계보를 야곱의 12아들 중에 유다의 후손으로 예정하셨다. 그런데 유다가 하나님의 뜻을 자신의 삶에 반영하지 못한 것이다. 그 증거가 자신의 아내로 가나안 사람을 맞이함에서 드러난다. 그뿐만 아니라 그의 아들들을 하나님 앞에 바르게 세우지 못하였다. 장자 엘은 여호와 보시기에 악하여 죽임을 당하였다. 또한, 둘째 아들 오난도 여호와 보시기에 악하므로 죽임을 당하였다. 유다와 그의 가족이 메시아의 계보를 잇기 위해 택정함을 받았지만 믿음으로 반응하지 못하였다. 그러나 하나님은 다말을 통해서 메시아의 계보를 이을 유다의 후손을 준비하셨다.

이 사건 속에 드러난 어둠의 세력에 대해서 살펴보자. 어둠의 세력은 하나님께서 유다의 후손으로 메시아의 계보가 될 후손을 이어가실 것을 알았다. 그래서 유다의 후손이 태어나는 것을 방해한다. 유다의 장자 엘이 죄악으로 하나님의 심판을 받았고 둘째 오난은 동생의 본분을 다하지 못하도록 하여 죽도록 하였다. 어둠의 세력은 분명 미소를 지었을 것이다. 하지만 멈추지 않았다. 셋째 셀라를 주지 않도록 유다의 마음을 움직였다. 이제 어둠의 세력은 안도의 한숨을 쉬었을지도 모른다. 유다의 마음이 돌아선 이상 장자 엘의 후손이 태어날 수 없었기 때문이다.

하나님은 어둠의 세력의 이런 방해에도 불구하고 다말을 통해서 메시아의 계보가 될 유다의 후손이 태어나게 하셨다.

마지막 유다의 고백에서 다말의 믿음을 볼 수 있다. "그는 나보다 옳도다." 물론 이 말은 다말에게 직접 한 것이 아니라 다말에 대해서 말을 전하러 온 사람에게 한 것이다. 다말이 이렇게 유다의 가문으로부터 아이를 갖기를 원했던 것은 하나님이 주신 열정이었음이 분명하다. 다말은 이미 자신이 낳을 아이가 메시아의 계보가 될 것이라는 것을 알았기 때문에 그렇게 열정적이었을까? 그녀는 단지 자신이 유다의 가정에 며느리로 속하였으니 대를 이을 후손을 생산함이 자신의 일이라고 여겼을 것이다. 하나님께서 다말에게 그런 마음을 주셨다. 그래서 시아버지를 통해서까지 후손을 이었다. 그랬더니 자신이 낳은 아들이 메시아의 계보가 되었다.

하나님은 어떤 경우를 통해서라도 처음에 약속하신대로 '여자의 후손' 곧 메시아의 계보를 이어가신다. 하나님은 약속하시고 성취하신다. 그러므로 암울한 역사 속에서도 메시아의 계보는 계속된다. 하나님은 새 시대를 여는 마태복음 1장에서 메시아의 계보를 드러내실 때에 "유다는 다말에게서 베레스와 세라를 낳고"라고 기록하신다.

자기 백성을 애굽에서 번성시킨 하나님

아브라함의 언약 성취

출애굽기 1:1-22

하나님은 약속하신 일을 성실하게 이루어 가신다. 하나님의 일하심의 과정을 보면 하나님은 먼저 말씀하시고 그 말씀하신 대로 성취해 가신다. 아브라함에게 그의 후손으로 한 나라를 세울 것을 말씀하셨다. 그리고 그 나라의 왕이 되실 것이다. 백성이 없는 왕은 없다. 왕 되신 하나님은 직접 자기 백성을 준비하신다. 곧 아브라함의 후손을 하늘의 별과 같이, 바닷가의 모래와 같이, 땅의 먼지같이 번성시킬 것이라고 하셨다. 먼저 아브라함의 후손을 번성시키기 위해서 애굽이라는 좋은 환경을 택하시고 요셉을 보내셨다. 그를 국무총리가 되게 하시므로 좋은 터를 잡을 수 있도록 인도하셨다. 그 이후에 아브라함의 후손 70명을 애굽으로 이주시켰다. 바로왕은 요셉의 아버지 야곱에게 애굽의 좋은 땅 라암셋을 주어 소유로 삼게 하였다. 이곳에서 아브라함의 후손 곧 하나님의 백성들은 생육하고 번성하기 시작하였다. 하나님은 애굽의 든든한 국방력으로 나라를 안정되게 하시고 나일강의 풍성한 물의 도움을 받아 양식이 풍족하게 하셨다. 그리고 자기 백성들을 강건케 하여 생육의 복을 주셨다. 하나님께서 이스라엘 백성들이 애굽에 있는 동안 생육하고 번성하는 복을 주심에 대해 기록하기를 "이스라엘 자손은 생육하고 불어나 번성하고 매우 강하여 온 땅에 가득하게 되었더라."라고 증거하고 있다.(출 1:7) 이미 애굽의 국무총리였던 요셉과 그의 모든 형제와 그 시대의 사람들은 다 죽었다. 요셉을 알지 못한 애굽의 새로운 바로왕이 번성한 이스라엘 백성들에게 대해서 이르기를 "이 백성 이스라엘 자손이 우리보다 많고 강하도다."라고 말할 정도였다. 그래서 새 왕 바로는 인구 감축 정책을 쓰기 시작했다. 곧 이스라엘 백성들에게 더 무거운 노역을 시키며 학대하였다. 바로왕의 학대 속에서도 하나님은 자기 백성들을 더욱 번성케 하셨다. 반면 이러한 이스라엘 자손들의 번성은 애굽 사람들의 근심이 되었다. 근심을 없애고자 애굽의 바로왕은 산파들을 통해서 이스라엘의 남자아이들을 죽이고 딸은 살리라고 하였다. 하나님은 산파들을 두렵게 하여 바로왕의 명령을 따르지 않도록 하셨다. 하나님은 그렇게 산파들에게 은혜를 주셔서 흥왕하게 하셨다. 하나님은 계속해서 자기 백성들을 번성시키고 강하게 하셨다. 결국, 바로왕은 이스라엘에서 태어나는 아들은 나일강에 던져 죽이고, 딸이면 살려두라는 명령을 했다.

하나님은 작정하시고 자기 백성들을 애굽에서 번성시키고 있었다. 하나님은 자기 백성을 번성시켜 가나안에 자신의 나라를 설립하시려는 분명한 계획이 있었다. 그래서 자기 백성들을 애굽으로 인도하셨고 애굽의 기름진 땅에서 생육하고 번성시키고 있는 중이다. 아무리 애굽의 바로왕이 온갖 모략으로 인구 감소 정책을 펼친다 해도 하나님의 일하심을 막을 수 없었다. 하나님은 자기 백성을 애굽에 430년 동안 머물게 하셨다. 하나님은 이 430년 동안에 자기 백성들을 번성시키는 일만 행하신 것이 아니었다. 가나안 땅도 준비하셨다. 하나님께서 자신의 나라를 설립하실 가나안 땅에는 이미 가나안의 일곱 족속들이 거주하고 있었다. 그들을 쫓아낼 명분이 필요했다. 그 명분을 만드는 기간이 430년이다. 하나님은 전에 아브라함에게 애굽에서 400년 동안 괴로움을 당할 것이라고 말씀하셨다. 이는 아브라함의 후손들이 애굽에서 받을 괴로움을 의미한다. 하나님께서 아브라함에게 이르시기를 "너는 반드시 알라 네 자손이 이방에서 객이 되어 그들을 섬기겠고 그들은 400년 동안 네 자손을 괴롭게 하리니 그들이 섬기는 나라를 내가 징벌할지며 그 후에 네 자손이 큰 재물을 이끌고 나오리라."(창 15:13-14)라고 하셨다. 이는 아브라함의 후손들이 애굽에 들어가서 당할 고난을 의미한다. 하나님은 자기 백성 아브라함의 후손들을 고난 중에서 생육하고 번성하여 하늘의 별처럼 많게 하셨다. 그런데 하나님은 한 가지를 더 말씀하셨다. "네 자손은 사대 만에 이 땅으로 돌아오리니 이는 아모리 족속의 죄악이 아직 가득차지 아니 함이니라"(창 15:16) 아직 그 땅에 죄가 가득하지 않았기 때문에 기다려야 했다.

하나님은 자기 백성들을 애굽으로 이끄셔서 430년 동안 약속하신 대로 큰 민족으로 번성시키셨고 또한 가나안 땅에 살고 있는 아모리 족속의 죄가 가득할 때까지를 기다리셨다.

모세를 예비하신 하나님
이스라엘의 중보자
출애굽기 2장-4장

하나님은 온 세상을 자신의 뜻대로 통치하신다. 창조하심으로 역사를 시작하신 하나님은 역사를 주관하신다. 하나님의 때에 하나님의 방법으로 행하신다. 이제 하나님은 아브라함에게 약속하신 대로 자기 백성을 애굽에서 이끌어 내시려는 계획을 가지셨다. 전에 요셉도 죽기 전에 유언하여 이르기를 "하나님이 당신들을 돌보시고 당신들을 이 땅에서 인도하여 내사 아브라함과 이삭과 야곱에게 맹세하신 땅에 이르게 하시리라."라고 하였다. 이제 하나님은 약속하신 대로 자기 백성을 애굽에서 이끌어 내시려고 하신다. 하나님은 이 일을 위해서 80년 전에 모세를 태어나게 하사 바로의 궁에서 바로의 공주의 아들로 자라게 하셨다. 이미 애굽의 궁궐에서 최고의 교육을 받으며 왕의 패밀리로 자라게 하셨다. 모세는 40년 동안을 바로의 궁에서 성장했다. 하나님은 모세에게 바로의 궁에서 받은 당시 최고의 교육 외에 40년 동안 특별한 훈련을 시켰다. 바로 광야 훈련이다. 모든 훈련이 마쳐지자 하나님은 떨기나무 불꽃 가운데서 친히 모세에게 찾아가셨다. 모세가 하나님의 산 호렙에서 장인 이드로의 양무리를 치고 있는데 하나님께서 떨기나무 불꽃 가운데서 나타나셨다. 하나님은 모세에게 하나님 자신을 소개하기를 "나는 네 조상의 하나님이니 아브라함의 하나님 이삭의 하나님 야곱의 하나님이니라."라고 하였다. 하나님은 애굽에서 고통받고 있는 아브라함과 이삭과 야곱의 후손들의 하나님이심을 분명히 드러내셨다. 하나님은 모세에게 애굽에 있는 자기 백성과 관련하여 행하실 일을 분명하게 말씀하셨다. "내가 애굽에 있는 내 백성의 고통을 분명히 보고 그들이 그들의 감독자로 말미암아 부르짖음을 듣고 그 근심을 알고 내가 내려가서 그들의 애굽인의 손에서 건져내고 그들을 그 땅에서 인도하여 아름답고 광대한 땅, 젖과 꿀이 흐르는 땅 곧 가나안 족속, 헷 족속, 아모리 족속, 브리스 족속, 히위 족속, 여부스 족속의 지방에 데려가려 하노라."(출 3:7-8) 하나님이 하시려는 일은 분명하다. 애굽에 있는 아브라함과 이삭과 야곱의 후손인 이스라엘 백성을 바로의 고통에서 건져내어 가나안 땅으로 인도하시겠다는 것이다. 그리고 그 일을 모세에게 맡기셨다. 하나님이 모세에게 "이제 내가 너를 바로에게 보내어 너에게 내 백성 이스라엘 자손을 애굽에서 인도하여 내게 하리라,... 내가 반드시 너와 함께 있으리라."(출 3:10-12)라고 하셨다. 하나님은 모세에게 자기 백성을 애굽에서 이끌어 낼 특별한 능력을 주셨다. 무엇보다 하나님은 모세와 함께하셨다. 모세가 양을 칠 때 사용하던 그 지팡이는 이제 하나님의 능력의 지팡이가 되었다. 모세의 손에 들린 지팡이는 단순히 양을 치는 지팡이가 아니라 하나님의 하나님 되심을 드러내는 하나님의 지팡이이다. 앞으로 하나님께서 이 지팡이를 통해서 행하실 일들을 눈여겨보라. 하나님께서 모세와 함께하시면서 그 지팡이를 통해서 하나님의 일들을 이루어 가신다.

구약 시대의 대표자는 모세이다. 하나님은 모세를 중보자로 세워서 자기 백성들을 애굽에서 이끌어 내셨다. 모세를 통해서 자기 백성들과 언약식을 하시고, 모세를 통해서 십계명 곧 율법을 주셨다. 구약 시대에는 모세보다 높은 자가 없다. 하나님은 모세를 시내산으로 불러올려서 친히 만나주셨다. 모세는 이스라엘 백성들의 대표자이므로 그가 나아가는 자리가 곧 이스라엘 백성의 자리이다. 그래도 모세는 하나님의 집의 종이었다. 그러므로 이스라엘의 모든 백성은 종과 같은 자리에 있다.

새 시대에는 우리의 대표자가 우리 주 예수 그리스도이시다. 하나님은 예수 그리스도를 중보자로 세우셨다. 모세는 하나님의 백성을 바로의 종노릇한 데서 출애굽시켰지만, 주 예수 그리스도는 우리를 사탄의 권세에서 해방시키셨다. 우리의 대표자 예수 그리스도는 하나님의 독생자이시다. 그래서 우리 주 예수 그리스도를 믿는 우리도 하나님의 자녀의 영광스러운 신분을 얻는다. 모세는 백성의 대표자로 시내산에 올라가서 하나님을 뵈었지만, 예수 그리스도는 하늘 보좌에 올라가서 아버지와 성령으로 교제하신다. 새 시대에 우리 주 예수 그리스도 안에서 우리에게 주어진 하나님의 은혜가 얼마나 큰가를 알 수 있다.

바로와 그 신을 심판하신 하나님
10가지 재앙

출애굽기 7장-12장

하나님은 자기 백성 이스라엘을 애굽의 바로의 노예에서 해방시켜 가나안으로 인도하신다. 이는 전에 아브라함과 이삭과 야곱에게 약속하신 일이다. 그런데 하나님의 일에는 반드시 어둠의 세력이 방해한다. 하나님은 자신의 종 모세와 아론을 바로에게 보내어 하나님의 뜻을 전달하게 하였다. 모세가 바로왕에게 하나님의 뜻을 전하여 이르기를 "이스라엘의 하나님 여호와께서 이렇게 말씀하시기를 내 백성을 보내라 그러면 그들이 광야에서 내 앞에 절기를 지킬 것이니라."라고 하였다. 이 말을 들은 바로왕은 여호와를 알지 못하였으므로 바로 거절하였다. 그리고 이 일로 인해서 이스라엘 백성들에게 더 큰 노역을 시켰다. 바로왕으로부터 더 심한 노역을 하게 된 이스라엘 백성들은 바로에게 찾아가서 항의하였고, 하나님의 뜻을 전달한 모세와 아론을 원망하고 공격하였다. 이로 인해 모세가 하나님께 간구할 때에 하나님은

"이제 내가 바로에게 하는 일을 네가 보리라 강한 손으로 말미암아 바로가 그들을 보내리라 강한 손으로 말미암아 바로가 그들을 그의 땅에서 쫓아내리라."(출 6:1)라고 하셨다. 이후로도 바로는 하나님의 백성을 보내라는 하나님의 명령을 계속해서 거절하였다.

이제 하나님의 손이 바로와 그의 신들에게 임하기 시작하였다. 첫 번째 재앙은 나일강물을 치는 것이었다. 하나님의 지팡이를 애굽의 물들과 강들과 운하와 못과 모든 호수 위에 내밀어 물들이 피가 되게 하였다. 바로왕과 그 백성은 그들이 섬기던 나일강의 물이 피로 변하여 악취를 풍기므로 고통을 맛보았다. 그런데 어둠의 세력은 애굽의 요술사들을 통해서 물을 피로 변하게 하였다. 이를 본 애굽의 바로왕은 마음이 완악해져서 여호와의 명령을 거절하였다.

하나님은 두 번째 재앙으로 나일강에서 수많은 개구리가 올라오게 하였다. 애굽의 온 땅에 개구리들이 올라왔다. 그런데 애굽의 요술사들도 개구리들이 애굽 땅에 올라오게 하였다. 바로 왕은 하나님의 백성을 보내려고 하였다가 개구리가 없어지자 다시 마음이 완강해져서 거절하였다. 하나님은 세 번째 재앙으로 애굽의 온 땅의 티끌이 이가 되게 하셨다. 애굽의 요술사들도 자신들의 요술로 티끌로 이가 되게 하려고 했지만 실패하였다. 애굽의 요술사들이 하나님의 권능 앞에 머리를 숙였다. 하지만 바로는 마음이 점점 완강해져서 하나님의 뜻을 거절하였다.

하나님은 네 번째 재앙으로 바로와 애굽 사람들의 집에 파리 떼를 보냈다. 하지만 하나님의 백성이 살고 있는 고센 땅은 파리 떼가 없도록 하셨다. 하나님은 자기 백성과 바로의 백성을 구별하셨다. 바로왕은 모세와 아론에게 이스라엘 백성들이 제사를 드리기 위해서 광야로 나가지 말고 거주하고 있는 그곳에서 여호와께 제사를 드리라고 하였다. 후에 하나님이 파리 떼를 없애주시자 다시 마음을 완강하게 하였다. 하나님은 다섯 번째 재앙을 가축들에게 내렸다. 애굽의 가축들은 심한 돌림병으로 인해서 많이 죽었다. 그러나 이스라엘 백성들의 가축들은 하나도 죽지 않았다. 하나님께서 애굽의 가축과 자기 백성 이스라엘의 가축을 구별하셨다. 하나님은 여섯 번째 재앙으로 악성 종기로 사람들과 짐승들을 치셨다. 하나님의 명령을 받은 모세가 화덕의 재 두 움큼을 바로의 목전에서 하늘을 향하여 날렸다. 그랬더니 그 재가 애굽 온 땅에 티끌이 되어 사람과 짐승에게 붙어서 악성 종기가 생겼다. 이 악성 종기는 애굽의 요술사들에게도 드러났다. 이렇게 온갖 재앙을 겪으면서도 바로왕은 고집을 꺾지 않았다. 하나님은 일곱 번째 재앙으로 우렛소리와 우박과 불을 내려 사람과 짐승을 막론하고 밭에 있는 모든 것을 쳤다. 그러나 이스라엘 백성이 거주하는 고센 땅에는 내리지 않았다. 그제야 바로왕은 두려워서 모세를 불러서 우렛소리와 우박을 그치게 하면 백성을 보낼 것이라고 약속하였다. 그런데 우렛소리와 우박이 그치자 다시 마음을 완악하게 하여 하나님의 백성을 보내지 않았다. 하나님은 여덟째 재앙으로 메뚜기 떼를 애굽의 온 땅에 보내어 우박으로 남은 곡식과 식물을 먹게 하였다. 이로 인해 바로왕은 자신이 여호와께 범죄 하였다고 하면서 메뚜기 재앙을 처리해 달라고 하였다. 그러나 상황이 진정되자 또다시 마음을 완악하게 하였다. 하나님은 아홉 번째의 재앙으로 애굽의 온 땅에 3일 동안 손으로 더듬을 만한 흑암을 주셨다. 그러나 이스라엘 자손이 사는 지역에는 빛이 있었다. 바로왕은 모세에게 가축은 머물러 두고 어린 것들을 데리고 가서 제사하라고 하였다. 모세와 아론은 가축까지 모두 가서 여호와를 섬길 것이라고 하였다. 바로의 마음이 다시 완악하게 되었고 모세를 쫓아내면서 다시 얼굴을 보면 죽일 것이라고 하였다. 이제 마지막 재앙이 하나 남아 있었다. 지금까지의 재앙은 서곡에 불과했다. 다음에 드러날 재앙으로 인해 바로왕은 하나님의 백성을 쫓아내다시피 하였다. 하나님이 자신의 명령을 거역한 바로왕과 애굽 땅에 내린 열 번째 재앙은 애굽의 모든 장자를 치는 것이었다. 애굽 땅에 있는 모든 처음 난 것, 곧 왕 위에 앉아 있는 바로의 장자로부터 맷돌 뒤에 있는 몸종의 장자와 모든 가축의 처음 난 것까지 모두 죽음을 맞이했다. 바로의 궁과 애굽 전역의 모든 곳에서 장자의 죽음으로 인해 통곡하였다. 장자는 기력의 시작이었고 가족의 기둥이었다. 그제야 비로소 바로왕은 하나님의 백성들을 애굽 땅에서 쫓아냈다. 하나님은 자신의 일을 방해하는 모든 세력에 대해서 반드시 심판을 행하신다. 하나님께서 애굽에 내린 재앙들은 모두 애굽 사람들이 신으로 섬긴 대상들에게 내린 재앙들이었다. 하나님은 애굽의 바로왕과 그 백성들이 의지하고 섬기던 신들을 처참하게 만들어 버리셨다. 그리고 10가지 재앙으로 인해 바로왕과 애굽의 모든 백성은 이스라엘의 하나님 여호와가 얼마나 위대하신 신인가를 알게 되었다.

자기 백성을 출애굽시킨 하나님

유월절

출애굽기 12장

유월절이라는 의미는 하나님께서 넘어가셨다는 뜻이다. 영어로 'The Passover'이다. 유월절은 하나님께서 애굽의 바로왕과 모든 애굽의 집에 내린 10번째의 재앙과 연결되어 있다. 하나님이 애굽 땅에 내린 마지막 재앙은 애굽의 장자를 치신 일이었다. 왕궁에 있는 바로왕의 장자로부터 맷돌 뒤에 있는 몸종의 장자와 모든 가축의 처음 난 것을 죽이셨다. 이 재앙으로 인해 애굽은 고통의 날이었지만 하나님의 백성들에게는 비로소 만난 자유의 날이었다. 하나님은 유월절을 기점으로 새롭게 시작하셨다. 유월절이 속한 달을 해의 첫 달이 되게 하셨다. 그리고 그달 10일에 가족들이 먹을 수 있는 분량에 따라 어린 양이나 염소 중에서 흠 없고 일 년 된 수컷을 취하라고 하셨다. 그리고 열나흘까지 간직하였다가 해 질 때에 그 양을 잡도록 했다. 그 양의 피를 집 좌우 문설주와 인방에 바르고 그 밤에 고기를 불에 구워 무교병과

쓴 나물과 함께 먹도록 했다. 고기를 날 것으로나 물에 삶아서 먹어서는 안 되었다. 머리와 다리와 내장을 다 불에 구워 먹었다. 어린 양의 고기를 아침까지 남겨 두지 말아야 했고 남은 고기를 불에 태웠다. 유월절 어린 양의 고기를 먹을 때에는 허리에 띠를 띠고 발에 신을 신고 손에 지팡이를 잡고 급히 먹으라고 하였다. 이것이 유월절이다.

하나님께서 애굽에 장자를 치신 10번째 재앙을 내리실 때, 이스라엘 백성들의 집 좌우 문설주와 인방에 발라진 피를 보고 재앙을 내리지 않고 넘어가셨다. 하나님께서 어린 양의 피가 있는 곳에는 재앙을 내리지 않으셨다. 하나님은 자기 백성들에게 이 유월절 식사를 한 후 출애굽시켰다. 그래서 유월절 어린 양의 고기를 먹을 때에 길 떠날 준비를 하고 먹었다. 이 유월절 어린 양의 고기는 이방인이나 거류인 그리고 타국 품꾼은 먹지 못하였다. 다만 돈으로 산 종은 할례를 받은 후에 먹을 수 있었다. 만약에 타국인이 유월절 고기를 먹기 위해서는 반드시 할례를 받아야 했다. 그러므로 유월절 어린 양의 고기는 할례를 받은 하나님의 백성들만 먹을 수 있는 식사였다. 이것은 곧 구원의 식사였다. 이 식사는 한 집에 모여서 해야 하고 고기를 집 밖으로 가져가면 안 되었다. 그뿐만 아니라 유월절 어린 양의 뼈를 꺾지 말고 먹어야 했다. 이는 후에 예수 그리스도의 십자가에서 예수님의 뼈를 꺾지 않음과 연결된다.

유월절은 하나님의 백성들에게는 바로의 종살이에서 행방되는 영광의 날이었지만 바로와 애굽의 모든 백성에게는 하나님의 심판의 날이다.

구약과 신약은 서로 짝이 있다. 이는 구약의 사건과 신약의 사건이 서로 연결되어 있다는 의미이다. 구약의 유월절과 짝이 되는 신약의 사건은 우리 주 예수 그리스도의 십자가이다. 세례 요한이 예수님을 소개할 때에 "보라 세상 죄를 지고 가는 하나님의 어린 양이로다."(요 1:29)라고 하였다. 여기서 말한 어린 양은 유월절 어린 양을 지칭한다. 실제로 예수님은 유월절 양 잡는 날에 십자가에 달려 죽으셨다. 유월절 어린 양으로 죽으심이다. 그러므로 새 시대에 십자가의 사건이 중요한 것처럼 구약 시대에는 유월절이 중요하다. 하나님께서 유월절에 자기 백성을 바로의 노예에서 구원해 주셨기 때문이다. 그러므로 유월절은 이스라엘 백성들에게 구원의 날이다. 이 후로 하나님은 자기 백성들에게 십계명을 주실 때 애굽에서 구원해 주신 것을 먼저 말씀하신다. 하나님은 먼저 "나는 너를 애굽 땅, 종 되었던 집에서 인도하여 낸 네 하나님 여호와니라."(출 20:2)라고 말씀하신 후에 십계명을 주셨다. 하나님은 자기 백성들에게 무엇을 요구하실 때에 애굽에서 인도하여 낸 구원의 사건을 먼저 말씀하셨다. 하나님은 레위기에서 자기 백성들에게 거룩을 명하실 때도 이르시기를 "나는 너희의 하나님이 되려고 너희를 애굽 땅에서 인도하여 낸 여호와라 내가 거룩하니 너희도 거룩할지어다."(레 11:45)라고 하셨다. 만약에 하나님께서 아브라함의 후손들인 이스라엘 백성을 애굽 바로의 수하에서 건져내지 않으셨다면 이스라엘 백성은 지금까지 애굽에 머물면서 바로에게 속하여 살았을 것이다. 또한, 가나안에 하나님 나라는 세워질 수 없었을 것이다. 그러므로 하나님께서 유월절을 통해서 자기 백성을 애굽에서 구원해 내신 사건은 옛 시대에 최대의 사건이었다. 이러한 이유로 하나님은 유월절을 대대로 지키라고 말씀하셨다. 하나님은 바로의 수하에서 출애굽한 자기 백성들이 자자손손 유월절을 통해 기억하기를 원하셨다. 마치 새 시대 새 백성들의 가슴 속에 우리 주 예수 그리스도의 십자가 사건이 자리 잡고 있는 것과 마찬가지다. 사도 바울은 고백하기를 "내가 너희 중에서 예수 그리스도와 그가 십자가에 못 박히신 것 외에는 아무것도 알지 아니하기로 작정하였음이라."(고전 2:2)고 하였다.

구약 이스라엘의 역사를 보면 하나님의 백성들이 유월절을 잊어버리고 절기로 지키지 않을 때가 많았다. 남 유다의 선한 왕 히스기야가 통치할 때 성전을 정화한 후에 여호와께 온전한 제사가 시행되도록 하였다. 특별히 유월절을 성대히 지켰다. 그 이전에 악한 왕들이 통치할 때에는 유월절을 지키지 않았다. 후에 요시야가 남 유다의 왕으로 통치할 때에 성전에서 율법책을 발견하고 개혁을 하였다. 요시야왕은 가장 먼저 하나님이 정하신 날에 유월절을 지켰다. 이처럼 하나님의 백성들이 하나님을 버리고 우상을 숭배할 때에는 유월절을 지키지 않았다. 그러나 하나님 중심으로 통치한 왕들은 가장 먼저 유월절을 회복시켰다.

홍해에서 자기 백성을 세례시킨 하나님

홍해 사건

출애굽기 14장

　하나님은 자기 백성을 일부러 홍해 앞으로 인도하셨다. 출애굽한 이스라엘 백성들이 가나안을 향해서 스스로 길을 찾아간 것이 아니었다. 하나님께서 출애굽한 자기 백성을 친히 인도하셨다. 하나님은 구름이라는 기발한 방법으로 인도하셨다. 하나님의 구름이 떠오르면 모든 이스라엘 백성들은 길 떠날 준비를 하고, 여호와의 구름이 인도하는 대로 따라갔다. 여호와의 구름이 멈추면 백성들은 그 자리에 장막을 쳤다. 장막을 치는 그곳에서 하나님의 구름이 떠오를 때까지 기다렸다. 그러므로 이스라엘 백성들이 광야 길을 가다가 길을 잘못 들어서 홍해 앞에 다다른 것이 아니다. 하나님의 계획 속에 이스라엘 백성들은 홍해 앞에 서 있게 된 것이다. 이때 상황을 성경은 이렇게 기록하고 있다. "여호와께서 모세에게 말씀하여 이르시되 이스라엘 자손에게 명령하여 돌이켜 바다와 믹돌 사이의 비하히롯 앞 곧 바알스본 맞은편 바닷가에 장막을 치게 하라." 당시 이스라엘 백성들이 장막을 친 곳은 지형적으로는 골짜기 형태였다. 앞은 홍해가 가로막았고, 양옆은 높은 언덕이 에워싸고 있었다. 이들을 뒤쫓고 있던 애굽의 바로왕과 신하들은 이스라엘 백성들이 광야에 갇힌 것이라고 여겼다. 실제로 바로왕이 말하기를 "그들이 그 땅에서 멀리 떠나 광야에 갇힌바 되었다."라고 하였다. 하나님께서 바로왕의 마음을 완악하게 하셨기 때문에 바로는 군대를 이끌고 이들을 추격했다. 이 소식을 접한 이스라엘 백성들은 마음이 무척 두려웠고 심란해졌다. 그래서 그들은 먼저 기도하기 시작했다. 그러나 대부분의 사람들은 이런 상황을 만든 장본인은 바로 모세라고 생각했다. 그래서 모세를 향해 원망하기를 "애굽에 매장지가 없어서 당신이 우리를 이끌어 내어 이 광야에서 죽게 하느냐 어찌하여 당신이 우리를 애굽에서 이끌어 내어 우리에게 이같이 하느냐?" 하면서 광야에서 죽는 것보다 애굽 사람을 섬기는 것이 더 낫겠다고 하였다. 하나님의 사람 모세는 백성들에게 이르기를 "너희는 두려워하지 말고 가만히 서서 여호와께서 오늘 너희를 위하여 행하시는 구원을 보라 너희가 오늘 본 애굽 사람을 영원히 다시 보지 아니하리라 여호와께서 너희를 위하여 싸우시리니 너희는 가만히 있을지니라."라고 하였다. 하나님은 모세에게 "이스라엘 자손에게 명령하여 앞으로 나아가게 하고 지팡이를 들고 손을 바다 위로 내밀어 그것이 갈라지게 하라 이스라엘 자손이 바다 가운데서 마른 땅으로 행하리라"라고 하셨다. 모세는 하나님의 명령대로 홍해 바다를 향해 지팡이를 내밀었다. 그랬더니 하나님께서 큰 동풍으로 밤새도록 바닷물이 물러가게 하사 홍해 바다 가운데 길을 내셨다. 그리고 이스라엘 진 앞에 있던 여호와의 사자가 이스라엘 백성 뒤로 가서 애굽 군대가 쫓아오는 것을 막았다.

드디어 하나님의 백성들이 바다 가운데를 육지처럼 걸어서 홍해를 건넜다. 애굽의 바로왕과 그의 병거와 군대들도 홍해로 들어섰다. 하나님은 애굽의 군대를 어지럽게 하셨다. 병거의 바퀴를 벗겨서 달리기 어렵게 하셨다. 그제야 애굽의 군인들은 여호와가 이스라엘을 위해 싸우고 계시다는 것을 알았다. 이내 도망치기 시작했지만 모세의 지팡이를 바다 위에 내밀게 하셔서 다시 바닷물이 합쳐지게 하셨다. 애굽의 모든 군대는 홍해 바다에 수장되었다. 하나님의 백성 이스라엘은 여호와께서 자신들을 위해서 싸우셨음을 친히 목격하였다. 비로소 이스라엘 백성들은 여호와 하나님을 경외하고 여호와의 종 모세를 온전히 믿게 되었다. 홍해 사건은 단순한 기적, 전쟁의 이야기가 아니다.

하나님은 자기 백성을 홍해로 인도하여 세례를 베풀었다. 이스라엘 백성들이 홍해를 지나는 것이 세례받음이라고 하나님께서 해석해 주셨다. 하나님께서 사도 바울을 통해서 고린도 교회에 말씀하시기를 "형제들아 나는 너희가 알지 못하기를 원하지 아니하노니 우리 조상들이 다 구름 아래에 있고 바다 가운데로 지나며 모세에게 속하여 다 구름과 바다에서 세례를 받고"(고전 10:1-2)라고 하셨다. 하나님께서 자기 백성 이스라엘을 홍해로 인도하여 세례를 베푸셨다. 이 세례를 통해 이스라엘 백성들을 정결하게 씻기셨다. 이 세례의식이 중요한 이유 중의 하나는 거룩하게 씻음을 받아야 새롭게 출발하는 일에 참여할 수 있기 때문이다. 하나님이 그 시대에 자기 백성들에게 드러내신 구원은 광야에서 동행하는 것이었다. 하나님과 광야에서 동행하기 위해서는 반드시 홍해의 세례를 받아야 한다. 하나님의 백성들이 홍해의 세례를 받기 전에는 언제든지 다시 애굽으로 돌아갈 수 있었다. 그러나 이제 홍해 세례를 받은 이후에는 애굽으로 돌아갈 수 없었다. 이들은 온전히 하나님께 속하여 가나안으로 가야만 했다. 세례의 의미 중의 하나가 죄와 세상에 대해서는 죽고 새로운 생명으로 살아나는 것이다. 죄악 된 애굽에 대해서는 완전히 끊고 비록 광야지만 하나님의 생명 안에서 동행하는 것이다.

자기 백성 이스라엘을 가나안으로 인도하여 자신의 나라를 설립하심이 하나님께서 계획하신 구약 시대의 목표였다. 그 나라를 통하여 약속하신 메시아를 보내주실 것이다. 홍해 세례를 거쳐 광야를 지나 가나안으로 입성한 이스라엘 백성들을 통해 하나님은 구속의 역사를 이루어 가고 계셨다.

새 시대에 새 백성 된 우리 성도들은 성부와 성자와 성령의 이름으로 세례를 받았다. 이는 아버지와 아들과 성령으로 교제하는 구원의 영광스러움에 세례받은 성도들이 동참한다. 이는 하나님께서 아들 안에서 마지막으로 드러내신 생명의 부요함이다.

이방 세력에서 자기 백성을 지키신 하나님
여호와 닛시
출애굽기 17:8-16

하나님은 이스라엘의 하나님으로서 자기 백성들을 끝까지 책임지신다. 하나님의 관심은 항상 자기 백성들에게 있다. 만약에 누가 하나님의 백성들을 해롭게 하면 하나님은 가만히 계시지 않는다. 이런 마음은 육신의 부모에게 많이 담겨 있다. 부모의 입장에서는 누구라도 사랑하는 자녀를 해롭게 하면 가만히 있을 수 없다. 마찬가지로 하나님은 누가 자기 백성 이스라엘을 해롭게 하면 친히 나가서 싸우신다.

하나님께서 자기 백성을 이끌고 시내산으로 가는 도중에 감히 아말렉 족속이 하나님의 백성 중에 연약한 자들을 괴롭혔다. 이스라엘 백성들이 광야 길을 가는 중에 연약한 자들은 뒤처지게 되었다. 이들을 본 아말렉 족속들은 하나님을 두려워하지 않고 괴롭혔다. 하나님은 여호수아를 군대 장관으로 세우시고 자신의 군대를 보내어 아말렉과 싸우게 했다. 그리고 자신의 종 모세에게 하나님의 지팡이를 손에 잡게 하고 산꼭대기에 서게 했다. 하나님은 자신의 군대를 앞세워 아말렉과 싸우셨다. 이 전쟁의 성패는 군대의 숫자나 용맹함에 있지 않았다. 산꼭대기에 있는 모세의 손에 달려 있었다. 모세의 손이 올라가면 이스라엘의 군대가 이기고 모세의 손이 내려오면 아말렉의 군대가 힘을 얻었다. 이 모습을 본 아론과 훌이 돌을 가져다가 모세 아래에 놓고 모세를 그 위에 앉게 하고 모세의 손이 내려오지 않도록 아론과 훌이 양편에서 모세의 손을 들어 올렸다. 이 부분에서 많은 사람이 모세가 손을 들었던 것을 기도로 해석한다. 그래서 모세의 기도의 손이 올라가면 이스라엘이 이기고 모세의 기도의 손이 내려오면 아말렉이 이기는 것으로 이해한다. 이것은 옳지 않은 해석이다. 중요한 부분을 놓쳤기 때문에 이렇게 자의적인 해석이 나온 것이다. 모세의 손에 무엇이 들려 있는가를 보라. 모세의 손에 하나님의 지팡이가 들려 있다. 그러므로 모세의 손이 올라가는 것은 하나님의 지팡이가 올라간 것이다. 반대로 모세의 손이 내려오면 하나님의 지팡이가 내려온 것이다. 하나님은 자신의 지팡이를 깃발로 삼아서 아말렉과 싸우셨다. 모든 군대는 자신들을 상징하는 깃발이 있다. 전쟁할 때는 그 깃발을 높이 펄럭이며 나아간다. 만약에 그 깃발이 높이 올라가면 사기도 올라가서 승리를 거두게 된다. 패배하면 그 깃발은 내려지고 찢겨진다. 마찬가지이다. 하나님은 자신의 지팡이를 깃발 삼아 높이 들고 아말렉과 싸우신 것이다. 모세의 몸과 손은 하나님의 깃발을 높이 드는 깃대에 불과하다. 하나님의 깃발이 높이 올려지면 하나님이 친히 싸우심이 확증된다. 반면에 하나님의 깃발이 내려오면 하나님께서 열심을 내지 않으심이다. 이 전쟁에 승리하고 나서 모세가 제단을 쌓고 그 이름을 '여호와 닛시'라고 하였다. 여호와는 나의 깃발이라는 의미다. 여호와 하나님께서 자신의 지팡이 곧 자신의 깃발을 높이 들어 올리고 자기 백성을 괴롭힌 아말렉과 친히 싸우셨다. 전쟁이 끝난 다음에 하나님의 맹세하심을 보라. "여호와께서 맹세하시기를 여호와가 아말렉과 더불어 대대로 싸우리라."라고 하셨다. 이후로도 하나님은 아말렉과 대대로 싸우셨다. 하나님께서 모세를 통해서 자기 백성들에게 말씀하시기를 "네 하나님 여호와께서 네게 기업으로 주어 차지하게 하시는 땅에서 네 하나님 여호와께서 사방에 있는 모든 적군으로부터 네게 안식을 주실 때에 너는 천하에서 아말렉에 대한 기억을 지워버리라 너는 잊지 말지니라."라고 하셨다.

하나님은 자기 백성을 가나안에 안착시켰다. 그리고 이스라엘 백성들이 왕을 구하여 사울을 이스라엘의 왕으로 세우셨다. 하나님은 사울왕에게 아말렉을 진멸할 것을 명하셨다. 말씀하시기를 "아말렉이 이스라엘에게 행한 일 곧 애굽에서 나올 때에 길에서 대적한 일로 내가 그들을 벌하노니 지금 가서 아말렉을 쳐서 그들의 모든 소유를 남기지 말고 진멸하되 남녀와 소아와 젖 먹는 아이와 우양과 낙타와 나귀를 죽이라"고 하셨다. 하나님은 아말렉을 철저하게 진멸하라고 하셨다. 남녀노소, 젖먹이 아이까지 진멸하라고 하셨다. 아말렉에 대한 하나님의 맹세 곧 아말렉과 대대로 싸워 진멸하겠다는 말씀대로 행하신 것이다. 그런데 사울왕은 아말렉을 진멸하는 일, 곧 하나님의 명령에 불순종하였다. 이 일로 하나님은 사울왕을 이스라엘의 왕에서 폐위시켰다.

하나님은 다윗을 통해서 아말렉을 진멸하였다.

하나님이 모세를 통해서 아말렉에 대해서 예언하시기를 "아말렉은 민족들의 으뜸이나 그의 종말은 멸망에 이르리로다."(민 24:20)라고 하였다.

옛 시대에 하나님께서 자신의 지팡이 곧 깃발을 높이 드시고 자기 백성을 괴롭힌 아말렉과 싸우셨다. 이제 새 시대에 친히 자기 백성과 같은 모습으로 오셔서 자신의 교회를 세우셨다. 교회의 주인이며, 머리가 되신 우리 주 예수 그리스도께서는 누구든지 교회를 대적하는 자들에 대해서 싸우신다. 교회는 주인 되신 예수 그리스도께서 지키시므로 음부의 권세가 이기지 못한다. 그러므로 새 시대의 교회는 승리의 교회이다. 교회를 대적하는 자들에 대해 하나님은 반드시 심판하신다.

이스라엘을 조직하신 하나님
나라로 부르심

출애굽기 18:1-27

하나님께서 자기 백성을 애굽에서 이끌어 내셨지만 아직 나라로 조직이 되지는 않았다. 하나님께서 아브라함의 후손들을 이스라엘로 부르셨을 때 이미 한 나라로 부르신 것이다. 그러나 아직 나라다운 조직이 된 것은 아니다. 하나님은 자신의 나라의 조직을 모세의 장인 이드로를 통해서 이루신다. 이드로는 모세의 아내 십보라와 두 아들 게르솜과 엘리에셀을 데리고 모세에게 왔다. 모세는 그동안 하나님께서 자신에게와 이스라엘 백성에게 행하신 일을 다 장인 이드로에게 말하였다. 모세의 장인이자 미디안 제사장인 이드로는 이 모든 말을 듣고 여호와 하나님을 찬양하여 이르기를 "여호와를 찬송하리로다 너희를 애굽 사람의 손에서와 바로의 손에서 건져내시고 백성을 애굽 사람의 손아래에서 건지셨도다. 이제 내가 알았도다. 여호와는 모든 신보다 크시므로 이스라엘에게 교만하게 행하는 그들을 이기셨도다."(출 18:10-

11)라고 하였다. 모세의 장인 이드로는 입술로만 하나님을 찬양함이 아니라 친히 번제물과 희생제물을 하나님께 가져왔다. 그래서 아론과 이스라엘 모든 장로가 하나님 앞에서 함께 먹고 마셨다.

모세의 장인 이드로는 모세 혼자서 백성들을 재판하기 위해서 아침부터 저녁까지 힘쓰는 것을 보았다. 사실 이 일은 모세 혼자서 감당하기 힘든 일이었다. 결국은 모세도 지치고 백성들도 지칠 것임이 분명하였다. 그래서 이드로는 한 가지 방침을 일러 주었다. 곧 백성들에게 율례와 법도를 가르쳐서 마땅히 갈 길과 할 일을 그들에게 보이라고 하였다. 그리고 백성 가운데서 능력 있는 사람들 곧 하나님을 두려워하며 진실하며 불의한 이익을 미워하는 자들을 뽑아서 천부장과 백부장, 오십부장과 십부장을 삼도록 했다. 이렇게 하면 10명에 대한 재판은 십부장이 감당하고, 50명에 대한 재판은 오십부장이 감당하게 되는 것이다. 또한 100명에 대한 재판은 백부장이 하고, 1,000명에 대한 재판은 천부장이 하게 하였다. 그리고 이보다 더 큰일은 모세가 재판하도록 하였다. 이런 과정을 거치며 이스라엘은 나라로써 서서히 조직되었다. 하나님의 나라 안에 있어서 중요한 것 중 하나가 공의가 세워지는 일이다. 공의는 하나님의 말씀대로 정당한 재판이 이루어질 때에 시행된다. 이제 이스라엘 백성들이 하나님의 율법을 배워 자신들 스스로 의롭게 행할 뿐만 아니라 세밀하게 조직된 재판장들로 하여금 억울함이 없는 나라가 되었다. 여기에 아론 자손의 대제사장과 제사장들이 내정되어 성막에서 하나님을 제사하는 일도 완비될 것이었다. 때가 되면 하나님께서 자신을 대리해서 통치할 왕도 세우실 것이다. 그뿐만 아니라 하나님 자신의 뜻을 그 백성들에게 전달할 선지자도 세우실 것이다. 이렇게 되면 이스라엘 나라의 모든 조직이 다 세워지게 된다. 이미 하나님은 모세를 도와 이스라엘을 섬길 70명의 장로들을 세우셨다. 모세 혼자 백성들의 짐을 짊어지지 않고 70명의 장로들이 백성들의 짐을 함께 짊어졌다. 이를 위해서 하나님은 모세에게 임한 하나님의 영을 70명의 장로들에게도 임하게 하셨다. 하나님은 아브라함에게 약속하신 한 나라 곧 가나안에 세우실 이스라엘 나라의 조직을 하나씩 이루어 가셨다. 모세는 이 일을 이루는 중보자였다. 모세는 하나님의 백성의 대표자였고, 하나님의 선지자였다. 그래서 하나님께서 이루시려고 하신 일에 봉사자로 섬겼다.

　새 시대에 자신의 교회를 세우신 예수 그리스도께서도 자신의 교회 안에 일군들을 세우신다. 하나님은 바울 사도를 통해서 에베소 교회에 말씀을 하셨다. "그가 어떤 사람은 사도로 어떤 사람은 선지자로 어떤 사람은 복음 전하는 자로 어떤 사람은 목사와 교사로 삼으셨다."(엡 4:11-12)고 하셨다. 교회의 주인 되신 우리 주 예수 그리스도께서 이렇게 일군을 세우신 목적은 성도를 온전케 하여 봉사의 일을 하며 그리스도의 몸을 세우기 위함이다.

시내산에서 언약을 맺으신 하나님
옛 언약

출애굽기 24:1-11

하나님께서 자기 백성들과 시내산에서 언약을 맺으신 장면은 참으로 중요하다. 이 언약을 통해서 하나님은 이스라엘의 하나님으로서 그 백성 중에 집을 지으시고 보좌를 설치하시어 함께하시기 때문이다. 이 언약이 구약 성경 전체와 신약 성경의 모든 하나님의 구속 역사의 토대가 된다.

하나님은 자기 백성을 시내산으로 인도하셨다. 그리고 가장 먼저 자기 백성들을 물로 씻겨 정결케 준비시키신 후 3일을 기다리게 하셨다. 또한, 산에 경계를 정하시고 그 경계를 침범하지 못하게 하셨다. 3일 후에 하나님은 모세에게 명하여 아론과 나답과 아비후아 이스라엘 장로 70명과 함께 시내산 위에 있는 여호와께로 올라오게 하였다. 그리고 모세만 여호와 하나님께 가까이 나아오게 하여 백성에게 전할 모든 말씀과 율례를 말씀하셨다. 모세는 여호와의 말씀을 기록하여 백성들에게 들려주었다. 백성들은 "여호와께서 말씀하신 모든 것을 우리가 준행하리이다."라고 응답하였다. 모세는 산 아래에 제단을 쌓고 12지파대로 열두 기둥을 세웠다. 그리고 이스라엘 자손의 청년들을 보내어 여호와께 소로 번제와 화목제를 드리게 했다. 모세는 언약서를 가져다가 백성들에게 낭독하여 듣게 하였다. 백성들은 모세가 낭독한 언약서를 듣고 나서 "여호와의 모든 말씀을 우리가 준행하리이다."고 약속하였다. 그러자 모세는 피를 가지고 반은 여러 양푼에 담고 반은 제단에 뿌렸다. 모세가 나머지 피의 절반은 백성들에게 뿌리면서 이르기를 "이는 여호와께서 이 모든 말씀에 대하여 너희와 세우신 언약의 피니라."고 선언하였다. 이렇게 하여 여호와 하나님과 이스라엘 백성들의 언약식이 이루어졌다. 모세와 아론과 나답과 아비후와 이스라엘 장로 70명이 하나님 앞에 올라갔다. 그들이 이스라엘의 하나님을 보았다. 그들이 본 이스라엘의 하나님의 발아래에는 청옥을 편듯하고 하늘같이 청명하였다. 원래 하나님을 본 자들을 죽임을 당하였지만, 이번에는 하나님께서 이스라엘의 존귀한 자들에게 손을 대지 아니하셨다. 그래서 그들은 하나님을 뵙고 먹고 마셨다. 이는 중요한 언약식을 끝내고 언약의 당사자들이 함께 먹고 마시며 잔치하는 모습이다.

하나님은 이 언약식을 결혼식과 같이 하셨다. 하나님은 이스라엘의 남편이 되시고 이스라엘 백성들은 하나님의 아내의 자리에서 언약식을 행하셨다. 우리는 성경에서 하나님과 그 백성들과의 관계를 여러 가지로 묘사함을 쉽게 찾을 수 있다. 하나님은 이스라엘의 왕이시고 이스라엘 백성들은 왕의 백성들로 묘사된다. 때로는 하나님은 이스라엘 군대의 사령관이시고 이스라엘 백성들은 군대로 묘사된다. 어떤 때에는 하나님은 주인 되시고 이스라엘 백성들은 종으로 묘사되기도 한다. 개인에 대해서도 시편 23편에서 하나님은 다윗을 통해서 고백하게 하기를 "여호와는 나의 목자시니 내게 부족함이 없으리로다."라고 하였다. 곧 하나님과 다윗의 관계를 목자와 양의 관계로 묘사하였다. 마찬가지로 시내산 언약에서는 하나님은 남편으로 이스라엘 백성들은 아내로 묘사하였다. 이는 후에 예레미야를 통해서 새 언약을 말씀하실 때에 이르시기를 "여호와의 말씀이니라 보라 날이 이르리니 내가 이스라엘 집과 유다 집에 새 언약을 맺으리라 이 언약은 내가 그들의 조상들의 손을 잡고 애굽 땅에서 인도하여 내던 날에 맺은 것과 같지 아니할 것은 내가 그들의 남편이 되었어도 그들이 내 언약을 깨뜨렸음이라 여호와의 말씀이니라."(렘 31:31-32)라고 하였다. 이 말씀에서 특별히 "내가 그들의 남편이 되었어도"의 부분을 눈여겨보라. 하나님께서 스스로 말씀하시기를 내가 그들의 남편이 되었다고 하셨다. 시내산의 언약으로 하나님은 이스라엘의 남편이 되시고 이스라엘은 하나님의 아내가 되었다. 그러므로 이제 한 집에서 함께 생활해야 한다. 그래서 하나님은 이스라엘과 함께 살 집 곧, 성막을 지으라고 명하셨다. 시내산 언약이 출애굽기 24장인데, 하나님의 성막을 지으라는 명령은 25장에 나온다. 그리고 출애굽기의 나머지 25장부터 40장까지는 하나님의 집인 성막 짓는 일을 기록한다. 마지막 40장에서 하나님의 성막이 완성되고 하나님은 완성된 자신의 집에 임재하시는 것으로 출애굽기가 마무리된다. 하나님께서 성막을 지으시고 자기 백성과 동행하심이 모든 성경의 핵심 내용이다. 하나님께서 시내산에서 언약을 세우시고 모세를 통해서 성막을 지은 이전이나 이후나 하나님의 관심은 자기 백성과 함께 하심이다. 하나님이 자기 백성과 함께 하심의 장소가 바로 성막이다.

옛 시대에 성막을 지으시고 자기 백성과 함께 동행하신 하나님은 친히 우리와 같은 모습으로 오셨다. 그분이 친히 자기 백성과 함께 하는 성전이 되셨다. 그리고 구속의 일을 이루신 후에 자신의 영을 자기 백성들에게 임하게 하시어 새 시대에는 새 백성 된 성도들 곧 교회를 성전 삼으셨다. 우리 주 예수 그리스도를 믿는 우리 성도들 한 사람 한 사람이 하나님의 영이 함께 하시는 성전이다. 이로 보건대 시내산에서 맺은 언약이 하나님의 전 구속 역사의 틀이 됨을 알 수 있다.

십계명 돌 판을 주신 하나님
하나님과 그 백성의 교제의 법

출애굽기 31장-34장

하나님은 자신이 창조하신 모든 세상을 사랑하시되 특별히 자기 백성을 사랑하신다. 그래서 자기 백성과 거룩한 사랑의 교제를 이루시기를 원하셨다. 하나님은 거룩하시고 사랑의 하나님이시다. 그러므로 하나님과 교제하려면 반드시 거룩해야 한다. 거룩함은 구별됨이며 이는 계속해서 지속되어야 한다. 하나님은 아브라함의 후손 이스라엘 백성을 자기 백성으로 구별하셨다. 이렇게 구별된 이스라엘 백성들은 거룩한 삶을 이어가야 한다. 하나님은 무작정 거룩을 요구하신 것은 아니다. 하나님은 자기 백성들의 거룩한 삶에 필요한 원리를 말씀하셨다. 즉 하나님의 백성들이 거룩한 삶의 원리를 연구하고 찾아서 행하는 것이 아니라 하나님이 거룩함에 필요한 모든 말씀을 주셨다. 그리고 그 말씀을 잊지 않도록 돌비에 새겨서 주셨다. 십계명이 바로 그것이다. 하나님이 모세의 손에 들려준 십계명 돌 판에 대해서 기록하기를 "그

판의 양면 이쪽저쪽에 글자가 있으니 그 판은 하나님이 만드신 것이요 글자는 하나님이 쓰셔서 판에 새기신 것이더라."(출 32:15-16)라고 하였다.

하나님은 이 십계명을 귀하게 여기셨고 그 귀한 말씀을 모세에게 주셨다. 하나님 앞으로 올라오게 하여 40일 동안 금식을 한 후에야 주실 만큼 말이다. 그러나 모세가 하나님의 십계명을 받기 위해서 시내산 하나님 앞에 올라가서 40일 넘도록 내려오지 않음을 보고 이스라엘 백성들은 산 아래서 금송아지 우상을 만들었다. 그들은 금송아지를 보며 "이스라엘아 이는 너희를 애굽 땅에서 인도하여 낸 너희의 신이로다." 하면서 번제와 화목제를 드린 후 먹고 마시고 뛰놀았다. 하나님은 자기 백성의 부패함을 보셨다. 하나님은 십계명을 새긴 돌판을 모세에게 주며 백성들에게 보냈다. 모세가 시내산에 올라 간지 40일이 지난 후였다. 모세는 하나님의 마음으로 진노하였다. 그는 하나님이 주신 십계명 돌판을 산 아래로 던져 깨뜨렸다. 그리고 이스라엘 백성들이 만든 금송아지를 불살랐다. 그 가루를 물에 뿌려 춤추며 마신 모든 백성이 마시게 했다. 그다음, 모세는 하나님께 헌신할 자들을 청하였다. 이 말을 들은 레위 자손이 헌신하여 여호와의 편에 섰다. 하나님은 자신의 편에 선 레위 자손에게 칼을 주었다. 그들 중에는 자신의 아들, 형제, 친구 그리고 이웃들도 있었다. 그러나 레위 자손들은 육신에 매이지 않고 온전히 여호와께 헌신하였다. 그날에 3,000명가량이 죽임을 당하였다.

이후에 하나님은 다시 모세를 시내산 자신 앞으로 올라오게 하셔서

40일을 머물게 하셨다. 모세는 다시 40일 동안 금식을 하였다. 이번에는 하나님이 모세에게 이전과 같은 돌판을 준비하라고 하셨다. 그리고는 다시 그 돌판에 십계명을 새기셨다. 돌판에 새겨진 십계명은 하나님의 백성들에게 전달되었고 하나님의 언약궤 안에 보관되었다. 십계명 돌판을 증거판이라고도 불렀다. 하나님의 언약궤는 하나님의 보좌로도 일컫는 속죄소 밑에 있었다. 하나님은 자신의 보좌 밑에 십계명 돌판을 두었다. 이는 하나님이 이 세상을 통치하실 때나 자기 백성을 다스리실 때에 그 십계명 돌 판에 기록된 말씀을 중심으로 행하신다는 뜻이다. 하나님은 자기 백성에게 말씀을 주신 후에 그 말씀을 중심으로 행하신다. 하나님은 말씀하시고 그 백성은 듣는다. 하나님의 뜻을 알 수 있는 다른 길은 없다. 하나님은 자신이 주신 말씀 속에서 자기 백성들을 만나주신다. 우리는 하나님의 말씀을 읽으면서 그 말씀 속에서 하나님의 인격과 사역을 만난다. 하나님을 만나는 다른 길은 없다. 오직 말씀 속에서 과거에 하나님이 행하신 일이 무엇이고, 지금 하나님이 어떻게 일하고 계시며, 장차 하나님의 일하실 것이 무엇인지를 알 수 있다.

십계명 돌판을 주셔서 자기 백성들과 교제하시던 하나님께서는 친히 육체를 입고 이 세상에 오셨다. 말씀이 육신이 되신 것이다. 이 얼마나 놀라운 일인가! 제자들은 말씀이 육신이 되신 우리 주 예수 그리스도를 친히 보고, 손으로 만지고, 귀로 그분의 음성을 직접 들었다. 옛 시대에는 아무리 모세라도 하나님을 직접 볼 수가 없었다. 하나님이 모세를 반석 틈에 두고 손으로 덮고 지나가셨다. 모세도 하나님의 등만 보았다(출 33:18-23). 그러나 이제는 하나님 아버지의 독생자 곧 하나님 자신이 육신을 입고 오셨다. 그분 안에서 하나님과 새롭게 교제하는 길이 열렸다. 여전히 하나님이 친히 써 주신 십계명은 하나님의 백성들의 모범이다. 그러나 그 법을 가지고 하나님과 교제하는 방식은 다르다. 우리 주 예수 그리스도 안에서 하나님의 아들이 된 우리 새 백성들은 하나님이 주신 성령 안에서 하나님과 교제한다. 구약시대에는 하나님의 법을 돌판에 새겼지만, 신약시대 새 시대 새 백성들에게는 마음에 새긴다. 우리에게 임마누엘로 오신 성령 하나님이 우리 마음 판에 새긴 생명의 법을 따라 교제하게 하신다.

성막을 지으시고 자기 백성과 교제하며 동행하신 하나님

레위기

레위기 1장-27장

레위기의 원래 히브리식 이름은 '그리고 그가 부르셨다.'이다. 이것이 레위기의 시작 말씀이다. 우리나라 성경은(개역 개정) "여호와께서 회막에서 모세를 부르시고 그에게 말씀하여 이르시되"라고 시작한다. 하나님 여호와께서 모세가 만든 성막에 임재하신 후에 모세를 하나님 앞으로 부르셨다는 말이다. 그러므로 레위기는 출애굽기 40장과 바로 연결되어 있다. 출애굽기 40장의 마지막 부분을 보면 하나님의 집인 성막이 완성이 되고 하나님께서 성막에 임재하신다.(출 40:34-38) 장소적으로는 여전히 시내산 아래다. 하나님께서 아직 시내산에서 자기 백성을 출발시키지 않으셨다. 시내산에서의 출발은 민수기에서 하신다. 하나님은 시내산에서 언약을 맺으시고 언약의 말씀을 주셨다. 그런 후에 하나님의 집인 성막을 지으시고 하나님이 자신의 집에 임재하셨다.

성막에 임재하신 하나님께서 모세를 자신의 성막으로 부르셔서 말씀하신 내용이 레위기이다. 하나님은 자기 백성 중에 오셔서 함께 교제하시며 동행하시는 중에 하나님의 백성들이 어떻게 행해야 하는지에 대해서 자세히 말씀하셨다. 먼저 하나님 자신 앞에 나아와 제사할 제사법에 대해서 말씀하셨다. 번제, 소제, 화목제, 속죄제 그리고 속건제에 대해서 언제, 어떻게, 어떤, 제물로 드려야 하는지에 대해 말씀하셨다. 제사는 하나님과 그 백성이 교제하는 데 있어 가장 중요한 일이다. 제사가 온전히 드려지지 않으면 모든 것이 무너진다. 제사는 하나님과 가장 가까이, 그리고 깊이 교제하는 일이기 때문이다. 하나님께서 처음 자기 백성을 창조하실 때, 예배자로 창조하셨다. 따라서 하나님의 백성이 하나님께 온전한 제사를 드리지 못한다면 그 창조 목적에 합하지 못한 것이다. 하나님께서는 모든 복을 이 제사를 통해서 주신다. 죄의 용서는 속죄제, 온전한 헌신은 번제를 통해서 받으신다. 하나님께 올려 드린 감사의 마음은 소제를 통해서 받으신다. 그뿐만 아니라 행여 부지중에라도 지은 죄가 있으면 속건제를 통해서 받으신다. 무엇보다 화목제가 없으면 하나님과 함께 먹고 누리는 영광의 교제를 누릴 수 없다. 그러므로 하나님은 자기 백성과의 관계에서 중요한 제사법에 대해서 가장 먼저 말씀하셨다.

 하나님은 제사법을 명하신 후에 하나님과 그 백성들 사이에서 중보자를 세워서 그들로 하여금 제사를 섬길 것을 말씀하셨다. 곧 아론과 그 아들들을 제사장으로 위임하여 모든 제사를 섬기도록 하셨다. 드디어 하나님의 보좌가 있는 성막에서 아론과 그의 아들들이 제사장으로 세워져 첫 제사를 드렸다. 그러나 첫 번째 제사를 드린 후 하나님은 아론의 두 아들 나답과 아비후의 목숨을 거둬가셨다. 하나님이 명령하지 않은 다른 불을 담아 여호와 앞에 분향한 것이 그 이유이다(레 10:1). 하나님은 다른 불을 드린 나답과 아비후를 여호와 앞에서 나온 불로 그들을 삼키게 했다. 이 일은 하나님께서 정하신 규례와 방식으로 반드시 제사해야 한다는 것을 알리는 경고와도 같다.

이제 하나님은 자기 백성들의 지극히 일상적인 삶 속에서 유지되어야 할 거룩함에 대해서 말씀하셨다. 하나님은 자기 백성들이 먹어도 되는 것, 먹지 말아야 하는 것을 상세히 알려주셨다. 육체를 가지고 있는 하나님의 백성들에게 있어서 먹는 것은 생명 유지에 필수적이었다. 그렇기 때문에 세밀하게 구별하여 거룩하게 명하셨다. 하나님이 자기 백성들에게 어떤 것은 먹지 말라고 하신 것은 아직 하나님과의 온전한 교제가 주어지지 않았다는 의미이다. 사람이 음식을 먹고 건강한 육체를 가졌으면 이제 생육하고 번성하여 땅에 충만하라는 하나님의 지상 명령을 준수해야 한다. 그래서 하나님은 아이를 낳는 생명의 출산의 규례를 말씀하셨다. 아이를 낳는 산모도 거룩한 성결을 유지해야 하고, 태어난 아이도 하나님이 정하신 방식으로 거룩해야 했다. 태어난 하나님의 백성들이 자라나는 과정에서 피부에 생기는 여러 피부병이나 종기 등이 환경의 오염으로 드러난 것인지, 하나님의 심판으로 드러난 나병인지를 구별하여 거룩함과 부정함을 분별하게 하셨다. 그뿐만 아니라 하나님의 백성들이 사는 환경 곧 의복이나 가죽 그리고 집에 생기는 곰팡이에 대해서도 정결함의 법을 말씀하셨다. 더 나아가

몸에 드러나는 유출에 대해서 부정함과 정함을 분별하여 정결의 법을 명하셨다. 이로 보건데 하나님이 자기 백성들과 교제하는 범위는 제사를 드리는 것에 국한하지 않고 자기 백성들의 일상적인 삶까지 깊숙이 관여하시고 교제하신다. 하나님은 자기 백성들의 육체와 그들이 입는 옷과 사는 집에 이르기까지 거룩함을 요구하신다.

이제 하나님은 자기 백성들과 만날 날짜를 말씀하셨다. 1년에 한 번, 7월 10일에 대제사장을 통해서 자기 백성의 죄를 속하고 만나시는, 대 속죄일을 명하셨다. 이는 아무 때나 함부로 하나님의 지성소에 들어오지 못하게 하심이다. 아직 죄의 권세가 심판을 받지 않았으므로 하나님은 거리를 두셔야 한다.

하나님은 자신과 교제하는 자기 백성들이 이방의 가증한 풍속을 따르지 말도록 명하셨다. 이방의 가증한 풍속은 육체를 따라가는 쾌락의 풍속이다. 하나님은 자기 백성에게 하나님 자신을 거룩한 분으로 계시하시면서 함께 교제할 백성들에게도 거룩함을 요구하셨다. 그리고 하나님을 닮은 백성으로 이웃을 어떻게 사랑해야 함도 자세히 알려주셨다.

하나님은 자신의 나라 안에서 용납할 수 없는 죄에 대해서는 사망선고를 내리셨다. 반드시 죽여야 할 죄에 대해서 강하게 명하심으로 죄에 대한 경각심을 갖게 하셨다.

하나님은 제사장들이 지켜야 할 규례와 성물을 먹는 규례도 알려주셨다. 그리고 여호와께서 기쁘게 받으시는 제물이 어떤 것인지도 말씀하셨다.

이제 하나님은 자기 백성과 함께 누리는 축제에 대해서 말씀하셨다. 곧 유월절과 무교절, 속죄일과 초막절 그리고 안식년과 희년에 대해서 말씀하신 후에 이 말씀을 순종했을 때에 주실 상과 불순종했을 때에 내릴 저주에 대해서 말씀하셨다. 마지막으로 하나님은 하나님 앞에 서원한 예물에 대해서 말씀하심으로 하나님 앞에 온전히 드려짐의 축복과 무엇이 여호와의 것임을 십일조의 규례를 통해서 말씀하셨다.

레위기의 마지막은 이렇게 끝을 맺는다. "이것은 여호와께서 시내산에서 이스라엘 자손을 위하여 모세에게 명령하신 계명이니라."(레 27:34)

구약 이스라엘 백성들에게 있어서 구약 성경 39권 중에서 가장 중요한 한 권을 선택하라고 하면 반드시 레위기를 택해야 한다. 왜냐면 하나님과 교제하는 구체적인 내용이 레위기에 다 들어있기 때문이다. 레위기가 없으면 어떻게 제사를 드리며 무엇으로 제사를 드릴지, 언제 제사를 드리며 누가 제사를 드릴지 알지 못한다. 하나님의 법대로 제사하지 않으면 나답과 아비후처럼 죽임을 당할 것이다. 그러므로 이스라엘 백성들에게 있어서 레위기는 없어서는 안 될 생명과도 같은 하나님의 법이었다. 그뿐만 아니라 삶 속에서 거룩과 부정을 분별하여 시행할 법이므로 하나님의 백성들의 거룩한 삶을 유지하는데 절대적으로 필수적이었다. 그러므로 하나님과 교제하는 것이 생명인 이스라엘 백성에게 레위기서가 없으면 아무것도 할 수 없다.

하나님은 옛 시대에 모세를 통해서 자기 백성들에게 레위기서를 주시므로 자기 백성과 교제를 이루셨다. 이제는 친히 오셔서 레위기의 모든 말씀을 성취하셨다. 모든 제사를 자신이 친히 대제사장이 되시고 자신의 몸을 제물 삼아 단번에 영원한 제사를 드렸다. 다시는 옛 시대처럼 양을 잡고, 소를 잡아 제사를 드릴 필요가 없다. 우리의 대표자가 단번에 드린 영원한 제사 곧 십자가의 희생으로 하나님께 온전히 나아가는 길이 열렸기 때문이다. 하나님의 보좌를 가로막고 있는 모든 휘장이 걷히고 가림이 없는 방식으로 교제하며 동행하게 되었다. 제사제도 뿐만 아니라 모든 절기까지도 그리스도 안에서 완성되어서 하나님과 함께 축제하는 믿음의 삶이 되었다. 이제 누구든지 우리 주 예수 그리스도 안에 있으면 거룩한 자가 된다. 새 시대 새 백성들의 거룩과 부정은 예수 그리스도 안에 있는가, 밖에 있는가로 구별된다.

우리의 삶이 그리스도 안에서 그리스도와 함께 그리스도를 위한 삶이라면 거룩한 삶이다. 반대로 그리스도 밖에서 그리스도와 무관하게 행하는 모든 것이 부정함이다. 기준은 오직 예수 그리스도와 그분의 말씀이다.

광야에서 자기 백성의 헌신을 원하신 하나님

민수기

민수기 1장-36장

하나님께서 모세를 통해서 자기 백성 이스라엘에게 민수기를 주실 때, 그 백성들이 사용하는 히브리어로 기록하셨다. 당연히 창세기나 출애굽기, 레위기, 신명기도 마찬가지다. 우리나라 성경에는 민수기라고 제목을 붙였지만 원래 히브리어 성경에는 '광야에서'이다. 하나님은 시내산에 있는 자기 백성들을 출발시켜 광야 길로 인도하신다. 그리고 광야 38년 동안의 하나님과 그 백성들의 삶을 기록한 것이 민수기이다. 그러므로 '광야에서'라는 제목이 민수기의 내용과 특성을 잘 반영하고 있는 것이라고 할 수 있다. 민수기라는 이름은 히브리어로 된 성경을 헬라어로 번역하는 중에 새로 붙인 이름이다. 민수기에서 하나님은 자기 백성을 두 번 계수하시는데 먼저는 시내산에서 광야로 출발하면서 계수하신다. 그때의 숫자는 603,550명이었다(민 1:46,

2:32). 하나님은 자기 백성들을 계수하실 때에 군대의 숫자로 계수하신다. 이들은 모두 사망의 어두운 그림자가 도사리고 있는 광야에서 여호와를 위해서 헌신할 여호와의 군대들이었다. 그래서 민수기의 주제는 '여호와께 헌신'이다. 하나님은 자기 백성들이 거쳐야 할 험난한 광야 길에 동행할 것이다. 자기 백성의 하나님으로서 역할을 완전하게 감당하실 것이다. 문제는 사망의 그림자가 있는 광야 길에서 하나님의 백성들이 어떻게 하나님께 순종하며 헌신하는가이다. 하나님께서 자기 백성을 출애굽시킨 것은 하나님의 나라, 그 나라의 봉사자로 부르시기 위해서 행한 일이다. 그러므로 이스라엘 백성들은 온전히 하나님께 순종하며 헌신해야 한다. 하나님은 38년 동안 광야 길의 끝에 다시 한번 자기 군대를 계수하신다. 그때 계수된 하나님의 군대의 숫자는 601,730명이었다.(민 26:51) 처음에 계수할 때보다 1,820명이 부족하였다. 이는 여호와의 군대가 여호와께 온전히 헌신하지 못했음을 말한다. 옛 시대에 하나님이 자기 백성을 복 주시는 증거 중의 하나가 자손의 번성이었다. 비록 광야라는 환경이 생육하고 번성하기에 열악했겠지만 이스라엘 백성들이 온전히 순종하고 헌신했었다면, 충분히 번성했을 것이다. 더구나 애굽에서 나온 출애굽 1세대는 여호수아와 갈렙을 제외하고는 모두 광야에서 죽었다. 민수기의 마지막 부분에서 계수된 하나님의 군대는 모두 광야에서 출생한 자들이었다. 즉 이스라엘 백성들은 광야에서 하나님께 충성하고 헌신하는 일에 실패했다. 그렇지만 하나님께서는 은혜를 베푸시고 새로운 백성을 지으셨다.

하나님은 광야 길로 자기 백성을 인도하실 때에 행진에 필요한 모든 질서를 명하셨다. 하나님은 자신의 보좌를 중심으로 진을 치게 하셨고 출발하게 하셨다. 광야에서 이스라엘 백성들의 눈길은 항상 하나님의 보좌가 있는 성막을 바라봐야 했다. 진영을 떠날 때에는 아론과 그 아들들이 성소와 성소의 모든 기구 덮는 일을 마쳤고, 고핫 자손들과 게르손 자손 그리고 므라리 자손들이 와서 그것을 메었다. 사망의 그림자가 있는 광야여서 하나님의 백성들은 긴장해야 했다. 하나님은 자기 백성들이 가는 길이 광야라고 해서 부정한 죄에 대해서 너그럽지 않으셨다. 모든 부정한 자는 진 밖으로 내보내어 정결케 될 때까지 두었다. 그리고 죄에 대한 값은 반드시 치르도록 하셨다. 그런가하면 날 때부터 하나님께 구별된 나실인에 대한 법도 명하셨다. 하나님은 광야 길에서 특별히 제사장을 통해서 자기 백성을 축복하게 하셨다. 제사장들은 여호와의 이름으로 이스라엘 백성들을 축복하였다. "여호와는 네게 복을 주시고 너를 지키시기를 원하며 여호와는 그의 얼굴을 네게 비추사 은혜 베푸시기를 원하며 여호와는 그 얼굴을 네게로 향하여 드사 평강 주시기를 원하노라."고 하였다. 하나님은 제사장이 자신의 이름으로 백성을 축복하면 복을 주시겠다고 약속하셨다. (민 6:22-27) 하나님께서 장막의 모든 기구를 구별하고 제단과 모든 기물에 기름을 발라 거룩하게 구별하던 날에 각 지파의 감독자들이 지파를 대표해서 하나님 자신에게 헌물을 드렸다. 이것은 하나님께서 베푸시는 은혜에 대해서 백성들이 감사의 마음으로 자원한 헌물이다. 하나님은 이스라엘 백성들이 시내산에서 두 번째 유월절을 지킨 다음에 드디어 시내산에서 출발시켰다. 하나님이 자신의 구름을 성막에 떠오르게 하심으로 이스라엘이 출발하여 바란 광야에 머물렀다. 광야 길을 가는 동안 하나님은 항상 백성들보다 먼저 가셨다. 그때의 상황을 하나님은 기록하시기를 "그들이 여호와의 산에서 떠나 삼일 길을 갈 때에 여호와의 언약궤가 그 삼일 길에 앞서가며 그들의 쉴 곳을 찾았고 그들이 진영을 떠날 때에 낮에는 여호와의 구름이 그 위에 덮였었더라. 궤가 떠날 때에는 모세가 말하되 여호와여 일어나사 주의 대적들을 흩으시고 주를 미워하는 자가 주 앞에서 도망하게 하소서 하였고 궤가 쉴 때에는 말하되 여호와여 이스라엘 종족들에게로 돌아오소서."라고 하였다.

하나님은 자기 백성을 가나안의 지경인 가데스 바네아에 도착시켰다. 그리고 아모리 족속의 산지 길로 가나안 땅에 입성하라고 명령하셨다. 하나님께서 모세를 통해서 이르시기를 "우리 하나님 여호와께서 우리에게 주신 아모리 족속의 산지에 너희가 이르렀나니 너희의 하나님 여호와께서 이 땅을 너희 앞에 두셨은즉 너희 조상의 하나님 여호와께서 너희에게 이르신 대로 올라가서 차지하라 두려워하지 말라 주저하지 말라."(신 1:20-21)고 하셨다. 그런데 여기서 이스라엘 백성들은 하나님의 생각과 다른 선택을 하였다. 그들은 정탐꾼을 보내기 원했다. 어디로 가야 할지, 어떤 지피가 먼저 올라가야 하는지, 그 땅에 사는 거민은 강한지, 약한지를 알고 싶어 했다. 그 땅이 과연 비옥한지, 성읍은 산지인지, 진영인지 등등 모든 정보를 먼저 정탐하기를 원했다. 하나님은 흔쾌히 허락하였다. 각 지파에서 한 명씩 택하여 40일 동안 정탐하고 돌아왔다. 12명의 정탐꾼의 보고는 엇갈렸다. 10명의 정탐꾼은 땅은 좋은데 그 땅의 거주민들은 강하고 성읍은 견고하여 그 백성을 치지 못할 것이라고 보고하였다. 그러나 나머지 두 사람 여호수아와 갈렙은 "우리가 올라가서 그 땅을 취하자 능히 이기리라."고 하였다. 문제는 이들의 보고를 들은 이스라엘 백성들의 반응이었다. 이스라엘 백성들은 10명의 정탐꾼의 보고를 택하고, 모세와 아론을 원망하였다. 그들은 "우리가 애굽 땅에서 죽었거나 이 광야에서 죽었으면 좋았을 것을 어찌하여 여호와가 우리를 그 땅으로 인도하여 칼에 쓰러지게 하려 하는가 우리 처자가 사로잡히리니 애굽으로 돌아가는 것이 낫지 아니하랴?"라며 모세와 아론에게 원망을 쏟아놓았다. 하나님은 그 자리에서 10명의 정탐꾼을 죽이셨다. 그리고 이스라엘 백성들의 원망대로 광야에서 생을 마치도록 하셨다. 또한, 정탐한 날 수인 40일의 하루씩을 일 년씩으로 계산하여 40년 동안을 광야에서 머물도록 하셨다. 그들이 머문 40년의 광야 생활 동안 하나님을 의뢰하지 않고, 가나안 족속을 두려워하고, 불순종한 자들을 심판하셨다.

이스라엘 백성의 불순종은 여기서 끝나지 않았다. 고라와 다단과 아비람이 하나님이 세우신 아론과 모세를 대적하므로 250명이 심판을 받아 하나님의 불에 멸망하였다. 뿐만 아니라 가데스에서는 물이 없어서 모세와 다투기까지 했다. 지금까지 하나님이 하늘에서 만나를 내려주시고 반석에 물을 내어 마시게 하셨다. 그런데 가데스에서 물이 없다고 모세에 대해서 원망하였다. 이 일로 결국 모세는 가나안 땅에 들어가지 못하게 되었다. 왜냐면 하나님이 지시하신 반석에서 물을 내어 이스라엘 백성에게 줄 때, 백성들에게 화가 난 모세는 하나님의 거룩함을 드러내지 못했기 때문이다. 이스라엘의 대표자 모세까지도 온전히 하나님께 헌신하지 못했다. 이스라엘 백성의 불신앙은 계속되었다. 홍해 길을 따라 에돔 땅을 우회할 때에 길이 험난하여 백성들이 모세를 원망하였다. 모세를 원망하는 것은 곧 하나님에 대해서 원망함이었다. 하나님은 불 뱀을 보내어 원망하는 백성들을 물게 하시므로 심판하셨다. 하나님은 자기 백성들을 돌이키게 하기 위해서 놋으로 불 뱀 모양을 만들어 장대 위에 매달아 놓았다. 이것을 쳐다보는 자마다 회복되게 하셨다.

하나님은 자기 백성이 비록 온전한 헌신을 하지 못하였지만, 누구도 자기 백성을 저주하는 것을 원치 않았다. 그래서 이방의 선지자 발람이 이스라엘 백성을 저주하는 것을 막으셨다. 그런데 이스라엘 백성들이 발람의 꾀에 넘어가므로 또 여호와께 헌신하지 못하고 넘어졌다. 하나님은 새로운 이스라엘 곧 출애굽 할 때에 20세 미만 된 아이들과 광야에서 태어나서 성장한 자들을 신 광야(모압 평지)로 인도하셨다. 이제 요단강만 건너가면 가나안 땅이다. 하나님은 여기서 자기 군대의 숫자를 다시 한번 계수하였다. 그리고 하나님은 자기 백성을 가나안으로 이끌 자, 여호수아를 모세의 후계자로 세우셨다.

신 광야(모압 평지)에서 언약을 갱신하신 하나님

신명기

신명기

　　하나님은 자기 백성들의 불순종에도 불구하고 광야에서 새로운 이스라엘을 조성하셨다. 광야 40년을 보내며 이전 세대는 불순종으로 심판을 받아 광야에서 모두 죽었다. 이후에 태어난 새로운 세대가 하나님의 은혜로 형성되었다. 하나님은 새 이스라엘을 신 광야(모압 평지)에 모으고 새롭게 언약을 세우신다. 이전에 시내산에서 언약을 맺었던 자들은 불순종하여 광야에서 엎드러졌기 때문이다. 하나님은 새 이스라엘에게 새롭게 시행될 율법을 주셨다. 우리나라 성경에서는 신명기라는 이름으로 명명되어 있는 히브리어 성경의 이름은 '말씀들'이다. 하나님께서 모세를 통해서 자기 백성들에게 갱신된 언약의 말씀을 주셨기 때문이다.

　　하나님은 모세를 통해서 자신의 새로운 백성에게 말씀을 주시면서 먼저 옛날을 추억하게 하신다. 이전에 있었던 일들을 상세히 알려주신다. 어떤 일이 있었는지, 그 일로 하나님의 백성들이 어떻게 불순종하였으며 그 결과로 어떤 것이 주어졌는지를 말씀하셨다. 또한, 하나님이 행하신 놀라운 일들도 알려주신다. 하나님께서 자기 백성을 가나안으로 인도하실 것은 변할 수 없는 일이었다. 그러므로 그들이 지켜야 할 율법을 주셨다. 지금 새 이스라엘이 장막을 친 곳은 요단강 건너편에 가나안 땅이 훤히 보이는 장소이다. 이스라엘 백성들이 40년 동안 광야를 헤매다가 이제 젖과 꿀이 흐르는 약속의 땅이 눈앞에 나타났다. 그렇다. 이스라엘 백성들의 관심은 빨리 사망의 그림자가 도사리고 있는 광야의 여정을 끝내고 가나안 땅의 풍성한 안식을 소망하였다. 그런데 여기서 간과하지 말아야 할 것이 있다. 그것은 환경적인 풍요로움이 하나님의 백성들에게 약속된 안식이 아니라는 것이다. 하나님께서 주신 율법에 순종할 때 비로소 이 풍요로운 안식이 약속되었다. 새로운 이스라엘 백성에게는 가나안의 풍성한 안식을 위한 율법이 필요했다. 하나님께서 그 율법을 모세를 통해 주셨는데, 바로 신명기이다. 하나님께서 시내산에서 자기 백성과 언약을 체결한 후에 그 백성들에게 주신 언약의 말씀은 이스라엘이 불순종하므로 넘어졌다. 그러므로 하나님은 새 이스라엘과 신 광야에서 언약을 갱신하셨다. 이스라엘 백성은 이 율례를 순종해야만 했다. 하나님은 약속의 땅 가나안에서 자기 백성의 생명의 부요함을 말씀 속에 두셨다. 하나님이 명하신 율법에 순종하면 생명의 부요함을 누리게 될 것이다. 반대로 하나님이 명하신 율법에 불순종하면 저주를 받게 될 것이라고 경고하셨다.

율법을 주셔서 상과 벌을 주신 것은 부모의 마음과 견줄 수 있을 것이다. 자녀들의 성숙을 위해서 부모는 어떤 것을 요구하여 상과 벌을 말할 때가 있다. 자녀가 미워서 그런 것이 아니다. 오직 자녀의 유익을 위하는 마음에서다. 하나님께서도 이스라엘 백성들을 너무도 사랑하신다. 그들이 순종하여 가나안에서 풍성한 생명의 안식을 누리기를 누구보다 원하시기 때문에 상과 벌을 말씀하신 것이다. 하나님의 관심은 항상, 오직 자기 백성들에게 있다. 그리고 하나님은 자기 백성들이 행복하기를 원하신다. 하나님의 백성들의 행복은 하나님의 말씀에 순종할 때 주어진다. 그러기 위해서 하나님은 출애굽 세대에게 주신 십계명을 새로운 이스라엘에게 다시 주신다. 지난 40년 동안 광야에서 자기 백성들을 시험하셨다고 하셨다. 이에 대해 하나님은 친히 말씀하시기를 "네 하나님 여호와께서 이 사십 년 동안에 네게 광야 길을 걷게 하신 것을 기억하라 이는 너를 낮추시며 너를 시험하사 네 마음이 어떠한지 그 명령을 지키는지 지키지 않는지를 알려 하심이라. 너를 낮추시며 너를 주리게 하시며 또 너도 알지 못하며 네 조상들도 알지 못하던 만나를 네게 먹이신 것은 사람이 떡으로만 살 것이 아니요 여호와의 입에서 나오는 모든 말씀으로 사는 줄을 네가 알게 하려 하심이라."(신 8:2-3)고 하셨다. 하나님은 자기 백성들이 가나안에 들어가서 먹어서 배부르고 부요함을 누릴 때에 여호와를 잊지 말라고 하셨다.

특별히 하나님은 이방인들이 섬기는 다른 신들을 섬기지 말 것을 당부하셨다. 이 모든 말씀을 하신 후에 하나님은 모압 광야에서 새로운 이스라엘과 언약을 세우셨다. 하나님은 이 언약의 말씀을 백성에게 일곱 해마다 낭독해 주라고 하셨다. 또한, 모세에게 노래를 주시면서 이 노래를 이스라엘 백성에게 가르치라고 하셨다. 하나님은 이 노래를 통해서 여호와를 위하여 이스라엘 자손에게 증거 삼으셨다.

 하나님은 모세의 생명을 취하기 전에 자기 백성 이스라엘을 축복하게 하신다. 하나님이 모세를 통해서 자기 백성을 축복하신 마지막 말씀이 경이롭다. "이스라엘이여 너는 행복한 사람이로다. 여호와의 구원을 너같이 얻은 백성이 누구냐 그는 너를 돕는 방패시오 네 영광의 칼이시로다. 네 대적이 네게 복종하리니 네가 그들의 높은 곳을 밟으리로다."(신 33:29)

자기 백성을 약속의 땅, 가나안에 입성시킨 하나님

요단강 도하

여호수아 3장-4장

드디어 하나님은 자기 백성을 가나안으로 입성시키신다. 출애굽한 지 40년 만이다. 이스라엘 백성들이 처음 출애굽 할 때에는 며칠 후면 가나안에 입성할 것으로 생각했다. 그런데 그들은 자신들의 불신앙으로 인해서 광야에서 모두 엎드러졌다. 아마도 그들은 자신들이 죽을 때, 자손들에게 자신들이 들어가지 못한 가나안 입성에 대해 유언을 남겼을 것이다. 전에 요셉이 애굽에서 자신의 해골을 메고 나가라는 유언을 남겼던 것을 생각하면 쉽게 추측할 수 있다. 부모들이 소망하며 죽었던 가나안의 입성을 자녀들인 새로운 이스라엘이 드디어 입성하였다.

그런데 입성하기 위하여 요단강을 건너는 과정이 경이롭다. 하나님은 자기 백성들에게 담대한 믿음을 주기 위해서 두 가지 일을 선행하신다. 먼저 모세의 뒤를 이어 하나님의 백성을 가나안으로 인도할 지도자 여호수아를 세우신다. 여호수아는 모세의 후계자로 이스라엘 백성들이 신뢰할 만한 지도자였다. 항상 모세 곁에서 지도자 수업을 받았던 인물이다. 하나님은 전에 모세에게 말씀하셨던 것처럼 여호수아에게 직접 말씀하셨다. 이는 여호수아를 이스라엘 백성의 지도자로 세우신 분이 여호와 하나님이시라는 증거이다. 하나님은 백성들 앞에 여호수아를 높여 주셨다. 그래서 여호수아가 명령하는 모든 말을 백성들이 순종하도록 하셨다.

여호수아의 명령을 받은 백성들은 이르기를 "당신이 우리에게 명령하신 것을 우리가 다 행할 것이요 당신이 우리를 보내시는 곳에 우리가 가리이다. 우리는 범사에 모세에게 순종한 것 같이 당신에게 순종하려니와 오직 당신의 하나님 여호와께서 모세와 함께 계셨던 것 같이 당신과 함께 계시기를 원하나이다."(수 1:16-17)고 하였다. 그뿐만 아니라 모든 여론이 여호수아에게 순종하도록 조성하기를 "누구든지 당신의 명령을 거역하며 당신의 말씀을 순종하지 아니하는 자는 죽임을 당하리니 오직 강하고 담대하소서."(수 1:18)라고 하였다.

하나님이 두 번째로 준비하신 것은 가나안의 첫 번째 성이었던 여리고 성에 두 정탐꾼을 보내신 일이다. 두 정탐꾼은 여리고 성에 입성하여 기생 라합의 집에서 유숙하였다. 그들을 통해 여리고 사람들의 생각을 알게 되었다. 두 정탐꾼이 들은 이스라엘 백성들에 대한 여리고 사람들의 반응은 참으로 놀라웠다. 라합의 입술을 통해서 고백하기를 "여호와께서 이 땅을 너희에게 주신 줄 내가 아노라 우리가 너희를 심히 두려워하고 이 땅 주민들이 다 너희 앞에서 간담이 녹나니 이는 너희가 애굽에서 나올 때에 여호와께서 너희 앞에서 홍해 물을 마르게 하신 일과 너희가 요단 저쪽에 있는 아모리 사람의 두 왕 시혼과 옥에게 행한 일 곧 그들을 전멸시킨 일을 우리가 들었음이니라. 우리가 듣자 곧 마음이 녹았고 너희로 말미암아 사람이 정신을 잃었나니 너희의 하나님 여호와는 위로는 하늘에서도 아래로는 땅에서도 하나님이시니라."(수 2:9-11)라고 하였다.

두 정탐꾼은 돌아와서 이 사실을 보고하고 확언하기를 "진실로 여호와께서 그 온 땅을 우리 손에 주셨으므로 그 땅의 모든 주민이 우리 앞에서 간담이 녹더이다."(수 1:24)라고 하였다. 가나안 땅에 들어오기 전에 보냈던 12명의 정탐꾼과는 크게 비교가 된다. 그들 중 10명이 두려움을 조성하고 하나님의 백성들로 하여금 불신앙의 길로 인도했다. 그러나 여리고 성을 정탐한 두 명은 하나님의 백성들에게 큰 용기를 주었다.

이제 하나님은 자기 백성들에게 요단강을 건너라고 명하셨다. 자기 백성들을 요단강으로 인도하실 때에 언제나 그랬듯이 하나님이 먼저 들어가셨다. 곧 하나님의 언약궤를 멘 제사장들이 먼저 요단강에 들어갔다. 그리고 백성들이 그 뒤를 따랐다. 하나님은 그 백성과의 거리를 2,000규빗정도 뒤떨어져서 따라오도록 하셨다. 하나님이 이렇게 하심은 자기 백성들이 한 번도 가 보지 않는 길이였기 때문이다. 하나님은 요단강을 건너는 이적을 통해서 여호수아를 백성들 위에 높여 주셨다. 하나님께서 여호수아에게 이르시기를 "내가 오늘부터 시작하여 너를 온 이스라엘의 목전에서 크게 하여 내가 모세와 함께 있었던 것 같이 너와 함께 있는 것을 그들이 알게 하리라."(수3:7)고 하셨다. 하나님이 여호수아를 이스라엘 백성들 앞에 크게 하신 이유는 장차 가나안 땅에서 여호수아를 통해서 하실 일이 많았기 때문이다. 그때 온 이스라엘 백성들이 여호수아의 명령에 온전히 순종해야 하기 때문이다.

여호와의 언약궤를 멘 제사장들이 백성 앞에 나아가서 요단강에 들어서자 위에서부터 흘러내리던 요단강 물이 그치고 쌓였다. 이미 흘러간 물은 계속 흘러갔다. 그리하여 이스라엘 하나님의 백성들은 마른 땅처럼 건널 수 있었다. 여호와의 언약궤를 멘 제사장들은 온 백성이 다 건널 때까지 요단강 가운데 굳게 서 있었다. 하나님은 이를 기념하기 위해서 각 지파에 한 사람씩 12사람을 택하고, 요단강 가운데 곧 제사장들이 굳게 선 그곳에 돌 열둘을 취하였다. 그리고 요단강 밖에 기념탑을 쌓았다. 후에 후손들이 이 돌무더기의 의미를 물을 때에 대답하기를 "요단 물이 여호와의 언약궤 앞에서 끊어졌나니 곧 언약궤가 요단을 건널 때에 요단 물이 끊어졌으므로 이 돌들이 이스라엘 자손에게 영원히 기념이 되리라 하라."고 했다.

하나님께서 자기 백성을 요단강으로 인도하여 강을 건너게 하신 것은 세례의 의미가 있다. 하나님은 광야 40년을 끝내시고 이제 약속의 땅 가나안에서의 새로운 역사를 시작하실 것이다. 하나님은 젖과 꿀이 흐르는 가나안 땅에서 아브라함에게 약속하신 한 나라를 설립하실 것이다. 이를 위해서 하나님은 자신의 군대를 통해서 가나안 땅에서 악을 행한 가나안 족속들을 심판하실 것이다. 이 일을 이루실 하나님과 함께 하기 위해서는 요단강에서 세례를 받아야 했다. 이제 이스라엘 백성은 광야를 끝내고 가나안에서 새롭게 펼쳐질 하나님의 사역에 동참자가 될 것이기 때문이다.

자기 백성에게 기업을 주신 하나님
가나안 땅 제비 뽑음
여호수아 13장-21장

하나님은 하늘과 땅의 왕이시다. 하나님은 자신이 창조하신 모든 세계의 주인이시다. 하나님은 이미 가나안에 살았던 가나안 일곱 족속에게서 가나안 땅을 빼앗아 이스라엘 백성들에게 주시기로 작정하셨다. 그 이유는 가나안의 일곱 족속이 하나님 앞에 악을 행하므로 그 땅이 그들을 토해 낼 것이기 때문이다.

하나님은 이미 모세 때에 요단강 동편에 있는 두 왕을 물리치고 그들의 땅을 차지하였다. 곧 헤스본왕 시혼과 바산왕 옥을 물리치고 그들의 땅을 얻었다. 그리고 그 땅을 두 지파 반에게 주었다. 그 두 지파 반은 르우벤 지파와 갓 지파 그리고 므낫세 반 지파이다. 이제 가나안 땅은 나머지 아홉 지파 반에게 기업으로 주어질 것이다. 먼저 기업으로 얻기 위해서는 가나안 땅에 살고 있는 가나안 일곱 족속을 쫓아내야만 했다. 이를 위해서는 전쟁을 해야 했으나 이는 막연히 땅을 얻기 위한 것이 아니었다. 이는 하나님께서 자기 군대를 통해 죄를 심판하는 전쟁이었다. 가장 먼저 정복해야 할 성은 여리고성이었다. 가나안의 첫 성 여리고성의 전투는 앞으로 치룰 나머지 가나안 전쟁의 모델이 된다. 모든 전쟁의 승패는 하나님께 달려 있다. 여리고 전투는 군대의 전투력, 전략으로 행한 것이 아니라 오직 하나님께 순종하는 것으로 승리를 거두었다. 하나님은 하나님의 군대가 하루에 한 바퀴씩 여리고성을 말없이 돌게 하셨다. 물론 이 전쟁도 여호와께서 가장 앞장서서 행하셨다. 여호와의 언약궤를 멘 제사장들이 군대 앞에 나아갔다. 여호와의 언약궤를 멘 제사장과 여호와의 군대가 엿새 동안에 하루에 한 바퀴를 돌았다. 그리고 이레 되는 날에는 일곱 바퀴를 돌았다. 그리고 양각 나팔을 불며 소리를 쳤더니 여리고성이 무너졌다. 이는 순전히 여호와의 전쟁이었다. 하나님은 여호수아를 통해서 가나안의 정복을 계속하셨다. 하나님은 여호수아를 통해서 아모리의 다섯 왕을 물리치고 가나안의 북방 지역도 점령하였다. 여호수아의 군대를 통해 모두 31명의 왕을 물리치고 그들의 땅을 점령하였다. 어느덧 여호수아도 나이가 들고 늙었다. 그러나 아직 점령해야 할 땅은 남아 있었다. 하나님은 아직 점령하지 못한 땅에 대해서도 하나님께서 앞으로 쫓아내실 것이니 그 땅을 이스라엘 자손들에게 분배하라는 명령을 여호수아에게 하셨다. 여호수아는 하나님께서 명령하신 대로 이미 점령한 땅과 아직 점령하지 못한 땅 모두 이스라엘 백성들에게 기업으로 분배하는 일을 했다. 땅을 분배하는 일은 공평하게 해야 한다. 구약 시대에 공평하게 주시는 방식이 제비 뽑는 방식이었다. 제비를 주관하시는 하나님 편에서 보면 공평한 것이 아니었지만 제비를 뽑는 편에서는 공평하였다. 하나님 편에서의 공평은 힘 있는 자들에게는 험난한 지경을 주어서 그것을 개척하게 하고 연약한 자들에게는 평지를 주어서 크게 힘들게 않게 기업을 관리하는 것이다. 그러나 제비 뽑는 입장에서는 누구는 평지의 땅을 주고 누구는 비탈진 험지를 주느냐고 불평할 수 있다. 그래서 하나님은 자기 백성에게 땅을 기업으로 주실 때에 제비 뽑는 방식으로 주어 모든 불평의 말을 막았다. 사실 이스라엘 백성들이 광야에서 엎드러진 이유 중의 하나가 원망이다. 이스라엘의 12지파 족속들이 제비를 뽑아서 기업을 얻었지만, 사실은 하나님께서 그 제비를 주관하셨기 때문에 공평하게 기업이 돌아갔다.

하나님은 레위인들에게는 가나안 땅을 기업으로 주지 않았다. 왜냐면 레위인들에게는 이스라엘의 하나님이 그들의 기업이 되었기 때문이다(수 13:14).

대신에 요셉이 이스라엘의 12지파 중에 장자의 명분을 가졌기에 두 몫을 기업으로 받았다. 그래서 요셉의 두 아들 므낫세와 에브라임이 각각 한 지파를 차지하였다(수14:4).

하나님께서 갈렙에게는 특별한 기업을 주었다. 갈렙은 전에 가데스 바네아에서 12 정탐꾼에 포함되어 헤브론(기럇 아르바) 지역을 정탐하였다. 그는 정탐을 마치고 돌아와서 성실한 마음으로 보고하므로 하나님 여호와께 충성하였다. 그때 하나님은 모세를 통해서 약속하기를 "네가 네 하나님 여호와께 충성하였은즉 네 발로 밟는 땅은 영원히 너와 네 자손의 기업이 되리라."라고 하였다. 갈렙은 이 약속을 받은 이후 45년이 지나 85세가 되었다. 하나님은 갈렙에게 믿음과 강건한 은혜를 주셨다. 그래서 갈렙은 여전히 믿음으로 여호수아에게 고백하기를 "그 날에 여호와께서 말씀하신 이 산지를 지금 내게 주소서 당신도 그날에 들으셨거니와 그곳에는 아낙 사람이 있고 그 성읍들은 크고 견고할지라도 여호와께서 나와 함께 하시면 내가 여호와께서 말씀하신 대로 그들을 쫓아내리이다."라고 하였다. 여호수아는 갈렙을 축복하고 헤브론(기럇 아르바)을 그에게 주었다.

하나님은 아들이 없는 슬로브핫의 딸들에게도 기업을 주셨다. 원래 기업은 아들을 중심으로 주었지만 슬로브핫에게는 딸들만 있었다. 그들은 제사장 엘르아살과 여호수아 그리고 지도자들 앞에 나와서 전에 하나님께서 모세에게 명령하신 말씀을 떠올리며 기업을 요청하였다. 전에 하나님께서 광야 40년을 마치고 모압 평지에서 자신의 군대를 다시 계수할 때에 슬로브핫의 딸들 5명(말라, 노아, 호글라, 밀가, 디르사)이 모세와 제사장 엘르아살과 지휘관들과 온 회중 앞에 서서 이르기를 "우리 아버지가 광야에서 죽었으나 여호와를 거슬러 모인 고라의 무리에 들지 아니하고 자기 죄로 죽었고 아들이 없나이다. 어찌하여 아들이 없다고 우리 아버지의 이름이 그의 종족 중에서 삭제되리이까 우리 아버지의 형제 중에서 우리에게 기업을 주소서"(민 27:3-4)라고 하였다. 모세는 이들의 얘기를 그대로 여호와께 전했다. 이 이야기를 들은 여호와 하나님께서는 "슬로브핫의 딸들의 말이 옳으니 너는 반드시 그들의 아버지의 형제 중에서 그들에게 기업을 주어 받게 하되 그들의 아버지의 기업을 그들에게 돌릴지니라. 너는 이스라엘 자손에게 말하여 이르기를 사람이 죽고 아들이 없으면 그의 기업을 그의 딸에게 돌릴 것이요 딸도 없으면 그의 형제들에게 줄 것이요 형제도 없으면 그의 기업을 그의 아버지의 형제에게 줄 것이요 그의 아버지의 형제도 없으면 그의 기업을 가장 가까운 친족에게 주어 받게 할지니라 하고 나 여호와가 너 모세에게 명령한 대로 이스라엘 자손에게 판결의 규례가 되게 할지니라."라고 하셨다. 하나님이 주신 기업의 규례를 보면 이스라엘 자손 중에 기업을 받지 못할 자는 하나도 없었다. 어떤 상황에 주어져도 기업을 받도록 하셨다. 하나님은 슬로브핫의 딸들에 대해서 그 조상의 지파의 종족에게로만 시집가도록 하셨다. 왜냐면 이스라엘 자손의 기업이 이 지파에서 저 지파로 옮기지 않게 하기 위해서였다. 다 각기 조상 지파의 기업을 지켜야 했다. 여호수아는 하나님의 명령대로 슬로브핫의 딸들에게 기업을 주었다.

하나님은 자기 백성들에게 공평하게 기업을 주셨다. 이제 이스라엘 백성들은 하나님이 주신 기업 안에서 하나님과 함께 생명의 부요함을 누리게 될 것이다. 하나님께로부터 받은 기업은 삶의 터전이고 땀 흘려야 할 산업이었다. 여기서 생산된 모든 것으로 여호와 하나님을 섬기고 자신들의 삶을 영위하였다. 그러므로 이 기업은 자자손손 대대로 지켜져야 할 하나님의 기업이었다.

자기 백성의 사사가 되신 하나님
사사기

사사기 1장–21장

하나님께서 아브라함과 이삭과 야곱에게 약속하신 대로 젖과 꿀이 흐르는 약속의 땅을 아브라함의 후손들에게 기업으로 주셨다. 하나님께서 각 지파대로 제비를 뽑아 기업을 나누었지만 아직 가나안 온 땅을 다 차지한 것은 아니었다. 하나님께서는 일부러 가나안 땅에 가나안 몇몇 족속들을 남겨 두셨다. 하나님께서 그들을 남겨 두신 이유에 대해서 말씀하시기를 "여호와께서 이스라엘에게 진노하여 이르시되 이 백성이 내가 그들의 조상들에게 명령한 언약을 어기고 나의 목소리를 순종하지 아니하였은즉 나도 여호수아가 죽을 때에 남겨 둔 이방 민족들을 다시는 그들 앞에서 하나도 쫓아내지 아니하리니 이는 이스라엘이 그들의 조상들이 지킨 것 같이 나 여호와의 도를 지켜 행하나 아니 하나 그들을 시험하려 함이라 하시니라. 여호와께서 그 이방 민족들을 머물러 두사 그들을 속히 쫓아내지 아니하셨으며 여호수아의 손에 넘겨주지 아니하셨더라."(삿 2:20-23)라고 하셨다. 가나안에 입성한 이스라엘 백성들은 조상들이 광야에서 여호와 하나님을 대적한 것처럼 가나안 땅에 입성한 후에도 여호와 하나님을 버리고 우상을 숭배하였다. 그래도 여호수아가 살아 있을 동안과 여호수아 뒤에 생존한 장로들 곧 여호와께서 이스라엘을 위하여 행하신 모든 큰일을 본 자들이 사는 동안에는 여호와를 경외하였다. 그러나 여호수아가 죽고 난 후에 태어난 세대는 여호와를 알지 못했을 뿐만 아니라 여호와께서 이스라엘을 위해서 행하신 일도 알지 못했다. 그들은 우상을 숭배하고 자기들이 원하는 대로 행했다. 이스라엘 백성들에게는 아직 남아 있는 가나안 정복이 있었다. 가나안의 정복은 후에 다윗왕 때에 온전히 완성된다. 따라서 사사기는 다윗왕국 이전, 이스라엘의 과도기적 상황이라고 할 수 있다. 하나님께서 가나안에 약속하신 나라 곧 이스라엘을 다윗왕을 통해서 온전히 세우실 것이다. 하나님은 다윗왕조를 필연적으로 출현시켜서 혼란스러운 사사 시대의 상황을 온전히 정리하신다. 그런 의미에서 사사기는 다윗왕조의 출현을 위한 서론적인 성격을 가지고 있다.

하나님께서 각 지파 별로 가나안 땅을 기업으로 주셨으나 아직 정복해야 할 지역이 남아 있었다. 그래서 사사기의 시작은 "우리 가운데 누가 먼저 올라가서 가나안 족속과 싸우리이까?"하면서 여호와께 묻는다. 여호와 하나님은 대답하시기를 "유다가 올라갈지니라. 보라 내가 이 땅을 그의 손에 넘겨주었노라."고 하셨다. 유다 지파는 시므온 지파에게 함께 올라가서 가나안 족속과 싸우기를 요청하였고 함께 올라가서 승리를 거뒀다. 그 후에 하나님께서 이스라엘 백성들에게 안식을 주실 때에 그들이 여호와 하나님을 버리고 바알과 아스다롯을 섬겼다. 하나님은 자기 백성의 사사가 되셔서 죄악에 따라서 심판을 행하셨다. 하나님은 징벌로 이스라엘을 노략자의 손에 넘겨주셨다. 그러나 또한 자기 백성 중에서 사사를 세워 노략자의 손에서 구원해 주셨다. 하나님은 사사를 세우시고 그들과 함께 하셨다. 그래서 이스라엘 백성들이 사사가 사는 날 동안에는 여호와를 경외하다가 사사가 죽으면 다시 우상을 숭배하였다. 이스라엘 백성들은 반복하여 여호와의 목전에 악을 행하였다. 하나님은 이방의 여러 나라 민족들을 통해서 자기 백성을 괴롭게 했다. 이는 심판자(사사) 되신 하나님께서 자기 백성을 징계하신 것이다. 하나님의 백성 이스라엘은 고통을 겪게 되면 자신들의 죄를 자복하고 하나님께 부르짖었다. 하나님은 부르짖음에 응답하여 사사를 세우시고 자기 백성들을 그 고통에서 구원해 주셨다. 하나님은 악한 이방 민족들을 통해서 자기 백성들을 괴롭게 하시지만 사사들을 통해서 이방 민족 또한 심판하시고 자기 백성, 이스라엘을 구원하셨다. 이와 같은 상황이 계속 반복이 되었다. 하나님 원하시는 나라는 이런 나라가 아니다. 이스라엘을 이렇게 살도록 하기 위해서 가나안 땅으로 인도하신 것이 아니다. 하나님의 백성들에게 아직 왕이 없을 때 일어난 일이다. 그래서 하나님은 사사기에서 의도적으로 이스라엘에 왕이 없을 때에 드러난 죄악들을 나열한다. 에브라임 산지 미가의 집에 한 신상을 만든 악을 행하였는데 바로 그때 이스라엘의 왕이 없었기 때문에 사람들이 자기 소견에 옳은 대로 행하였다고 하였다(삿 17:6). 단 지파가 미가의 집에서 새긴 신상과 에봇과 드라빔과 부어 만든 신상을 빼앗아 자신들의 신으로 섬길 때도 "그때에 이스라엘에 왕이 없었고"라고 증거하고 있다.(삿 18:1) 또한 어떤 레위 사람의 첩을 베냐민 자손들이 욕보이고 죽게 하므로 온 이스라엘과 베냐민 지파가 전쟁을 할 때도 "이스라엘에 왕이 없을 그때에"라고 하였다.(삿 19:1) 그래서 사사시대를 대변하는 한 구절이 있다. 이는 사사기의 결론이기도 하다. "그때에 이스라엘에 왕이 없으므로 사람이 각기 자기의 소견에 옳은 대로 행하였더라."(삿 21:25) 하나님은 사사기에 동일한 내용 곧 "이스라엘에 왕이 없으므로 자기 소견에 옳은 대로 행함"을 반복하므로 이스라엘에 왕이 대한 기대를 갖게 하신다. 빨리 왕이 세워져서 이런 악한 일들이 드러나지 않도록 하나님의 백성들을 공의로 통치하기를 소망하였다. 그 왕이 바로 다윗왕조이다. 그래서 사사기가 다윗왕조의 출현을 위한 서곡이라고 주장하는 것이다. 아직 하나님의 나라는 세워지지 않았다. 사사기를 통해 왕이 세워지기 전 드러난 연약한 시대에서 본격적으로 다윗왕조의 출현으로 바뀔 것이다. 하나님이 세우려고 하신 이스라엘 나라가 온전히 설립 될 것의 전조이다. 구약 시대에 하나님의 궁극적인 목적은 가나안에 설립될 하나님 나라이다. 그 나라가 다윗왕조를 통해서 온전히 세워질 것이다.

암흑의 역사 속에서도
약속을 기억하신 하나님
룻기

룻기 1장-4장

많은 사람이 룻기를 읽으면서 룻의 시어머니 나오미에 대한 효심에 관심을 갖는다. 참으로 매력적인 내용이다. 이방 여인으로서 남편도 죽고 없는데, 홀로 된 시어머니를 떠나지 아니하고 끝까지 돌보는 룻은 그야말로 효부 중의 효부임이 분명하다. 나오미에게는 며느리가 둘이었다. 오르바와 룻이다. 둘은 얼마 동안은 시어머니 나오미와 함께 하였다. 그러나 결국 오르바는 나오미를 떠나고 룻만 끝까지 함께 하였다. 그래서 더욱 룻이 빛이 난다. 룻기 마지막 부분에 한 족보가 등장하는데 무시할 수 없는 중요한 족보이다. 유다의 아들 베레스의 족보인데 그 족보가 다윗으로 이어진다. 그러므로 룻기를 바르게 이해하기 위해서는 이 족보를 통해서 룻기를 살펴야 한다.

룻기의 시대적 배경은 사사 시대이다. 아직 이스라엘에 왕이 없을 때 사사들이 통치하던 시대이다. 보통 이 시대를 가리켜 암흑의 시대라고 한다. 하나님은 사사 시대의 특징을 사사기 마지막 한 절에 요약해 놓았다. "그때에 이스라엘에 왕이 없으므로 사람이 각기 자기의 소견에 옳은 대로 행하였더라."(삿 21:25) 이스라엘의 왕은 하나님의 대리 통치자로서 하나님의 말씀을 따라 자기 백성을 통치하는 왕이다. 그래서 왕이 하나님의 뜻을 따라 자기 백성을 바른길로 인도하였다. 그런데 왕이 없으니 백성들이 자기가 하고 싶은 대로 마음대로 행하며 살았다. 룻기를 시작하는 첫 마디가 "사사들이 치리하던 때에"라고 시작한다. 역시 엘리멜렉이라는 사람이 자기 소견에 옳은 대로 행한다. 유다 베들레헴에 살고 있었던 엘리멜렉이 그 땅에 흉년이 들자 아내와 두 아들을 데리고 모압 지방으로 가서 살았다. 이는 하나님에 대한 반역이다. 왜냐면 하나님이 주신 기업을 버린 것이기 때문이다. 하나님이 주신 기업의 땅에 흉년이 들면 이는 하나님이 허락하신 심판이다. 따라서 하나님께 간구해야 하는 것이 마땅하나 이 기업을 버리고 이방 모압 땅으로 간 것이니 하나님을 버린 것이나 다름없다. 더구나 하나님의 보좌가 성막에 설치되어 있는데 이방의 모압 땅으로 가는 것은 하나님의 보좌가 있는 성막을 등지고 떠나는 불신앙이다. 엘리멜렉의 가족은 이방 모압 지방에 가서 하나님이 금하신 이방 여인들을 며느리로 맞이했다. 하나님은 이들의 불신앙을 보시고 엘리멜렉과 두 아들 말론과 기룐을 죽이셨다. 이제 남은 가족은 나오미와 두 며느리인 오르바와 룻이었다. 나오미는 하나님이 자신의 가족을 심판하므로 이런 상황이 되었음을 알았다. 그래서 고백하기를 "여호와의 손이 나를 치셨다."(룻 1:13)라고 하였고 "나를 나오미라 부르지 말고 나를 마라라 부르라 이는 전능자가 나를 심히 괴롭게 하였음이니라. 내가 풍족하게 나갔더니 여호와께서 내게 비어 돌아오게 하셨느니라. 여호와께서 나를 징벌하셨고 전능자가 나를 괴롭게 하셨거늘 너희가 어찌 나를 나오미라 부르느냐?"(룻 1:20-21)고 하였다.

이는 나오미의 겸손하고 정직한 믿음의 고백이었다. 모압 지방에서 하나님의 징벌을 받은 나오미는 여호와께서 베들레헴 지역에 풍성한 양식을 주셨다는 소식을 들었다. 나오미는 하나님의 품, 약속의 땅으로 돌아갈 결심을 하였다. 나오미는 두 며느리 오르바와 룻과 함께 베들레헴으로 돌아오는 길에 남편이 없는 두 며느리를 친정으로 돌려보내려고 하였다. 나오미가 두 며느리에게 이르기를 "너희는 각기 너희 어머니의 집으로 돌아가라 너희가 죽은 자들과 나를 선대한 것같이 여호와께서 너희를 선대하시기를 원하며 여호와께서 너희에게 허락하사 각기 남편이 집에서 위로를 받게 하시기를 원하노라."(룻 1:8-9)라고 하였다. 처음에는 두 며느리가 울면서 어머니의 말을 거절했지만, 나오미의 간곡한 말로 인해 며느리 오르바는 시어머니 나오미에게 입 맞추고 떠났다. 그러나 룻은 시어머니 나오미를 떠나지 않았다. 나오미는 룻도 돌려보내려고 강권했지만 룻은 끝내 거절하며 이르기를 "내게 어머니를 떠나며 어머니를 따르지 말고 돌아가라 강권하지 마옵소서 어머니께서 가시는 곳에 나도 가고 어머니께서 머무시는 곳에서 나도 머물겠나이다. 어머니의 백성이 나의 백성이 되고 어머니의 하나님이 나의 하나님이 되시리니 어머니께서 죽으시는 곳에서 나도 죽어 거기 묻

할 것이라 만일 내가 죽는 일 외에 어머니를 떠나면 여호와께서 내게 벌을 내리시고 더 내리시기를 원하나이다."(룻 1:16-17)라고 하였다. 룻의 굳건한 결심을 깨달은 나오미는 예루살렘에 함께 돌아왔다.

하나님은 자신의 품으로 돌아온 이방의 한 여인 룻을 보아스에게로 인도하셨다. 보아스는 나오미의 남편 엘리멜렉의 가까운 친족으로 잃어버린 기업을 회복시켜 줄 두 번째 서열에 있던 자였다. 보아스는 장로 10명을 증인으로 세우고 첫 번째 기업 무를 자를 청하여 엘리멜렉의 소유지를 나오미의 이름과 룻의 이름으로 사도록 권하였다. 그러나 그는 그 일이 자신에게 손해가 될까봐 거절하여 이르기를 "나는 내 기업에 손해가 있을까 하여 나를 위하여 무르지 못하노니 내가 무를 것을 네가 무르라 나는 무르지 못하겠노라."(룻 4:6)라고 하였다. 보아스는 정해진 대로 일을 감당하였다. 증인들 앞에서 엘리멜렉과 기룐, 말론에게 있는 모든 것을 나오미의 손에서 사고 룻을 자신의 아내로 맞이하였다. 이로써 죽은 자의 기업을 그의 이름으로 세워 그 이름이 그의 형제와 그곳 성문에서 끊어지지 않게 하였다. 하나님은 보아스와 룻 사이에 아들을 주셨다. 그 아들의 이름을 오벳이라고 지었다.

하나님의 세밀하신 섭리는 보아스와 룻에게서 태어난 오벳을 메시아의 계보로 삼으셨다. 하나님은 놀랍게도 사사 시대의 암흑 속에서도 약속된 구원자인 여인의 후손을 아브라함의 후손 중에 보내 주시겠다는 약속을 꾸준히 이어가고 계셨다. 하나님은 메시아의 계보로 아브라함과 이삭 야곱과 유다 그리고 유다가 다말에게서 낳은 아들 베레스로 이어지게 하셨다. 보아스는 베레스의 후손이다. 보아스가 룻을 통해

낳은 아들 오벳은 메시아의 계보에 포함된다. 하나님의 일하심이 참으로 오묘하다. 하나님은 자신의 품에 찾아온 이방 여인 룻을 메시아의 오심에 동참하는 복을 주셨다.

거룩한 사사를 준비하신 하나님
사무엘

사무엘상 1장-3장

　구약 시대의 목표는 아브라함에게 약속하신 대로 가나안 땅에 이스라엘 나라를 세우심이었다. 하나님은 다윗을 이스라엘의 왕으로 세우시고 하나님의 나라를 세우시려고 계획하셨다. 이를 위해서 사무엘 선지자를 준비하셨다. 하나님은 에브라임 지파의 엘가나의 두 아내 중 한나의 태를 닫으셨다. 하나님은 한나가 여호와께 온전히 서원할 때까지 기다리셨다. 드디어 한나가 여호와께 서원하기를 "만군의 여호와여 만일 주의 여종의 고통을 돌아보시고 나를 기억하사 주의 여종을 잊지 아니하시고 주의 여종에게 아들을 주시면 내가 그의 평생에 그를 여호와께 드리고 삭도를 그의 머리에 대지 아니하겠나이다."(삼상 1:11)라고 하였다. 하나님은 한나의 서원 기도를 들으시고 한나의 태를 여시어 아들을 주셨다. 한나는 '내가 여호와께 그를 구하였다'라고 하여 아들의 이름을 사무엘이라고 불렀다. 한나는 아들 사무엘을 평생 여호와께 드려야 했으므로 젖떼기까지 기다렸다가 젖 뗀 후에 여호와께 드렸다. 사무엘은 어렸을 때 세마포 옷을 입고 엘리 제사장이 섬기는 성막 여호와 앞에서 섬겼다. 엘리 제사장은 사무엘의 부모인 엘가나와 한나에게 축복하기를 "여호와께서 이 여인으로 말미암아 네게 다른 후사를 주사 이가 여호와께 간구하여 얻어 바친 아들을 대신하게 하시기를 원하노라."라고 하였다. 하나님은 아들 사무엘을 하나님께 바친 한나에게 세 아들과 두 딸을 선물로 주셨다.

사무엘이 태어난 시대도 사사들의 시대였다. 즉 영적으로 암울한 시대였다. 엘리 제사장도 사사였으나 그의 가정에는 어둠이 가득했다. 곧 엘리 제사장의 두 아들 홉니와 비느하스가 여호와의 제사를 멸시하였다. 그뿐만 아니라 그들이 회막에서 수종 드는 여인들과 동침하여 여호와 앞에 악행을 저질렀다. 제사장이요 사사의 가정이 이렇게 여호와 앞에 악을 행하였다면 일반 백성들의 가정은 더 말할 것도 없었을 것이다. 그러나 엘리 제사장은 아들들의 죄악을 심각하게 여기지 않았다. 그래서 악을 행한 아들들에게 강한 책망을 하지 않았으며 아들들 또한 아버지의 책망을 귀담아듣지 않았다. 여호와께서는 더 두고 볼 수 없었다. 그들을 죽이기로 작정하셨다. 후에 하나님은 엘리 제사장에게 "네 아들들을 나보다 더 중히 여겨 내 백성 이스라엘이 드리는 가장 좋은 것으로 너희들을 살지게 하느냐"고 책망하였다.

하나님은 엘리 제사장에게 말씀하지 않으시고 어린 사무엘에게 찾아가서 말씀하셨다. 하나님은 사무엘을 통해 엘리 제사장의 집을 영원토록 심판하시겠다고 하셨다. 하나님은 엘리 제사장의 가문의 죄에 대해서는 제물로나 예물로나 영원히 속죄함을 받지 못할 것이라고 하였다. 하나님은 사무엘을 통해서 이 모든 심판의 말을 엘리 제사장에게 전하였다.

하나님은 사무엘과 함께하셨으므로 온 이스라엘 백성들도 사무엘이 여호와의 선지자로 세우심을 입은 줄 알았다. 엘리 제사장 때에는 하나님의 말씀이 희귀하여 이상이 흔히 보이지 않았지만, 사무엘의 사역이 시작된 후로는 여호와께서 말씀으로 사무엘에게 하나님 자신을 나타내셨다.

하나님께서 사무엘을 통해서 엘리 제사장의 가문에 심판을 선언하신 대로 블레셋과의 전쟁에서 엘리의 두 아들 홉니아 비느하스를 죽였다. 엘리 제사장은 블레셋에 하나님의 궤를 빼앗긴 일과 두 아들의 죽음에 대한 소식을 듣고 의자에 앉았다가 넘어져서 죽었다. 비느하스의 아내가 해산할 즈음에 하나님의 법궤를 빼앗긴 것과 시아버지 엘리와 남편의 사망 소식을 듣고 고통 중에 해산하여 아들을 낳았다. 그 아들의 이름을 이가봇, 곧 영광이 이스라엘에게서 떠났다는 의미의 이름을 지었다.

비록 하나님을 멸시한 제사장의 가문이 심판을 받고 하나님의 법궤가 블레셋에게 빼앗겨 영광이 이스라엘에게서 떠났다고 했지만 신실하신 하나님께서는 성실한 사사요 선지자인 사무엘을 준비해 놓으셨다. 하나님은 사무엘 선지자와 함께 하시면서 하시려고 하신 일을 차분하게 이루어 가실 것이다. 앞으로 하나님께서 사무엘을 통해서 이루어 가실 일들을 유심히 살펴보자.

백성들에게 버림당하신 하나님
왕을 요구한 백성
사무엘상 8장-10장

사무엘이 나이가 들어 늙었고 그의 아들들을 이스라엘의 사사로 삼았다. 그런데 사무엘의 아들들은 아버지 사무엘처럼 행하지 않고 이익을 따라 뇌물을 받고 판결을 굽게 하였다. 이 모습을 본 이스라엘의 장로들이 사무엘에게 찾아와서 이방 나라들 같이 자신들을 다스릴 왕을 세워 달라고 요구하였다. 이스라엘의 장로들이 본 이방 나라의 왕들은 백성들 앞서 나가서 싸우는 힘 있는 왕이었다. 이미 하나님께서 이스라엘 나라의 왕으로 통치하고 계셨는데 그들은 하나님께서 왕 되심을 알지 못하였다. 사무엘 선지자가 장로들이 왕을 구하는 것을 기뻐하지 아니하여 하나님께 물었다. 그랬더니 하나님께서 사무엘에게 말씀하시기를 "백성이 네게 한 말을 다 들으라. 이는 그들이 너를 버림이 아니요 나를 버려 자기들의 왕이 되지 못하게 함이니라. 내가 그들을 애굽에서 인도하여 낸 날부터 오늘까지 그들의 모든 행사로 나를 버리고 다른 신들을 섬김 같이 네게도 그리하는 도다. 그러므로 그들의 말을 듣되 너는 그들에게 엄히 경고하고 그들을 다스릴 왕의 제도를 가르치라."라고 하셨다. 하나님은 일반 이방 나라에서의 왕의 제도를 백성들에게 알려 주었다. 왜냐면 백성들이 하나님 나라에 합당한 왕이 아닌 세상적인 왕을 구했기 때문이었다. 세상 나라의 왕의 제도는 이러하였다. "그가 너희 아들들을 데려다가 그의 병거와 말을 어거하게 하리니 그들이 그 병거 앞에서 달릴 것이며 그가 또 너희의 아들들을 천부장과 오십부장을 삼을 것이며 자기 밭을 갈게 하고 자기 추수를 하게 할 것이며 자기 무기와 병거의 장비도 만들게 할 것이며 그가 또 너희의 딸들을 데려다가 향료 만드는 자와 요리하는 자와 떡 굽는 자로 삼을 것이며 그가 또 너희의 밭과 포도원과 감람원에서 제일 좋은 것을 가져다가 자기의 신하들에게 줄 것이며 그가 또 너희의 곡식과 포도원 소산의 십일조를 거두어 자기의 관리와 신하에게 줄 것이며 그가 또 너희의 노비와 가장 아름다운 소년과 나귀들을 끌어다가 자기 일을 시킬 것이며 너희의 양 떼의 십분의 일을 거두어 가리니 너희가 그의 종이 될 것이라. 그날에 너희는 너희가 택한 왕으로 말미암아 부르짖되 그날에 여호와께서 너희에게 응답하지 아니하시리라."(삼상 8:11-18)

이스라엘 장로들은 사무엘의 말을 듣지 아니하고 계속해서 이방 나라와 같은 왕을 구하였다. "우리도 왕이 있어야 하리니 우리도 다른 나라들 같이 되어 우리의 왕이 우리를 다스리며 우리 앞에 나가서 우리의 싸움을 싸워야 할 것이니이다."(삼상 8:19-20) 하나님은 사무엘에게 백성들의 요구대로 왕을 세우라고 하셨다.

하나님은 이미 백성들이 원하는 기준의 왕을 내정하셨다. 바로 기스의 아들 사울이었다. 사울은 키가 크고 외모도 준수하였다. 이스라엘 백성들이 원하는 왕의 모습이 바로 그러했다. 하나님은 사무엘에게 사울을 보낼 것을 말씀하셨고, 만나면 그에게 기름을 부어 이스라엘의 지도자로 삼으라고 명하셨다. 사무엘 선지자는 기름병을 가져다가 사울에게 기름을 부어 왕으로 삼았다. 하나님은 사울에게 자신의 영이 임하게 하시므로 사울이 이스라엘의 왕이 되었음을 확증하였다. 사울 자신에게도 자신이 이스라엘 나라의 왕이라는 확신이 필요했다. 그래서 사무엘이 사울에게 선지자들의 무리를 만날 것을 예언하면서 이르기를 "네게는 여호와의 영이 크게 임하리니 너도 그들과 함께 예언을 하고 변하여 새 사람이 되리라. 이 징조가 네게 임하거든 너는 기회를 따라 행하라 하나님이 너와 함께 하시느니라."라고 하셨다. 사무엘 선지자가 예언한 대로 사울에게 그대로 일어났다. 이제 온 백성들이 사울이 이스라엘의 왕 되심을 알아야 했다. 그래서 사무엘은 백성을 미스바로 불러 모으고 모든 지파를 가까이 오게 하여 제비를 뽑았다. 누가 이스라엘의 왕이 될 것인가를 제비 뽑았는데 12지파 중에서 베냐민 지파가 뽑혔고, 베냐민 지파 중에서 마드리 가족이 뽑혔고, 마드리 가족 중에서 기스의 아들 사울이 뽑혔다. 사무엘 선지자가 모든 백성들에게 이르기를 "너희는 여호와께서 택하신 자를 보느냐 모든 백성 중에 짝할 이가 없느니라."라고 하면서 사울왕을 소개하였다. 이스라엘 백성들은 왕의 만세를 외쳤다.

하나님은 이스라엘의 하나님이시고 친히 이스라엘의 왕이 되셨다.

하나님은 가나안에 자신의 나라를 설립하고 때가 되면 자신을 닮은 대리 왕을 세우려는 계획을 가지고 있었다. 하나님은 장차 자기 백성이 가나안에 안착하게 될 때에 왕이 필요할 것을 아셨다. 그래서 하나님 나라의 왕의 법을 말씀하셨다. 곧 "네가 네 하나님 여호와께서 네게 주시는 땅에 이르러 그 땅을 차지하고 거주할 때에 만일 우리도 우리 주위의 민족들 같이 우리 위에 왕을 세워야 하겠다는 생각이 나거든 반드시 네 하나님 여호와께서 택하신 자를 네 위에 왕으로 세울 것이며 네 위에 왕을 세우려면 네 형제 중에서 한 사람을 할 것이요 네 형제 아닌 타국인을 네 위에 세우지 말 것이며 그는 병마를 많이 두지 말 것이요 병마를 많이 얻으려고 그 백성을 애굽으로 돌아가게 하지 말 것이니 이는 여호와께서 너희에게 이르시기를 너희가 이 후에는 그 길로 다시 돌아가지 말 것이라 하셨음이며 그에게 아내를 많이 두어 그의 마음이 미혹되게 하지 말 것이며 자기를 위하여 은금을 많이 쌓지 말 것이니라. 그가 왕 위에 오르거든 이 율법서의 등사본을 레위 사람 제사장 앞에서 책에 기록하여 평생에 자기 옆에 두고 읽어 그의 하나님 여호와 경외하기를 배우며 이 율법의 모든 말과 이 규례를 지켜 행할 것이라 그리하면 그의 마음이 그의 형제 위에 교만하지 아니하고 이 명령에서 떠나 좌로나 우로나 치우치지 아니하리니 이스라엘 중에서 그와 그의 자손이 왕위에 있는 날이 장구하리라."(신 17:14-20)라고 하셨다.

하나님이 자기 백성 중에 왕을 세우실 것에 대해 더 거슬러 위로 올라가면 야곱을 통해서 말씀하셨다. 하나님은 야곱을 통해서 이스라엘의 12기초석이 될 아들들을 그들의 분량대로 축복하였다. 그때에 하나님은 유다에 대해서 말씀하시기를 "규가 유다를 떠나지 아니하며 통치자의 지팡이가 그 발 사이에서 떠나지 아니하기를 실로가 오시기까지 이르리니 그에게 모든 백성이 복종하리로다."(창 49:10)라고 하셨다. 이는 유다 지파에서 이스라엘을 다스릴 왕이 세워질 것을 예언하신 것이다. 그런데 백성들이 요구해서 세워진 사울왕은 베냐민 지파이다. 이는 아직 때가 되지 않아 진짜 왕이 세워질 때까지 베냐민 지파의 사울왕이 임시로 세워졌다는 의미이다.

세상 기준의 왕을 버리신 하나님

사울왕을 버림

사무엘상 11장-15장

하나님은 이스라엘 백성들이 원했던 왕 곧 세상 나라의 왕과 같은 왕 사울을 허락하셨다. 사울이 왕이 되자마자 암몬왕 나하스가 군대를 거느리고 올라와서 길르앗 야베스에 진치고 이스라엘을 모욕하였다. 사울은 군대를 모아 암몬왕 나하스와 그의 군대를 진멸하였다. 그 후에 블레셋과 전쟁하여 블레셋을 물리쳤다. 이스라엘 백성들은 의기양양하였다. 과연 자신들에게 이방 나라와 같은 왕이 있음에 대해서 매우 든든해하였다.

하나님은 사무엘 선지자를 통해서 사울왕에게 특별한 미션을 주셨다. 사무엘 선지자는 여호와께서 자신을 통해서 사울을 이스라엘의 왕으로 삼았으니 이제 여호와의 말씀을 들으라고 하면서 이르기를 "만군의 여호와께서 이같이 말씀하시기를 아말렉이 이스라엘에게 행한 일 곧 애굽에서 나올 때에 길에서 대적한 일로 내가 그들을 벌하노니 지금 가서 아말렉을 쳐서 그들의 모든 소유를 남기지 말고 진멸하되 남녀와 소아와 젖 먹는 아이와 우양과 낙타와 나귀를 죽이라 하셨나이다."(삼상 15:2-3)라고 하였다. 사울왕은 21만 명의 대군을 거느리고 아말렉을 심판하러 갔다. 사울왕이 아말렉 사람을 치고 아말렉의 왕 아각을 사로잡고 그의 모든 백성을 진멸하였다. 그러나 양과 소의 좋은 것 또는 기름진 것과 어린 양과 모든 좋은 것을 남기고 가치 없고 하찮은 것만 진멸하였다. 하나님은 사울왕이 행한 이 모든 것을 세밀하게 지켜보셨다. 그리고 사무엘 선지자에게 이르시기를 "내가 사울을 왕으로 세운 것을 후회하노니 그가 돌이켜서 나를 따르지 아니하며 내 명령을 행하지 아니하였음이니라."(삼상 15:10)라고 하셨다. 이 말은 들은 사무엘은 밤새도록 고민하고 기도한 후에 사울왕에게로 찾아갔다. 사울왕은 사무엘 선지자를 만나자 마자 자신이 여호와의 명령을 다 준행하였다고 자랑하였다. 사무엘 선지자는 귀에 들리는 양의 소리 소의 소리는 어찌됨이냐고 되물었다. 사울왕은 하나님께 제사드릴 때에 제물로 사용하기 위해서 양들과 소들 중에서 가장 좋은 것을 남겼다고 말하였다. 사무엘 선지자는 여호와의 말씀을 사울왕에게 전하여 이르기를 "여호와께서 번제와 다른 제사를 그의 목소리를 청종하는 것을 좋아하심 같이 좋아 하시겠나이까 순종이 제사보다 낫고 듣는 것이 숫양의 기름보다 나으니 이는 거역하는 것은 점치는 죄와 같고 완고한 것은 사신 우상에게 절하는 죄와 같음이라 왕이 여호와의 말씀을 버렸으므로 여호와께서도 왕을 버려 왕이 되지 못하게 하셨나이다."(삼상 15:22-23)라고 하였다. 사울을 왕으로 허락하신 하나님께서 사울왕을 폐위시킨다는 말씀이다. 하나님께서 사울왕을 버린 것은 먼저 사울왕이 여호와 하나님의 말씀을 버렸기 때문이다. 사울왕의 입장에서는 하나님께 변명할 여지가 없었다. 하나님은 사울왕에게 아말렉을 진멸하되 아말렉의 모든 사람과 그들의 모든 소유를 남기지 말고 진멸하라고 하셨다. 그런데 사울왕은 아말렉의 왕 아각을 사로잡고 양들과 소들을 남겨 두었다. 명백한 불순종이다. 사무엘 선지자는 사울왕에게 하나님에 대해서 알려 주었다. 곧 "이스라엘의 지존자는 거짓이나 변개함이 없으시니 그는 사람이 아니시므로 결코 변개하지 않으심이니이다."(삼상 15:29)고 하였다. 하나님은 백성들이 원해서 인간 중심의 왕을 허락하셨지만 그 왕은 오래가지 않아 하나님의 말씀에 불순종하여 폐위되었다. 불순종하므로 하나님께로부터 버림받아 폐위된 사울왕은 그 후로도 왕권을 이어갔다. 이미 하나님께 버림받았지만 왕의 명목을 이어갔다. 전에 임하였던 하나님의 영은 사울에게서 떠났고 어둠의 영이 사울을 점령하였다. 앞으로 사울왕이 행하는 것마다 하나님의 일을 방해함으로 드러난다. 그에게 주어진 왕권과 군대의 힘으로 하나님의 기름 부음 받은 자를 대적하게 된다.

마음에 합한 자를 왕으로 기름 부으신 하나님

다윗, 이스라엘의 왕

사무엘상 16:1-13

하나님은 세상적인 왕 사울을 폐위시킨 후에 곧바로 사무엘에게 새로운 왕을 세우도록 명하셨다. 하나님께서 사무엘에게 이르시되 "내가 이미 사울을 버려 이스라엘왕이 되지 못하게 하였거늘 네가 그를 위하여 언제까지 슬퍼하겠느냐 너는 뿔에 기름을 채워가지고 가라 내가 너를 베들레헴 사람 이새에게로 보내리니 이는 내가 그의 아들 중에서 한 왕을 보았느니라."(삼상 16:1)라고 하셨다. 사실 사무엘 선지자는 하나님께 버림당한 사울왕에 대해서 몹시 슬퍼하였다. 사무엘 선지자는 하나님의 말씀을 듣고 사울왕을 두려워했다. 사울왕이 자신이 다른 사람에게 왕의 기름을 부으러 가는 것을 보면 자신을 죽일 것이라고 하였기 때문이다. 그러자 하나님은 "너는 암송아지를 끌고 가서 말하기를 내가 여호와께 제사를 드리러 왔다."라고 말하라고 하였다. 사무엘 선지자는 여호와께서 말씀하신 대로 베들레헴의 이새에게로 가서 그의 아들들을 성결케 하여 제사에 초대하였다. 사무엘 선지자가 이새의 아들 엘리압을 보고 이스라엘왕으로 기름을 부으려고 할 때에 하나님께서 막으셨다. 하나님은 그의 용모와 키를 보지 말라고 하시면서 사람들은 외모를 보지만 나 여호와는 중심을 보신다고 하셨다. 이새의 아들 아비나답과 삼마를 사무엘 앞을 지나게 했지만 하나님은 이 둘도 선택한 자가 아니라고 하셨다. 이렇게 하여 이새의 아들 일곱을 사무엘 앞을 지나게 했지만, 하나님의 사인이 주어지지 않았다. 당시에 이새의 막내아들 다윗은 아버지의 양 떼를 돌보고 있었다. 사무엘은 다윗을 자기 앞으로 데려오도록 했다. 다윗의 모습은 빛이 붉고 눈이 빼어나고 얼굴이 아름다웠다. 하나님께서 사무엘에게 이르시되 "이가 그니 일어나 기름을 부으라."(삼상 16:12)라고 하셨다. 사무엘 선지자는 여호와의 명령대로 기름 뿔 병을 가져다가 다윗에게 기름을 부어 이스라엘의 왕으로 임명했다. 이때부터 여호와의 영이 다윗에게 임하여 크게 감동되었다.

다윗이 하나님의 명령으로 사무엘 선지자에 의해서 기름 부음을 받고 이스라엘의 왕이 되었지만, 아직 아무도 다윗이 이스라엘의 왕임을 알지 못하였다. 오직 한 사람 사무엘 선지자만 알고 있었다. 이제 하나님은 다윗이 머무를 왕의 궁전으로 다윗을 인도하신다. 여호와의 영이 버림받은 사울왕에게서 떠나셨다. 구약 시대에 하나님의 영은 직무적으로 임하셨다. 그러므로 왕위에서 폐위되면 여호와의 영도 떠난다. 여호와의 영이 사울에게서 떠나므로 여호와 하나님이 부리신 악령이 사울에게 임하여 사울을 번뇌케 하였다. 사울이 악령으로 번뇌케 됨을 인해 사울의 신하들이 수금 잘 타는 자로 수금을 타면 악령으로 인한 번뇌가 사라질 것이라고 간청하여 수금 잘 타는 자를 구하였다. 어떤 소년이 베들레헴에 사는 다윗을 추천하였다. 다윗을 추천한 소년은 다윗에 대해서 말하기를 "내가 베들레헴 사람 이새의 아들을 본즉 수금을 탈 줄 알고 용기와 무용과 구변이 있는 준수한 자라 여호와께서 그와 함께 계시더이다."(삼상 16:18)라고 하였다. 사울이 다윗을 소개받고 전령들을 이새에게 보내 아들 다윗을 왕궁으로 보내라고 명하였다. 이새는 다윗의 손에 선물을 구비하여 사울에게로 보냈다. 사울은 다윗을 크게 사랑하여 자기의 무기를 드는 자로 삼았다. 그리고 이새에게 사람을 보내어 다윗이 왕의 궁전에 머무르게 할 것을 명하였다. 하나님께서 부리신 악령이 사울에게 이를 때에 다윗이 수금을 타면 사울이 상쾌하여 낫고 악령이 그에게서 떠났다.

하나님은 자연스럽게 이스라엘의 참된 왕 다윗을 왕궁으로 인도하셨다. 아무도 다윗이 하나님께서 세우신 이스라엘의 새로운 왕임을 알지 못하였다. 이미 버림을 당한 사울왕이 왕의 궁전으로 새로운 왕 다윗을 불러들인 것이다. 그리고 사울에게는 악령이 임하였지만 새 이스라엘의 왕 다윗에게는 하나님의 영이 임하였다. 지금 두 왕이 한 궁전 안에 있다. 한 왕은 버림을 받은 왕이고 한 왕은 새로 기름 부음을 받은 왕이다. 사울왕은 자신이 불러들인 다윗이 하나님이 자기 대신 세우신 이스라엘의 왕임을 전혀 알지 못하였다. 알았다면 쉽게 다윗을 죽일 수 있었을 것이다. 물론 하나님께서 허락하지 않을 것이지만 말이다. 이제 하나님은 다윗과 함께 하시면서 사울을 약하게 하고 다윗을 이스라엘 위에 우뚝 세우실 것이다.

옛 시대에 다윗을 이스라엘의 왕으로 세우신 하나님께서 새 시대에는 다윗의 후손으로 오신 우리 주 예수 그리스도를 하늘과 땅의 왕으로 세우셨다.

참 이스라엘왕을 드러내신 하나님
다윗과 골리앗 사건

사무엘상 17:1-58

세상 사람들도 많이 알고 있는 성경 속 유명한 사건 중의 하나가 바로 다윗과 골리앗의 사건이다.

하나님은 이 유명한 이야기를 통해서 무엇을 드러내려고 하셨을까? 다윗과 골리앗의 사건을 이해하기 위해서는 먼저 이스라엘의 왕 사울이 어떤 처지에 있었는가를 알아야 한다. 왜냐면 하나님의 일하심은 항상 자기 백성을 중심으로 일하시기 때문이다. 당시에 이스라엘의 백성을 대표한 자는 사울왕이었다. 따라서 그의 형편이 곧 하나님의 백성들의 형편이었다.

사울이 하나님의 말씀에 불순종하여 하나님께서 이스라엘왕에서 폐위시켰다. 하나님은 전에 연약한 자기 백성들을 괴롭힌 아말렉을 진멸하기 위해서 사울왕에게 사명을 주었는데 사울왕이 하나님의 명령에 불순종하였다. 그래서 하나님은 사울왕을 버렸다. "왕이 여호와의

말씀을 버렸으므로 여호와께서도 왕을 버려 왕이 되지 못하게 하셨나이다."(삼상 15:23)

하나님은 사무엘 선지자를 은밀하게 보내어 다윗에게 기름을 부어 새로운 이스라엘왕으로 임명하였다. 그러나 이 사실은 아직 다윗 자신, 사무엘만 알고 있었다. 사울왕은 하나님으로부터 폐위되었지만 여전히 왕좌에 있었고 군대를 거느리고 있었다. 반면에 다윗도 이스라엘왕으로 기름 부음을 받았지만, 여전히 아버지의 양떼를 돌보고 있었다.

하나님은 새롭게 세운 이스라엘왕 다윗을 온 이스라엘 백성들과 이방의 나라들에게 드러내기를 원하셨다. 즉 참된 이스라엘의 왕이 누구인지, 이스라엘의 온 백성들과 이방 민족들에게 드러내려고 하였다. 따라서 다윗과 골리앗의 사건은 누가 이스라엘의 참된 왕인가에 대한 이야기이다.

하나님은 자기 백성들 앞에 블레셋의 장수 골리앗을 세워놓고 이스라엘 백성들이 경배하는 여호와 하나님의 군대를 모욕하고 백성들을 두렵게 하는 것을 허락하였다. 이런 상황에서 참 이스라엘왕이라면 하나님의 군대를 모독한 골리앗을 심판하고 자기 백성을 보호해야 했다. 그런데 이미 버림을 당한 사울왕은 자격 미달이었다. 버림을 당한 사울왕은 두려워 떨면서 골리앗을 물리치는 사람에게는 많은 재물을 주고 자신의 딸을 주어 사위로 삼고 세금을 면해 주겠다고 상금을 걸었다. 아무도 나서지 않은 상황에서 아직 군대에 들어갈 나이도 되지 않는 소년 다윗이 자원하였다. 하나님이 다윗의 마음을 감동시키셨다.

자기가 이스라엘의 왕으로 기름 부음 받은 자라는 것을 드러내기 위한 것이 아니었다. 하나님의 군대를 모욕하는 이방인에 대한 분노였다. 다윗은 이르기를 "이 블레셋 사람을 죽여 이스라엘의 치욕을 제거하는 사람에게는 어떠한 대우를 하겠느냐? 이 할례 받지 않은 블레셋 사람이 누구이기에 살아 계시는 하나님의 군대를 모욕하겠느냐?"라고 하였다. 다윗이 한 말이 사울왕에게 전해지고 다윗이 사울왕 앞으로 인도되었다. 하나님께 버림받은 왕과 새롭게 기름 부은 받은 왕이 서로 만났다. 골리앗을 앞에 두고 마주 대하였다. 하나님께 버림받은 왕은 골리앗이 두려워서 쥐구멍으로 숨고 새롭게 세움 받은 왕은 자신이 나가서 골리앗과 싸우겠노라고 선포하였다.

다윗이 사울왕에게 말하기를 "그로 말미암아 사람이 낙담하지 말 것이라 주의 종이 가서 저 블레셋 사람과 싸우리이다."라고 하였다. 다윗의 힘은 여호와 하나님께로부터 나왔다. 다윗이 확신하기를 "여호와께서 나를 사자의 발톱과 곰의 발톱에서 건져내셨은즉 나를 이 블레셋 사람의 손에서도 건져 내시리이다."(삼상 17:37)라고 말하였다.

드디어 이스라엘의 참 왕인 다윗이 온 이스라엘 백성을 대표하여 하나님의 군대를 모욕한 블레셋의 골리앗 앞에 섰다. 골리앗은 키가 여섯 규빗 한 뼘이었다. 당시 한 규빗이 성인 장지 손가락 끝에서 팔꿈치까지의 길이인데, 이는 약 45cm정도이다. 이를 계산하면 대략 골리앗의 키는 2m 90cm나 된다. 키가 2m 90cm나 되는 사람을 본 적이 있는가? 여기에 머리에는 놋 투구를 썼고 온몸에는 비늘 갑옷을 입었다. 갑옷의 무게가 무려 놋 오천 세겔이었다. 그의 다리에는 놋 각반을 찼고 어깨 사이에는 놋 단창을 매었다. 그 창 자루는 베틀 채 같고 창날은 철 600세겔이었고 방패 든 자가 앞서 행하였다.

여기에 비해 이스라엘의 새로운 왕 다윗은 젊고 붉고 용모가 아름다웠다. 심지어 성인 남성이 아닌 아직 앳된 소년이었다. 여기에 평상복과 손에 막대기를 가지고 매끄러운 돌 다섯 개와 물매를 가지고 나갔다. 그래서 골리앗이 말하기를 "네가 나를 개로 여기고 막대기를 가지고 내게 나왔느냐?"고 하면서 자신이 섬긴 신들의 이름으로 다윗을 저주하였다. 골리앗이 볼 때 다윗은 아마 어린 꼬마였을 것이다. 그래서 다윗의 살을 찢어서 공중의 새들과 들짐승들에게 주리라고 말하였다.

그러나 이에 맞서는 이스라엘의 새 왕 다윗은 골리앗에게 하나님의 뜻을 선포하기를 "너는 칼과 단창으로 내게 나아오거니와 나는 만군의 여호와의 이름 곧 네가 모욕하는 이스라엘 군대의 하나님의 이름으로 네게 나아가노라 오늘 여호와께서 너를 내 손에 넘기시리니 내가 너를 쳐서 네 목을 베고 블레셋 군대의 시체를 오늘 공중의 새와 땅의 짐승들에게 주어 온 땅으로 이스라엘에 하나님이 계신 줄 알게 하겠고 또 여호와의 구원하심이 칼과 창에 있지 아니함을 이 무리에게 알게 하리라 전쟁은 여호와께 속한 것인즉 그가 너희를 우리 손에 넘기시리라." 라고 하였다.

드디어 이스라엘의 새 왕 다윗과 블레셋의 대표자 골리앗과의 싸움이 시작되었다. 먼저 골리앗이 다윗에게로 마주 가까이 달려왔다. 이 때 다윗도 골리앗을 향해서 빨리 달리며 손을 주머니에 넣어 돌을 가지고 물매로 던져 골리앗의 이마를 쳐서 명중시켰다. 이스라엘의 새 왕 다윗이 던진 돌이 골리앗의 이마에 박혔고 땅에 엎드러졌다. 다윗에게는 칼이 없으므로 쓰러진 골리앗에게로 달려가서 발로 밟고 골리앗의 칼집에서 칼을 빼어 그 칼로 골리앗을 죽이고 목을 베었다. 이 모든 싸움을 버림받은 사울왕이 보았고 온 이스라엘의 군대가 보았다. 또한, 블레셋의 모든 군대도 보았다.

이는 하나님께서 모든 사람들이 친히 보는 앞에서 이스라엘의 진정한 왕은 사울이 아니라 다윗임을 드러내 보이신 것이다. 이 싸움은 다윗 개인의 싸움이 아닌, 온 이스라엘을 대표한 왕의 싸움이었다. 하나님은 이미 사무엘 선지자를 통해서 다윗에게 기름을 부어 이스라엘의 왕으로 세웠는데 아직 이스라엘 백성들은 다윗이 이스라엘의 왕임을 알지 못하였다. 그래서 하나님은 다윗이 이스라엘의 진짜 왕임을 온 이스라엘 자기 백성들과 이방의 블레셋에게 소개하는 자리를 마련하셨다.

옛 시대에 다윗을 이스라엘의 왕으로 기름 부으시고 소개하신 하나님은 새 시대에 다윗의 후손으로 오신 예수 그리스도를 새 백성들의 왕으로 세우셨다. 새 시대에 모든 성도의 왕은 하늘과 땅을 통치하신 우리 주 예수 그리스도이시다. 모든 성도는 예수 그리스도를 왕으로 모시고 산다. 왕의 통치에 온전히 순종하는 삶이 성도들의 삶이다. 우리의 왕은 의로운 왕이시므로 모든 통치하심이 의롭고 우리를 가장 좋은 길로 인도하신다.

아직도 세상에 사는 많은 사람이 우리 주 예수 그리스도가 왕 되심을 알지 못한다. 그래서 하나님은 자기 백성들을 통해서 온 세상 모든 민족에게 예수 그리스도가 왕이심을 선포하신다.

044

어둠의 왕으로부터 고난당한 하나님 나라의 왕

사울의 악행

사무엘상 18장-31장

하나님은 계획하신 일은 반드시 이루신다. 하나님은 자신의 마음에 합한 다윗을 통해서 이스라엘 나라를 든든히 세우려고 계획하셨다. 여기서 간과하지 말아야 할 사실은 하나님이 하시려는 일을 사탄도 알고 있다는 것이다. 그래서 하나님이 하시는 일에 항상 사탄이 방해를 한다. 구속사를 살펴가다 보면 단 한 편의 사건도 그냥 순조롭게 진행된 적이 없음을 알 수 있다. 하나님이 사울왕을 폐위시켰으면 사울은 왕위에서 내려오고 새로운 왕에게 왕궁을 비워주면 될 일이다. 자신에게서 하나님의 영도 떠났다. 그리고 사무엘 선지자를 통해서 하나님이 자신을 버렸다는 말씀을 분명하게 들었다. 사울 자신도 왕이 되기 전에 아주 평범한 사람이었다. 왕으로 권세를 누리다 끝이 났으니 다시 고향으로 돌아가면 되는 것이다. 그러나 그는 왕의 자리를 내려

놓지 않았다. 하나님의 영이 떠난 자리에 결국 악령이 자리하게 되었다. 그때부터 사울은 어둠의 세력에 의해서 조종되고 있는 어둠의 왕이 되었다. 어둠의 세력은 하나님께서 세우신 새 왕 다윗을 죽이려고 사울을 이용하였다. 사울왕은 여인들이 부른 노래 가사 곧 "사울이 죽인 자는 천천이요 다윗은 만만이로다"를 들을 때에 불쾌하였다. 사울에게 악령이 임하여서 다윗이 수금을 탈 때에 창을 던져서 다윗을 벽에 박으려고 하였다. 사울왕은 다윗을 죽이려고 자신의 딸마저 이용하였지만, 다윗은 그 모든 것을 넉넉히 이겨내고 사울의 사위가 되었다. 사울이 다윗을 블레셋 사람의 손에 죽이려고 블레셋 사람의 포피 100개를 가져오면 자신의 딸과 결혼할 수 있다고 했다. 다윗은 결혼할 날이 차기 전에 블레셋 사람을 200명을 죽이고 그 포피를 가져와서 사울의 딸 미갈과 결혼하였다. 이제 다윗이 자기의 사위가 되었으니 멈출만도 한데 사울은 계속해서 다윗을 죽일 계획을 세웠다. 하나님은 다윗을 지키기 위해서 사울왕이 가장 사랑하는 아들 요나단을 다윗 편에 두셨다. 아버지 사울은 다윗을 죽이려고 했지만, 아들 요나단은 다윗을 아버지로부터 지키고 살리려고 하였다. 요나단은 다윗과 언약을 하기를 "여호와께서는 다윗의 대적들을 치실지어다."(삼상 20:16)라고 하였다. 요나단은 아버지 사울이 다윗을 해치려고 할 때, 이 일을 다윗에게 알려 주지 아니하면 자신이 여호와께 벌을 받을 것이라고까지 하였다. 그리고 다윗에게 은혜를 구하기를 "너는 내가 사는 날 동안에 여호와의 인자하심을 내게 베풀어서 나를 죽지 않게 할 뿐 아니라 여호와께서 너 다윗의 대적들을 지면에서 다 끊어 버리신 때에도 너는 네 인자함을 내 집에서 영원히 끊어 버리지 말라"고 했다. 이는 요나단이 장차 다윗이 이스라엘의 왕이 될 것을 알고 있었기 때문이다. 요나단은 다윗을 생명처럼 사랑하였다. 하나님은 요나단을 통해서 다윗을 지키셨다. 다윗은 사울을 피하여 도망 길에 올랐다. 이제부터 다윗과 사울의 진영이 분명하게 드러난다. 다윗이 사울을 피해 도피한 상항인데도 다윗과 함께한 소년들이 있었다. 그리고 다윗의 모든 형제와 아버지 집과 환난당한 자들, 빚진 자들, 마음이 원통한 자들이 다윗에게로 모여들었다. 이때 다윗과 함께 한 자가 400명가량 되었다. 다윗이 놉 땅의 제사장 아히멜렉에게 가서 함께한 소년들을 위해서 떡을 공급받고 골리앗의 칼을 받았다. 사울왕은 아히멜렉이 다윗을 도왔다는 것 때문에 제사장 85명을 죽였고 놉 성읍의 제사장 가족들 남녀와 아이들과 젖 먹는 자들과 소와 나귀와 양을 칼로 쳤다. 사울왕이 다윗을 죽이려는 열망이 얼마나 큼을 알 수 있다. 다윗은 사실상 이스라엘의 왕이었으므로 도피하는 중에서도 자기 백성을 대적으로부터 지켰다. 블레셋 사람이 그일라를 쳐서 타작마당을 탈취한 것을 듣고, 다윗은 이 일로 하나님께 물었다. 하나님께서 말씀하시기를 "가서 블레셋 사람들을 치고 그일라를 구원하라."라고 하셨다. 다윗은 하나님의 명령을 따라 블레셋을 치고 그일라 주민을 구원하였다. 자신을 대적한 사울왕도 다윗이 지켜야 할 백성이다. 그래서 다윗은 사울왕을 죽일 수 있는 상황이 되었어도 몇 번씩이나 살려 주었다. 특별히 사울에 대해서는 전에 하나님의 기름 부음 받은 자였음을 상기하고 그 생명을 더욱 귀히 여겼다. 하나님은 다윗이 도피하는 긴박한 상황 속에서도 아비가일을 아내로 주어 다윗을 위로하였다. 하나님은 다윗을 죽이려 한 사울을 블레셋과의 전투에서 죽였다. 그날에 사울과 세 아들이 함께 죽었다. 그 세 아들 중에는 요나단도 포함되어 있었다. 다윗은 사울의 사망 소식을 가져온 아말렉 청년을 죽이고 크게 슬퍼하였다. 그래서 슬픈 노래로 사울과 요나단을 조상하였다.

이렇게 하여 하나님이 세운 이스라엘의 새 왕 다윗을 죽이려고 한 어둠의 세력이 패배하였다. 아직 사울의 남은 아들들과 가속들이 다윗을 대적하겠지만 이미 전세는 기울었다. 누가 하나님이 함께하는 왕을 대적하겠는가? 하나님은 자신이 세운 왕을 철저히 지키셨다.

이스라엘왕을 등극시킨 하나님
다윗, 통일 왕이 되다

사무엘하 1장-5장

　하나님은 다윗을 죽이려 한 사울왕을 처리하시고 다윗을 전면에 내세웠다. 그러나 아직 남아있는 사울의 잔재가 있었다. 하나님은 다윗을 헤브론으로 보내어 우선 유다 지파의 왕이 되게 하셨다. 반면에 죽은 사울의 아들 이스보셋이 스스로 이스라엘의 왕이 되었다. 사울의 군대장관 아브넬이 이스보셋을 마하나임으로 데리고 가서 아버지 사울의 뒤를 이어 왕으로 삼았다. 이때부터 이스보셋이 통치한 이스라엘 진영과 다윗왕이 통치한 유다 진영의 전쟁이 시작되었다. 사울의 집 군대 장관은 아브넬이었고 다윗의 집 군대 장관은 요압이었다. 첫 번째 전쟁에서 사울의 집 군대 장관 아브넬이 다윗의 집 군대장관의 요압의 동생 아사헬을 죽였다. 이로 인해 요압은 자기 동생을 죽인 아브넬에게 원수 갚을 기회를 노리고 있었다. 그런데 이스보세의 진영에 문제가 생겼다. 이스보셋의 군대장관 아브넬이 사울의 첩인 리스바라는 여인과 통간하였다. 이로 인해 이스보셋이 군대장관 아브넬을 책망하였다. 이를 분히 여긴 아브넬이 이스보셋을 버리고 다윗에게로 돌아왔다. 아브넬은 먼저 이스라엘의 장로들에게 이르기를 "너희가 여러 번 다윗을 너희의 임금으로 세우기를 구하였으니 이제 그대로 하라 여호와께서 이미 다윗에 대하여 말씀하시기를 내가 내 종 다윗의 손으로 내 백성 이스라엘을 구원하여 블레셋 사람의 손과 모든 대적의 손에서 벗어나게 하리라."(삼하 3:17-18)고 하여 장로들의 마음을 다윗에게로 돌렸다. 그리고 아브넬이 헤브론에 있는 다윗에게로 나아가서 이르기를 "내가 일어나 가서 온 이스라엘 무리를 내 주 왕의 앞에 모아 더불어 언약을 맺게 하고 마음이 원하는 대로 모든 것을 다스리시게 하리이다."(삼하 3:21)고 하여 다윗에게 힘을 실어 주었다.

그런데 다윗의 군대장관 요압이 자기 동생 아비새와 함께 동생을 죽인 아브넬을 죽여 원수를 갚았다. 다윗은 아브넬의 죽음을 크게 슬퍼하면서 애가를 불러 장사하였다.

사울의 집 이스보셋은 군대장관의 배반과 죽음으로 인해 낙심하고 있을 때에 군 지휘관 두 사람이 침상에 누워있는 이스보셋을 죽이고 그 머리를 가지고 다윗에게로 갔다. 그들은 다윗에게 큰 상을 받을 것으로 생각했는데 오히려 다윗은 이스보셋을 죽인 그들을 죽였다. 이렇게 하여 사울의 집안이 와해되고 다윗의 대적들이 무너졌다. 상황이 이렇게 되자 이스라엘 모든 지파가 헤브론에 있는 다윗에게로 나아와서 이르기를 "보소서 우리는 왕의 한 골육이니이다. 전에 곧 사울이 우리의 왕이 되었을 때에도 이스라엘을 거느려 출입하게 하신 분은 왕이

시었고 여호와께서도 왕에게 말씀하시기를 네가 내 백성 이스라엘의 목자가 되며 네가 이스라엘의 주권자가 되리라 하셨나이다."(삼하 5:1-2)라고 하면서 연합을 원하였다. 다윗은 헤브론에서 자기 앞에 나온 이스라엘의 장로들과 언약을 맺었다. 하나님은 온 이스라엘의 장로들 앞에서 다윗에게 기름을 부어 이스라엘의 왕으로 등극시켰다. 이제 다윗은 유다 한 지파의 왕이 아니라 이스라엘 12지파의 통일 왕이 되었다. 다윗은 헤브론에서 7년 동안 유다 지파 한 지파의 왕으로 통치하였다. 다윗은 얼마든지 사울의 집을 힘으로 물리치고 이스라엘의 통일 왕으로 등극할 수 있었다. 그러나 다윗은 자신의 무력으로 하지 않고 하나님께서 세우실 때까지 기다렸다. 때가 되매 하나님은 이스라엘의 모든 장로로 하여금 다윗에게로 마음을 돌려 평화의 방식으로 통일 왕국의 왕이 되었다. 하나님께서 친히 대적들을 하나하나 처리하셨다. 다윗에게는 외부의 적도 적이었지만 다윗의 수하에 있는 제어하기 힘든 세력들도 여전히 있었다. 다윗은 수하에 있는 힘든 세력들에 대해서 고백하기를 "내가 기름 부음을 받은 왕이 되었으나 오늘 약하여서 스루야의 아들인 이 사람들을 제어하기가 너무 어려우니 여호와는 악행한 자에게 그 악한 대로 갚으실지로다."(삼하 3:38-39)고 하였다. 물론 다윗이 이 고백을 할 때에는 통일 왕국의 왕이 되기 이전이었다. 스루야의 아들들인 요압과 아비새가 아브넬을 죽인 후에 한 고백이었다. 그러나 요압의 위세는 통일 왕국이 된 후에 여전하였기에 다윗의 고민도 여전하였다. 다윗왕이 통일 왕국의 왕이 되어 첫 번째로 행한 일은 시온 산성(예루살렘)을 확보하는 일이었다. 다윗왕과 부하들이 예루살렘(여부스)에 올라가서 여부스 사람을 물리치고 예루살렘을 차지했다. 다윗은 예루살렘을 다윗성이라고 이름하고 밀로에서부터 안으로 예루살렘성을 쌓았다. 하나님께서 다윗과 함께 하시므로 다윗은 점점 강성하여 갔다.

하나님은 두로왕 히람의 마음을 열어 다윗에게 사절과 백향목과 목수와 석수를 보내 다윗의 궁전을 짓는 일을 돕도록 하였다. 다윗은 여호와께서 자신을 세워 이스라엘의 왕으로 삼아 주신 것을 알았다. 그리고 하나님이 자기 백성을 위해서 이스라엘 나라를 높이신 것도 알았다. 즉 다윗은 하나님이 다윗 자신을 사랑해서가 아니라 이스라엘 하나님의 백성을 사랑해서 이 모든 일을 이루신 것을 깨달았다. 하나님은 한 개인의 하나님이 아니라 이스라엘의 하나님이시다. 하나님이 자신의 마음에 합한 다윗을 사랑하시지만 하나님의 마음은 항상 이스라엘 자기 백성에게 있다. 다윗을 왕으로 세우신 목적은 이스라엘 자기 백성 때문이다. 다윗 때문에 이스라엘 백성이 존재한 것이 아니라 이스라엘 때문에 다윗이 존재했다. 다윗은 이런 하나님의 마음과 의도를 분명히 알았다. 하나님은 다윗에게 아들딸들을 주시어 자손이 번성하게 하셨다.

왕궁으로 입성하신 하나님
하나님의 보좌(법궤)가 왕궁에 입성

사무엘하 6장

하나님은 다윗을 사랑하여 이스라엘의 왕으로 등극시켰고, 다윗도 자신에게 복을 주신 하나님을 온 마음을 다해 사랑하였다. 다윗은 자신이 왕이었지만 가장 부러운 대상이 제사장들이었다. 제사장들은 하나님의 보좌가 있는 성막에 들어가서 하나님을 가까이할 수 있었기 때문이었다. 그래서 다윗은 하나님의 보좌인 법궤를 자신이 살고 있는 궁전으로 모시고 싶었다. 당시에 그룹들 사이에 좌정하신 만군의 여호와의 법궤는 바알레 유다 아미나답의 집에 있었다. 다윗은 온갖 지혜를 동원하여 하나님의 보좌를 왕궁으로 모셔 올 작전을 세웠다. 먼저 이스라엘에서 특별하게 뽑은 무리 삼만 명을 준비하였다. 또한, 하나님의 궤를 실을 운반 수단으로 새 수레를 만들어 정성껏 준비하였다. 그리고 잣나무로 만든 여러 가지 악기와 수금과 비파와 소고와 양금과 제금으로 여호와 앞에서 연주하도록 준비하였다. 이렇게 하여 모든 것이 완벽하게 준비되었다고 생각하였다. 드디어 준비한 새 수레에 하나님의 보좌인 법궤를 실었다. 그리고 아비나답의 두 아들 웃사와 아효가 한 사람은 앞에서 한 사람은 뒤에서 새 수레를 몰았다. 산 위에 있던 아비나답의 집에서 궤를 싣고 내려오는데 나곤의 타작마당 즈음 이를 때에 소들이 뛰므로 법궤가 흔들렸다. 이를 본 웃사가 손을 들어 법궤를 붙들었다. 여호와 하나님은 웃사가 잘못하는 것을 보고 진노하셔서 웃사를 그 자리에서 죽였다. 이를 본 다윗이 안타깝게 여겨 그곳의 이름을 '베레스웃사'라고 명명하였다. 이 모든 상황을 본 다윗이 여호와를 두려워하여 이르기를 "여호와의 궤가 어찌 내게로 오리요."하고 여호와의 궤를 다윗성 자기에게로 모시기를 즐겨하지 아니했다. 그래서 여호와의 궤가 가드 사람 오벧에돔의 집에서 석 달 동안 머물렀다. 하나님은 이 석 달 동안 오벧에돔의 집에 복을 내리셨다.

  하나님은 어떤 사람을 통해서 다윗에게 여호와의 궤로 말미암아 오벧에돔의 집과 그의 모든 소유에 복을 주셨다는 소식을 듣게 하셨다. 그래서 다윗은 다시 여호와의 법궤를 다윗성 자기에게로 모셔올 결심을 하였다. 이번에는 하나님의 말씀대로 여호와의 궤를 어깨에 메고 옮겼다. 전에 수레에 실어서 옮긴 것이 큰 실수였다는 것을 알았기 때문이다. 하나님께서 자신의 보좌인 법궤를 만들 때에 어깨에 메고 운반하도록 만들었고 어깨로 메어 운반하게 하셨다. "조각목으로 채를 만들어 금으로 싸고 그 채를 궤 양쪽 고리에 꿰어 궤를 메게 하였으며"(출 37:4-5) 그리고 그 채를 고리에서 빼지 말고 채를 고리에 꿴 대로 두라고 하셨다. 이는 궤를 옮길 때에 반드시 어깨에 메고 옮겨야 하기 때문이다. 하나님께서 자기 백성을 광야 길로 인도하실 때에도 제사장들이 법궤를 메고 앞서갔다. 요단강을 건널 때에도 제사장들이 법궤를 메고 먼저 들어갔다. 여리고성을 돌 때에도 제사장들이 법궤를 어깨에 메고 돌았다. 항상 법궤를 운반할 때에는 어깨에 메고 운반하였다. 즉 아무리 좋은 의도를 가지고 행하더라도 말씀대로 해야 한다.

다윗은 여호와께 소와 살진 송아지로 제사를 드리고 다윗과 온 이스라엘 족속이 즐거이 환호하며 나팔을 불면서 여호와의 궤를 옮겼다. 다윗은 온 이스라엘 백성들이 보는 앞에서 베 에봇을 입고 여호와 앞에 힘을 다하여 춤을 췄다. 얼마나 좋았으면 그랬을까! 하나님의 보좌가 다윗왕의 궁전으로 들어오는 일이 얼마나 좋았으면 왕이 그렇게 춤을 췄을까! 그런데 다윗의 아내인 사울의 딸 미갈이 다윗이 여호와 앞에서 뛰놀며 춤추는 것을 보고 심중에 업신여겼다. 자기 아내가 자신을 업신여겼는지도 모르고 다윗은 자기 가족을 축복하기 위해서 집으로 왔다. 이때 사울의 딸 미갈은 하나님 앞에서 춤을 춘 것을 경멸하며 말했다. 다윗은 자신을 업신여긴 아내 미갈 앞에서 믿음의 고백을 하였다. "이는 여호와 앞에서 한 것이니라. 그가 네 아버지와 그의 온 집을 버리시고 나를 택하사 나를 여호와의 백성 이스라엘의 주권자로 삼으셨으니 내가 여호와 앞에서 뛰놀리라. 내가 이보다 더 낮아져서 스스로 천하게 보일지라도 네가 말한바 계집종에게는 내가 높임을 받으리라."(삼하 6:21-22) 하나님은 사울의 딸 미갈에게 죽는 날까지 자식을 주지 않으셨다.

진짜 이스라엘의 왕이 왕의 궁전에 입성하셨다. 그동안에는 왕궁에 대리 왕만 있었는데 이제는 참 이스라엘의 왕이신 여호와 하나님께서 왕궁에 들어오셨다. 인간 대리 왕은 참 왕 앞에서 일어서야 한다. 모든 결재를 이스라엘의 참된 왕이신 여호와 하나님께 받아야 한다. 그래서 다윗왕은 가슴이 벅찼다. 하늘과 땅을 창조하신 여호와 하나님, 이스라엘의 하나님의 보좌가 자신이 살고 있는 궁전에 설치되었기 때문이었다. 세상에 이보다 더 영광스러운 일이 어디에 있겠는가? 그래서 다윗은 옷이 벗겨진 줄도 모르고 춤을 췄다. 너무 좋아서 사람들의 눈을 의식할 수도 없었다. 아니 할 필요가 없었다. 분명 다윗은 하나님의 영에 이끌려서 춤을 췄을 것이다.

옛 시대에 다윗이 여호와의 보좌인 법궤를 자신의 성으로 모셔 들이면서 하나님 앞에서 또는 온 백성 앞에서 춤을 췄다. 새 시대에 하나님의 아들 예수 그리스도 안에서 우리에게 구원의 생명 곧 성령 하나님이 임재하셨다. 성령 하나님의 내주하심과 부활의 새 생명은 우리가 다윗보다 훨씬 큰 기쁨으로 춤을 춰야 하는 이유이다. 따라서 새 시대의 성도들의 삶은 춤추는 삶이다. 그래서 하나님은 자기 백성에게 "항상 기뻐하라."라고 하셨다.

아브라함의 약속을 성취하신 하나님
이스라엘, 다윗왕국

사무엘하 7장-24장

하나님은 다윗을 이스라엘의 왕으로 세우시고 함께 하셨다. 다윗을 통해서 이스라엘 나라를 온전하게 하신다. 첫 번째로 왕권을 확립하신다. 이스라엘 백성들이 세상 나라와 같은 왕을 구하므로 하나님께서 그들의 요구를 들어주셨다. 이로 인해 이스라엘 나라의 왕권이 어지럽게 되었다. 하나님께 버림받은 사울왕은 왕위에서 내려오지 않고 하나님의 기름 부음 받은 진짜 왕 다윗을 죽이려고 하였다. 하나님께서는 다윗과 함께하시면서 다윗을 지키셨다. 그러나 여전히 남아 있던 사울왕의 아들 이스보셋이 아버지의 뒤를 이어 스스로 왕이 되어 이스라엘이 두 그룹이 되었다. 하지만 이스보셋은 신하들에게 죽임을 당하게 되고 이렇게 이스라엘의 왕권은 정리가 되었다. 이제 온 이스라엘 중에 왕은 다윗밖에 없었다. 이스라엘 12지파가 다윗왕을 이스라엘의 왕으로 추대하였다. 이렇게 하여 하나님 나라인 이스라엘 나라의 왕권이 확립되었다. 더구나 다윗왕은 하나님의 보좌인 법궤를 왕궁으로 모셔 왔다. 이스라엘의 진짜 왕이신 여호와 하나님이 왕궁에 자신이 보좌를 설치하신 것이다. 왕의 자리는 왕궁이다. 이스라엘의 왕 되신 하나님의 보좌가 왕궁에 설치되므로 이스라엘 나라의 왕권이 온전히 확립되었다.

두 번째로 이스라엘 나라가 온전히 세워지기 위한 영토의 확장이다. 하나님은 전에 아브라함에게 장차 세우실 이스라엘 나라의 영토에 대해서 구체적으로 말씀하셨다. 처음에는 하나님이 가나안에 이사한 아브라함에게 "내가 이 땅을 네 자손에게 주리라."(창 12:7)고 약속하셨다. 그 후에 하나님은 아브라함이 벧엘과 아이 사이에 거할 때에 이르시기를 "너는 눈을 들어 너 있는 곳에서 북쪽과 남쪽 그리고 동쪽과 서쪽을 바라보라 보이는 땅을 내가 너와 네 자손에게 주리라 영원히 이르리라······. 너는 일어나 그 땅을 종과 횡으로 두루 다녀보라 내가 그것을 네게 주리라."(창 13:14-17)고 하셨다. 마지막으로 하나님은 아브라함에게 주실 땅에 대해서 더 구체적으로 약속하시기를 "내가 이 땅을 애굽강에서부터 그 큰 강 유브라데까지 네 자손에게 주노니 곧 겐 족속과 그니스 족속과 갓몸 족속과 헷 족속과 브리스 족속과 르바 족속과 아모리 족속과 가나안 족속과 기르가스 족속과 여부스 족속의 땅이니라."(창 15:18-21)라고 하셨다. 하나님이 아브라함에게 이 약속을 하실 때에는 아직 이삭이 태어나기도 전이었다. 하나님이 아브라함에게 약속하신 이 모든 땅을 다 정복해야만 영토적인 부분에서 이스라엘 나라가 완성된다. 하나님은 전에 아브라함에게 약속하신 그 땅들을 다윗을 통해서 다 차지하게 하셨다. 하나님은 다윗이 어디로 가든지 이기게 하셨다. 이는 다윗을 위함이 아니라 이스라엘 나라를 온전히 세우기 위함이었다.

다윗은 하나님께서 자신에게 주신 승리 곧 모든 원수의 손과 사울의 손에서 구원하신 그날에 승전가를 지어 하나님을 찬양하였다. 다윗은 자신의 용맹으로 대적들을 물리친 것이 아니라 자신은 대적들보다 약하나 여호와 하나님이 자신을 강한 대적의 손에서 건져 주셨다고 노래하였다. 그 내용이 사무엘하 22장에 기록되었다. 또한, 그중 일부가 시편 18편이다. 하나님은 자신의 나라의 지경을 온전히 정복한 다윗의 용사들의 이름도 잊지 않으시고 기록하셨다(삼하 23:8-39, 대상 11:10-47).

세 번째로 하나님 나라 백성의 번성이다. 전에 하나님은 아브라함에게 가나안의 나라를 약속하시면서 그 후손들을 번성케 하겠다고 약속하셨다. 아브라함에게는 약속의 아들 이삭을 주시면서 그 후손이 크게 번성할 것이라고 하셨다. 하나님이 이스라엘의 조상 아브라함에게 후손에 대해서 약속하시기를 "내가 네 자손이 땅의 티끌 같게 하리니 사람이 땅의 티끌을 능히 셀 수 있을진대 네 자손도 세리라."(창 13:16)라고 하셨다. 이 약속을 심지어 한 번만 하신 것이 아니다. 하나님이 아브라함과 언약식을 하실 때에도 말씀하시기를 "네 몸에서 날 자가 네 상속자가 되리라... 하늘을 우러러 뭇 별을 셀 수 있나 보라.... 네 자손이 이와 같으리라."(창 15:4-5)고 하셨다.

이때까지도 아브라함에게는 아들이 없었다. 하지만 하나님의 약속을 믿었고 하나님은 아브라함의 믿음을 의로 여기셨다. 그 후에도 하나님께서 아브라함에게 할례의 법을 주시면서 이르시기를 "너를 크게 번성하게 하리라.... 내가 너로 심히 번성하게 하리니 내가 네게서 민족들이 나게 하시며 왕들이 네게로부터 나오리라."라고 하셨다. 하나님은 이때에 아브람의 이름을 아브라함 곧 여러 민족의 아버지라는 이름으로 개명해 주셨다(창 17:2-6). 아브라함은 약속하신 아들 이삭을 선물로 받았을 때에 확신이 들었을 것이다. 이 확신은 하나님이 이삭을 번제로 드리라고 할 때에 아브라함이 주저하지 않을 수 있었던 이유다.

이삭의 번제 사건으로 아브라함을 시험하신 하나님께서 아브라함에게 이르시기를 "네가 이같이 행하여 네 아들 네 독자도 아끼지 아니하였은즉 내가 네게 큰 복을 주고 네 씨가 크게 번성하여 하늘의 별과 같고 바닷가의 모래와 같게 하리니 네 씨가 대적의 성문을 차지하리라."(창 22:16-17)라고 하셨다. 하나님은 아브라함의 후손의 번성을 이삭, 야곱을 이어서 약속하셨다. 이 약속대로 애굽에서 일차적으로 번성시키셨고, 2차로 다윗 때에 번성시켰다. 다윗왕은 자기 백성의 숫자가 많았으므로 한번 헤아려보고 싶은 마음이 있었다. 계수된 백성의 수가 이스라엘 중에 칼을 **뺄만한** 자가 80만 명이었고, 유다 사람이 50만 명 합하여 130만 명이었다(삼하 24:9).

그런데 역대상에서는 이스라엘 중에서 칼을 **뺄만한** 자가 110만 명이었고, 유다 중에 칼을 **뺄만한** 자가 47만 명이었다. 그래서 합계가 157만 명이었다(대상 21:5). 어느 숫자가 정확한지 우리는 확인할 수 없다. 여기에는 여자와 20세 미만의 아이들이 포함되지 않았다. 물론 다윗이 자기 백성들의 숫자를 계수한 것은 사탄에게 미혹되어 행한 일이었다. 하나님은 이 일로 다윗을 크게 책망하셨다. 여기서 우리가 관심을 가져야 할 부분은 하나님께서 아브라함에게 약속하신 자손을 번성케 하여 가나안에 자신의 나라를 세우셨다는 사실이다.

하나님은 친히 이스라엘의 왕이 되시고, 자신의 대리 왕으로 다윗을 세워 왕권을 확정하셨다. 또한, 다윗왕을 통해서 아브라함에게 약속하신 영토를 다 정복하게 하셨다. 이렇게 하여 하나님께서 세우시려고 하신 이스라엘 나라를 다윗 때에 완성하셨다.

하나님이 이루려고 하신 구약 시대의 목표는 가나안에 세워진 하나님 나라 곧 이스라엘 나라이다. 그래서 구약 성경의 대부분이 이스라엘 나라에 대한 내용이다. 신구약 성경 전체를 통틀어 이스라엘이란 단어가 2,336번이나 등장한다. 첫 시작은 창세기 12장에서 아브라함에 대한 이야기에서부터이다. 사실은 아브라함의 이야기가 아니고 이스라엘에 대한 이야기다. 그리고 마지막 말라기까지 온통 이스라엘에 대한 내용이다. 하나님이 아브라함을 이스라엘의 씨의 형태로 부르셨다. 그래서 아브라함을 이스라엘의 조상이라고 한다. 작은 사과 씨 속에 사과나무가 들어있듯이 아브라함 속에 이스라엘이 들어있었다. 하나님이 계획하여 시작하시고 하나님이 모든 과정을 이끄시어 그 나라를 완성하셨다. 그러므로 그 나라는 하나님 나라이다. 하나님이 친히 이스라엘 나라의 왕이 되셨다. 이스라엘의 왕 되신 하나님은 아브라함의 후손으로 자기 백성 삼으셨다. 그리고 왕 되신 하나님은 자신의 나라를 가나안에 설립하셨다. 본서의 '14장면. 이스라엘의 조상, 아브라함을 부르신 하나님---이스라엘의 시작'부터 '46장면. 왕궁으로 입성하신 하나님---하나님의 보좌(법궤)가 왕궁으로 입성'까지가 이스라엘 나라의 시작에서 완성까지의 내용이다. 사실 하나님이 창조하신 모든 세상이 하나님 나라이다. 하나님은 천지만물을 자신의 나라로 창조하셨다. 그래서 본서 1장면의 주제가 '자신의 나라를 창조하신 하나님-천지창조'이다. 눈에 보이는 모든 세상이 다 하나님 나라의 영역이다.

　하나님 나라를 이해하는데 필수적인 것이 모세를 통해서 지으신 성막제도이다. 성막은 하나님의 집이다. 그런데 성막의 구조를 보면 지성소와 성소가 휘장으로 분리되어 있다. 그리고 성막 밖에 번제 드리는 곳이 있고 바깥뜰이 있다. 성막 곧 하나님의 집에서 가장 특별한 장소는 하나님의 보좌가 설치된 지성소이다. 성막이 모두 거룩하지만, 그중에서도 가장 거룩한 곳은 하나님의 보좌가 설치되어 있는 지성소이다. 하나님은 지성소에서 자기 백성을 만나셨다. 거룩함의 차이를 열거하면 지성소-성소-번제단-바깥뜰 순이다. 이렇듯 거룩함의 차이는 하나님의 보좌와의 거리이다. 성경을 바르게 이해하기 위해서는 이 그림이 필수적이다. 하나님께서 첫 사람 아담과 하와를 에덴동산에 두셨다. 그 에덴동산은 하나님과 그 백성이 함께 거하는 지성소와 같다. 가나안 땅에 설립된 이스라엘 나라를 이해할 때도 마찬가지다. 예루살렘은 하나님의 지성소이고 나머지 가나안 땅은 하나님의 성소이다. 그리고 이방의 모든 나라는 바깥뜰이다.

하나님의 보좌가 다윗왕궁에 설치되고, 약속하신 영토가 다 정복되었으며, 백성들도 번성하여 이스라엘 나라가 온전히 설립되었다.

평화의 왕을 주신 하나님
솔로몬

열왕기상 1장-5장

하나님께서 가나안 땅에 다윗왕을 통해서 자신의 나라인 이스라엘을 든든히 세우셨다. 주위의 모든 나라가 이스라엘왕 다윗에게 조공을 바쳤다. 이는 하나님께서 자신의 대리 왕으로 다윗을 높여 주셨기 때문이다. 이렇게 되기까지 다윗은 수많은 전쟁을 하였다. 그 많은 전쟁터에서 다윗에 의해 죽은 사람들이 굉장히 많았을 것이다. 자원해서 조공을 바치는 나라도 있었지만 대부분은 전쟁에 패배한 후 다윗왕에게 조공을 바쳤다.

하나님은 이제 자신의 나라를 평화의 나라로 이끄신다. 이전의 사사들이나 다윗왕을 통해서 행하신 전쟁이 이방 나라들의 죄악을 심판하는 여호와의 전쟁이었다. 곧 하나님 나라의 영역 안에 죄악으로 난무한 것을 하나님의 군대가 성결케 하는 전쟁이었다. 하나님께서는 다윗왕을 통해서 어느 정도 정리를 하셨다. 이제 하나님은 솔로몬왕을 세워 자신의 나라를 평화의 나라가 되게 하신다. 솔로몬 외에도 다윗에게는 여러 아들이 있었다. 그중에 압살롬은 다윗의 왕권을 노리는 아들이었다. 다윗왕은 압살롬을 끔찍이 사랑했다. 하지만 사랑하는 아들 압살롬의 반란으로 다윗은 왕궁에서 피신해야 했다. 결국, 하나님은 압살롬의 생명을 취하셨고 다윗왕은 회복되었다. 다윗왕은 죽기 전에 여러 아들들 중에서 왕위를 이을 아들로 솔로몬을 지정하였다. 잠시 다윗의 아들 아도니야가 다윗의 군대 장관 요압과 제사장 아비아달과 공모하여 스스로 왕이 되려고 하였지만 뜻을 이루지 못하였다. 아도니야는 자기 죄로 죽고 제사장 아비아달은 추방되었으며 요압은 처형되었다. 온 이스라엘이 다윗의 아들 솔로몬을 이스라엘의 왕으로 추대하였다. 솔로몬의 이름의 뜻은 평화이다. 하나님은 솔로몬의 이름처럼 솔로몬이 통치하는 이스라엘을 평화의 나라로 이끄셨다. 솔로몬은 이웃 나라들과 한 번도 전쟁을 한 바가 없었다. 아버지 다윗이 이미 주위 나라들과 전쟁을 끝냈기 때문이다. 솔로몬은 어린 나이에 이스라엘의 왕이 되었다. 그래서 다윗왕은 죽기 전에 솔로몬을 격려하기를 "내가 이제 세상 모든 사람이 가는 길로 가게 되었노니 너는 힘써 대장부가 되라."(왕상 2:2)고 하였다. 솔로몬 자신도 하나님 앞에 고백하기를 "나의 하나님 여호와여 주께서 주의 종으로 종의 아버지 다윗을 대신하여 왕이 되게 하셨사오나 종은 작은 아이라 출입할 줄을 알지 못하고"(왕상 3:7)라고 하였다. 그래서 솔로몬은 하나님께서 "네게 무엇을 줄꼬 너는 구하라."고 하실 때에 지혜와 지식을 구하였다. 솔로몬은 하나님이 주신 지혜와 지식으로 하나님의 백성들을 바르게 재판하여 공의로운 나라를 세우기 원했다. 하나님은 솔로몬이 지혜와 지식을 구함에 대해서 귀히 여기면서 이르시기를 "오직 내가 네게 다스리게 한 내 백성을 재판하기 위하여 지혜와 지식을 구하였으니 그러므로 내가 네게 지혜와 지식을 주고 부와 재물과 영광도 주리니 네 전의 왕들도 이런 일이 없었거니와 네 후에도 이런 일이 없으리라."(대하 2:11-12)라고 하셨다. 하나님의 나라가 평화의 나라가 되기 위해서는 공의가 시행되어야 한다. 공의가 시행될 때 악한 자가 득세하지 못하고 억울한 자가 없다. 또한, 공의가 시행되면 거짓이 사라지고 진실이 힘을 얻게 된다. 그러므로 평화의 나라는 반드시 공의가 살아 있어야 한다.

하나님은 먼저 솔로몬을 영화롭게 하셨다. 솔로몬을 지혜롭게 하여서 모든 사람이 그를 존귀하게 여기게 했다. 지혜로운 사람은 아무것도 가진 것이 없어도 모든 사람에게 존경을 받는다. 많은 지식을 가진 사람도 마찬가지다. 솔로몬왕은 지혜와 지식을 가졌으니 왕궁의 신하들은 물론이요 이스라엘 백성들도 솔로몬왕을 존귀한 왕으로 추앙했다. 더 나아가 솔로몬의 지혜와 지식은 멀리 이방 나라들 에게까지 소문이 났다. 그래서 스바의 여왕은 솔로몬의 지혜를 듣기 위해서 많은 재물을 가지고 찾아왔다. 평화의 왕은 그냥 되는 것이 아니라 하나님이 주신 지혜와 지식으로 시작된다. 하나님은 솔로몬에게 부와 재물도 주셨다. 솔로몬이 통치한 왕궁은 다윗의 왕궁과 비교할 때 훨씬 더 화려했다. 왕궁에서 사열한 신하들의 모습도 더 규모 있고 질서가 있었다. 모든 신하는 솔로몬왕을 중심으로 일사분란하게 움직였다. 솔로몬이 통치한 궁궐 안에서 하루에 먹는 음식의 양이 상상을 초월하였다. 솔로몬이 통치할 때 백성들의 숫자는 다윗왕이 통치할 때보다 더 많아졌다. 솔로몬왕이 통치할 때 이스라엘 백성들의 상황을 증거하기를 "솔로몬이 사는 동안에 유다와 이스라엘이 단에서부터 브엘세바에 이르기까지 각기 포도나무 아래와 무화과나무 아래에서 평안히 살았더라."(왕상 4:25)라고 하였다. 다윗이 통치할 때보다 더 부요하고 더 평화로운 나라가 되었다. 그뿐만 아니라 이웃 나라들과의 관계도 평화를 유지하였다. 하나님은 솔로몬을 통해서 자신의 나라가 평화의 나라가 되게 하셨다. 주위의 모든 나라가 솔로몬이 통치하는 이스라엘 나라를 부러워하였다. 그들은 솔로몬왕에게 혹은 이스라엘 사람들에게 질문하였을 것이다. 당신들은 왜? 그렇게 형통하고 평화로울 수 있는가? 라고 말이다. 그러면 이스라엘 백성들은 대답하기를 "우리는 여호와 하나님을 경외하고 그분의 말씀에 순종하므로 그분이 지혜를 주시고 평화로운 나라를 주셨다."라고 하였다. 이것은 하나님이 원하신 결과이다. 하나님은 이스라엘 나라를 세상에서 가장 존귀한 나라로 만들어 주위의 모든 나라 위에 우뚝 세우기를 원하셨다. 그래서 주위의 모든 나라도 이스라엘 백성들처럼 우상을 버리고 여호와 하나님 자신에게로 돌아오기를 원하셨다. 이렇게 되는 것이 이스라엘의 역할이기도 하다. 하나님은 이스라엘을 온 세상 나라의 장자로 부르셨다. 그러므로 이스라엘 나라는 온 세상에서 여호와 하나님을 경외하는 일에 모델이 되어야 했다. 전에 하나님께서 시내산에서 이스라엘과 언약을 맺으실 때에 말씀하시기를 "세계가 다 내게 속하였나니 너희가 내 말을 잘 듣고 내 언약을 지키면 너희는 모든 민족 중에서 내 소유가 되겠고 너희가 내게 대하여 제사장 나라가 되며 거룩한 백성이 되리라."(출 19:5-6)라고 하셨다. 모든 세계가 다 하나님의 세계다. 그중에 특별히 이스라엘 나라와 언약을 맺으셨다. 이스라엘로 하나님의 백성 삼으시고 제사장 나라가 되게 하셨다. 그러므로 이스라엘 나라는 하나님 앞에 사명이 있다. 세계 모든 나라를 여호와를 경외하는 나라로 이끄는 것이 그 사명이다. 하나님은 솔로몬왕이 통치할 때에 자신의 나라를 평화의 나라로 빛나게 했다. 하나님이 약속하시고 설립하신 가나안의 이스라엘 나라가 최고의 영광을 누렸다.

예루살렘에 성전을 세우신 하나님
솔로몬 성전
열왕기상 5장-9장

하나님의 특별한 은혜를 입은 다윗왕은 하나님의 보좌를 설치할 성전을 건축하길 원했다. 그래서 나단 선지자에게 자신의 뜻을 전했다. 하나님은 다윗의 중심을 기쁘게 받으셨다. 그러나 다윗의 손이 아닌 그의 아들 솔로몬의 손으로 성전을 짓기를 원하셨다. 하나님은 다윗에게 말씀하시기를 "너는 피를 심히 많이 흘렸고 크게 전쟁하였느니라. 네가 내 앞에서 땅에 피를 많이 흘렸은즉 내 이름을 위하여 성전을 건축하지 못하리라."(대상 22:8)고 하셨다. 하나님은 다윗의 아들 솔로몬이 자신의 성전을 지을 것이라고 하셨다. 그래서 다윗은 아들 솔로몬이 성전을 건축하기 위한 재료를 많이 준비하였다. 건축할 돌을 다듬고 문짝 못과 철을 무게를 달 수 없을 만큼 준비하였다. 백향목을 무수히 준비하면서 이르기를 "내 아들 솔로몬은 어리고 미숙하고 여호와를 위하여 건축할 성전은 극히 웅장하여 만국의 명성과 영광이 있게 하여야 할지라. 그러므로 내가 이제 그것을 위하여 준비하리라."(대상 22:5)고 하면서 죽기 전에 많이 준비했다. 다윗이 금 십만 달란트와 은 백만 달란트도 준비하였다. 다윗왕이 또 이스라엘의 모든 방백들에게 솔로몬을 도우라고 명령하기를 "너희 하나님 여호와께서 너희와 함께 계시지 아니하시느냐..... 이제 너희는 마음과 뜻을 바쳐서 너희 하나님 여호와를 구하라 그리고 일어나서 하나님의 성전을 건축하고 여호와의 언약궤와 하나님의 성전의 기물을 가져다가 여호와의 이름을 위하여 건축할 성전에 들이게 하라."(대상 22:17-19)고 하였다.

솔로몬은 아버지 다윗이 준비한 재료들로 성전 건축을 시작하였다. 솔로몬은 성전 건축을 위하여 짐꾼 7만 명과 산에서 돌을 떠낼 자 8만 명과 일을 감독할 자 3천 6백 명을 뽑았다. 그리고 두로왕 후람에게 사람을 보내어 백향목을 보내 줄 것을 요청하였다. 솔로몬은 자신이 건축할 여호와의 성전에 대해서 말하기를 "내가 건축하고자 하는 성전은 크니 우리 하나님은 모든 신들 보다 크심이라."(대하 2:5)고 하였다.

솔로몬이 지을 하나님의 성전이 세워질 장소는 예루살렘 모리아산이었다. 모리아의 한 산은 전에 하나님께서 아브라함에게 이삭을 제물로 드리라고 한 그곳이었다.

그곳은 전에 여호와께서 다윗에게 나타나신 곳이기도 하다. 또한 여브스 사람 오르난의 타작마당에 다윗이 정한 곳이었다. 오르난의 타작마당은 다윗의 삶에 잊을 수 없는 장소였다. 다윗이 가장 위급할 때에 오르난의 타작마당에서 하나님을 만났기 때문이었다. 다윗이 사탄에게 미혹되어 하나님의 백성들을 계수하므로 여호와께 큰 죄를 지었다. 그때에 하나님은 다윗을 징벌하여 전염병으로 백성들 7만 명을 죽였다. 또한 예루살렘을 멸하기 위해서 천사를 보냈다. 이때에 다윗이 눈을 들어 여호와의 천사가 천지 사이에 서서 칼을 빼어 예루살렘 하늘을 향하여 펴고 있었다. 다윗왕이 자신의 죄를 자복하였다. 그랬더니 천사가 다윗에게 오르난의 타작마당에서 여호와께 제단을 쌓으라고 하였다. 다윗왕이 오르난에게 타작마당을 요구하자 오르난은 마당과 번제물과 소제물 등을 모두 그냥 주겠다고 하였다. 그런데 다윗이 말하기를 "내가 여호와께 드리려고 네 물건을 빼앗지 아니하겠고 값없이는 번제를 드리지도 아니하리라."(대상 21:24)고 하였다. 다윗은 금 600세겔을 달아 주고 오르난의 타작마당을 샀다. 그리고 거기서 여호와를 위하여 제단을 쌓고 번제와 화목제를 드렸다. 여호와께서 하늘에서 번제단 위에 불을 내려 응답하셨다. 하나님은 다윗의 제사를 받으시고 천사에게 명하시매 천사가 칼을 칼집에 꽂았다. 당시에 여호와의 성막과 번제단이 기브온 산당에 있었다. 하지만 다윗이 오르난의 타작마당을 가리켜 말하기를 "이는 여호와의 성전이요 이는 이스라엘의 번제단이라."(대상 22:1)고 하였다.

솔로몬은 바로 그곳, 여호와께서 아버지 다윗에게 나타나신 그곳, 아버지 다윗이 돈으로 샀던 오르난의 타작마당에 여호와 하나님의 성전을 지었다. 솔로몬이 하나님의 성전을 건축한 기간은 총 7년이었다. 솔로몬은 가장 먼저 하나님의 보좌인 언약궤를 다윗성 곧 시온에서 지성소로 옮겼다. 언약궤를 멘 제사장들이 성소에서 나올 때 구름이 여호와의 성전에 가득하였다. 제사장들이 그 구름으로 말미암아 능히 서서 섬기지 못하였다. 이는 여호와의 영광이 성전에 가득하였기 때문이었다.

솔로몬은 하나님을 향하여 이르기를 "여호와께서 캄캄한 데 계시겠다 말씀하셨사오나 내가 참으로 주를 위하여 계실 성전을 건축하였사오니 주께서 영원히 계실 처소로소이다."(왕상 8:12-13)고 하였다. 솔로몬은 여호와의 제단 앞에서 이스라엘의 온 회중과 마주서서 하늘을 향하여 손을 펴고 기도하였다. 솔로몬은 하나님의 언약을 중심으로 기도드렸다. 전에 하나님께서 아버지 다윗에게 하신 약속이 시행되기를 기도했다. 특별히 성전을 향해 솔로몬이 기도하기를 "하나님이 참으로 땅에 거하시리이까 하늘과 하늘들의 하늘이라도 주를 용납하지 못하겠거든 하물며 내가 건축한 이 성전이오리이까?"라고 하였다. 그리고 이 성전에서 드리는 기도에 응답해 주시기를 간구했다. 기도를 마친 솔로몬은 이제 온 이스라엘 백성을 축복했다. 솔로몬이 백성을 향한 축복은 여호와 하나님이 조상들과 함께 계셨던 것처럼 우리와 함께 계시기를 축복했다. 또한 주의 백성 이스라엘이 여호와의 율법을 잘 준행하여 복을 받기를 축복했다. 마지막으로 솔로몬은 성전 봉헌식을 행하였다. 왕과 함께 온 백성이 봉헌식을 하면서 드린 화목제와 희생 제물의 소가 2만 2천 마리였고, 양이 12만 마리였다. 성전 앞 놋제단이 작아서 번제물과 소제물과 화목제의 기름을 다 용납하지 못하였다. 성전 봉헌식은 14일 동안 진행하였다. 솔로몬이 8일째 되는 날에 백성들을 돌려보내었는데 돌아가면서 백성들은 왕을 축복하였다. 그리고 여호와께서 다윗과 이스라엘 백성들에게 베푸신 모든 은혜로 인하여 기뻐하고 즐거워하였다.

　드디어 예루살렘에 하나님의 성전이 지어졌다. 하나님의 보좌가 예루살렘 도성에 설치되었다. 전에 아브라함에게 약속하신 하나님 나라가 온전히 이루어졌다. 이제 예루살렘에 하나님의 보좌가 설치되었으므로 예루살렘은 하나님의 도성이 되었다.

자신의 나라를 나누신 하나님
남 유다와 북 이스라엘의 분리

열왕기상 11장-12장

하나님께서 자신의 나라를 나누신 것은 그 속에 죄가 들어왔다는 증거이다. 죄가 있는 곳에는 항상 분열이 일어난다. 하나님께서 솔로몬왕을 통해서 세우신 평강의 나라가 끝까지 아름답지 못했다. 하나님께서 실패한 것이 아니라 솔로몬의 말년의 삶이 지혜롭지 못했다. 그렇게 지혜로웠던 솔로몬왕이 무엇 때문에 비참한 종말을 맞이했는지를 살펴보자. 하나님은 전에 모세를 통해서 자기 백성들에게 말씀하시기를 "너는 그들과 혼인하지도 말지니 네 딸을 그들의 아들에게 주지 말 것이요 그들의 딸도 네 며느리로 삼지 말 것은 그가 네 아들을 유혹하여 그가 여호와를 떠나고 다른 신들을 섬기게 하므로 여호와께서 너희에게 진노하사 갑자기 너희를 멸하실 것임이라."(신 7:3-4)고 하셨다. 하나님은 자기 백성들에게 가나안의 족속들을 멸하실 것을 명하시면서 그들과 혼인하지 말라고 당부하셨다. 여호수아가 하나님의 백성들을 이끌고 가나안에 입성하였고, 그는 죽기 전에 이스라엘 백성들에게 간곡하게 권면하기를 "너희가 만일 돌아서서 너희 중에 남아 있는 이 민족들을 가까이 하여 더불어 혼인하며 서로 왕래하면 확실히 알라 너희의 하나님 여호와께서 이 민족들을 너희 목전에서 다시는 쫓아내지 아니하시리니 그들이 너희에게 올무가 되며 덫이 되며 너희의 옆구리에 채찍이 되며 너희 눈에 가시가 되어서 마침내 너희의 하나님 여호와께서 너희에게 주신 이 아름다운 땅에서 멸하리라."(수 23:12-13)고 하였다.

이렇게 선조 때부터 당부한 말씀임에도 솔로몬왕은 하나님의 말씀을 버리고 이방의 많은 여인들과 통혼하였다.

애굽 바로의 딸 외에 모압과 암몬, 시돈과 헷 여인들을 사랑하였다. 솔로몬왕은 후궁이 700명이었고 첩이 300명이었다. 솔로몬이 나이가 많았을 때에 이 여인들이 솔로몬의 마음을 돌려 우상 숭배에 빠지게 했다. 전에 하나님께서 경고하신 말씀대로 되었다. 우상 숭배하는 여인들이 솔로몬의 마음을 미혹하여 여호와를 버리고 다른 우상을 숭배하게 하였다. 솔로몬은 시돈 사람의 여신 아스다롯, 암몬 사람의 가증한 밀곰과 몰록, 모압의 가증한 그모스 등을 섬겼다. 솔로몬은 이 우상들을 위해서 신전까지 지었다. 하나님은 솔로몬에게 두 번이나 나타나셔서 이르시기를 "다른 신을 따르지 말라."고 하셨다. 그런데 솔로몬은 하나님의 말씀을 듣지 않았다. 하나님은 자신의 말을 듣지 않는 솔로몬에게 심판의 말씀을 하셨다. 곧 "네게 이러한 일이 있었고 또 네가 내 언약과 내가 네게 명령한 법도를 지키지 아니하였으니 내가 반드시 이 나라를 네게서 빼앗아 네 신하에게 주리라."고 하셨다. 하나님은 이 일을 행할 시기까지 말씀하셨다. 솔로몬의 아버지 다윗을 생각하여 솔로몬 때에는 행하지 않고 솔로몬의 아들의 때에 행하시겠다고 하셨다. 뿐만 아니라 다윗과 예루살렘을 위해서 한 지파를 솔로몬의 아들에게 주리라고 하셨다.

이때부터 솔로몬에게는 대적자들이 나타나기 시작했다. 그때까지만 해도 평화로웠던 솔로몬의 대외관계는 위기를 맞게 되었다. 에돔 사람 하닷이 솔로몬을 대적하였고, 수리아 왕인 엘리아다의 아들 르손도 솔로몬을 대적하였다. 이들은 외부에서 솔로몬을 대적한 자들이었다. 그런데 내부에서도 솔로몬을 대적한 자가 일어났다. 솔로몬의 신하 느밧의 아들 여로보암이 솔로몬왕을 대적하였다. 여로보암은 솔로몬에게 은혜를 입은 자였다. 솔로몬은 여로보암의 부지런함을 보고 요셉 족속의 일을 감독하는 감독자로 임명하였다. 그런데 하나님은 자신의 선지자 아히야를 여로보암에게 보내어 솔로몬의 나라를 찢어서 여로보암에게 주리라고 하셨다. 아히야 선지자가 자기가 입은 새 옷을 12조각으로 찢고 그 중에 10조각을 여로보암에게 주면서 이르기를 "이스라엘의 하나님 여호와의 말씀이 내가 이 나라를 솔로몬의 손에서 찢어 빼앗아 10지파를 네게 주고 오직 내 종 다윗을 위하여 이스라엘의 모든 지파 중에서 택한 성읍 예루살렘을 위하여 한 지파를 솔로몬에게 주리니."(왕상 11:31-32)라고 하셨다. 이 사실을 알게 된 솔로몬왕이 여로보암을 죽이려고 하자 여로보암은 애굽으로 도망하였다.

솔로몬이 죽고 그의 아들 르호보암이 이스라엘의 왕이 되었다. 온 이스라엘이 르호보암을 왕으로 삼기를 원해서 르호보암이 세겜에 내려갔다. 그러나 또 다른 편에서는 백성의 무리들이 애굽에 있는 여로보암을 불러와서 세력을 이루었다. 그들이 르호보암왕에게 요청하기를 "왕의 아버지가 우리의 멍에를 무겁게 하였으나 이제 왕의 아버지가 우리에게 시킨 고역과 메운 무거운 멍에를 가볍게 하소서 그리하시면 우리가 왕을 섬기겠나이다."(왕상 12:4)라고 하였다. 르호보암왕은 3일 후에 대답을 주겠노라고 돌려보냈다. 르호보암왕은 먼저 아버지 솔로몬의 조력자들과 의논하였다. 그들이 르호보암왕에게 조언하기를 "왕이 만일 오늘 이 백성을 섬기는 자가 되어 그들을 섬기고 좋은 말로 대답하여 이르시면 그들이 영원히 왕의 종이 되리이다."(왕상 12:7)고 하였다. 르호보암왕은 여기서 그치지 않고 자기와 함께 자란 어린 신하들과 의논하였다. 그들은 르호보암왕에게 이르기를 "내 새끼손가락이 내 아버지의 허리보다 굵으니 내 아버지께서 너희에게 무거운 멍에를 메게 하였으나 이제 나는 너희의 멍에를 더욱 무겁게 할지라 내 아버지는 채찍으로 너희를 징계하였으나 나는 전갈 채찍으로 너희를 징계하리라."고 하였다. 3일이 지난 후에 르호보암왕은 아버지의 조력자들의 말을 듣지 않고 자기와 함께 자란 어린 사람들의 말을 전했다. 이렇게 된 것은 여호와 하나님께로 말미암아 난 것이다. 하나님이 아히야 선지자를 통해서 하신 말씀을 응하게 하기 위해서였다. 곧 르호보암에게서 10지파를 빼앗아 여로보암에게 주기 위해서였다. 르호보암의 강한 정책을 들은 백성들은 이르기를 "우리가 다윗과 무슨 관계가 있느냐 이새의 아들에게서 받을 유산이 없도다 이스라엘아 너희 장막으로 돌아가라."고 하였다. 르호보암왕은 위기를 느끼고 백성들의 마음을 돌이키려고 역꾼의 감독 아도람을 보냈다. 그러나 이스라엘 백성들은 그를 돌로 쳐 죽였다. 이 소식을 들은 르호보암왕은 급히 세겜에서 예루살렘으로 도망갔다.

르호보암에게 등을 돌린 이스라엘 10지파가 솔로몬의 종이었던 느밧의 아들 여로보암을 왕으로 추대하여 이스라엘 10지파의 왕으로 삼았다. 솔로몬의 아들 르호보암왕은 졸지에 자기 백성 중에 10지파를 잃었다. 르호보암은 이대로 가만히 있을 수가 없었다. 그래서 유다 지파와 베냐민 지파 중에서 용사 18만 명을 모아 이스라엘 족속과 싸워 나라를 회복하려고 하였다. 하나님은 스마야 선지자를 통해서 전쟁을 막으셨다. 스마야 선지자는 르호보암과 유다와 베냐민 족속에게 이르기를 "여호와의 말씀이 너희는 올라가지 말라 너희 형제 이스라엘 자손과 싸우지 말고 각기 집으로 돌아가라 이 일이 나로 말미암아 난 것이라."고 하였다. 이후로 북 이스라엘 10지파는 솔로몬의 종 느밧의 아들 여로보암이 왕이 되어 통치하였고, 남 유다는 솔로몬의 아들 르호보암이 왕이 되어 통치하였다. 하나님께서 솔로몬의 죄악으로 인해서 이스라엘 나라를 두 개로 쪼개어 북 이스라엘과 남 유다로 나누셨다. 아무리 지혜로운 왕이라 할지라도 죄의 유혹에 빠져서 하나님의 말씀을 버리면 이런 비참한 상황을 초래하게 된다. 그렇게 형통하고 평화로운 나라가 이렇게 될 것이라고 누가 상상이나 했겠는가? 그렇게 강성하고 평화로운 이스라엘 나라가 이렇게 분리된 것을 보고 이웃 나라들도 충격을 받았을 것이다. 그리고 아마 충분히 비웃고 즐거워했을 것이다. 다윗왕이 통치하던 때부터 솔로몬왕 때까지 수 년 동안 이스라엘 나라에 조공을 바쳤던 나라들이었기에 더욱 통쾌히 여겼을 것이다.

자기 백성에게 버림당하신 하나님
우상숭배

열왕기상 12장-열왕기하 17장

　지혜가 가득했던 솔로몬도 그의 말년에 우상숭배를 하였다. 그로 인해 이스라엘 나라가 두 나라로 분열되었다. 하나님 나라의 왕이 우상숭배를 앞장서서 하는 것은 작정하고 여호와 하나님을 버린 것이다. 솔로몬은 하나님이 주신 지혜를 떠나서 이방의 우상을 숭배하므로 하나님을 버렸다. 그 결과 아들 르호보암 때에 이스라엘 나라가 두 동강이 났다. 우상 숭배로 나라가 분열되었는데 이스라엘의 10지파를 받아서 왕이 된 여로보암도 우상을 만들었다. 더욱 심각한 것은 여로보암도 하나님이 솔로몬의 나라 백성 10지파를 자신에게 왜 주셨는지 알고 있었다는데 있다. 전에 아히야 선지자가 여로보암에게 이르기를 "내가 이 나라를 솔로몬의 손에서 찢어 빼앗아 10지파를 네게 주고..... 이는 그들이 나를 버리고 시돈 사람의 여신 아스다롯과 모압의 신 그모스와 암몬 자손의 신 밀곰을 경배하며 그의 아버지 다윗이 행함 같이 아니하며 나 보기에 정직한 일과 내 법도와 내 율례를 행하지 아니함이라."(왕상 11:31-33)고 하였다. 얼마나 충격적인 말인가? 솔로몬이 우상숭배로 인해서 백성들 12지파 중에 10지파를 빼앗겼다. 그리고 그 10지파가 여로보암 자신에게 주어졌다. 왜 자신에게 10지파가 주어졌는지 충분히 알았음에도 여로보암은 왕이 되자마자 금송아지 우상을 만들었다. 알았음에도 했다는 것이 더 이해할 수 없는 부분이다.

더구나 하나님은 여로보암에게 이르시기를 "네가 만일 내가 명령한 모든 일에 순종하고 내 길로 행하며 내 눈에 합당한 일을 하며 내 종 다윗이 행함 같이 내 율례와 명령을 지키면 내가 너와 함께 있어 내가 다윗을 위하여 세운 것 같이 너를 위하여 견고한 집을 세우고 이스라엘을 네게 주리라."(왕상 11:38)고 하셨다. 솔로몬의 종이었던 자신에게 10지파를 주어 왕이 되게 하신 하나님께서 특별히 당부하신 말씀이었다. 하나님의 말씀에 순종하여 율법을 따라서 행하면 다윗의 집을 견고하게 세운 것처럼 해 주시겠다고 약속하셨다. 여로보암은 대체 무슨 생각이었을까? 짐작컨대 사탄에게 미혹되어 어리석은 선택을 한 것일 것이다. 사탄에게 미혹되면 모든 지혜는 흐려지고 결심이 무너지게 된다. 하나님께로부터 10지파를 받아서 북 이스라엘의 왕이 된 여로보암은 금송아지 두 개를 만들었다. 그 이유는 백성들의 마음을 르호보암 왕에게 빼앗기지 않기 위해서였다. 이스라엘의 모든 백성들은 예루살렘에 있는 하나님의 성전에 일 년에 3차례 나아가 제사를 드려야 했다. 그 외에도 제사를 드리기 위해서는 반드시 예루살렘 여호와 하나님의 성전에 나아가야 했다. 이렇게 되면 백성들의 마음이 르호보암왕에게로 돌아가서 자기를 죽이고 다시 르호보암을 섬길 것을 염려했다. 그래서 금송아지 둘을 만들어 하나는 벧엘에 하나는 단에 세웠다. 그리고 레위 지파가 아닌 보통 백성으로 제사장을 삼았다. 여로보암은 원래 하나님의 절기와 비슷하게 8월 15일을 절기로 정하였다. 그래서 예루살렘 하나님의 성전에 올라가지 말고 벧엘에 가까운 사람들은 벧엘에 있는 금송아지 제단으로 가서 분향하고, 단에 가까운 사람들은 단에 있는 금송아지 제단에 가서 분향하도록 하였다. 하나님은 자신의 선지자를 보내서 여로보암의 죄악을 지적하고 책망했지만 여로보암은 돌이키지 않았다. 오히려 자원하면 누구든 상관없이 산당의 제사장으로 삼았다. 하나님은 전에 여로보암에게 보냈던 아히야 선지자를 또 다시 여로보암에게 보내어 이르시기를 "여호와께서 이스라엘을 쳐서 물에서 흔들리는 갈대 같이 되게 하시고 이스라엘을 그의 조상들에게 주신 이 좋은 땅에서 뽑아 그들을 강 너머로 흩으시리니 그들이 아세라 상을 만들어 여호와를 진노하게 하였음이니라. 여호와께서 여로보암의 죄로 말미암아 이스라엘을 버리시리니 이는 그도 범죄하고 이스라엘로 범죄하게 하였음이니라."고 하셨다. 그리고 여로보암의 죄로 인해서 그의 아들을 죽이셨다. 여로보암왕이 죽고 그의 아들 나답이 왕이 되었는데 나답도 아버지가 세운 금송아지를 섬겼다. 여러보암의 아들 나답은 백성 중에 바아사에 의해 살해당했다. 이는 아버지의 죄와 자신의 죄로 인한 형벌이었다. 바아사가 여로보암의 아들 나답을 죽이고 왕이 되었는데 바아사도 여로보암이 만든 금송아지를 섬겼다. 바아사가 죽고 그의 아들 엘라가 왕이 되었는데 엘라도 역시 금송아지를 섬겼다. 북 이스라엘왕 엘라는 군대 지휘관인 시므리에 의해 살해되었고 시므리가 이스라엘의 왕이 되었다. 시므리도 역시 금송아지를 숭배하였다. 시므리가 엘라왕을 죽이고 왕이 되었다는 말을 들은 이스라엘 백성들이 군대장관 오므리를 왕으로 추대하였다. 하지만 이스라엘 백성 한 무리는 디브니를 왕으로 추대하였다. 그래서 두 편이 서로 싸웠다. 이 싸움에서 오므리 편이 승리하므로 오므리가 북 이스라엘의 왕이 되었다. 오므리는 산 위에 성읍을 건축하고 사마리아라고 이름하였다. 오므리왕 역시 느밧의 아들 여로보암의 금송아지 우상을 숭배하였다. 하나님은 오므리의 죄에 대해서 기록하기를 "오므리가 여호와 보시기에 악을 행하되 그 전의 모든 사람보다 더욱 악하게 행하여 느밧의 아들 여로보암의 모든 길로 행하며 그가 이스라엘에게 죄를 범하게 한 그 죄 중에 행하여 그들의 헛된 것들로 이스라엘의 하나님 여호와를 노하시게 하였더라."(왕상 16:25-26)고 하였다. 오므리가 죽은 다음에 그의 아들 아합이 이스라엘의 왕이 되었다. 아합 역시 느밧의 아들 여로보암의 죄를 따랐다. 이것도 모자라서 시돈 사람의 왕 엣바알의 딸 이세벨을 아내로 삼고 바알을 섬겼다. 사마리아에 바알 신전을 세우고 바알을 위하여 제단을 쌓고 또 아세라 상을 만들었다. 아합왕은 이전의 왕들보다 이스라엘의 하나님 여호와를 노하시게 하였다. 하나님은 엘리야 선지자를 통해서 자기 백성 이스라엘을 징벌하였다. 하나님께서는 수년 동안 비를 주지 않으셨다. 이 즈음에 엘리야 선지자와 바알과 아세라 선지자 850명이 갈멜산에서 대결하였다. 과연 어느 신이 참된 신인지를 확증하는 대결이었다. 명명백백한 일이지만, 이스라엘의 하나님 여호와 외에 누가 참 신이겠는가? 이 대결로 하나님은 바알과 아세라 선지자들을 심판하셨다. 하나님은 왕과 백성들이 하나님 자신을 버리고 우상을 숭배하였지만 자신의 선지자를 보내어 우상에게 절하지 아니한 경건한 백성들을 위로하고 격려하셨다. 당시에 바알에게 무릎 꿇지 아니한 7,000명에게 은혜를 베푸셨다. 아합왕이 죽고 그의 아들 아하시야가 이스라엘의 왕이 되었다. 여전히 아하시야도 느밧의 아들 여로보암의 금송아지와 바알을 숭배하였다. 아하시야 왕이 다락 난간에서 떨어져 병들었을 때에 사자를 선지자에게 보내어 하나님께 묻지 않고 에그론의 신 바알세붑에게 병이 낫겠는가를 물었다. 이는 이스라엘왕과 그 백성이 여호와 하나님을 버리고 우상을 숭배하고 따르는 증거이다. 이로인해 하나님은 아하시야를 침상에서 내려오지 못하게 하신 채 죽이셨다. 아하시야에게는 아들이 없으므로 아합의 아들 요람이 대신해서 왕이 되었다. 이 시기에 하나님은 선지자 엘리야를 하늘로 올리셨다. 엘리야의 뒤는 그의 제자인 엘리사가 하나님의 선지자로 활동하기 시작했다. 하나님은 엘리사 선지자를 통해서 고난 받는 자기 백성들을 위로하셨다. 예후가 아합의 아들 요람을 살해하고 이스라엘의 왕이 되었다. 이는 하나님께서 우상 숭배를 일삼았던 오므리왕조를 심판하기 위함이었다. 그래서 예후를 통해서 오므리의 왕가에 심판을 행하셨다. 아합의 아내였던 이세벨과 아합의 아들들과 아하시야의 형제들을 모두 심판하셨다. 이스라엘왕 예후가 죽은 후에 그의 아들 여호아하스가 왕이 되었다. 여호아하스도 느밧의 아들 여로보암의 금송아지를 숭배하였다. 여호아하스가 죽은 후에 그의 아들 요아스가 이스라엘왕이 되어 여전히 느밧의 아들 여로보아의 금송아지를 숭배하였다. 요아스가 죽은 후에 그의 아들 여로보암이 이스라엘의 왕이 되었다. 이스라엘의 초대 왕 여로보암과 동일한 이름이어서 요아스의 아들 여로보암을 여로보암 2세라고 한다. 여로보암 2세 역시 느밧의 아들 여로보암의 금송아지 우상을 숭배하였다. 하나님은 호세아 선지자를 보내어 자기 백성 이스라엘을 돌아오라고 권면하였다. 그런데도 이스라엘 백성들은 하나님의 음성에 귀를 기울이지 않고 우상숭배를 계속하였다. 여로보암 2세가 죽은 후에 그의 아들 스가랴가 이스라엘의 왕이 되었다. 그도 역시 느밧의 아들 여로보암의 금송아지를 숭배하였다. 스가랴가 이스라엘왕으로 6개월쯤 통치할 때에 야베스의 아들 살룸이 이스라엘왕 스가랴를 쳐 죽이고 이스라엘의 왕이 되었다. 살룸이 왕이 된지 한 달 만에 가디의 아들 므나헴이 살룸을 쳐 죽이고 이스라엘의 왕이 되었다. 므나헴이 10년 동안 이스라엘의 왕으로 통치하다 죽었다. 므나헴의 아들 브가히야가 이스라엘의 왕이 되었다. 브가히야도 느밧의 아들 여로보암의 금송아지를 숭배하였다. 브가히야가 왕으로 2년 통치하였을 때에 장관 르말랴의 아들 베가가 배반하여 왕을 죽이고 이스라엘의 왕이 되었다. 베가는 이스라엘을 20년간 통치하였는데 여전히 느밧의 아들 여로보암의 금송아지를 숭배하였다. 엘라의 아들 호세아가 반역하여 이스라엘왕 베가를 쳐죽이고 이스라엘의 왕이 되었다. 호세아왕이 이스라엘의 마지막 왕이 되었다. 하나님은 앗수르왕 살만에셀을 통해서 북 이스라엘을 진멸하였다. 북 이스라엘의 첫 번째 왕인 여로보암이 시작한 금송아지 우상을 마지막 왕 호세아까지 모두 음란하게 숭배하였다. 여기에 바알과 아세라를 더하여 숭배하기도 하였다. 북 이스라엘왕들은 한 명도 여호와 하나님께 돌아온 자가 없다. 모두가 우상을 숭배하므로 자신들의 하나님 여호와를 배반하였다. 하나님은 자기 백성들에게 철저히 버림받았다. 하나님을 버리고 우상을 숭배한 북 이스라엘의 왕조의 역사는 반역에 반역이 끊이지 않았다. 하나님을 버리고 우상을 숭배하므로 하나님은 어떠한 왕조도 지켜주지 않으셨다. 하나님은 자신의 선지자를 여러 번 보냈지만 모두가 거절당하였다. 지금까지 북 이스라엘의 왕조에 대해서 살펴보았다. 북 이스라엘의 상황을 먼저 살펴본 것은 북 이스라엘이 이스라엘의 12지파 중에서 10지파를 차지하고 있었기 때문이다. 12지파 중에서 10지파이면 거의 모든 이스라엘의 백성이 북 이스라엘이다.

 남 유다의 왕조는 다윗왕의 왕조이다. 다윗의 왕조 중에서도 여호와를 버리고 우상을 숭배하는 왕들이 많았다. 남 유다에 대해서는 53장면 '자기 백성을 바벨론에 넘기신 하나님

 남 유다의 멸망' 부분에서 살펴볼 것이다. 남 유다도 북 이스라엘처럼 여호와 하나님을 버렸다.

자기 백성을 앗수르에 넘기신 하나님
북 이스라엘의 멸망

열왕기상 17장

　북 이스라엘의 마지막 왕 엘라의 아들 호세아가 사마리아에서 9년을 통치하였다. 호세아왕은 앗수르의 살만에셀의 종이 되어 얼마 동안 조공을 바쳤다. 앗수르왕에게 위협은 받은 호세아왕은 애굽왕 소에게 은밀히 사자를 보내어 친 애굽 정책을 폈다. 호세아왕은 애굽을 의지하게 되면서 앗수르왕에게 조공을 바치지 않았다. 이를 눈치 챈 앗수르왕은 이스라엘왕 호세아를 감옥에 가두고 군대를 일으켜 사마리아를 비롯한 북 이스라엘을 점령하였다. 앗수르에 의해 북 이스라엘이 멸망하였다. 하나님께서 자신을 버리고 언약을 버린 자기 백성을 앗수르에 넘겨 버린 것이다. 이때가 예수님 오시기 전 722년(BC722년)이었다. 앗수르왕 살만에셀은 북 이스라엘의 사마리아를 점령하고 사람들을 사로잡아 앗수르로 끌고 갔다. 그리고 그들을 고산 강가에 있는 할라와 하볼과 메대 사람의 여러 고을에 흩어져 살게 하였다. 사마리아 땅에는 바벨론과 구다와 아와와 하맛과 스발와임에서 사람을 옮겨다가 이스라엘 자손을 대신하여 살게 하였다. 사실 앗수르왕이 사마리아 성읍으로 옮긴 자들은 대부분 불량배들과 비류들이었다. 이스라엘 땅에 이주 된 앗수르의 비류들은 여호와 하나님을 알지 못하였다. 여호와 하나님이 사자들을 사마리아 성에 보내어 이주한 앗수르 몇 사람을 죽였다. 이로 인해 이주해온 사람들이 앗수르왕에게 서신을 보내 이르기를 "왕께서 사마리아 여러 성읍에 옮겨 거주하게 하신 민족들이 그 땅의 신의 법을 알지 못하므로 그들의 신이 사자들을 그들 가운데에 보내매 그들을 죽였사오니 이는 그들이 그 땅 신의 법을 알지 못함이니이다."(왕하 17:26)라고 하였다. 그래서 앗수르로 사로잡혀 온 제사장 중 한 명을 벧엘로 돌려보내서 여호와 하나님을 섬기는 법을 백성들에게 가르쳤다. 그러나 이미 각 민족들마다 자신들의 신을 만들어 신당을 세우고 섬겼다. 바벨론 사람들은 자신들이 섬길 신 숙곳브놋을 만들었고, 굿 사람들은 네르갈을 만들었고, 하맛 사람들은 아시마를 만들었고, 아와 사람들은 닙하스와 다르닥을 만들었고, 스발와임 사람들은 그 자녀를 불살라 그들의 신 아드람멜렉과 아남멜렉에게 드렸다. 여기에 제사장에게서 여호와 하나님을 경외하는 법까지 배웠다. 그들은 자신들의 신과 하나님을 경외하는 법을 같이 섞어서 혼합종교를 만들었다. 이런 영적인 상황이 예수님 오실 때에 드러난 사마리아의 상황이었다. 그래서 남 유다의 사람들이 사마리아 사람들과 상종하지 않았던 이유이다.

하나님은 북 이스라엘이 어떻게 멸망하였는가를 분명하게 지적하고 말씀하셨다. "그들이 오늘까지 이전 풍속대로 행하여 여호와를 경외하지 아니하며 또 여호와께서 이스라엘이라 이름을 주신 야곱의 자손에게 명령하신 율례와 법도와 율법과 계명을 준행하지 아니하는 도다. 옛적에 여호와께서 야곱의 자손에게 언약을 세우시고 그들에게 명령하여 이르시되 너희는 다른 신을 경외하지 말며 그를 경배하지 말며 그를 섬기지 말며 그에게 제사하지 말고 오직 큰 능력과 편 팔로 너희를 애굽에서 인도하여 내신 여호와만 경외하여 그를 예배하며 그에게 제사를 드릴 것이며 또 여호와가 너희를 위하여 기록한 율례와 법도와 율법과 계명을 지켜 영원히 행하고 다른 신들을 경외하지 말며 또 내가 너희와 세운 언약을 잊지 말며 다른 신들을 경외하지 말고 오직 너희 하나님 여호와만 경외하라 그가 너희를 모든 원수의 손에서 건져 내리라 하였으나 그러나 그들이 듣지 아니하고 오히려 이전 풍속대로 행하였느니라."(왕하 17:34-40)

 북 이스라엘 백성이 앗수르에 의해서 멸망한 것은 하나님을 버리고 우상을 숭배했기 때문이었다. 하나님은 전에 자기 백성들과 맺은 언약에 근거하여 심판을 내리셨다. 북 이스라엘 백성들은 하나님과 맺은 언약을 지키지 아니했으므로 심판을 받았다. 북 이스라엘의 초대 왕 여로보암왕으로부터 시작해서 마지막 왕 호세아에 이르기까지 얼마나 많은 우상숭배를 하였는가? 자신들을 애굽에서 이끌어 내신 여호와 하나님을 버리고 우상을 숭배하였으니 앗수르에 포로로 잡혀가는 것에 변명할 여지가 없다.

 하나님은 전에 모세에게 자기 백성이 가나안에 들어가서 평안해지면 자신을 버리고 우상을 숭배할 것이라고 하셨다. 여호와께서 모세에게 이르시기를 "너는 조상과 함께 누우려니와 이 백성은 그 땅으로 들어가 음란히 그 땅의 이방 신들을 따르며 일어날 것이요 나를 버리고 내가 그들과 맺은 언약을 어길 것이라."(신 31:16)고 하셨다.

하나님은 자기 백성들이 자신을 버리고 하나님과 맺은 언약을 버리고 다른 신들을 따라서 절하고 섬기면 반드시 심판하시겠다고 하셨다. 후에 하나님의 백성들이 여호와를 버리고 그 언약을 파기했을 때, 여호와 하나님의 심판으로 이스라엘의 형편이 비참해진 것을 이방의 모든 사람들이 보게 될 것이었다. 그때에 여러 나라 사람들이 묻기를 여호와께서 어찌하여 이 땅에 이같이 행하셨느냐? 이같이 크고 맹렬하게 노하심은 무슨 뜻이냐? 라고 물을 때에 사람들은 대답하기를 "그 무리가 자기 조상의 하나님 여호와께서 그들의 조상을 애굽에서 인도하여 내실 때에 더불어 세우신 언약을 버리고 가서 자기들이 알지도 못하고 여호와께서 그들에게 주시지도 아니한 다른 신들을 따라가서 그들을 섬기고 절한 까닭이라 이러므로 여호와께서 이 땅을 진노하사 이 책에 기록된 모든 저주대로 재앙을 내리시고 여호와께서 또 진노의 격분과 크게 통한하심으로 그들을 이 땅에서 뽑아 내사 다른 나라에 내던지심이 오늘과 같다 하리라."고 할 것이라고 하였다. 이유는 딱 한 가지다. 여호와를 버리고 우상숭배 하는 것이다. 여호와 하나님을 버림과 우상을 숭배하는 일은 동시에 이루어진다. 우상에게 고개를 돌리는 순간 여호와 하나님을 버리는 것이다. 여호와 하나님도 섬기고 우상도 섬기는 믿음은 있을 수 없다.

지극히 영광스러운 하나님의 백성이 이방 민족의 포로가 되었으니 그 비참함은 가히 말할 수 없었다. 앗수르에 포로로 잡혀간 북 이스라엘 백성들은 앗수르의 한 지역에 모여 살지 못하도록 뿔뿔이 흩어졌다. 이는 앗수르왕 살만에셀의 포로 정책이었다. 포로들이 연합하여 세력을 만들까봐 연합하지 못하도록 사방으로 흩어버린 것이다. 혹자들은 하나님께서 북 이스라엘 백성들을 앗수르로 흩으심을 선교적인 차원에서 이해하기도 한다. 하나님께서 자기 백성을 이방 나라에 보내서 그들에게 이스라엘의 여호와 하나님을 증거하기 위해서 그렇게 행하셨다는 말이다. 어느 부분에서는 공감할 수 있다. 그러나 아직 구원의 복음이 완성되지 않는 상황에서 북 이스라엘 하나님의 백성들이 이방인들에게 무엇을 드러낼 수 있었겠는가? 더구나 우상숭배를 하다가 징벌을 받아서 쫓겨난 처지였다. 과연 하나님께서 자기 백성을 이방 나라에 선교사로 보내면서 그렇게 비참한 모습으로 보내실까? 그들이 약속의 땅, 곧 하나님의 성전이 있고, 율법이 있고, 선지자가 있는 땅에서도 우상을 숭배했는데 이제 성전도 없고, 율법도 없고, 선지자도 없는 이방의 나라에서는 얼마나 더 쉽게 우상을 숭배하겠는가? 하나님은 약속하시고 그 약속에 따라 행하신 하나님이시다. 하나님은 자기 백성들과 약속하신 대로 하나님으로서 하나님 역할을 다 행하셨다. 그러나 하나님의 백성들은 약속하신 말씀을 버렸으므로 이에 합당한 징벌을 받음이다.

자기 백성을 바벨론에 넘기신 하나님
남 유다의 멸망
열왕기하 21장-25장

남 유다의 히스기야왕이 통치하던 6년에 북 이스라엘이 앗수르에 의해 멸망하였다. 남 유다의 왕과 백성들은 자신들의 형제인 북 이스라엘이 앗수르에 의해 멸망한 것을 보면서 큰 충격을 받았을 것이다. 북 이스라엘을 멸망시킨 앗수르가 남 유다도 침범하여 멸망시키려 하였다. 그러나 아직 남 유다는 하나님께서 붙잡고 계셨다. 그럼 남 유다는 하나님 앞에 의로워서 하나님이 붙잡고 계셨는가? 아니다. 남 유다도 북 이스라엘처럼 우상을 숭배하였다. 북 이스라엘만큼은 아닐지라도 말이다. 하나님께서는 결국 남 유다도 바벨론에 포로가 되게 하신다.

이제 솔로몬왕 이후에 탄생한 남 유다의 영적인 상황을 살펴보자. 남 유다가 시작된 것은 전적으로 솔로몬의 죄악 때문이었다. 하나님은 솔로몬의 우상숭배 때문에 12지파로 형성된 이스라엘 나라를 찢어서 10지파는 솔로몬의 종 여로보암에게 주고 두 지파 곧 유다 지파와 베냐민 지파로 남 유다를 형성하게 하셨다. 10지파로 이루어진 나라가 북 이스라엘이고 두 지파로 이루어진 나라가 남 유다이다. 북 이스라엘은 솔로몬의 종이었던 여로보암이 통치를 시작하였고, 남 유다는 솔로몬의 아들 르호보암이 통치를 시작하였다. 솔로몬으로부터 시작된 우상숭배가 남 유다의 전역에 퍼져 있었다. 특히 하나님의 성전이 예루살렘에 있는데, 우상의 신전들도 예루살렘에 있었다. 르호보암이 통치하던 남 유다에 우상숭배가 난무하였다. 그때의 상황을 하나님이 증거하시기를 "유다가 여호와 보시기에 악을 행하되 그의 조상들이 행한 모든 일보다 뛰어나게 하여 그 범한 죄로 여호와를 노엽게 하였으니 이는 그들도 산 위에와 모든 푸른 나무 아래에 산당과 우상과 아세라 상을 세웠음이라. 그 땅에 또 남색하는 자가 있었고 여호와께서 이스라엘 자손 앞에서 쫓아내신 국민의 모든 가증한 일을 무리가 본받아 행하였더라."(왕상 14:22-24)고 하였다. 하나님의 성전이 있는 예루살렘이 우상의 도시가 되어 버렸다. 하나님의 나라의 영적인 상황이 너무도 참담하다. 이 모든 것이 솔로몬 때부터 시작된 것이다. 르호보암왕이 죽고 그의 아들 아비얌이 남 유다의 왕이 되었다. 아비얌왕도 그의 아버지 르호보암이 이미 행한 모든 죄를 따라서 행하였다. 여호와 하나님을 버리고 우상을 숭배하였다. 하나님은 아비얌의 통치를 3년으로 끝나게 하셨다. 아비얌이 죽은 후에 그의 아들 아사가 남 유다의 왕이 되었다. 아사는 그의 아버지 아비얌과는 다르게 하나님 중심으로 행하였다. 다윗처럼 하나님 보시기에 정직하게 행하였다. 아사왕은 남 유다의 땅을 정결케 하였다. 먼저 남색하는 자들을 그 땅에서 쫓아냈다. 또한 그 조상들이 지은 모든 우상을 없앴다. 무엇보다 자기 어머니 마아가가 아세라 상을 만들었다는 이유로 태후의 위를 폐하고 그 우상을 불태워버렸다. 그리고 하나님 앞에 온전한 예물을 드렸다. 하나님은 아사에게 41년 동안 통치하는 은혜를 주셨다. 아사가 통치하는 동안에 북 이스라엘의 왕들은 여럿이 바뀌었다. 아사가 죽은 후에 그의 아들 여호사밧이 남 유다의 왕이 되었다. 여호사밧왕도 마음을 여호와께로 향하고 조상 다윗처럼 행하였다. 모든 일을 여호와 하나님께 구하고 계명을 따라 행하였다. 무엇보다 자신의 나라 안에 있는 우상을 숭배하는 산당들과 아세라 목상을 다 제거하였다. 그리고 여러 율법 교사들로 하여금 유다의 성읍으로 다니면서 여호와의 율법을 가르치게 하였다. 이로 인해 하나님은 여호사밧왕과 함께 하시므로 부귀와 영광을 주셨고 나라도 견고하게 세워주셨다. 그런데 한 가지 여호사밧왕이 북 이스라엘의 악한 왕 아합의 가문과 혼인함으로 인척 관계를 맺었다. 이 관계 때문에 여호사밧은 아합왕을 도왔다. 이 일로 하나님의 선견자 예후가 여호사밧왕을 책망하기를 "왕이 악한 자를 돕고 여호와를 미워하는 자들을 사랑하는 것이 옳으니이까?"(대하 19:2)하였다. 여호사밧왕이 죽은 후에 그의 아들 여호람이 대신하여 남 유다의 왕이 되었다. 여호람왕의 아내는 북 이스라엘의 악한 왕 아합의 딸이었다. 그래서 여호람왕이 아버지 여호사밧의 선한 길로 행하지 아니하고 북 이스라엘의 악한 왕들의 길로 행하여 자신의 형제들과 방백들을 죽였다. 여호람이 유다 여러 산에 우상을 위하여 산당을 지었고 예루살렘 주민으로 우상을 숭배하게 하였다. 하나님은 북 이스라엘에서 활동하고 있는 엘리야를 통해서 여호람왕에게 편지를 보냈다. 그 편지에 이르기를 "왕의 조상 다윗의 하나님 여호와께서 이같이 말씀하시기를 네가 네 아비 여호사밧의 길과 유다왕 아사의 길로 행하지 아니하고 오직 이스라엘의 왕들의 길로 행하여 유다와 예루살렘 주민들이 음행하기를 아합의 집이 음행하듯 하며 또 네 아비 집에서 너보다 착한 아우들을 죽였으니 여호와가 네 백성과 네 자녀들과 네 아내들과 네 모든 재물을 큰 재앙으로 치시리라. 또 너는 창자에 중병이 들고 그 병이 날로 중하여 창자가 빠져나오리라."(대하 21:12-15)고 하였다. 하나님이 엘리야를 통해서 말씀하신 그대로 이루어졌다. 여호람왕이 죽은 후에 그의 막내아들 아하시야가 왕위를 이어 받았다. 아하시야가 어머니 아달랴의 영향으로 북 이스라엘 아합의 길로 행하였다. 아하시야가 북이스라엘왕국 요람과 연합하여 전쟁하는 중에 예후에게 죽임을 당하였다. 아들이 죽었다는 소식을 들은 아하시야의 어머니 아달랴가 유다 왕국의 씨를 모두 진멸하고 스스로 왕이 되었다. 이는 하나님 앞에 악한 일이었다. 처음으로 남 유다에 여자가 왕이 되어 통치하였다. 아달랴가 죽인 자들은 모두 자신의 손자들이었다. 아달랴가 왕의 씨를 진멸할 때에 여호람의 딸이요 아하시야의 누이요 제사장 여호야다의 아내인 여호삿브앗이 아하시야의 1살 된 아들 요아스를 몰래 침실에 숨겨 하나님의 전에서 6년을 길렀다. 제사장 여호야다를 중심으로 악한 아달랴를 죽이고 7살 된 요아스를 남 유다왕으로 세웠다. 요아스왕은 제사장 여호야다와 연합하여 여호와의 전을 수리하면서 하나님이 기뻐하는 길로 행하였다. 문제는 여호야다 제사장이 죽은 후였다. 곁에서 돕던 제사장이 죽은 후에 유다 방백들이 왕에게 우상숭배를 권유하였다. 그래서 조상들의 하나님 여호와의 전을 버리고 아세라 목상과 우상을 숭배하였다. 하나님은 선지자를 왕에게 보내어 여호와께로 돌아오라고 권면했지만 돌아오지 않았다. 하나님은 제사장 여호야다의 아들 스가랴를 감동시켜 왕과 방백들에게 이르기를 "너희가 어찌하여 여호와의 명령을 거역하여 스스로 형통하지 못하게 하느냐 하셨나니 너희가 여호와를 버렸으므로 여호와께서도 너희를 버리셨느니라."(대하 24:20)고 하였다. 이 말을 들은 무리가 선동하고 왕이 명령하여 여호와의 전 뜰 안에서 돌로 쳐 죽였다. 하나님은 아람 군대를 불러와서 유다와 예루살렘을 쳐서 노략하게 하셨다. 요아스왕이 부상을 당하여 침대에 누워 있을 때 신하들이 제사장 여호야다의 아들의 피로 인해 반역하여 요아스를 죽였다. 요아스가 죽은 후에 그의 아들 아마샤가 남유다의 왕이 되었다. 아마샤왕은 하나님 앞에 정직하게 행하긴 하였지만 온전한 마음으로는 하지 않았다. 아마샤왕은 아버지를 죽인 신하들을 죽였지만 그의 자녀들에게는 손을 대지 않았다. 이는 모세의 율법대로 행한 일이었다. 모세의 율법에 자녀 때문에 아버지를 죽이지 말고 아버지 때문에 자녀를 죽이지 말고 사람은 자기 죄로 말미암아 죽을 것이라는 말씀에 순종하였다. 아마샤왕도 후에 여호와를 버렸다. 이로 인해서 하나님은 예루살렘에 아마샤를 반역하는 무리를 일으키셨다. 이 무리로 인해 아마샤는 라기스로 도망하였는데 반역하는 무리들이 거기까지 쫓아가서 죽였다. 아마샤가 죽은 후에 그의 아들 웃시야가 남 유다의 왕이 되었다. 웃시야왕은 처음에는 여호와 보시기에 정직하게 행하였다. 웃시야에 대해서 하나님은 기록하시기를 "하나님의 묵시를 밝히 아는 스가랴가 사는 날에 하나님을 찾았고 그가 여호와를 찾을 동안에는 하나님이 형통하게 하셨더라."(대하 26:5)고 하였다. 하나님은 웃시야왕에게 힘을 주어 나라가 견고하도록 하셨다. 그러자 웃시야왕이 교만하여 오직 제사장만 할 수 있는 일 곧 여호와의 전에 들어가 분향하는 일을 행하였다. 제사장 아사랴가 만류하자 웃시야가 화를 내면서 향로를 잡고 분향하려 하였다. 그 순간 웃시야의 이마에 문둥병이 생겼다. 웃시야는 성전에서 쫓겨났고 평생토록 문둥병에 걸려 별궁에 거하였다. 그리고 그의 아들 요담이 백성들을 다스렸다. 웃시야가 죽은 후에 그의 아들 요담이 남 유다의 왕이 되었다. 요담왕은 여호와 앞에 정직하게 행하였다. 그러나 백성들은 이미 부패해 있었다. 하나님은 요담왕이 바른 길을 걸으므로 그의 나라를 점점 강하게 해 주셨다. 요담이 죽은 후에 그의 아들 아하스가 남 유다의 왕이 되었다. 아하스는 여호와를 버리고 북 이스라엘의 왕들의 길로 행하여 바알의 우상을 만들고 힌놈의 아들 골짜기에서 분향하고 이방 사람들의 가증한 일을 본받아 그의 자녀들을 불사르고 산당과 산 위와 푸른 나무 아래에서 분향하였다. 하나님이 아람의 군대를 불러 올려서 큰 고통을 겪게 하셨다. 아하스왕은 곤고할 때에 더욱 여호와께 범죄하였다. 아하스가 죽은 후에 그의 아들 히스기야가 남 유다의 왕이 되었다. 히스기야왕은 다윗의 길을 따라 여호와 앞에 정직하게 행하였다. 히스기야왕은 맨 먼저 여호와의 전과 제사장들을 성결케 하여 여호와께 올린 제사를 온전히 회복하였다. 히스기야왕은 남 유다 뿐만 아니라 북 이스라엘 지파들 중에 에브라임과 므낫세 지파에게도 서신을 보내어 모두 함께 유월절을 성대히 지켰다. 히스기야왕은 유다와 예루살렘 그리고 에브라임과 므낫세 지파가 사는 곳까지 아세라 목상을 찍으며 산당과 제단들을 제거하였다. 그때 앗수르의 대군이 몰려 왔지만 하나님이 남 유다를 지켜 주셨다. 하나님은 히스기야왕 곁에 이사야 선지자를 두어 하나님의 뜻을 온전히 알게 하셨다. 하나님은 히스기야왕을 모든 나라들의 눈에 존귀하게 높여 주셨다. 히스기야왕이 병이 들었지만 하나님이 그 병도 치료해 주셨다. 그러자 히스기야왕이 자신이 존귀하게 되므로 교만에 빠졌다. 히스기야왕이 병들었을 때에 바벨론 왕 브로닥발라단이 히스기야에게 사신을 보냈다. 히스기야왕은 바벨론 사신들에게 왕궁의 모든 것을 하나도 남김없이 다 보여줬다. 하나님은 후에 이사야 선지자를 통해서 이르시기를 "날이 이르리니 왕궁의 모든 것과 왕의 조상들이 오늘까지 쌓아 두었던 것이 바벨론으로 옮긴 바 되고 하나도 남지 아니할 것이요 또 왕의 몸에서 날 아들 중에서 사로잡혀 바벨론 왕궁의 환관이 되리라."(왕하 20:17-18)고 하였다. 사실 이때만 해도 아직 남 유다가 바벨론에 멸망할 정도로 악을 행한 것은 아니었다. 그러나 하나님은 히스기야 후에 일어날 왕들의 죄악을 이미 알고 계셨다. 하나님의 지식은 단번에 영원한 지식이므로 장차 히스기야의 아들 므낫세가 어떤 죄를 지을 것인지를 이미 알고 계셨다. 히스기야가 죽은 후에 그의 아들 므낫세가 남 유다의 왕이 되었다. 므낫세는 왕이 되자마자 전에 아버지가 헐어버린 우상의 모든 것을 다시 복

원하였다. 북 이스라엘왕 아합의 행위를 본받아서 바알을 위하여 제단을 쌓고 아세라 목상을 만들며 하늘의 일월성신을 경배하며 섬겼다. 므낫세의 악함은 도를 넘었다. 여호와께서 자신의 이름을 두신 예루살렘 여호와의 성전에 우상의 제단을 만들었다. 여호와의 성전 두 마당에 하늘의 일월성신을 위하여 제단을 쌓았다. 게다가 아세라 목상을 성전에다 세웠다. 자기의 아들을 불 가운데로 지나게 하고 점을 치며 신접한 박수를 신뢰하였다. 하나님은 이 모습을 보시고 므낫세가 전에 가나안 땅에 살았던 아모리 사람들보다 더 악한 일을 행하였다고 하셨다. 그리고 말씀하시기를 "내가 이제 예루살렘과 유다 집에 재앙을 내리니 듣는 자마다 두 귀가 울리리라. 내가 사마리아를 잰 줄과 아합의 집을 다림 보던 추를 예루살렘에 베풀고 또 사람이 그릇을 씻어 엎음 같이 예루살렘을 씻어 버릴지라 내가 나의 기업에서 남은 자들을 버려 그들의 원수의 손에 넘긴즉 그들이 모든 원수에게 노략거리와 겁탈거리가 되리니 이는 애굽에서 나온 그 조상 때부터 오늘까지 내가 보기에 악을 행하여 나의 진노를 일으켰음이니라."(왕하 21:12-15)고 하셨다.

하나님은 남 유다를 바벨론에 포로로 보낼 것을 확정하셨다. 후에 하나님은 므낫세왕을 한 번 크게 다루셨다. 앗수르왕의 지휘관들이 므낫세왕을 사로잡아 바벨론으로 끌고 갔다. 그가 환난을 당하여 고통 중에서 여호와께 겸손하게 기도하므로 하나님께서 므낫세왕의 기도를 들으시고 다시 유다왕으로 회복시켜 주셨다. 므낫세는 그제서야 여호와께서 하나님이신 줄 알았다. 므낫세왕이 죽은 후에 그의 아들 아몬이 남 유다의 왕이 되었다. 아몬왕은 여호와 보시기에 악을 행하여 그의 아버지 므낫세가 만든 모든 우상을 숭배하였다. 아몬은 그의 신하가 반역하여 왕의 궁중에서 죽였다. 아몬이 졸지에 죽음으로 그의 아들 요시야가 8세에 남 유다의 왕 위에 올랐다. 요시야왕은 비록 어렸지만 유다와 예루살렘의 모든 우상들을 제거하고 므낫세왕이 세운 모든 제단들을 헐었다. 요시아는 자신이 다스리는 땅을 정결케 하였다. 또한 성전을 수리하고, 수리하는 중에 발견된 율법 책을 온 백성 앞에 낭독하게 하였다. 그리고 여호와 앞에서 언약을 세웠다. 다시 유월절을 지키며 하나님의 기뻐하신 바가 되었다. 요시야왕이 죽은 후에 그의 아들 여호아하스가 남 유다의 왕이 되었다. 여호아하스는 여호와 보시기에 악을 행하였다. 그래서 하나님은 애굽왕을 통해서 여호아하스를 하맛 땅 립나에 가두고 요시야의 다른 아들 엘리야김을 대신하여 왕으로 세우고 이름을 고쳐 여호야김이라고 하였다. 그 후로 여호야하스는 애굽으로 끌려가서 거기서 죽었다. 왕이 된 여호야김은 여호와 보시기에 악을 행하였다. 이때 바벨론의 느부갓네살왕이 올라와서 남 유다를 위협하였다. 여호야김왕은 3년 동안 바벨론을 섬기다가 배반하고 친애굽 정책을 폈다. 이것이 바벨론왕 느부갓네살의 심기를 불편하게 하였다. 느부갓네살왕은 먼저 애굽과 전쟁을 하였다. 바벨론왕 느부갓네살이 갈그미스 전투에서 애굽왕 바로느고를 대파하고 자신을 버리고 애굽과 동맹을 맺은 남 유다까지 점령하였다.(BC 605년) 하나님은 여호야김 때에 바벨론을 불러 올리셨다. 느부갓네살왕은 여호야김왕을 쇠사슬로 결박하여 바벨론으로 끌고 갔다. 느부갓네살왕은 여러 왕족들과 귀족들도 함께 데려갔다. 이때에 함께 바벨론으로 끌려간 자들 중에 다니엘이 포함되었다. 느부갓네살왕은 여호와의 전 기구들을 가져다가 바벨론에 있는 자기 신당에 두었다. 하나님은 바벨론뿐만 아니라 갈대아의 부대와 아람의 부대와 모압의 부대와 암몬의 부대를 불러 올려 남 유다를 멸하기 시작하셨다. 이는 선지자로 하신 말씀대로 므낫세가 지은 모든 죄 때문이며 그가 무죄한 자의 피를 흘려 그 피가 예루살렘에 가득했기 때문이었다.

이후에 여호야김왕의 아들 여호야긴이 남 유다의 왕이 되었다. 여호야긴왕이 아버지를 따라서 여호와 보시기에 악을 행하였다. 여호야긴왕이 즉위하고 나서 바로 바벨론의 느부갓네살의 신복들과 군대가 두 번째로 예루살렘에 올라와서 성을 에워쌌다.(BC 597년) 여호야긴왕은 쉽게 항복하였다. 느부갓네살왕은 남 유다 여호야긴왕의 왕궁 보물과 성전의 보물을 모두 바벨론으로 옮겨갔다. 또 예루살렘의 백성과 지도자, 용사 만 명과 장인, 대장장이를 사로잡아 갔다. 뿐만 아니라 여호야긴왕과 왕의 어머니, 왕의 아내들과 내시들, 나라의 권세 있는 자들도 사로잡아 갔다.

이때에 에스겔 선지자와 모르드개도 함께 잡혀갔다.(겔 1:1-3, 에 2:6, 여호야긴=여고냐) 하나님께서 자기 백성들에게 이렇게 행하신 것은 자기 백성들이 하나님과 맺은 언약을 지키지 않았기 때문이다. 하나님을 버리고 우상숭배를 했기 때문이다. 이는 이미 선지자를 통해 수차례 경고하셨던 내용이다.

바벨론왕이 여호야긴의 숙부인 맛다니야를 대신하여 남 유다의 왕으로 세우고 그 이름을 시드기야라고 하였다. 이런 상황이 되었는데도 시드기야왕이 여호와 보시기에 악을 행하였다. 하나님은 예레미야 선지자를 보내서 시드기야왕을 권면하였는데 듣지 않았다. 시드기야가 왕이 된 지 9년 후에 바벨론왕을 배반하였다. 그래서 바벨론왕 느부갓네살이 군대를 거느리고 예루살렘성을 에워쌌다. 결국 바벨론 군대가 예루살렘을 점령하였다. (BC 586) 여호야긴왕이 아라비아 길로 도망하였는데 바벨론 군대에 붙잡혀 느부갓네살왕 앞에서 심문을 받았다. 시드기야왕이 보는 앞에서 그의 아들들이 죽임을 당하고 시드기야는 두 눈이 뽑히고 놋 사슬에 결박되어 바벨론으로 끌려갔다. 이때 예루살렘 하나님의 성전이 불에 타 무너지고, 성벽도 헐렸다. 바벨론왕은 그달리야를 세워 유다 땅을 관할하게 하였다. 그런데 이스마엘이 부하 열 명을 데리고 가서 그달리야를 쳐 죽인 후에 많은 백성들을 데리고 애굽으로 갔다. 바벨론의 느부갓네살왕이 사령관 느부사라단이 군대를 이끌고 다시 예루살렘에 와서 하나님의 백성 745명을 사로잡아 갔다. (BC 582년) 영광스러운 하나님 나라의 왕들이 세상 나라의 왕에게 비참한 일을 당했다. 하나님은 네 차례에 걸쳐 자기 백성들을 바벨론으로 옮겼다. 이는 모두 하나님을 버리고 우상을 숭배한 죄악 때문이었다. 그동안 하나님은 악을 행한 자기 백성들에게 계속해서 선지자를 보내어 권면하고 또 권면했다. 백성들이 매 번 거절하는 것을 참으시면서 계속 권면하셨다. 결국 하나님은 자신과 그 말씀을 거역한 자들에게 합당한 심판을 행하셨다. 하나님께서 가나안에 세우신 이스라엘 나라는 실패한 나라였다. 하나님이 실패하심이 아니라 이스라엘이 하나님의 말씀에 순종하지 못하고 언약을 파기하므로 스스로 실패하였다. 하나님은 자기 백성 이스라엘과 약속하신 대로 하나님의 역할을 완전하게 하셨다. 그런데 이스라엘 백성들은 하나님의 사랑과 호의를 버리고 우상을 숭배하므로 멸망의 길을 갔다. 그렇다고 하나님이 자기 백성을 영영 버리신 것은 아니다. 단지 고난을 겪을 뿐이다. 그리고 지금까지 솔로몬의 성전에서 함께 교제하고 동행하며 하나님과 함께 누리던 구원의 영광스러움을 잃어버렸다. 이제 이스라엘 백성들이 다시 광야의 길로 들어섰다. 애굽에서 나올 때는 지형적인 광야였지만 이제는 권력과 이방인들로 인한 광야이다. 하나님이 정한 때까지 이 광야는 계속될 것이다.

자신의 집을 헐어 버리신 하나님
솔로몬 성전 무너짐

열왕기하 25:8-17, 예레미야 52:12-33

다윗왕이 준비를 하고 솔로몬왕이 공을 들여 예루살렘에 지은 여호와 하나님의 성전이 불에 타서 허물어졌다. 바벨론왕 느부갓네살 19째 해 5월 7일에 바벨론왕의 어전 사령관 시위대장 느부사라단이 군대를 거느리고 예루살렘에 올라왔다. 그는 여호와의 성전과 왕의 궁전과 예루살렘에 있는 모든 귀인들의 집들까지 다 불태웠다.

여호와 하나님의 보좌를 설치하는 곳, 하나님께서 자기 백성들과 교제하는 거룩한 집이 불에 타서 무너졌다. 이 비참한 상황을 상상해 보라. 성전을 지은 솔로몬이 여호와의 성전이 이렇게 불타리라고 상상이나 했겠는가? 그런데 성전을 불타게 하는 그 씨앗을 솔로몬이 시작하였다. 이스라엘의 분열 곧 북 이스라엘과 남 유다가 분열된 원인이 솔로몬의 우상숭배 때문이다. 남 유다의 우상숭배의 시작은 솔로몬이 하였다. 솔로몬 이후의 모든 왕들은 솔로몬이 시작한 우상숭배의 잔재들로 인해서 우상숭배를 하였다. 솔로몬은 자신이 지은 하나님의 성전이 자신이 시작한 우상숭배로 인해서 불타서 무너질 것이라는 것을 생각지도 못했을 것이다.

느부사라단과 그의 군대는 여기서 그치지 않고 예루살렘 주위의 성벽을 모두 헐었다. 그리고 성 중에 남아 있는 자들과 바벨론왕에게 항복한 자들과 무리 중에 남은 자를 시위대장 느부사라단이 모두 사로잡아 바벨론으로 끌고 갔다. 예루살렘에는 비천한 자들을 남겨 두어 포도원을 관리하는 자와 농부가 되게 했다.

그들은 성전과 관련된 모든 물품을 가져갔다. 성전의 두 기둥과 받침들과 놋 바다를 깨뜨려서 가져갔다. 또 가마들과 부삽들과 부집게들과 숟가락들 외에 섬길 때 사용하는 모든 놋그릇을 가져갔다. 불 옮기는 그릇들과 주발들도 가져갔다. 중요한 것은 하나님의 보좌인 법궤인데 이 부분에 대해서는 하나님께서 침묵하셨다. 그래서 많은 성경학자들이 법궤가 어떻게 되었는가에 관심을 갖는다. 후에 스룹바벨이 성전을 지었을 때에도 법궤 이야기가 나오지 않는다. 이 부분은 다음에 기회가 주어질 때에 다시 논하기로 하겠다.

중요한 것은 하나님이 자신의 성전을 헐어버리셨다는 사실이다. 하나님이 힘이 없어서 바벨론의 느부갓네살의 군대에게 자신의 성전을 내어 주신 것이 아니다. 이는 하나님께서 자기 백성들이 악을 행하며 드린 제사를 싫어하신다는 것을 나타낸 것이다. 하나님은 이사야 선지자를 통해서 의미 있는 말씀을 하셨다. "너희 소돔의 관원들아 여호와의 말씀을 들을지어다. 너희 고모라의 백성아 우리 하나님의 법에 귀를 기울일지어다. 여호와께서 말씀하시되 너희 무수한 제물이 내게 무엇이 유익하뇨 나는 숫양의 번제와 살진 짐승의 기름에 배불렀고 나는 수송아지나 어린 양이나 숫염소의 피를 기뻐하지 아니하노라. 너희가 내 앞에 보이러 오니 이것을 누가 너희에게 요구하였느냐 내 마당만 밟을 뿐이라 헛된 제물을 다시 가져오지 말라 분향은 내가 가증히 여기는 바요 월삭과 안식일과 대회로 모이는 것도 그러하니 성회와 아울러 악을 행하는 것을 내가 견디지 못하겠노라. 내 마음이 너희의 월삭과 정한 절기를 싫어하나니 그것이 내게 무거운 짐이라. 내가 지기에 곤비하였느니라. 너희가 손을 펼 때에 내가 내 눈을 너희에게서 가리고 너희가 많이 기도할지라도 내가 듣지 아니하리니 이는 너희의 손에 피가 가득함이라."(사 1:10-15) 하나님은 거룩한 삶이 없는 제사를 싫어하셨다. 하나님은 성전에 자신의 보좌를 설치하고 자기 백성과 동행하셨다. 하나님과 동행한 이스라엘 백성들은 하나님을 반영하는 삶을 살아야 했다. 곧 하나님이 주신 율법의 말씀에 따라 선행과 정의를 구하며, 학대 받는 자를 돕고, 고아와 과부를 위하여 신원하며, 이웃을 사랑하는 삶을 살아야 했다. 그런데 이방인들을 본받아 우상을 숭배할 뿐만 아니라 약한 자를 억압하고 학대하였으며, 오직 자신들의 욕심을 채우는 삶을 살았다. 하나님이 보시기에 하나님의 나라나 이방의 나라나 모두 같은 나라가 되었다. 그래서 하나님은 자신의 집을 이방인들에게 내어 주어 불태우고 무너지도록 허락하셨다. 그리고 자신의 집에 있는 모든 물품들도 다 이방인들에게 내어 주었다. 아무것도 남기지 않고 모조리 내어 주었다. 하나님께서 작심하신 일이었다. 하나님은 솔로몬이 성전을 지었을 때에 매우 기뻐하셨다. 그럼에도 자기 백성들의 불신앙 때문에 자신의 집을 외면하신 것이다. 이것이 하나님이 자기 백성을 버린 것을 의미하는 것은 아니다. 하나님은 어떤 경우에도 자기 백성을 버리지 않으신다. 이제 솔로몬 성전을 통해서 함께 하신 교제의 방식을 바꾸신 것이다. 이는 마치 아담과 하와가 에덴동산에서 하나님과 함께 교제하다가 그들이 범죄하므로 에덴동산 밖으로 쫓겨나 에덴동산 밖에서 하나님과 교제하는 것과 같다. 지금까지는 예루살렘에 지어진 솔로몬의 성전에서 안정되고 평화로운 동행과 교제를 하셨다. 그런데 이제 평화롭고 안정된 동행과 교제는 사라졌다. 포로가 되었으니 고통의 길이 시작되었다. 하나님이 포로 된 자기 백성과 함께 하시지만 제사를 드릴 길이 없다. 하나님께 자신들의 죄를 속할 속죄제를 드릴 곳이 없다. 하나님과 화목하는 화목제를 드릴 기회조차 없다. 감사의 소제를 드리고 싶은데 드릴 방법이 없다. 하나님의 성전이 불에 타서 무너져 버렸으니 제사를 드릴 제단이 없다. 대제사장은 일 년에 한 번 대 속죄일에 온 백성을 대표해서 하나님의 보좌 앞에 나아가 하나님을 뵈었는데 이제 그것도 할 수 없다. 하나님께서 시내산에서 언약을 맺으시고 모세를 통해서 성막을 짓게 하시므로 친히 성막에 임재 하셨다. 그리고 지금까지 지성소에 자신의 보좌를 설치하시고 자기 백성과 동행하셨다. 성막일 때는 성막의 지성소에서 자기 백성과 동행하셨고, 솔로몬 성전이 지어졌을 때에는 성전의 지성소에서 자기 백성과 교제하며 동행하셨다. 그런데 하나님께서 자신의 집을 헐어 버리셨다. 바벨론의 느부사라단의 손을 빌렸을 뿐이다. 이는 하나님께서 자기 백성들에게 행하신 징벌이다. 하나님께서 자기 백성에게 행하신 큰 징벌 중의 하나는 하나님 자신을 감추시는 것이다. 성전을 헐어 버린다는 것은 곧 하나님 자신을 감추셨다는 의미이다. 가끔 하나님께서 침묵하실 때가 있다. 자기 백성이 아무리 찾고 불러도 대답해주지 않으실 때가 있다. 사울왕 때에 그랬다. 하나님께 버림받은 사울왕이 위급한 상황을 만났다. 블레셋 군대가 진격해 와서 진을 쳤는데 마음에 두려움으로 가득하였다. 그래서 사울왕은 하나님께 물었다. 그런데 하나님은 꿈으로도, 우림으로도, 선지자로도 대답해 주지 않으셨다. 악한 사울왕에게 하나님 자신을 드러내지 않고 철저히 감추셨다. 이것이 심판 중의 심판이다. 모든 이스라엘 백성들은 성전에 하나님의 보좌가 있음을 알고 있었다. 그런데 그 성전이 불에 타고 무너져 버렸다. 하나님의 집이 없어져 버렸다. 이는 하나님의 백성들에게 가장 큰 심판이었다. 후에 바벨론 포로들이 귀환해서 가장 먼저 행한 일을 보라. 바로 성전을 짓는 일이었다. 성전은 이스라엘 하나님의 백성들에게 생명과 같은 보물이었기 때문이다.

바벨론에서 자기 백성과 함께 하신 하나님
바벨론 포로 생활

다니엘, 에스겔

하나님께서 자신의 성전을 헐어 버렸다고 해서 자기 백성을 버린 것이 아니다. 한 번 하나님의 백성은 영원한 하나님의 백성이다. 솔로몬 성전에서 자기 백성과 동행하시던 하나님은 바벨론 포로생활을 하는 자기 백성과도 함께 동행하실 것이다. 비록 성전은 무너졌지만 하나님 자신이 친히 포로 중에 있는 자기 백성의 성전이 되어 주실 것이다. 하나님은 에스겔 선지자를 통해서 말씀하시기를 "주 여호와의 말씀이 내가 비록 그들을 멀리 이방 가운데로 쫓아내어 여러 나라에 흩었으나 그들이 도달한 나라에서 내가 잠깐 그들에게 성소가 되리라."(겔 11:16)고 하셨다. 여기 성소가 되리라고 하신 것은 하나님이 자기 백성과 함께 하시겠다는 말이다. 하나님께서 바벨론 포로에서 자기 백성과 함께 하신 대표적인 내용을 다니엘서에 기록하고 있다. 하나님은 바벨론에 자기 백성만 보낸 것이 아니다. 하나님도 함께 가셨고,

자기 백성들의 모든 삶에 관여하셨다. 먼저 바벨론의 왕궁에 있는 자기 백성들의 삶에 은혜를 베푸셨다. 하나님은 다니엘과 그의 세 친구 하나냐와 미사엘과 아사랴(사드락과 메삭과 아벳느고)와 함께 하셨다. 다니엘과 그 친구들이 하나님을 의뢰하고 뜻을 정하여 왕의 음식과 그가 마시는 포도주로 자신들을 더럽히지 않으리라고 결심하였다. 하나님은 이들을 관리하는 환관장에게 은혜를 입게 하여, 다니엘과 친구들은 왕이 주는 음식 (그 음식은 우상의 제물로 사용 된 음식이었다.)을 거절하고 채소와 물만 마셨다. 하나님은 다니엘과 세 친구들의 건강을 붙들어 주셔서 왕의 음식을 먹은 소년들보다 얼굴이 아름답고 윤택하게 하였다. 그리고 하나님은 네 소년에게 학문과 지혜를 주셔서 그 지혜와 총명이 온 나라의 박수와 술객들보다 10배나 나았다. 하나님은 그 중에서도 특별히 다니엘에게는 모든 환상과 꿈을 깨달아 아는 지혜를 주셨다. 이는 지극히 일부분의 사건이다. 하나님은 여기 왕궁뿐만 아니라 왕궁 밖에서도 자신을 의뢰하는 자기 백성들의 모든 크고 작은 삶에 지혜와 은혜를 베풀어 주셨을 것이다. 다니엘과 그의 세 친구들만의 하나님이 아니시다. 하나님은 바벨론에 잡혀가 포로가 된 모든 아브라함의 후손의 하나님이 되시기 때문이다. 특별히 하나님은 자기 백성들이 죽음의 위기에 처할 때에 자기 백성을 지키셨다. 바벨론의 왕 느부갓네살이 꿈을 꾸고 그 꿈을 해석하지 못하여 박수와 술객과 점쟁이와 갈대아 술사들을 죽이려고 하였다. 아무도 왕이 꾼 꿈을 해석하지 못하였다. 이로 인해 느부갓네살왕은 바벨론에 있는 모든 지혜자들을 죽이라고 명령하였다. 그중에는 다니엘과 하나냐와 미사엘과 아사랴도 포함되었다. 그래서 이 네 사람은 이 일로 자신들의 하나님께 간구하였다. 하나님은 이들의 기도를 들으시고 느부갓네살의 꿈에 대한 은밀한 일을 다니엘에게 환상으로 보여 주셨다. 다니엘은 자신에게 은밀하게 환상으로 보여 주신 하나님을 찬양하였다. 그리고 느부갓네살왕의 꿈을 해석해 주므로 자신과 하나냐와 미사엘과 아사랴 뿐만 아니라 바벨론의 다른 지혜자들도 죽음에 이르지 않게 하였다. 이 일로 천하의 느부갓네살왕이 다니엘에게 엎드려 절하고 예물과 향품을 선물로 주었다. 무엇보다 다니엘이 섬기는 하나님의 크심에 대해서 느부갓네살이 이르기를 "너희 하나님은 참으로 모든 신들의 신이시오 모든 왕의 주재시로다. 네가 능히 이 은밀한 것을 나타내었으니 네 하나님은 또 은밀한 것을 나타내시는 이시로다."(단 2:47)고 했다. 하나님은 다니엘을 바벨론의 모든 지혜자들의 으뜸으로 세우셨다. 다니엘은 왕에게 하나냐와 미사엘과 아사랴를 추천하여 지방을 다스리게 하였다. 하나님의 백성들이 다른 신을 섬기는 이방 나라에서 살 때, 여호와 하나님의 계명을 지키는 것은 때로는 생명을 내놓은 일이다. 느부갓네살왕은 자신의 큰 금신상을 세우고 바벨론에 있는 모든 민족들이 그 신상에 절하도록 하였다. 특별히 느부갓네살왕이 은혜를 베풀어 임명한 관리들은 더욱 왕의 신상에 절하며 충성을 다짐해야 했다. 만약에 왕의 금신상에 절하지 않으면 맹렬히 타는 풀무 불에 던져 넣으리라고 하였다. 이는 왕의 명령이므로 변개할 수 없었다. 그러나 이것은 하나님의 계명을 어기는 일이었다.

그런데 왕의 금신상의 낙성식 때에 다니엘의 세 친구들이 왕의 금신상에 절하지 않았다. 그들이 절하지 않은 것은 금신상에 절하는 것이 하나님 여호와께서 싫어하시는 일이기 때문이다. 갈대아 사람들이 왕에게 찾아가서 왕의 금신상에 절하지 않는 하나냐와 미사엘과 아사랴에 대해서 고소하기를 "이제 유다 몇 사람 사드락과 메삭과 아벳느고(하나냐, 미사엘, 아사랴의 바벨론식 이름이다.)는 왕이 세워 바벨론 지방을 다스리게 하신 자이거늘 왕이여 이 사람들이 왕을 높이지 아니하며 왕의 신들을 섬기지 아니하며 왕이 세우신 금신상에게 절하지 아니 하니이다."고 하였다. 느부갓네살 왕은 절하지 않은 그들을 풀무 불에 던져 넣었다. 그때 아주 놀라운 일이 벌어졌다. 하나님께서 자신을 의뢰하고 계명을 지킨 사드락과 메삭과 아벳느고와 함께 불 가운데 들어가셔서 불에 타지 않도록 지켜 주셨다. 하나님은 그들 가운데에 신의 아들의 형상으로 나타나셔서 보호해 주셨다. 이를 지켜 본 느부갓네살왕과 신복들이 하나님 여호와를 찬양하였다. 느부갓네살왕은 이르기를 "사드락과 메삭과 아벳느고의 하나님을 찬양할지로다. 그가 그의 천사를 보내사 자기를 의뢰하고 그들의 몸을 바쳐 왕의 명령을 거역하고 그 하나님 밖에는 다른 신을 섬기지 아니하며 그에게 절하지 아니한 종들을 구원하셨도다."(단 3:28)고 하였다. 느부갓네살왕은 조서를 내리기를 "각 백성과 각 나라와 각 언어를 말하는 자가 모두 사드락과 메삭과 아벳느고의 하나님께 경솔히 말하거든 그 몸을 쪼개고 그 집을 거름터로 삼을지니 이는 이같이 사람을 구원할 다른 신이 없음이니라."(단 3:29)고 하였다. 이 사건은 바벨론 포로로 잡혀간 하나님의 백성들에게 의미하는 바가 크다. 아무리 바벨론의 왕들과 그 세력이 불과 같고 엄하더라도 여전히 자기 백성들과 함께 하시며 지키시는 하나님을 드러내신 것이기 때문이다. 왕의 조서가 바벨론에 있는 모든 하나님의 백성들과 이방 백성들에게까지 전달되었다. 바벨론에 있는 하나님의 백성들에게 얼마나 큰 위로와 격려가 되었겠는가를 상상해 보라. 이 조서와 소식을 들은 하나님의 백성들은 분명 큰 힘을 얻었을 것이다. 바벨론에 포로 되어 있는 하나님의 백성들은 일반적인 삶 속에서 자신들의 믿음을 표현할 길이 없었다. 전에 예루살렘에 있을 때에는 하나님의 성전을 중심으로 자신들의 믿음을 표현하였다. 이제 성전이 무너지고 이방 땅으로 끌려온 상황에서는 다른 길이 없었다. 그들은 할 수 있는 것이라고는 예루살렘 하나님의 성전이 있었던 방향을 향하여 기도하는 일이었다. 다니엘도 하루에 세 번 예루살렘 쪽을 향하여 기도하였다. 메대 파사의 다리와왕 때에 다니엘을 시기한 자들이 다니엘을 죽이려고 법령을 정했다. 그들은 "이제부터 삼십일 동안에 누구든지 왕 외의 어떤 신에게나 사람에게 무엇을 구하면 사자 굴에 던져 넣기로 한다."고 하는 법을 만들어 왕의 도장을 찍어 변개하지 못하는 금령을 만들었다. 왕은 이 법이 다니엘을 해치는 것인 줄도 모르고 도장을 찍었다. 다니엘은 왕의 금령에 도장이 찍힌 줄을 알면서도 여전히 창문을 열고 예루살렘 쪽을 향하여 기도하였다. 결국 다니엘은 사자 굴에 던져지는 운명에 처했다. 하나님은 사자의 입을 막아 다니엘을 해치지 못하게 하였다. 대신 다니엘을 참소한 자들을 사자 굴에 던져 넣어 사자들의 밥이 되게 하였다. 하나님은 자기 백성을 참소하고 해치려고 하는 자들과 사나운 사자의 입에서도 자기 백성을 지키시고 보호하신다. 하나님은 자기 백성들의 성전이 되시어 온갖 환난 곧 불 가운에서나, 맹수, 악한 자들에게서 지켜 주시고 보호해 주신다. 이는 하나님이 포로 중에 있는 자기 백성과 함께 하신다는 확증이다.

포로 중에 있는 자기 백성에게 소망을 주신 하나님

회복 약속

다니엘, 에스겔

하나님은 자기 백성을 그냥 내버려두는 분이 아니시다. 자기 백성을 바벨론에 포로로 보내면서 때가 되면 다시 회복하여 본국으로 귀환시키겠다고 약속하셨다. 이 약속은 특별히 예레미야 선지자를 통해서 하셨다. 하나님이 예레미야 선지자를 통해서 자기 백성에게 말씀하시기를 "이 모든 땅이 폐허가 되어 놀랄 일이 될 것이며 이 민족들은 70년 동안 바벨론의 왕을 섬기리라. 여호와의 말씀이니라. 70년이 끝나면 내가 바벨론의 왕과 그의 나라와 갈대아 인의 땅을 그 죄악으로 말미암아 벌하여 영원히 폐허가 되게 하되"(렘 25:11-12)라고 하셨다.

하나님은 예레미야 선지자를 통해서 포로 된 백성에게 편지를 보냈다. 이때는 막 바벨론에 도착한 하나님의 백성들에게 보낸 내용이었다. 하나님은 예레미야 선지자를 통해서 기록한 말씀을 사반의 아들 엘라사와 힐기야의 아들 그마랴의 편으로 보냈다. 그 내용을 살펴보면 "만군의 여호와 이스라엘의 하나님께서 예루살렘에서 바벨론으로 사로잡혀 가게 한 모든 포로에게 이와 같이 말씀하시니라. 너희는 집을 짓고 거기에 살며 텃밭을 만들고 그 열매를 먹으라…… 여호와께서 이와 같이 말씀하시니라. 바벨론에서 70년이 차면 내가 너희를 돌보고 나의 선한 말을 너희에게 성취하여 너희를 이곳으로 돌아오게 하리라."(렘 29:4-10) 하나님께서 자기 백성을 바벨론에 70년을 두신 이유는 약속의 땅 가나안에 안식을 주기 위함이었다. 하나님은 일찍이 모세를 통해서 바벨론 포로에 대해서 언급하셨다. 하나님의 영원하신 지식이 단번에 자기 백성들이 장차 바벨론의 포로가 될 것을 미리 하셨다. 그래서 하나님은 말씀하시기를 "그들이 나를 거스른 잘못으로 자기의 죄악과 그들의 조상의 죄악을 자복하고 또 그들이 내게 대항하므로 나도 그들에게 대항하여 내가 그들을 원수의 땅으로 끌러 갔음을 깨닫고 그 할례 받지 아니한 그들의 마음이 낮아져서 내가 죄악의 형벌을 기쁘게 받으면…. 내가 내 언약을 기억하리라. 그들이 내 법도를 싫어하며 내 규례를 멸시하였으므로 그 땅을 떠나서 사람이 없을 때에 그 땅은 황폐하여 안식을 누릴 것이요."(레 26:40-43)라고 하였다. 이 말씀과 관련하여 하나님은 바벨론 70년에 대해서 기록하시기를 "이에 토지가 황폐하여 땅이 안식년을 누림 같이 안식하여 70년을 지냈으니 여호와께서 예레미야의 입으로 하신 말씀이 이루어졌더라."(대하 36:21)고 하셨다. 비록 바벨론 포로생활을 하고 있지만, 하나님의 백성들은 꿈이 있었다. 70년이 지나면 하나님께서 자신들을 예루살렘으로 귀환시켜 주실 것을 굳게 믿고 있었다. 하지만 70년이란 시간이 짧은 것은 아니다. 그래서 하나님은 처음에 자기 백성들에게 집을 짓고 텃밭을 만들고 차분하게 거하라고 하셨다. 특히 아내를 맞이하여 자녀를 낳아 번성하여 숫자적으로 줄어들지 말라고 하셨다. 또한 거하는 성읍을 위하여 기도하여 성읍이 평안하면 포로로 잡혀간 하나님의 백성도 평안할 것이라고 하셨다. 이렇게 70년이 지나면 바벨론의 삶이 끝나고 약속의 땅 예루살렘으로 갈 수 있었다. 하나님의 백성들은 하나님의 약속이었으니 굳게 믿고 견디며 기다렸다. 하나님은 그냥 가만히 기다리기만 하는 것이 아니라 이 일이 이루어지도록 기도하라고 하셨다. 마치 애굽에 있는 하나님의 백성들이 하나님께 기도하므로 하나님께서 아브라함과 맺은 언약을 기억하사 출애굽의 일을 시작하심과 같다. 하나님이 출애굽을 계획하시고 약속하셨지만 자기 백성이 간구하게 하시고 그 응답으로 일하심처럼 기록하신다. 그래서 기록하기를 "여러 해 후에 애굽왕은 죽었고 이스라엘 자손은 고된 노동으로 말미암아 탄식하며 부르짖으니 그 고된 노동으로 말미암아 부르짖는 소리가 하나님께 상달된지라. 하나님이 그들의 고통소리를 들으시고 하나님이 아브라함과 이삭과 야곱에게 세운 그의 언약을 기억하사 하나님이 이스라엘 자손을 돌보셨고 하나님이 그들을 기억하셨더라."(출 2:23-25) 하였다.

 동일하게 하나님께서 바벨론 포로의 기간을 70년이라고 정하셨을지라도 그 백성들이 예루살렘으로 귀환시켜 달라고 기도해야 할 것이라고 하셨다. 다니엘 선지자는 뒤 늦게 하나님께서 바벨론 포로의 기간을 70년으로 정했다는 것을 알았다. 그래서 다니엘 선지자는 온 백성을 대표해서 하나님께 회개의 기도와 회복의 기도를 올렸다. 다니엘은 기도하기를 "우리 하나님이여 지금 주의 종의 기도와 간구를 들으시고 주를 위하여 주의 얼굴 빛을 주의 황폐한 성소에 비추시옵소서! 나의 하나님이여 귀를 기울여 들으시며 눈을 떠서 우리의 황폐한 상황과 주의 이름으로 일컫는 성을 보옵소서! 우리가 주의 앞에 간구하옵는 것은 우리의 공의를 의지하여 하는 것이 아니요 주의 큰 긍휼을 의지하여 함이니이다."(단 9:17-18) 하나님은 다니엘의 기도에 가브리엘 천사를 보내서 응답을 주셨다. 하나님은 자신의 백성과 거룩한 성을 위해서 정한 기한이 되면 모든 것을 회복하실 것이라고 하셨다. 하나님의 백성들은 70년이 가까워질수록 예루살렘으로 돌아갈 꿈에 부풀었다. 바벨론에 머문 70년 동안에 국가적으로, 정치적인 많은 일들이 있었다. 국가의 이름도 바뀌고 왕들도 바뀌었다. 이런 역사의 변동 속에서도 변치 않는 한 가지 소망은 예루살렘으로 돌아가는 일이었다. 하나님은 다니엘 선지자를 통해서 하늘과 땅을 통치하신 분이 이스라엘의 하나님 여호와이심을 드러내셨다. 하나님은 왕들을 세우기도 하시고 폐하기도 하시는 분임을 말씀하셨다. 그러므로 바벨론에 있는 하나님의 백성들은 하늘과 땅의 하나님, 이스라엘의 하나님이 아브라함의 후손들인 자신들을 반드시 예루살렘으로 귀환시켜 주실 것을 믿었다.

하나님의 백성들은 바벨론에서 늘 예루살렘을 기억하였다. 이에 대해 시를 지어 노래를 불렀다. 시편 137편이 바로 예루살렘을 기억하면서 부른 노래이다. "우리가 바벨론 여러 강변 거기에 앉아서 시온을 기억하며 울었도다. 그 중의 버드나무에 우리가 우리의 수금을 걸었나니 이는 우리를 사로잡은 자가 거기서 우리에게 노래를 청하며 우리를 황폐하게 한 자가 기쁨을 청하고 자기들을 위하여 시온의 노래 중 하나를 노래하라 함이로다. 우리가 이방 땅에서 어찌 여호와의 노래를 부를까 예루살렘아 내가 너를 잊을진대 내 오른손이 그의 재주를 잊을지로다. 내가 예루살렘을 기억하지 아니하거나 내가 가장 즐거워하는 것보다 더 즐거워하지 아니할진대 내 혀가 내 입 천장에 붙을 지로다." 예루살렘으로 다시 돌아갈 날, 그들의 유일한 소망이었다. 하나님의 백성들의 예루살렘의 귀환은 자신들의 힘으로는 도저히 할 수 없는 일이었다. 이는 전적으로 하나님께서 하실 일이다.

자기 백성을 포로에서 돌아오게 하신 하나님

예루살렘 귀환

역대하 36:22-23

하나님은 전에 예레미야 선지자를 통해서 말씀하신 대로 70년이 지나면 자기 백성을 예루살렘으로 귀환시키겠다는 약속을 이행하셨다. 하나님은 그때에 바사를 통치하고 있는 고레스왕의 마음을 감동시켜서 이 일을 이루셨다. 당시에 바사왕 고레스 원년(BC 537년)에 온 나라에 공포도 하고 조서도 내려 이르되 "하늘의 신 여호와께서 세상 만국을 내게 주셨고 나에게 명령하여 유다 예루살렘 성전을 건축하라 하셨나니 너희 중에 그의 백성 된 자는 다 올라갈지어다. 너희 하나님 여호와께서 함께 하시기를 원하노라."(대하 36:23)고 하였다.

고레스의 명령을 받고 하나님의 백성을 인도하는 자들은 스룹바벨과 예수아였다. 바벨론에서 함께 나온 하나님의 백성들의 수가 42,360명이었다. 여기에 포함되지 않는 자들도 있었다. 그들은 남종과 여종들이었는데 7,337명이었고, 노래하는 남녀가 200명이었다. 모두 합하면 49,897명이 귀환했다. 당시에 귀환할 때 하나님의 백성들만 나온 것이 아니라 가축들 곧 말과 노새와 낙타와 나귀들도 함께 나왔다. 이렇게 돌아온 하나님의 백성들이 제1차 귀환이다. 돌아온 하나님의 백성들은 전에 살던 집으로 각자 돌아갔다. 그리고 일곱째 달에 일제히 예루살렘에 모여서 이스라엘 하나님께 제단을 쌓고 모세의 율법에 기록한 대로 번제를 드렸다. 아직 나라가 재건되지 않았고 주위의 나라들이 건재하고 있어서 두려움이 남아 있었다. 그런 상황에서 초막절을 지켰다. 어느 덧 2년의 세월이 흘렀다. 다시 돌아온 하나님의 백성들은 하나님께서 명령하신 성전을 짓기 시작하였다. 성전 건축에 대한 이야기는 다음 장면에서 살펴보겠다. 여기서는 귀환에 대한 내용을 중심으로 다루고자 한다.

하나님은 두 번째로 자기 백성을 예루살렘으로 귀환시켰다. 바사 왕 아닥사스다왕 제 7년(BC 458년)에 2차 귀환이 에스라를 중심으로 돌아왔다. 에스라는 대제사장 아론의 16대 손으로 제사장이었다. 에스라는 바사의 아닥사스다왕에게 신임을 받은 자였다. 하나님께서 바사의 아닥사스다왕의 마음을 감동하사 에스라가 구하는 모든 것을 허락하도록 하셨다. 에스라는 여호와의 계명의 말씀과 모세의 율법에 익숙한 학자였다. 아닥사스다왕은 에스라에게 조서를 내려 이르기를 "우리나라에 있는 이스라엘 백성과 그들 제사장들과 레위 사람들 중에 예루살렘으로 올라갈 뜻이 있는 자는 누구든지 너와 함께 갈지어다."(스 7:13)라고 하였다. 에스라는 이렇게 일하신 하나님을 찬양하여 이르기를 "내 하나님 여호와의 손이 내 위에 있으므로 내가 힘을 얻어 이스라엘 중에 우두머리들을 모아 나와 함께 올라오게 하였노라."(스 7:28)고 하였다. 에스라와 함께 2차로 귀환한 하나님의 백성들의 숫자는 약 1,500여 명이었다.

에스라가 하나님의 백성들을 이끌고 바벨론에서 예루살렘까지 오는 길은 험난한 길이었다. 특별히 주위의 적들이 있어서 공격을 받을 수 있었다. 그런데 에스라는 아닥사스다왕에게 적군을 막고 도울 보병과 마병을 구하지 않았다. 하나님께서 지켜주실 것을 믿었기 때문이다. 그래서 에스라는 아하와 강가에서 금식을 선포하고 하나님 앞에 겸비하여 도움을 요청하였다. 하나님께서 에스라와 자기 백성의 간구를 들으시고 주위의 모든 적군들로부터 자기 백성을 지켜 주셨다. 에스라는 돌아와서 가장 먼저 여호와 하나님의 성전에 예물과 번제를 드렸다. 그리고 왕의 조서를 총독과 유브라데강 건너편의 총독들에게 주어 그들이 모두 하나님의 성전을 돕게 하였다. 이 후에 에스라를 통해서 행하신 회개 운동과 이스라엘을 정결케 한 부분은 '60장면 : 자기 백성을 정결케 하신 하나님

죄를 물리침'에서 살펴 볼 것이다.

하나님께서 세 번째로 자기 백성을 바벨론에서 예루살렘으로 귀환하게 하셨다. 아닥사스다왕 제 20년(BC 444년)에 느헤미야를 중심으로 귀환하였다. 느헤미야가 바사의 수산궁에 있는데 유다 예루살렘에서 하나니와 두어 사람이 느헤미야에게 찾아왔다. 그래서 느헤미야가 그들에게 예루살렘의 형편을 물었다. 그들이 느헤미야에게 예루살렘에

대해 보고하기를 "사로잡힘을 면하고 남아 있는 자들이 그 지방 거기에서 큰 환난을 당하고 능욕을 받으며 예루살렘성은 허물어지고 성문들은 불탔다."(느1:3)고 하였다. 이 보고를 받은 느헤미야는 며칠 동안 슬퍼하면서 금식하고 기도했다. 느헤미야의 기도는 이스라엘 온 백성이 지은 죄를 회개하며 자신을 통해서 무엇인가를 이루시기를 구하였다. 지도자들의 기도는 항상 자기 백성들이 지은 죄를 마치 자신이 지은 죄처럼 여기고 회개 기도를 올린다. 전에 다니엘도 하나님께서 예레미야를 통해서 바벨론에서 70년 동안 자기 백성을 두신 이유를 깨달았을 때에 기도를 드렸다. 다니엘의 기도도 온 이스라엘 백성이 지은 죄를 자신이 짊어지고 회개하였다. 하나님은 느헤미야의 기도를 들으시고 아닥사스다왕에게 은혜를 입게 하셨다. 당시에 느헤미야는 아닥사스다왕의 술 관원이었는데, 왕은 수심이 가득한 느헤미야에게 근심의 이유를 물었다. 느헤미야는 왕에게 대답하기를 "조상들의 묘실이 있는 성읍이 황폐하고 성문이 불탔사오니 내가 어찌 얼굴에 수심이 없사오리이까?"(느2:3)라고 하였다.

하나님은 아닥사스다왕의 마음을 열어서 느헤미야를 돕게 하시므로 필요한 모든 것을 허락받아서 예루살렘으로 돌아오게 하였다. 이때 느헤미야와 함께 귀환한 자들은 정확히 몇 명인지는 알 수 없다. 느헤미야가 예루살렘에 돌아와서 성벽을 쌓는 내용은 '59장면 : 자신의 도성을 회복하신 하나님

예루살렘 성벽 재건'에서 살펴볼 것이다. 하나님은 전에 예레미야 선지자에게 약속하신 대로 70년이 지난 후에 3차례에 걸쳐 자기 백성

들을 예루살렘으로 돌아오게 하셨다. 하나님은 약속하신 것을 반드시 지키시는 신실하신 하나님이시다.

새로운 성전을 건축하신 하나님

스룹바벨 성전

에스라 1장-6장, 역대하 36:22-23

하나님은 바사의 고레스왕 원년에 바벨론에서 자기 백성을 귀환시키는 명령을 내리게 하셨다. 바사왕 고레스가 명하기를 "하늘의 신 여호와께서 세상 만국을 내게 주셨고 나에게 명령하여 유다 예루살렘에 성전을 건축하라 하셨나니 너희 중에 그의 백성 된 자는 다 올라갈지어다. 너희 하나님 여호와께서 함께 하시기를 원하노라."(대하 36:23) 여기서 중요한 것은 하나님께서 자기 백성을 예루살렘으로 올려 보내신 첫 번째 목적이 바로 성전을 건축하는 일이었다. 하나님은 에스라를 통해서 더 구체적으로 이 명령을 하셨다. "이스라엘의 하나님은 참 신이시라. 너희 중에 그의 백성 된 자는 다 유다 예루살렘으로 올라가서 이스라엘의 하나님 여호와의 성전을 건축하라 그는 예루살렘에 계신 하나님이시라."(스 1:3) 하나님은 온 천지에 충만하게 계시지만 고레스를 통해서 말씀하신 하나님은 예루살렘에 계신 분으로 말씀하셨다. 그래서 이스라엘의 하나님 여호와의 성전은 반드시 예루살렘에 건축되어야 했다. 하나님의 성전은 우리 주 예수 그리스도께서 오셔서 자기 백성 중에 성전이 되시기 전까지는 반드시 필요하였다. 왜냐면 자기 백성들과 동행하며 교제해야 했기 때문이다. 제사를 통해서 자기 백성들의 죄를 사하시고 화목의 교제를 이루시며 소제의 감사를 받으셔야 했기 때문이다. 그래서 포로에서 귀환한 하나님의 백성들은 가장 먼저 하나님의 성전을 건축했다.

하나님은 고레스왕을 통해서 성전 건축에 필요한 재원을 구체적으로 명령하였다. "그 남아 있는 백성이 어느 곳에 머물러 살든지 그곳 사람들이 마땅히 은과 금과 그 밖의 물건과 짐승으로 도와주고 그 외에도 예루살렘에 세울 하나님의 성전을 위하여 예물을 기쁘게 드릴지니라."(스1:4)고 하였다. 당시에 고레스의 명령을 어기거나 불순종하면 형벌이 죽음이었다. 무엇보다 하나님의 백성들에게 있어서는 하나님 여호와의 성전 건축이 소망이었기에 자원하는 마음으로 예물을 드렸다. 하지만 예루살렘으로 귀환한 하나님의 백성들의 성전 건축 사업은 바로 시작되지 않았다. 돌아온 지 2년 후에 드디어 하나님의 성전 건축을 시작하게 되었다.

스룹바벨과 예수아가 앞장서서 시작하였다. 여호와의 성전의 기초를 놓을 때에 제사장들은 예복을 입고 나팔을 들고 레위 사람들은 제금을 들고 이스라엘왕 다윗의 규례대로 여호와를 찬양하였다. 제사장들과 레위 사람들과 나이 많은 족장들은 솔로몬 성전을 보았으므로 새롭게 성전 기초가 놓임을 보고 대성통곡하였다. 그 외의 사람들은 기뿜의 함성을 질렀다. 그런데 하나님의 성전을 건축하는 것을 방해하는 세력들이 나타났다. 항상 하나님이 일하실 때는 이를 대적하는 세력들이 나타난다. 새로운 성전을 짓는 일에도 어김없이 반대의 세력들이 나타났다. 그들은 사마리아 사람들이었다. 이들은 앗수르왕 에살핫돈이 사마리아로 이주시킨 자들이었다. 그들이 찾아와서 하나님의 성전을 함께 건축하자고 하였다. 이들은 여호와 하나님을 예배하는 백성들이 아니었다. 여호와도 섬기고 우상도 섬기는 그야말로 혼합 신앙을 소유한 자들이었다. 스룹바벨과 예수아를 비롯한 이스라엘 족장들은 사마리아 사람들을 거절하였다. 사마리아 사람들은 왕궁의 관리들에게 뇌물을 주어 성전 건축의 일을 방해하였다. 그들은 아하수에로왕이 즉위할 때에 유다와 예루살렘 주민들을 고발하였다.

또한 아닥사스다왕 때에도 성전 건축을 막아 달라는 고발장을 올렸다. 고발장의 내용은 성전이 완공되고 성곽이 완성되면 옛 다윗왕 때처럼 왕성해져서 아닥사스다왕에게 조공을 바치지 않을 것이라는 내용이었다. 아닥사스다왕이 역사를 살펴보니 과연 그러하였다. 과거에 예루살렘을 다스리는 큰 왕들이 강 건너편 모든 땅에서 조공과 관세와 통행세를 받았던 기록을 확인하였다. 아닥사스다왕은 조서를 내려서 성전 공사와 성벽을 쌓는 일을 중지시켰다. 하나님의 성전 건축이 중단되자 이스라엘 백성들은 자신의 집을 꾸미는데 바빴다. 이런 세월이 어느덧 10년이 훨씬 넘게 흘러갔다. 여전히 하나님의 성전은 기초만 세우고 손도 못 대고 있었다. 바사의 새 왕 다리오왕이 즉위하였다. 하나님의 백성 이스라엘은 여전히 하나님의 성전 건축을 뒤로 미루고 있었다. 이스라엘 백성들은 말하기를 "여호와의 전을 건축할 시기가 이르지 아니하였다."(학 1:2)고 하였다. 그래서 하나님은 학개 선지자를 통해서 이스라엘 백성을 재촉하여 이르시기를 "이 성전이 황폐하였거늘 너희가 이때에 판벽한 집에 거주하는 것이 옳으냐?… 너희는 너희 행위를 살필지니라.… 너희는 산에 올라가서 나무를 가져다가 성전을 건축하라. 그리하면 내가 그것으로 말미암아 기뻐하고도 영광을 얻으리라 여호와가 말하였느니라."(학 1:4-8)고 하셨다. 하나님은 자기 백성들이 성전 건축을 미루고 있을 때에 복을 내려주지 않으셨다. 그래서 말씀하시기를 "너희가 많이 뿌릴지라도 수확이 적으며 먹을지라도 배부르지 못하며 마실지라도 흡족하지 못하며 입어도 따뜻하지 못하며 일꾼이 삯을 받아도 그것을 구멍 뚫어진 전대에 넣음이 되었느니라."(학 1:6)라고 하셨다.

하나님은 스가랴 선지자를 통해서도 스룹바벨에게 성건 건축의 재개를 독려하여 이르기를 "만군의 여호와께서 말씀하시되 이는 힘으로 되지 아니하고 능력으로 되지 아니하고 오직 나의 영으로 되느니라. 큰 산아 네가 무엇이냐? 스룹바벨 앞에서 평지가 되리라. 그가 머릿돌을 놓을 때에 무리가 외치기를 은총, 은총이 그에게 있을 지어다 하리라 하셨고,… 스룹바벨의 손이 이 성전의 기초를 놓았은즉 그의 손이 또한 그 일을 마치리라."(슥 4:6-9)고 하셨다. 이처럼 하나님께서 자신의 선지자들을 통해서 스룹바벨과 백성들을 재촉하셨다. 스룹바벨을 중심으로 다시 성전 건축이 재개되었다. 당시에 활동하던 선지자들도 모두 함께 도왔다. 이전에 반대하던 자들이 여전히 찾아와서 이르기를 "누가 너희에게 명령하여 이 성전을 건축하고 이 성곽을 마치게 하였느냐?"고 하면서 시비를 걸었다. 그들은 다리오왕에게 고발장을 보냈다. 그 고발장에는 정말로 과거에 고레스왕이 조서를 내려 하나님의 성전을 짓도록 명령했는지 아닌지를 살펴서 답을 달라고 하였다. 고발장을 받은 다리오왕이 조서를 보관하는 보물전각에 선왕이신 고레스왕의 조서를 발견하여 살펴본즉 고레스왕이 조서를 내려 예루살렘 성전을 지으라는 내용을 확인하였다. 그래서 다리오왕은 하나님이 성전 건축을 반대하여 고발하는 자들에게 조서를 내리기를 "하나님의 성전 공사를 막지 말고 유다 총독과 장로들이 하나님의 이 성전을 제자리에 건축하게 하라. 내가 또 조서를 내려서 하나님의 이 성전을 건축함에 대하여 너희가 유다 사람의 장로들에게 행할 것을 알리노니 왕의 재산 곧 유브라데강 건너편에서 거둔 세금 중에서 이 경비를 이 사람들에게 끊임없이 주어 그들로 멈추지 않게 하라. 또 그들이 필요로 하는 것 곧 하늘의 하나님께 드릴 번제의 수송아지와 숫양과 어린 양과 또 밀과 소금과 포도주와 기름을 예루살렘 제사장의 요구대로 어김없이 날마다 주어 그들이 하늘의 하나님께 향기로운 제물을 드려 왕과 왕자들의 생명을 위하여 기도하게 하라. 내가 또 명령을 내리노니 누구를 막론하고 이 명령을 변조하면 그의 집에서 들보를 빼내고 그를 그 위에 매어달게 하고 그의 집은 이로 말미암아 거름더미가 되게 하라. 만일 왕들이나 백성이 이 명령을 변조하고 손을 들어 예루살렘 하나님의 성전을 헐진대 그곳에 이름을 두신 하나님이 그들을 벌하시기를 원하노라. 나 다리오가 조서를 내렸노니 신속히 행할지어다."(스 6:7-12)라고 하였다. 하나님의 일하심이 얼마나 통쾌한가? 성전 건축을 방해했던 자들이 이제 오히려 성전 건축에 필요한 모든 경비를 자신들이 관리하고 있는 왕의 재산에서 감당해야 했다. 성전에서 드릴 제물까지 공급해야 했다. 다리오왕은 이 조서를 누구도 변개하지 못하도록 하였다. 이 조서를 받은 방해자들은 왕의 명령이므로 조서의 내용대로 신속히 준행하였다. 스룹바벨과 유다 사람들이 학개 선지자와 스가랴 선지자가 전한 말씀대로 하나님의 성전 건축의 일을 성실히 행하였다. 드디어 다리오왕 제 육년 아달월 삼일에 성전 건축이 완공되었다.(BC 516년) 이렇게 완공된 하나님의 성전을 스룹바벨 성전이라고 한다. 이는 스룹바벨이 총 감독을 하여 성전 지대를 놓고 완성을 하였기 때문이다. 뿐만 아니라 스룹바벨은 다윗의 후손이었다.

마태복음의 다윗의 계보를 보면 "바벨론으로 사로잡혀 간 후에 여고냐는 스알디엘을 낳고 스알디엘은 스룹바벨을 낳고"(마 1:12)라고 기록한다. 성전 감독을 하여 하나님의 성전을 완공한 스룹바벨이 바로 스알디엘의 아들 스룹바벨이다. 하나님께서 전에 다윗에게 약속하시기를 "내가 네 몸에서 날 네 씨를 네 뒤에 세워 그의 나라를 견고하게 하리라. 그는 내 이름을 위하여 집을 건축할 것이요."(삼하 7:12-13)라고 하셨다. 이 말씀은 먼저 솔로몬에게서 성취되었고, 또 다윗의 후손에 속한 스룹바벨에게서 성취되었으며, 그리고 마지막으로 다윗의 후손으로 오신 우리 주 예수 그리스도에게서 완전히 성취되었다. 이전의 두 다윗의 후손들은 땅에 속한 하나님의 성전을 지었다면 마지막으로 오신 다윗의 후손, 예수 그리스도는 하늘에 속한 성전을 완성하셨다.

하나님의 성전이 완성되자 온 이스라엘 자손들이 하나님의 성전의 봉헌식을 즐겁게 행하였다. 또한 온 이스라엘을 위해 속죄제를 드렸다. 그리고 모세의 책에 기록된 대로 제사장을 세워 그분반대로 섬기게 하고 레위 사람을 그 순차대로 세워 하나님의 성전을 섬기게 하였다. 또 온 백성이 유월절을 지키며 즐거이 하나님께 영광을 돌렸다.

예루살렘이 회복된 것은 바로 하나님의 성전이 회복되었다는 것을 확증된다. 아무리 하나님의 백성들이 돌아와서 예전처럼 집과 땅을 차지했다고 해도 이것을 회복이라고 할 수 없다. 이스라엘의 하나님이시오 이스라엘의 왕이신 하나님 여호와의 집이 완성되고 그곳에 하나님의 보좌와 이름을 두시므로 온전히 회복되었다. 하나님의 성전에 완공되므로 이제 예루살렘이 다시 여호와의 도성이 되었다. 이전의 다윗과 같은 왕성한 나라로 회복되지는 않았지만 하나님의 백성이 하나님 앞에 나아가 제단을 쌓고 제사를 드리며 하나님과 교제하고 동행할 수 있는 영광을 누릴 수 있게 되었다.

여기 예루살렘에 하나님의 성전을 중심으로 하나님과 교제하며 동행하는 이들을 가리며 하나님은 '남은 자들'이라고 부르셨다. 이전에 다윗왕이 통치하는 이스라엘 나라는 12지파가 한 나라를 이루었다. 그런데 10지파는 이미 앗수르로 흩어졌다. 이제 남은 두 지파, 유다 지파와 베냐민 지파 중에서 남을 자들이다. 하나님은 이들을 통해서 메시아의 오심을 준비하신다. 이제 이스라엘은 더이상 나라가 아니며 왕도 없다. 물론 하나님이 이스라엘의 남은 자들의 왕이시지만 실제로 다윗왕과 같은 왕은 없다. 바사의 제국에 속한 한 신앙 공동체에 불과하다.

앞으로 하나님은 더이상 다윗이 통치하던 것과 같은 나라를 세우지 않으실 것이다. 이스라엘 나라는 이미 실패했기 때문이다. 그렇지만 하나님은 아들이신 우리 주 예수 그리스도를 통해서 새로운 나라를 세우실 것이다. 앞으로 이스라엘의 신앙 공동체는 메시아이신 우리 주 예수 그리스도의 오심을 준비하고 쓰임 받게 될 것이다.

자신의 도성을 회복하신 하나님
예루살렘 성벽 재건

느헤미야 1장-6장

스룹바벨을 통해서 하나님의 성전을 건축하였다면, 느헤미야를 통해서는 예루살렘 성벽 쌓는 일을 완공하였다. 느헤미야는 아닥사스다 왕의 술 맡은 관원이었다. 그래서 왕이 거하는 수산 궁에서 왕을 가까이서 섬겼다. 하루는 유다 예루살렘에서 느헤미야의 형제라 여기는 하나니와 두어 사람이 찾아왔다. 느헤미야는 이들에게 예루살렘의 사정을 물었다. 이들은 느헤미야에게 예루살렘의 형편에 대해 말하기를 "사로잡힘을 면하고 남아 있는 자들이 그 지방 거기에서 큰 환난을 당하고 능욕을 받으며 예루살렘 성은 허물어지고 성문들은 불탔다."(느 1:3)고 하였다. 이 말을 들은 느헤미야는 며칠 동안 슬퍼하며 금식하였다. 금식하며 예루살렘 성벽 재건을 자신을 통해서 이루시기를 하나님께 간구하였다. 당시 왕의 술 맡은 관원이었던 느헤미야의 얼굴에 수심이 가득한 것을 보고 왕이 그 이유를 물었다. 느헤미야는 "왕은 만

세수를 하옵소서 내 조상들의 묘실이 있는 성읍이 이제까지 황폐하고 성문이 불탔사오니 내가 어찌 얼굴에 수심이 없사오리이까?"(느 2:3)라고 하였다. 느헤미야의 말을 듣자마자 아닥사스다왕은 그에게 소원을 물었다. 느헤미야는 하나님을 의지하여 담대히 말하기를 "왕이 만일 좋게 여기시고 종이 왕의 목전에서 은혜를 얻었사오면 나를 유다 땅 나의 조상들의 묘실이 있는 성읍에 보내어 그 성을 건축하게 하옵소서."(느 2:5)라고 하였다. 아닥사스다왕은 흔쾌히 허락하였고, 방해하는 세력들에 대한 왕의 조서와 필요한 재목도 공급 받았다. 여기에 느헤미야를 지켜 줄 군대장관과 마병까지 내어 주었다. 느헤미야는 하나님의 도우심을 받아 예루살렘까지 순탄하게 돌아왔다. 예루살렘에 돌아온 느헤미야는 여독을 푼 후에 몇몇 사람들과 함께 밤중에 은밀하게 예루살렘의 무너진 성벽을 둘러보았다. 그리고 귀족들과 방백들에게 이르기를 "우리가 당한 곤경은 너희도 보고 아는 바라 예루살렘이 황폐하고 성문이 불탔으니 자, 예루살렘 성을 건축하여 다시 수치를 당하지 말자."(느 2:17)고 권면하였다. 느헤미야는 지금까지 하나님이 자신에게 베푸신 일들을 자세히 말하였다. 느헤미야의 말을 들은 그들이 말하기를 "일어나 건축하자."고 결단했다. 예루살렘 성을 건축하는 일이 시작되자, 이를 방해하는 세력들이 나타났다. 그들은 호론 사람 산발랏과 암몬 사람 도비야, 아라비아 사람 게셈이었다. 그들은 성을 쌓는 일을 비웃었고 이 일이 왕을 배반하는 일이라고 하였다. 느헤미야와 방백들은 방해자들의 말을 뒤로하고 예루살렘 성을 재건하는 일에 착수하였다. 느헤미야는 방백들과 귀족들 그리고 이스라엘 백성들에게 성벽을 쌓는 일을 할당하였다. 모든 백성들이 자신들에게 할당된 지역을 열심히 감당하였다. 방해에도 불구하고 일이 형통하게 진행되는 것을 가만히 보고만 있지 않았다. 방해자 산발랏이 성을 쌓은 유다 사람들을 비웃으며 자기 형제들과 사마리아 군대 앞에서 비웃었다. 방해자 도비야도 이르기를 "그들이 건축하는 돌 성벽은 여우가 올라가도 곧 무너지리라."고 하면서 야유하였다. 느헤미야와 유다 백성들은 여호와 하나님께 기도하면서 힘을 잃지 않았다. 온 백성들이 열심히 일하여 성벽이 연결되고 성의 높이가 절반쯤 올라갔다. 방해자들이 주위의 여러 나라들과 연합하여 함께 분노하여 이르기를 "예루살렘으로 가서 치고 그곳을 요란하게 하자."(느 4:8)고 하였다. 느헤미야와 유다 사람들은 기도하면서 주야로 파수꾼을 두어 지켰다. 느헤미야를 힘들게 한 자들은 외부에만 있지 않았다. 같은 유다 백성들 중 몇몇 귀족들도 방해를 했다. 그들은 이르기를 "흙무더기가 아직도 많거늘 짐을 나르는 자의 힘이 다 빠졌으니 우리가 성을 건축하지 못하리라."(느 4:10)고 하였다. 방해한 유다의 귀족들은 방해자 도비야와 혼인관계를 맺어 서로 동맹하였다. 그들은 서로 서신을 주고받으며 예루살렘 성 건축을 방해하였다. 방해자들은 이르기를 "그들이 알지 못하고 보지 못하는 사이에 우리가 그들 가운데 달려 들어가서 살육하여 역사를 그치게 하리라."(느 4:11)고 하면서 위협하였다. 느헤미야는 이런 위협을 대비하여 칼과 창과 활로 백성을 무장하여 적들에 대해 방비하였다. 그리고 백성들에게 이르기를 "너희는 그들을 두려워하지 말고 지극히 크시고 두려우신 주를 기억하고 너희 형제와 자녀와 아내와 집을 위하여 싸우라."(느 4:14)고 하였다. 백성의 절반은 성벽을 쌓고 절반은 칼과 창과 활로 무장하여 지켰다. 또 성을 건축하는 자와 짐을 나르는 자도 각각 한 손에는 병기를 잡고 한 손으로 일을 하였다. 건축하는 자는 각각 허리에 칼을 차고 일을 하였다. 그리고 느헤미야 곁에는 나팔수가 있어서 나팔 소리가 나면 모두가 그곳으로 달려가서 싸울 준비를 하였다. 느헤미야와 유다 사람들은 밤낮으로 교대하면서 옷도 벗지 아니하고 일을 하였다. 끊임없는 방해에도 불구하고 예루살렘 성벽이 순조롭게 진행되자 대적자들은 다른 방식으로 접근해 왔다. 대적자들은 예루살렘 성 재건을 감독하고 있는 느헤미야를 제거하려고 하였다. 그래서 사람을 보내어 이르기를 "오라 우리가 오노 평지 한 촌에서 서로 만나자."(느 6:2)고 하였다. 이는 느헤미야를 죽이려는 음모였다. 느헤미야는 그들의 의도를 알아채고 그들에게 사자를 보내어 이르기를 "내가 이제 큰 역사를 하니 내려가지 못하겠노라. 어찌하여 역사를 중지하게 하고 너희에게로 내려가겠느냐?"고 하였다. 대적자들은 네 번씩이나 만나자고 집요하게 강요하였지만, 느헤미야는 매번 동일한 대답으로 거절하였다. 그러자 대적자들이 한 통의 편지를 보냈다. 그 편지의 내용은 느헤미야를 모함하는 글이었다. "이방 중에도 소문이 있고 가스무도 말하기를 너와 유다 사람들이 모반하여 성벽을 건축한다 하나니 네가 그 말과 같이 왕이 되려 하는도다. 또 네가 선지자를 세워 예루살렘에서 너를 들어 선전하기를 유다에 왕이 있다 하게 하였으니 지금 이 말이 왕에게 들린지라. 그런즉 이제 너는 오라 함께 의논하자."(느 6:6-7) 이 편지를 받은 느헤미야는 단호하게 거절하여 이르기를

"네가 말한바 이런 일은 없는 일이요 네 마음에서 지어낸 것이라."(느 6:8)고 하였다. 마지막으로 대적자들은 느헤미야와 가까이 있는 선지자를 통해서 느헤미야를 무너뜨리려고 하였다. 대적자들은 은밀하게 느헤미야 가까이 있는 스마야 선지자에게 뇌물을 주면서 거짓 예언을 하여 느헤미야를 범죄하게 했다. 그들은 느헤미야가 여호와 하나님의 사람으로 하나님께 순종하는 자이기에 하나님의 말씀이라고 예언하면 들을 것이라고 생각했다. 뇌물을 받은 스마야 선지자는 갑자기 두문불출하였다. 이에 궁금한 느헤미야가 스마야 선지자를 방문하였더니 그가 느헤미야에게 하나님의 이름으로 예언하는 것처럼 이르기를 "그들이 너를 죽이러 올 터이니 우리가 하나님의 전으로 가서 외소 안에 머물고 그 문을 닫자 저들이 반드시 밤에 와서 너를 죽이리라."(느 6:10)고 하였다. 느헤미야는 단호히 거절하여 이르기를 "나 같은 자가 어찌 도망하며 나 같은 몸이면 누가 외소에 들어가서 생명을 보존하겠느냐 나는 들어가지 않겠노라."(느 6:11)고 하였다. 하나님의 성전의 외소는 제사장들만이 들어갈 수 있는 장소이다. 느헤미야는 스마야의 예언이 하나님께로부터 온 것이 아님을 깨달았다. 왜냐면 느헤미야는 제사장 혈통이 아니므로 하나님의 전의 외소에 들어가면 죄를 범하는 일이었다. 하나님께서 제사장 혈통도 아닌 자신을 외소에 들어가게 하여 범죄하는 일을 명하지 않으셨을 거라고 확신했다. 그리고 자신의 목숨을 유지하기 위해서 죄를 범하고 싶지 않았다. 이런 모든 어려움을 딛고 드디어 성벽 역사가 52일 만에 완공되었다. 이렇게 빠른 시일 내에 예루살렘 성을 완공한 것은 어떤 면에서는 대적자들이 안팎으로 있었기 때문이다. 오랜 시간을 지체하면 더 많은 대적자들이 나타나고 백성들이 지쳐서 완공이 어려울 수도 있었기 때문이었다. 예루살렘 성이 완공되자 모든 방해자들과 주위의 이방 족속들이 다 두려워했다. 왜냐면 하나님께서 도우심으로 이 역사가 이루어진 것을 알았기 때문이었다. 이제 완공된 예루살렘 성을 하나님께 드리며 감사하는 봉헌식이 행해졌다. 각처에서 레위 사람들을 찾아 예루살렘으로 데리고 왔다. 왜냐면 그들로 여러 악기를 연주하고 노래하여 하나님께 감사의 찬송을 드리고 즐겁게 봉헌식을 하기 위해서였다. 먼저 제사장들과 레위 사람들 그리고 성벽을 정결케 하였다. 그리고 감사 찬송하는 자들을 두 무리로 나누었다. 한 무리는 성벽 오른쪽으로 출발하게 하고 또 다른 무리는 왼쪽으로 출발하게 하여 백성들도 그 뒤를 따르게 하였다. 감사 찬송하는 자들은 큰 소리로 찬양하고 악기를 연주하는 자들도 크게 연주하며 여호와 하나님을 찬양하였다. 이 두 무리는 여호와의 전으로 모였고 여호와의 전에서 제사를 드리고 큰 소리로 찬양하며 즐거워했다. 이 날에 하나님께서 자기 백성들에게 큰 즐거움을 주셨다. 온 예루살렘 안에 하나님이 주신 즐거움으로 가득하였다.

　이미 하나님의 집인 성전이 완공되어 하나님의 보좌가 설치되어 예루살렘이 하나님의 도성이 되었다. 그런데 하나님의 도성인 예루살렘 성벽이 무너져 있으므로 하나님의 도성이 이방인들에게 조소거리가 되었다. 또한 무너진 성벽 사이로 언제라도 대적자들이 드나들면서 하나님의 백성들을 노략할 수 있었다. 그리고 무너진 성벽과 불에 탄 성문이 어지럽게 있으므로 보기에 흉할 뿐만 아니라 들짐승의 놀이터가 되었다. 무엇보다 하나님의 도성이 황폐한 모습으로 있는 것은 하나님의 백성으로서 용납할 수 없는 일이었다. 하나님은 느헤미야를 통해서 자신의 성읍의 성벽과 성문을 쌓고 수리하므로 예루살렘을 온전히 회복하셨다. 이 모든 것을 주관하신 분은 하나님이셨다. 하나님은 자신의 성전을 스룹바벨을 통해서 건축하였고, 예루살렘 성을 느헤미야를 통해서 재건하였다. 하나님께서 선지자들을 통해서 약속하신 예루살렘의 회복이 온전히 이루어졌다. 예루살렘에 왕의 보좌인 하나님 자신의 보좌를 설치하셨고, 자기 백성을 예루살렘으로 돌아오게 하셨다. 이제 하나님과 그 백성이 함께 거주하는 성을 온전히 재건하였으니 예루살렘이 온전히 회복되었다. 이제 하나님은 예루살렘 자신의 성에서 자기 백성들과 교제하면서 약속하신 메시아를 보내실 준비를 하셨다.

자기 백성을 정결케 하신 하나님

죄를 물리침

에스라 9장-10장, 느헤미야 8장-13장

아담과 하와가 타락한 이후로 하나님 나라 안에 죄악은 급속도로 퍼졌다. 도저히 견딜 수 없었던 하나님은 노아 시대에 물로 온 세상을 심판하기에 이른다. 그만큼 죄악은 속히 확산된다. 그래서 하나님은 아담과 하와의 타락 이후에 죄와 싸우시는 분으로 자신을 드러내셨다. 이스라엘 백성들이 죄 때문에 북 이스라엘과 남 유다로 분리되었다. 또한 죄 때문에 북 이스라엘은 앗수르에 멸망하였고, 남 유다는 바벨론에 멸망하였다. 그리고 하나님은 하나님 자신의 신실함과 은혜로 인해 바벨론에서 70년이 지난 후에 예루살렘으로 귀환시켰다. 그리고 불에 타 무너졌던 성전을 다시 건축하고 터만 남았던 예루살렘 성을 재건하였다. 그러나 돌아온 하나님의 백성들은 또 다시 하나님 앞에서 죄를 범하였다. 남 유다에 돌아와서 모든 것이 안정되므로 바벨론의 그 고통스러웠던 날들을 잊어버리고 또 다시 하나님이 싫어하시는 죄악을 자행하였다. 이스라엘 백성과 제사장들과 레위 사람들은 하나님의 백성으로 구별되게 살아야 한다. 구별된 삶이란 하나님의 율법을 따라서 사는 삶이다. 그런데 할례 받지 않는 이방인들 곧 가나안 사람들과 헷 사람들, 브리스 사람들과 여부스 사람들, 암몬 사람들과 모압 사람들, 애굽 사람들과 아모리 사람들의 가증한 일을 따라 행하였다. 곧 하나님의 백성들이 그들과 혼인하고 그들의 딸을 며느리로 삼고 딸들을 그들에게 며느리로 주었다. 이것은 단순히 남녀가 만나 혼인하는 그런 문제가 아니다. 각자 섬기는 신을 서로가 수용하는 일이었다. 유일하신 하나님 여호와와 이방의 신들이 서로 혼합이 되는 일이었다. 이 죄에 방백들과 고관들이 으뜸이 되었다. 에스라가 백성들의 이 죄악을 끌어안고 겉옷과 속옷을 찢으며 머리털과 수염을 뜯으며 회개하였다. 에스라는 과거에 이스라엘 백성들의 범죄와 하나님의 심판과 은혜 베푸심을 추억하면서 하나님 여호와께 간구하였다. 에스라가 하나님의 성전 앞에 엎드려 울면서 자복하였다. 이 모습을 본 이스라엘 백성들 중에 하나님의 말씀으로 떠는 자들의 큰 무리가 함께 모였다. 그 중에 스가냐가 에스라에게 이르기를 "우리가 우리 하나님께 범죄하여 이 땅 이방 여자를 맞이하여 아내로 삼았으나 이스라엘에게 아직도 소망이 있나니 곧 내 주의 교훈을 따르며 우리 하나님의 명령을 떨며 준행하는 자의 가르침을 따라 이 모든 아내와 그들의 소생을 다 내보내기로 우리 하나님과 언약을 세우고 율법대로 행할 것이라. 이는 당신이 주장할 일이니 일어나소서. 우리가 도우리니 힘써 행하소서."(스 10:2-4)라고 하였다. 에스라가 제사장들과 레위 사람들과 온 이스라엘에게 이 말대로 행하기를 맹세하게 하므로 무리가 맹세하였다. 유다와 예루살렘에 사로잡혔던 자손들에게 모두 예루살렘에 모이도록 공포하였다. 만약 방백들과 장로들의 훈시를 따라 3일 내에 예루살렘에 모이지 않으면 재산을 몰수하고 사로잡혔던 모임에서 쫓아내리라고 하였다. 이 엄한 명령을 들은 유다와 베냐민 사람들이 다 예루살렘에 모였다. 에스라가 모인 이스라엘 백성들에게 이르기를 "너희가 범죄하여 이방 여자를 아내로 삼아 이스라엘의 죄를 더하게 하였으니 이제 너희 조상들의 하나님 앞에서 죄를 자복하고 그의 뜻대로 행하여 그 지방 사람들과 이방 여인을 끊어 버리라."(스 10:10-11)고 하였다. 이에 모든 회중이 대답하기를 "당신의 말씀대로 우리가 마땅히 행할 것이니이다."(스 10:12)고 했다. 하나님은 이미 큰 비를 내려 범죄한 하나님의 백성들을 두려움으로 준비시켰다. 그래서 하나님의 거룩한 뜻을 공포한 에스라의 요구에 응하지 않을 수 없었다. 그래서 온 백성이 한 마음으로 아멘 하였다. 그러나 늘 그렇듯이 이 일에도 반대하는 자들이 있었다. 요나단과 야스야가 반대하였고 므술람과 삽브대가 반대하는 그들을 도왔다. 에스라는 각 종족을 따라 지명된 족장들을 선임하여 이방인과 혼인한 자들을 조사하였다. 총 3개월의 걸쳐 모든 조사를 마친 후에 이스라엘 백성들은 결혼했던 이방 여인들을 과감하게 돌려보냈다. 그들 중에는 자녀를 낳은 여인들도 있었다.

하나님은 제사장 에스라로 하여금 자신의 나라 안에 있는 죄를 정결케 하셨다. 전에 솔로몬 때에 이방의 여인들로 인해서 이스라엘 나라가 우상의 나라가 된 것처럼 이제도 이방 여인들로 인해서 새롭게 시작된 남 유다가 우상의 나라가 되고 있었다. 죄악은 더 커지지 전에 빨리 싹을 잘라야 한다. 새롭게 회복된 거룩한 하나님의 나라 안에 이방 여인들로부터 시작된 우상숭배가 자리 잡지 못하도록 그들을 내어 보냈다. 하나님은 이방인들을 무조건 거절한 것은 아니다. 이방인들 중에서도 여호와의 품으로 찾아온 자들이 있다. 대표적인 예가 룻이다. 그는 이방 여인이지만 시어머니 나오미에게 고백하기를 "어머니의 백성이 나의 백성이 되고 어머니의 하나님이 나의 하나님이 되시리니"(룻 1:16)라고 하였다. 연약한 이방의 한 여인이 하나님의 품으로 찾아왔다. 하나님은 그런 룻을 메시아의 계보에 들게 하셨다. 메시아의 계보 중에 또 다른 이방인들이 포함되어 있음을 보라. 온 세상은 하나님의 나라이고 하나님은 자신의 나라 안에 살고 있는 모든 사람들을 경영하신다. 하나님이 싫어하시는 것은 우상숭배이다. 에스라가 이방 여인을 돌려보낼 때에 이방 여인이라고 무조건 돌려보내지 않았을 것이다. 룻처럼 여호와의 품에 찾아온 자들은 그대로 두었을 것이다. 그러나 자신들의 우상을 가지고 와서 자신들이 섬기는 신으로 하나님의 백성을 미혹한 자들은 돌려보냈을 것이다. 그래서 조사하는 기간이 3개월씩이나 걸렸다. 하나님은 자신의 나라를 정결케 하시고 새롭게 출발하셨다.

하나님께서 자신의 나라를 정결케 하는 일은 여기서 끝나지 않았다. 하나님의 나라 안에 빈부격차로 인해서 가난한 자들의 고통의 부르짖음이 컸다. 이는 하나님이 기뻐하시는 모습이 아니었다. 부자들이 가난한 자들에 대해서 높은 이자를 취하고 그들의 자녀들을 종으로 삼는 일이 있었다. 이로 인해 가난한 자들은 점점 더 어려워지고 부자들은 더 배부르게 되었다. 하나님은 느헤미야를 통해서 대회를 열고 높은 이자를 받은 부자들 곧 귀족들과 민장들을 꾸짖었다. 느헤미야가 그들에게 이르되 "우리는 이방인의 손에 팔린 우리 형제 유다 사람들을 우리의 힘을 다하여 도로 찾았거늘 너희는 너희 형제를 팔고자 하느냐 더구나 우리의 손에 팔리게 하겠느냐."고 하였다. 그리고 가난한 형제들에게서 전당 잡은 밭과 포도원과 감람원과 집과 꾸어준 돈과 양식과 새 포도주와 기름을 돌려보내라고 하였다. 귀인들과 민장들이 느헤미야가 말한 대로 행하여 이스라엘 안에 하나님의 돌보심이 시행되게 하였다. 하나님의 백성들은 하나님을 닮은 삶을 살아야 했다. 하나님이 자기 백성에게 주신 율법을 따라서 살면 하나님을 닮은 삶이 되었다. 하나님은 모든 것을 창조하시어 자기 백성에게 주셨다. 그리고 자기 백성에게 모든 필요에 따라 공급하셨다. 그래서 하나님은 부자들과 가난한 자들이 섞여 살게 하시어 부자들로 하여금 가난한 자들을 돌보게 하셨다. 힘 있는 자는 연약한 자의 보호자가 되어야 한다. 높은 자는 낮은 자를 보살피며 이끌어 줘야 한다. 하나님은 느헤미야를 통해서 자신의 나라가 사랑으로 섬기는 나라가 되게 하셨다.

　하나님은 계속해서 자기 백성들을 정결케 하셨다. 이번에는 하나님이 자신의 말씀을 통해서 자기 백성을 성결케 하셨다. 하나님께서 말씀을 알아들을 수 있는 모든 백성을 광장 수문 앞에 모으고 제사장 에스라를 통해서 율법을 낭독하게 하였다. 에스라는 새벽부터 정오까지 쉬지 않고 하나님의 율법을 낭독하였다. 에스라가 율법 책을 펼 때에는 모든 백성이 자리에서 일어났다. 에스라가 위대하신 하나님 여호와를 송축하면 모든 백성은 아멘, 아멘 하면서 몸을 굽혀 얼굴을 땅에 대고 여호와를 경배하였다. 하나님께서 에스라를 통해서 낭독한 말씀을 백성들이 깨닫도록 은혜를 베푸셨다. 말씀을 깨달은 백성들이 다 울었다. 이 모습을 본 에스라는 우는 백성들에게 이르기를 "오늘은 너희 하나님 여호와의 성일이니 울지 말라."(느 8:9)고 하였다. 또 그들에게 이르기를 "너희는 가서 살진 것을 먹고 단 것을 마시되 준비하지 못한 자에게는 나누어 주라 이 날은 우리 주의 성일이니 근심하지 말라 여호와로 인하여 기뻐하는 것이 너희의 힘이니라."(느 8:10)라고 하였다. 율법을 낭독하고 듣다 보니 그때가 초막절임을 알아서 백성들이 산에 가서 나무를 취하여 초막을 짓고 초막절을 지켰다. 말씀을 듣고 깨달은 모든 백성이 자신들의 죄를 자복하였다. 모든 이방 사람들과 절교하고 자신들의 죄와 조상들의 죄까지도 회개하였다. 마지막으로 이스라엘 백성들은 하나님의 말씀에 순종하기로 언약을 세웠다. 하나님의 율법에서 명하신 대로 실천하겠노라고 조목조목 나열하였다. 이 언약에 방백들과 레위 사람들과 제사장들이 다 인봉을 하였다. 하나님은 약속하고 인봉한 자들의 이름을 낱낱이 기록하여 간직하셨다. 하나님의 말씀 없이 하나님의 백성들이 정결케 될 수 없다. 하나님의 말씀을 따라 사는 삶이 정결한 삶이기 때문이다. 그래서 하나님은 에스라를 통해서 자기 백성들에게 율법을 낭독하게 하시고 그 율법에 순종하는 거룩한 백성이 되게 하셨다.

마지막으로 하나님은 느헤미야를 통해서 자신의 성안에서 자행되고 있는 죄악들을 하나하나 처리하셨다. 먼저 성전 안에 있는 거룩하지 못한 것을 다 치웠다. 재건하기 전에 하나님의 전 뜰 안에 방을 만들어 악한 자가 거했었다. 원래 그 방은 성전에 사용되는 여러 물품을 넣어 두는 곳이었다. 그런데 하나님의 전의 방을 관리하는 엘리야십이 도비야에게 그 방을 내어 줬다. 느헤미야가 도비야의 모든 세간을 내던지고 원래 목적대로 사용하도록 하였다. 또 백성들이 십일조를 하지 않으므로 성전에서 노래하는 자들이 먹을 것이 없어서 밭에 일하러 가느라 성전에서 찬양소리가 들리지 않았다. 느헤미야는 모든 민장을 꾸짖어 온전한 십일조를 하게 하여 찬양대원들을 원래 자리에 세웠다. 그리고 정직한 자들을 세워 성전 곡간에 있는 십일조를 관리하게 하였다. 또한, 안식일에 일하는 자들과 장사하는 자들이 있어서 이를 엄격하게 금하여 안식일을 율법에 합당하게 지키도록 하였다. 그리고 이방인들과의 혼인을 온전히 금하게 하였다. 제사장 중에 악한 이방인 산발랏의 사위가 된 자를 쫓아내어 정결케 하고 제사장과 레위 사람의 반열을 세워 각기 하나님의 성전을 질서 있게 섬기게 하였다. 하나님은 자신의 나라 안의 작은 부분까지도 살피시어 율법의 말씀에 따라 바로 잡았다. 이렇듯 하나님의 나라가 하나님의 율법에 의해서 거룩한 나라로 세워졌다.

신약

The New Testament

친히 이 세상에 오신 하나님

성육신

마태복음 1:18-25, 누가복음 2:1-7

한 아기가 태어났다. 이 아이의 탄생은 매우 특별하다. 이전에도, 이후에도 없는 특별함이다. 모든 아이는 부정모혈로 태어나지만 이 아이는 하나님의 성령으로 잉태되어 태어났다. 하나님께서 동정녀 마리아의 태를 빌려 아기로 태어났다. 하나님은 오래 전부터 이 아이의 탄생을 약속하시고 예고하셨다. 이사야 선지자를 통해서 말씀하시기를 "한 아기가 우리에게 났고 한 아들을 우리에게 주신 바 되었는데 그의 어깨에는 정사를 메었고 그의 이름은 기묘자라 모사라 전능하신 하나님이라 영존하시는 아버지라 평강의 왕이라 할 것임이라 그 정사와 평강의 더함이 무궁하며 또 다윗의 왕좌와 그의 나라에 군림하여 그 나라를 굳게 세우고 지금 이후로 영원히 정의와 공의로 그것을 보존하실 것이라 만군의 여호와의 열심이 이를 이루리라."(사 9:6-7)라고 하셨다. 그 아이가 태어난 것이다. 그 아이가 바로 하나님께서 약속하신 메시아 예수 그리스도이시다.

하나님은 세계의 역사를 계수할 때 그의 탄생을 기점으로 하여 이전의 역사와 이후의 역사로 나누셨다. 이전의 역사를 구약이라 칭하고 이후의 역사를 신약이라고 칭하셨다. 하나님의 말씀도 구약과 신약으로 나뉜다. 이 아이는 단순한 아이가 아니라 하나님이 사람으로 탄생한 놀라운 사건이기 때문이다.

이제 하나님께서 사람과 같은 육체를 입으시고 이 세상에 오신 놀라운 사실의 의미를 살펴보자. 창조주 하나님이 구속주 하나님이시다. 천지를 자신의 나라로 창조하신 하나님이 죄로 망가진 자신의 나라를 온전히 고치고 회복하기 위해서 친히 오셨다. 이것이 하나님의 신실하심이다. 하나님은 태초에 계획하신 일 곧 자신의 나라를 시작하시고 완성하시려는 일을 끝까지 이루신다. 하나님은 자기 백성들이 불순종하여 하나님 나라에 죄를 시작하여 하나님 나라를 사탄의 나라로 만들었어도 하나님은 한 번도 하나님 나라 이루는 일을 포기하지 않으셨다. 그래서 약속하시고 구약의 긴 기간 동안 준비하시고 때가 되므로 친히 육신의 몸을 입으시고 오셨다. 하나님께서 구약 시대에 약속하신 대로 구원자 예수님은 여자의 후손으로 오셔야만 했다. 하나님은 약속하시기를 "내가 너로 여자와 원수가 되게 하고 네 후손도 여자의 후손과 원수가 되게 하리니 여자의 후손은 네 머리를 상하게 할 것이요 너는 그의 발꿈치를 상하게 할 것이니라."(창 3:15)라고 하셨다. 하나님은 이사야 선지자를 통해서도 말씀하시기를 "보라 처녀가 잉태하여 아들을 낳을 것이요 그의 이름을 임마누엘이라 하리라."(사 7:14)라고 하셨다. 타락한 아담의 후손들은 모두 부정모혈로 태어나므로 태어나면서부터 아담의 죄를 안고 태어난다.

죄와 무관하게 탄생하려면 남자와 무관하게 오직 여자의 후손으로 태어나야만 한다. 그래서 동정녀 마리아의 몸에 성령으로 잉태되어 탄생하셨다. 동정녀 마리아와 약혼한 요셉은 아이가 태어날 때까지 동침하지 아니했다.

그리고 예수님은 하나님의 약속대로 다윗의 후손으로 태어나셔야만 했다. 하나님께서 다윗왕에게 말씀하시기를 "네 수한이 차서 네 조상들과 함께 누울 때에 내가 네 몸에서 날 네 씨를 네 뒤에 세워 그의 나라를 견고하게 하리라 그는 내 이름을 위하여 집을 건축할 것이요 나는 그의 나라 왕위를 영원히 견고하게 하리라. 나는 그에게 아버지가 되고 그는 내게 아들이 되리니"(삼하 7:12-14)라고 하셨다.

그래서 예수님은 실제로 다윗의 후손으로 태어나셨고 다윗의 고향인 베들레헴에서 탄생하셨다. 그분이 바로 우리 주 예수 그리스도이시다.

하나님께서는 왜 친히 육체의 몸을 입고 오셔야 했을까? 그 이유는 첫째로 모든 인류의 대표자인 첫 사람 아담이 육체로 있는 동안에 하나님의 말씀을 버리고 불순종하여 타락했기 때문이다. 그래서 둘째 아담으로 오셔서 아버지의 뜻을 이루어 자기 백성을 죄에서 해방시키고 새 생명으로 구원하기 위해서는 아담과 같은 육체를 가져야 했다. 아담이 육체 안에서 죄를 범하였기 때문에 육체 안에서 죄 문제를 해결해야 했던 것이다.

둘째로 우리와 같은 육체를 입고 오셔야만 우리의 대표자가 될 수 있다. 성경은 대표자 개념을 가지고 있다. 우리의 첫 번째 대표자인 아담이 사탄에게 미혹되어 넘어지므로 아담의 모든 후예가 동일하게 넘어졌다. 이제 둘째 아담으로 오신 우리 주 예수 그리스도께서 우리의 대표자가 되어 죄의 문제를 처리하면 우리 모두의 죄악도 함께 처리된다. 따라서 우리와 같은 육체를 가지지 않으면 우리의 대표자가 될 수 없다. 육체가 되신 예수 그리스도만이 우리의 대표자가 될 수 있다.

그리고 셋째로 우리와 같은 육체를 가져야만 우리의 형제가 될 수 있다. 우리가 받은 구원은 우리가 우리 주 예수 그리스도와 한 형제가 됨이다. 육체를 가진 예수님과 한 형제가 되면 하나님 아버지를 동일하게 아버지라고 부를 수 있게 된다. 예수 그리스도를 믿어 그리스도와 연합한 성도들이 한 형제로 하나님의 가족이 된다. 우리와 같은 육체를 입으심으로 우리의 형제가 되신 예수님에 대해서 하나님은 말씀하시기를 "하나님이 미리 아신 자들을 또한, 그 아들의 형상을 본받게 하기 위하여 미리 정하셨으니 이는 그로 많은 형제 중에서 맏아들이 되게 하려 하심이니라."(롬 8:29)라고 하셨다. 형제는 모두 한 근원에서 난다. 그래서 하나님은 또 말씀하시기를 "거룩하게 하시는 이와 거룩하게 함을 입은 자들이 다 한 근원에서 난지라 그러므로 형제라 부르시기를 부끄러워하지 아니하시고 이르시되 내가 주의 이름을 내 형제들에게 선포하고 내가 주의 교회 중에서 찬송하리라."(히 2:11-12)라고 하셨다. 모든 성도의 맏형이 되신 우리 주 예수 그리스도께서 형제 된 모든 성도를 이끌고 아버지의 품으로 가신다. 형제는 하나로 연합되어 있다. 특별히 맏형은 나머지 동생들을 책임진다.

그래서 모든 성도의 맏형이 되신 우리 주 예수 그리스도께서 형제된 모든 성도를 이끌고 아버지 품으로 가셨다. 이로써 우리의 구원이 이루어졌다.

하나님이 육체의 몸을 입으시고 이 세상에 오심은 자신이 창조한 세상을 사랑하셨기 때문이다. 개인이 우선이 아니다. 성경에는 개인주의가 없다. 하나님께서 요한 사도를 통해서 이를 분명하게 말씀하시기를 "하나님이 세상을 이처럼 사랑하사 독생자를 주셨으니 이는 그를 믿는 자마다 멸망하지 않고 영생을 얻게 하려 하심이라 하나님이 그 아들을 세상에 보내신 것은 세상을 심판하려 하심이 아니요 그로 말미암아 세상이 구원을 받게 하려 하심이라."(요 3:16-17)라고 하셨다.

예수님은 자신의 나라를 온전히 회복하기 위해서 육체를 입으시고 친히 오셨다. 그분이 오심으로 이 세상에 새 생명과 소망이 시작되었다.

애굽으로 피난 가신 예수 그리스도

애굽 피난

마태복음 2:13-18

하나님 나라의 왕이 세상에 태어났다. 그분이 예수 그리스도이시다. 어둠의 권세가 가만있을 리가 없다. 어둠의 세력은 당시에 가장 큰 권세를 가진 헤롯왕을 통해서 드러났다. 하나님은 동방의 박사들을 헤롯 궁으로 보내서 "유대인의 왕으로 태어나신 이가 어디 계시냐? 우리가 동방에서 그의 별을 보고 그에게 경배하러 왔노라"라고 하여 왕의 탄생을 선포하였다. 이 선언을 들은 당시의 유대인의 왕인 헤롯왕과 온 예루살렘이 소동하였다. 그도 그럴 것이 헤롯 자신이 유대인의 왕으로 통치하고 있는데 또 다른 유대인의 왕이 탄생하였다고 하였으니 가만히 있을 수 없었다.

그래서 헤롯왕은 모든 대제사장과 백성의 서기관들을 모아서 그리스도가 어디서 태어나겠느냐고 물었다. 대제사장들과 서기관들이 선지자의 예언을 따라 유대 베들레헴이라고 헤롯왕에게 알려 주었다. 하나님은 구약 시대에 미가 선지자를 통해서 메시아가 어디서 탄생하실 것을 미리 말씀하셨다. "또 유대 땅 베들레헴아 너는 유대 고을 중에서 가장 작지 아니하도다 네게서 한 다스리는 자가 나와서 내 백성 이스라엘의 목자가 되리라."(미 5:2) 하나님은 메시아를 다윗의 후손으로 태어나게 하셨으므로 다윗의 동네인 베들레헴에서 태어나게 하셨다.

헤롯왕은 동방 박사들을 불러서 별이 나타난 때를 자세히 묻고 아기를 찾으면 자신에게 알게 하여 자신도 아기 예수께 가서 경배하겠다고 하였다. 좋은 의도인 척하면서 실은 또 다른 유대인의 왕을 죽이려는 음모였다.

하나님은 헤롯에게서 나온 동방 박사들에게 다시 별을 통해서 아기 예수께로 인도하였다. 동방 박사들은 아기 예수께 엎드려 경배하고 보배 합을 열어 황금과 유향, 몰약을 예물로 드렸다. 하나님은 꿈을 통해 동방 박사들에게 헤롯에게 돌아가지 말라고 하셨다. 그들은 하나님의 지시에 따라 다른 길로 고국에 돌아갔다.

하나님께서 자신의 사자를 요셉에게 보내어 "헤롯이 아기를 찾아 죽이려 하니 일어나 아기와 그의 어머니를 데리고 애굽으로 피하여 내가 네게 이르기까지 거기 있으라."라고 하셨다. 하나님의 지시하심을 받은 요셉은 밤중에 아기와 그의 어머니를 데리고 애굽으로 떠나가 헤롯이 죽기까지 애굽에 머물렀다.

헤롯왕은 박사들에게 속은 줄 알고 심히 노하여 군대를 보내어 베들레헴과 그 모든 지경 안에 있는 사내아이 중에 두 살부터 그 아래로다 죽였다. 졸지에 아이를 잃은 부모들은 크게 슬퍼하였다. 하나님은 이런 일이 있을 것을 미리 아시고 예레미야 선지자를 통해서 말씀하시기를 "라마에서 슬퍼하며 크게 통곡하는 소리가 들리니 라헬이 그 자식을 위하여 애곡하는 것이라 그가 자식이 없으므로 위로받기를 거절하였도다."(렘 31:15)라고 하셨다. 하나님께서 예레미야 선지자를 통해서 말씀하신 그 말씀이 이렇게 성취되었다.

어린 아기 예수님이 애굽으로 피신할 것에 대해서 하나님은 구약의 호세아 선지자를 통해서 말씀하시기를 "이스라엘이 어렸을 때에 내가 사랑하여 내 아들을 애굽에서 불러냈거늘"이라고 하셨는데, 이 말씀을 이루기 위함이라고 하셨다. 하나님은 마태를 통해서 호세아 선지자의 그 예언의 말씀이 이루어졌다고 하였다. "주께서 선지자를 통하여 말씀하신바 애굽으로부터 내 아들을 불렀다 함을 이루려 하심이라."(마 2:15)

어둠의 세력은 하나님이 여자의 후손을 약속하신 그 후부터 구약의 모든 시대 동안에 메시아의 오심을 방해하였다. 왜냐면 메시아의 오심이 어둠의 세력의 멸망임을 알고 있었기 때문이다. 하나님께서 메시아와 사탄의 세력에 대해서 말씀하시기를 "내가 너로 여자와 원수가 되게 하고 네 후손도 여자의 후손과 원수가 되게 하리니 여자의 후손은 네 머리를 상하게 할 것이요 너는 그의 발꿈치를 상하게 할 것이니라."라고 하셨다. 이 말씀에서 "여자의 후손은 네 머리를 상하게 할 것이요"라는 말씀은 사탄의 진멸을 의미한다. 그래서 어둠의 세력은 사력을 다해 여자의 후손이 태어나지 못하도록 끊임없이 방해한 것이다.

그러나 드디어 여자의 후손이 태어났다. 당시에 큰 권력을 가진 유대인의 왕 헤롯이 여자의 후손인 메시아를 죽이려고 한 것은 당연하다. 이는 유대인의 왕으로 통치하고 있는 헤롯이 또 다른 유대인의 왕에 대한 경계일 뿐만 아니라 어둠의 세력의 지배를 받아서 여자의 후손을 죽이려는 의도였다.

전에 사울왕이 다윗을 죽이려고 할 때에도 마찬가지였다. 자신의 왕위가 위태로우므로 다윗을 죽이려고 했지만, 더 깊은 의도는 어둠의 세력이 사울왕을 통해서 메시아의 오심을 막기 위해서 다윗을 죽이려고 하였다. 다윗만 죽이면 다윗의 후손으로 오실 메시아의 길을 막을 수 있었기 때문이다. 헤롯왕이 유대인의 왕으로 오신 아기 예수를 죽이려고 하는 것과도 같은 맥락이다. 이런 상황에서 하나님은 자신의 왕을 아무도 손댈 수 없는 애굽으로 피난시켰다. 하나님은 자신의 왕을 베들레헴에 숨길 수도 있었다. 하지만 그렇게 하지 않으시고 애굽으로 피난하도록 하셨다. 이는 하나님의 일하심은 옛적에 행하신 일들과 새롭게 행하실 일들을 서로 연결하여 예표가 되게 하시는 것이기 때문이다.

전에 하나님께서 자기 백성들을 애굽으로 보내서 그곳에서 번성케 하셨다. 또한, 하나님은 자신이 창조하신 모든 세상을 자신의 일을 위한 처소로 사용하신다. 누구도 하나님이 세우신 하나님 나라의 왕을 해치지 못한다. 누구도 하나님의 일을 막을 수 없다. 아무리 어둠의 세력들이 방해하여도 하나님은 행하실 일들을 친히 끝까지 이루신다. 어떤 세력도 하나님 나라의 왕을 해칠 수는 없다. 자신의 왕을 지키신 하하나님은 여전히 자기 백성 된 성도들을 모든 어둠의 세력으로부터 영원토록 지켜 주신다.

나사렛에서 자라신 예수 그리스도

나사렛 예수

마태복음 2:19-23

하나님은 아기 예수님을 죽이려고 했던 헤롯이 죽은 후에 애굽에 피신해 있는 요셉에게 명하시기를 "일어나 아기와 그의 어머니를 데리고 이스라엘 땅으로 가라 아기의 목숨을 찾던 자들이 죽었느니라."라고 하셨다. 하나님의 지시를 받은 요셉은 아기 예수와 그의 어머니 마리아를 데리고 이스라엘 땅으로 돌아왔다. 그런데 헤롯의 아들 아켈라오가 아버지 뒤를 이어 유대의 임금으로 통치하고 있었다. 요셉은 여전히 두려웠고 하나님께서 변두리 시골인 갈릴리 지방의 나사렛 동네로 인도하셨다. 사실 나사렛 동네는 아기 예수님의 어머니 마리아가 살던 동네였다. 전에 하나님께서 세례 요한의 어머니 엘리사벳의 태를 열어 세례 요한을 잉태케 하여 6개월 되었을 때 하나님이 천사 가브리엘을 동정녀 마리아에게 보내셨다. 이때 마리아는 갈릴리 나사렛 동네에 살고 있었다(눅 1:26). 하나님은 아기 예수님을 양육해야 할 마리아를 생각하셨다. 마리아가 생소한 곳으로 인도하지 않으시고 마리아가 살았던 익숙한 동네로 인도하셨다.

그때부터 아기 예수님은 나사렛에서 자라나셨다. 이에 대해서도 하나님은 선지자를 통해서 미리 말씀하시기를 "나사렛 사람이라 칭하리라."라고 하셨는데 말씀하신 대로 이루셨다.

후에 예수님에 대한 호칭이 '나사렛 예수'로 불렸다. 이 나사렛이란 수식어는 천민에게 붙이는 칭호였다. 시골 깡촌에서 태어나고, 못 배우고, 지식이 없는 그래서 답답한 시골뜨기, 촌놈 등등의 의미이다.

나중에 빌립이 나다나엘에게 예수님을 다음과 같이 소개하였다. "모세가 율법에 기록하였고 여러 선지자가 기록한 그이를 우리가 만났으니 요셉의 아들 나사렛 예수니라." 이 소개를 받은 나다나엘이 말하기를 "나사렛에서 무슨 선한 것이 날 수 있느냐?"라고 하였다. 나다나엘의 생각이 당시에 모든 사람의 공통된 생각이었다. 그런데 나다나엘은 예수님을 만난 후에 생각이 바뀌었다. 나사렛에서 선한 분이 나오셨음을 알았다. 그래서 새 시대에 첫 번째로 예수 그리스도에 대해 신앙 고백하기를 "랍비여 당신은 하나님의 아들이시오 당신은 이스라엘의 임금이로소이다."(요 1:49)라고 하였다.

나사렛 예수님에 대한 소문은 이스라엘 백성들에게 퍼져나갔다. 예수님께서 여리고에 가셨을 때 디매오의 아들 맹인 거지 바디매오가 길가에 앉았다가 나사렛 예수가 지나가신다는 소리를 들었다. 맹인 바디매오는 바로 소리 지르기를 "다윗의 자손 예수여 나를 불쌍히 여기소서!"(막 10:47)라고 하였다. 예수님은 지나가시다가 머물러 서서 맹인 바디매오의 눈을 고쳐 주셨다. 여기서 바디매오가 분명 나사렛 예수가 지나간다는 소리를 듣고 그가 예수님을 부른 호칭은 '나사렛 예수여!'가 아니라 '다윗의 자손 예수여!'라고 소리쳤다. 앞을 보지 못하기 때문에 다른 사람들이 전해주는 말을 듣고 믿음의 지식을 결정했을 것이다. 그렇다면 당시에 바디매오 주위에 있는 많은 사람이 나사렛 예수를 다윗의 자손으로 오신 예수님으로 이해하고 있었다는 증거이다. 나사렛 예수가 다윗의 후손으로 오신 예수 곧 이스라엘의 왕으로 인정되고 있었다는 의미다.

귀신들도 예수님을 부를 때에 '나사렛 예수'라고 불렀다. 이는 그들의 세계에서 이미 하나님의 아들이 나사렛 예수라고 불릴 것을 알고 있었기 때문이다. 가버나움 회당에서 더러운 귀신들린 사람이 소리지르기를 "나사렛 예수여 우리가 당신과 무슨 상관이 있나이까 우리를 멸하러 왔나이까 나는 당신이 누구인줄 아노니 하나님의 거룩한 자니이다."(막 1:24)라고 하였다. 귀신들은 나사렛 예수님이 하나님의 아들인줄 알고 있었다. 이는 하나님이 선지자를 통해서 하나님의 아들이 나사렛 사람이라 칭하리라는 것을 귀신들은 알고 있었다는 의미이다.

후에 예수님께서 십자가에 달려 대속의 죽음을 맞으실 때 빌라도가 패를 써서 십자가 위에 붙였는데 거기에 [나사렛 예수 유대인의 왕이라]고 기록하였다. 이 죄패가 히브리어와 로마어, 헬라어로 기록되어 지나가는 모든 사람이 보았다. 이 죄패의 문구를 자세히 보라. 나사렛 예수가 유대인의 왕이 되었다. 유대인들이 천하게 여긴 나사렛 예수가, 그 나사렛 예수를 천하게 여겼던 유대인들의 왕이 되었다. 참으로 통쾌하지 않는가!

　예수님은 부활하신 후에도 자신에게 붙은 나사렛이란 호칭을 계속해서 사용하셨다. 사울이 주님의 교회를 잔해하고 핍박할 때에 부활의 주님께서 다메섹 도상에서 사울을 만날 때 "나는 네가 박해하는 나사렛 예수라"라고 하셨다. 모든 사람이 천하게 여긴 그 수식어를 부활하신 예수님께서 여전히 사용하신다. 이는 당시에 모든 사람이 천하게 여겼던 나사렛 예수가 부활하시어 하늘과 땅의 왕 곧 만왕의 왕으로 등극하셨음을 선언하는 의미이기도 하다. 사람들이 천하게 여긴 나사렛 예수가 최고의 영광의 자리에 오르셨다. 여기에서 하나님의 일하심을 엿볼 수 있다. 하나님은 세상에 미련한 것들을 택하사 지혜 있는 자들을 부끄럽게 하시고 약한 것들을 택하사 강한 것들을 부끄럽게 하시고 천한 것들과 멸시받는 것들을 택하사 있는 것들을 폐하신다.(고전 1:27-28)

　베드로 사도도 예수님의 부활 이후에 그의 사역을 행할 때에 나사렛 예수의 이름으로 선언하였다. 미문 앞에서 구걸하는 앉은뱅이에 대해서 "은과 금은 내게 없거니와 내게 있는 것으로 네게 주노니 나사렛 예수 그리스도의 이름으로 일어나 걸으라."(행 3:6)라고 선포하였다. 그랬더니 발과 발목에 힘을 얻고 일어나서 걷기도 하고 뛰기도 하였다.

　기독교의 놀라운 반전 중의 하나가 바로 이것이다. 시골 촌뜨기 같은 표현인 나사렛 예수가 하나님의 아들이고 다윗의 후손으로 오신 이스라엘의 왕이시다. 그 천한 수식어가 붙은 이름의 권능에 귀신들이 쫓겨나가고 앉은뱅이가 일어섰다.

하나님은 요한 계시록에서 두루마리를 봉한 인을 뗄 자로 유다 지파의 사자가 승리했으니 그가 두루마리의 봉한 인을 뗄 것이라고 하셨다. 그래서 요한이 유다 지파의 승리한 사자를 보기 위해서 고개를 돌렸는데 그곳에 승리한 사자는 보이지 않고 어린 양이 서 있었다. 어린 양과 사자는 얼마나 대조적인가! 마찬가지로 나사렛 예수님과 다윗의 후손으로 오신 이스라엘의 왕 예수님도 얼마나 대조적인가! 이 둘의 조화를 이루신 분이 바로 우리 주 예수 그리스도이시다.

세례 요한을 준비시킨 하나님
구약의 마지막 선지자

누가복음 1:5-25, 57-80

하나님은 예수 그리스도를 이 세상에 보내시기 전에 많은 것을 준비하셨다. 모세에게 계시하여 만들게 한 성막도 예수 그리스도를 위한 준비였다. 왕의 직분과 제사장의 직분 그리고 선지자의 직분도 모두 우리 주 예수 그리스도와 관련되어 있다. 그리스도란 이름이 바로 위의 삼중직과 연결되어 있다.

하나님은 세례 요한을 예수님보다 6개월 먼저 태어나게 하시어 예수님을 위해서 준비하셨다. 구약의 모든 하나님의 일군들이 그리스도의 오심을 위해서 봉사하였듯이 세례 요한도 예수님을 위해서 태어났다.

하나님은 세례 요한과 그의 사역과 관련하여 자신의 선지자들을 통해서 특별하게 말씀하셨다. 하나님은 이사야 선지자를 통해서 말씀하시기를 "외치는 자의 소리여 이르되 너희는 광야에서 여호와의 길을 예비하라 사막에서 우리 하나님의 대로를 평탄케 하라 골짜기 마다 돋 우어지며 산마다 언덕마다 낮아지며 고르지 아니한 곳이 평탄하게 되며 험한 곳이 평지가 될 것이요."(사 40:3-4)라고 하셨다.

또한, 하나님은 말라기 선지자를 통해서 세례 요한의 사역에 대해서 말씀하시기를 "보라 여호와의 크고 두려운 날이 이르기 전에 내가 선지자 엘리야를 너희에게 보내리니 그가 아버지의 마음을 자녀에게로 돌이키게 하고 자녀들의 마음을 그들의 아버지에게로 돌이키게 하리라 돌이키지 아니하면 두렵건대 내가 와서 저주로 그 땅을 칠까 하노라 하시니라."(말 4:5-5)라고 하셨다. 말라기의 이 예언 때문에 메시아를 기다리는 이스라엘 백성들은 먼저 엘리야와 같은 선지자를 기다렸다. 하나님께서 약속하신 대로 엘리야와 같은 선지자인 세례 요한이 탄생하였다. 그런데 당대에 사람들은 그를 엘리야와 같은 선지자로 알아보지 못했다.

하나님은 세례 요한의 출생을 예고한 천사를 통해서 세례 요한의 아버지 사가랴에게 세례 요한의 사역에 대해서 알려 주셨다. 곧 "이는 그가 주 앞에서 큰 자가 되며 포도주나 독한 술을 마시지 아니하며 모태로부터 성령의 충만함을 받아 이스라엘 자손을 주 곧 그들의 하나님께로 많이 돌아오게 하겠음이라 그가 또 엘리야의 심령과 능력으로 주 앞에 먼저 와서 아버지의 마음을 자식에게 거스르는 자를 의인의 슬기에 돌아오게 하고 주를 위하여 세운 백성을 준비하리라."(눅 1:15-17)라고 고지하였다.

예수님은 제자들에게 세례 요한에 대해서 말씀하시기를 "세례 요한

때부터 지금까지 천국은 침노를 당하나니 침노하는 자가 빼앗느니라 모든 선지자와 율법이 예언한 것은 요한까지니 만일 너희가 즐겨 받을진대 오리라 한 엘리야가 곧 이 사람이니라."(마 11:12-14)라고 하셨다. 곧 이스라엘 백성들이 메시아 이전에 오실 것이라고 기다리던 엘리야와 같은 선지자가 세례 요한이라고 하신 것이다.

세례 요한의 사역은 하나님의 백성들에게 회개의 세례를 베풀어 예수 그리스도께로 인도하는 일이었다. 세례 요한은 예수님보다 6개월 먼저 태어나서 신약의 복음서에 기록되고 활동했을지라도 구약에 속한 구약의 마지막 선지자였다. 구약의 마지막 선지자인 세례 요한이 새 시대의 왕을 맨 먼저 백성들에게 소개한다. "보라 세상 죄를 지고 가는 하나님의 어린양이로다."(요 1:29)

세례 요한은 자신이 누구이고 무엇을 위해서 이 세상에 태어났는지를 정확히 알고 있었다. 자신이 물로 세례를 베푸는 것은 오직 예수님을 위한 것이라고 하였다. "내가 와서 물로 세례를 베푸는 것은 그를 이스라엘에 나타내려 함이라."(요 1:31)

세례 요한은 자기 뒤에 하나님의 아들이 오심을 분명히 알았고 이를 백성들에게 선포하였다. 세례 요한은 선포하기를 "나는 너희에게 회개하게 하기 위하여 물로 세례를 베풀거니와 내 뒤에 오시는 이는 나보다 능력이 많으시니 나는 그의 신을 들기도 감당하지 못하겠노라 그는 성령과 불로 너희에게 세례를 베푸실 것이요."(마 3:11)라고 하였다.

하나님은 예수 그리스도 앞에 구약의 마지막 선지자인 세례 요한을 준비시켜서 메시아의 길을 준비하셨다. 백성들의 마음을 준비시켜 예수님을 맞이하게 하였고, 이스라엘 백성들에게 예수 그리스도를 소개하였다.

세례 요한의 중심은 항상 예수 그리스도를 높이는 데 있었다. 그는 고백하기를 "신부를 취하는 자는 신랑이나 서서 신랑의 음성을 듣는 친구가 크게 기뻐하나니 나는 이러한 기쁨으로 충만하였노라."라고 하므로 자신은 예수 그리스도의 음성을 듣는 것만으로도 만족하다고 여겼다. 그리고 예수 그리스도는 흥하여야 하고 자신은 쇠하여야 할 것이라고 하였다. 이는 세례 요한 자신의 삶이 오로지 그리스도를 위해서 존재했음을 확증한 것이었다.

예수님은 세례 요한에 대해서 평가하시기를 선지자보다도 훌륭한 자라고 하셨다(눅 7:26). 또한, 세례 요한을 가리켜 "여자가 낳은 자 중에 요한보다 큰 자가 없도다."(눅 7:28)라고도 하셨다. 이는 지금까지 세례 요한처럼 하나님의 얼굴을 가까이서 보고 그 음성을 들으며 세상에 소개한 자가 없었기 때문이다.

분명 세례 요한은 하나님의 구속의 경륜 속에서 옛 시대와 새 시대를 연결해 주는 중요한 역할을 감당했음이 분명하다. 새 시대의 모든 그리스도인은 세상에 하나님의 아들을 최초로 소개하고 이슬처럼 사라진 세례 요한을 결코 잊지 못할 것이다.

메시야 임직식을 행하신 예수 그리스도
세례 요한에게 세례 받으심

마태복음 3:13-17, 마가복음 1:9-11, 누가복음 3:21-22

　육체로 이 세상에 오신 하나님, 예수 그리스도께서도 세례 요한에게 세례를 받기 위해서 요단강으로 찾아가셨다. 이것은 세례 요한이 감당하기 벅찬 엄청난 일이었다. 세례 요한의 임무는 많은 사람에게 회개의 세례를 베풀어 예수님께로 인도하는 일이다. 그런데 그 예수님이 자신에게로 와서 세례를 요청하였다. 처음에 세례 요한은 거절했다. "내가 당신에게 세례를 받아야 할 터인데 당신이 내게로 오시나이까?"(마 3:14)라고 하였다. 이는 세례 요한이 예수님이 하나님이심을 분명하게 알았기 때문이다. 예수님은 거절한 세례 요한에게 이르시기를 "이제 허락하라 우리가 이와 같이 하여 모든 의를 이루는 것이 합당하니라."(마 3:15)라고 말씀하셨다. 세례 요한은 그 말씀에 순종하여 예수님께 세례를 베풀었다.

　여기서 예수님이 하신 말씀 중에 "우리가 이와 같이 하여 모든 의를 이루는 것이 합당하다"라는 의미가 무엇인지 살펴보고자 한다. "이와 같이 행한다."라는 것은 예수님이 세례 요한에게 세례를 받음을 의미한다. 그리고 "모든 의를 이루는 것이 합당하니라"라는 의미는 하나님 아버지께서 이런 방식으로 구원의 일을 계획하시고 작정하셨다는 뜻이다. 즉 예수님께서 모든 죄인의 대표자가 되어서 세례 요한에게 세례를 받음으로 메시아 임직식을 행한 후에 하나님이 계획하신 구원의 사역을 시작하게 될 것이라는 뜻이다. 이것은 하나님 아버지께서 계획하신 일이다. 그 뜻을 이루는 것이 바로 모든 의를 이루는 것이다. 예수님은 죄가 없으시다. 그러므로 세례 요한에게 굳이 세례를 받으실 필요가 없었다. 세례 요한의 세례는 죄인들이 받은 세례였기 때문이다. 죄를 사하는 세례가 아니라 자신들의 죄를 깨닫고 회개하며 예수님을 찾아가도록 인도하는 세례였다.

그런데 예수님은 모든 죄인의 대표자 곧 자신을 죄인들의 우두머리로 스스로를 낮추신 것이다. 창조주 하나님이 육체를 입으시고 죄인들과 자신을 하나로 묶으셨다. 그렇기 때문에 예수님이 세례 요한에게 세례를 받으신 것은 메시아의 임직식이라 할 수 있다. 이제부터 예수님은 모든 죄인의 대표자가 되어서 메시아의 사역을 시작하게 된다.

이와 같은 그림은 구약에서 예표적으로 드러난다. 하나님께서 사무엘 선지자를 특별한 일을 위해 준비시킨다. 사무엘의 탄생과 세례 요한의 탄생의 줄거리가 비슷하다. 사무엘은 다윗왕에게 기름을 부어 이스라엘의 왕으로 등극시킨다. 그리고 세례 요한은 다윗의 후손으로 오신 우리 주 예수 그리스도에게 세례를 베풀어 이스라엘의 왕, 메시아로 등극시킨다. 하나님의 일하심이 참으로 오묘하지 않은가! 구약의 사건과 신약의 사건을 서로 짝을 이루게 하시어 구속의 일을 행하신다.

죄인들의 대표자로서 세례 요한에게 세례를 받으시고 물에서 올라오실 때에 하늘이 열리고 하나님의 성령이 비둘기 같이 임하셨다. 그리고 하늘로부터 아버지 하나님의 음성이 들리기를 "이는 내 사랑하는 아들이요 내 기뻐하는 자라."(마 3:17)라고 하셨다.

태초로부터 예수님이 세례를 받으신 이때까지 성부 하나님과 성자 예수님 그리고 성령 하나님이 한 사건에 등장하는 것이 처음 있는 일이다. 육체를 입고 오신 성자 예수님이 계시고 하늘이 열리고 성령 하나님이 비둘기 같이 임하셨고, 성부 하나님의 음성이 들렸다. 왜 이 상황에서 하나님은 성부, 성자, 성령 하나님의 삼위일체를 계시하였을까? 하나님은 이 사건을 통해 자기 백성들에게 주실 구원의 풍요함을 드러내기를 원하셨다. 메시아 임직식을 행한 성자 예수님은 모든 죄인의 대표자이다. 대표자에게 일어난 일은 대표자와 연합된 모든 백성에게 동일하게 주어진다. 우리의 대표자가 하나님을 아버지라고 부르면 대표자에게 속한 성도들도 하나님을 아버지라고 부른다. 우리의 대표자에게 하늘이 열리고 하나님의 성령이 임하였다면 대표자에게 속한 성도들에게도 하나님의 성령님이 임하신다. 아버지 하나님이 우리의 대표자에게 "이는 내 사랑하는 아들이요 내 기뻐하는 자라."라고 선언하셨다면 동일하게 대표자에게 속한 모든 성도에게 아버지 하나님께서 "이는 내 사랑하는 자요 내 기뻐하는 자라."라고 선언하신다. 그러므로 우리의 대표자로 메시아 임직식 때에 드러난 모든 일이 하나님의 백성들에게도 동일하게 드러난다. 이것이 새 시대에 새 백성들이 받은 구원이다.

예수님에게 주어진 이 모든 은혜가 십자가와 부활 그리고 승천하시어 만왕의 왕으로 등극한 후에 자신의 교회에 동일하게 선물로 주어졌다. 지금 우리 모든 교회가 아버지와 아들과 성령의 영광스러운 교제 안에 살고 있다.

사탄에게 시험을 받으신 예수 그리스도
시험 받으심

마태복음 4:1-11, 마가복음 1:12-13, 누가복음 4:1-13

    예수님이 사탄에게 시험 받으심은 예수님의 공생애 사역 중 첫 번째 사역이다. 메시아 임직식을 마친 우리 주 예수 그리스도를 성령님이 마귀에게 시험을 받게 하기 위해 광야로 이끄셨다. 하나님이 첫 사람 아담을 모든 인류의 대표자로 세웠는데 아담이 그 대표자의 자리에서 마귀에게 시험을 받아서 넘어졌다. 이제 둘째 아담으로 오신 예수 그리스도께서 우리의 대표자가 되시어 마귀에게 시험을 받기 위해서 광야로 나가셨다. 첫째 아담은 마귀에게 시험을 받아 넘어졌지만 둘째 아담으로 오신 예수 그리스도는 마귀에게 승리하신다. 첫째 아담이 마귀에게 시험을 받아 넘어졌으므로 그 넘어진 자리에서 모든 인류가 고난 당하였다. 이제 둘째 아담이 마귀의 시험에서 승리하면 그에게 속한 모든 백성이 승리한 그 영광의 자리에서 참된 안식을 누리게 될 것이다.

그래서 메시아의 사역 중에 첫 번째 사역으로 마귀에게 시험을 받으신 것은 의미가 깊다. 예수님을 시험하는 마귀는 공중 권세를 잡고 있는 권세자이다. 많은 하나님의 백성들이 공중 권세를 잡고 있는 마귀의 권세 아래 잡혀 있는 상황이었다. 이제 예수님께서 마귀의 권세를 물리치므로 마귀의 수하에 잡혀 있는 하나님의 백성들을 마음대로 끌어올 수 있을 것이었다. 이에 대해서 예수님께서 이렇게 설명하셨다. "사람이 먼저 강한 자를 결박하지 않고서야 어떻게 그 강한 자의 집에 들어가 그 세간을 강탈하겠느냐? 결박한 후에야 그 집을 강탈하리라."(마 12:29) 이 말씀을 하시기 전에 "내가 하나님의 성령을 힘입어 귀신을 쫓아내는 것이면 하나님의 나라가 이미 너희에게 임하였느니라."(마 12:28)라고 말씀하셨다. 그렇다. 예수님이 하나님 나라를 시작하시는데 어둠의 권세를 먼저 결박해야만 하셨다. 그래야 어둠의 권세 아래 있는 자기 백성들을 마음껏 해방시킬 수 있기 때문이었다.

그래서 예수님의 첫 번째 사역이 마귀에게 시험을 받기 위해서 광야로 나가신 일이다. 예수님은 40일 동안 금식하셨다. 여기 40일은 고난의 충만한 숫자이다. 성경에 40일의 숫자가 여러 번 등장한다. 노아 시대에 죄악을 심판할 때에 밤낮 40일 동안에 비가 내렸다. 모세가 십계명을 받기 위해서 시내산에 올라가서 40일 동안을 머물렀다. 이외에도 몇 군데 더 있다. 중요한 것은 40일이 고난의 충만한 기간이라는 사실이다. 예수님은 황량한 광야에서 40일 동안을 금식하셨다. 첫 사람 아담과 비교해 보라. 첫 사람 아담은 기쁨의 동산인 에덴동산에서 먹을 것이 풍성한 중에 넘어졌다. 그런데 둘째 아담으로 오신 우리 주 예수 그리스도는 아무 먹을 것이 없는 고난의 장소인 광야에서 40일 동안을 금식하셨다. 그리고 마귀에게 시험을 받으셨다.

첫 번째 시험은 하나님의 아들 됨을 확증하는 시험이었다. "네가 만일 하나님의 아들이어든 명하여 이 돌들로 떡 덩이가 되게 하라"(마 4:3) 마귀는 예수님이 하나님의 아들임을 알고 있었다. 그리고 예수님이 40일 동안 금식하여 굶주려 있음도 알았다. 그래서 하나님의 아들의 능력으로 먼저 너의 배고픔을 채우라는 시험이었다.

예수님의 대답에서 유추할 수 있는 것은 마귀가 돌로 떡을 만들어 먹을 것을 요구함이 분명하다. "예수께서 대답하여 이르시되 기록되었으되 사람이 떡으로만 살 것이 아니요 하나님의 입으로부터 나오는 모든 말씀으로 살 것이라 하였느니라."(마 4:4)

예수님이 마귀의 시험을 물리치기 위해서 인용한 말씀은 신명기 8:3의 말씀이었다.

예수님은 사람에게 떡이 필요 없다고 말씀하지 않으셨다. 모든 사람은 반드시 먹을 것을 먹어야 한다. 그러나 그보다 먼저 하나님의 말씀에 순종해야 함을 말씀하셨다.

첫 사람 아담이 하나님의 말씀을 버리고 선악과를 먹음으로 넘어졌던 것과 비교해 보면 먼저 하나님의 말씀을 따라서 살아야 한다는 것이 명확해졌다. 하나님의 아들이라면 먼저 하나님의 말씀에 순종해야 한다. 하나님이 백성들의 삶의 방식이 먼저 하나님의 입에서 나온 모든 말씀으로 사는 삶이다.

마귀는 두 번째로 예수님을 거룩한 성으로 데려다가 성전 꼭대기에 세우고 이르기를 "네가 만일 하나님의 아들이어든 뛰어내리라 기록되었으되 그가 너를 위하여 그의 사자들을 명하시리니 그들이 손으로 너를 받들어 발이 돌에 부딪치지 않게 하리로다 하였느니라."(마 4:6)라고 하였다. 마귀는 시편 19:11, 12의 말씀을 가지고 예수님을 시험하였다. 이는 하나님을 시험하는 시험이기도 했다. 예수님의 대답에서 하나님을 시험하는 것임을 알 수 있다. 예수님께서 대답하시기를 "또 기록되었으되 주 너의 하나님을 시험하지 말라 하였느니라."라고 하셨다. 마귀는 하나님이, 말씀하신 대로 행하는가 행하지 않는가를 시험한 것이다. 예수님은 하나님을 시험하지 말라는 신명기 6:16의 말씀으로 마귀의 시험을 일축시켜 버렸다.

마귀는 세 번째로 예수님을 데리고 지극히 높은 산으로 가서 천하만국과 그 영광을 보여주면서 "만일 내게 엎드려 경배하면 이 모든 것을 네게 주리라."(마 4:9)하고 미혹하였다. 이는 명백한 거짓말이다.

예수님은 마귀에게 명하셨다. "사탄아 물러가라 기록되었으되 주 너의 하나님께 경배하고 다만 그를 섬기라 하였느니라."(마 4:10) 이번에도 예수님은 신명기 6:13의 말씀으로 마귀를 물리치셨다.

마귀는 첫 사람 아담과 하와를 미혹하여 선악과를 먹으면 너희 눈이 밝아져서 하나님처럼 될 것이라고 하였다. 이는 순전히 거짓말이었다. 마귀의 이 거짓말에 첫 사람은 넘어졌다. 그러나 둘째 아담으로 오신 우리 주 예수 그리스도는 마귀의 거짓말에 넘어가지 않으셨다. 예수님은 마귀의 시험에서 승리하셨다. 예수님의 공생애 첫 사역을 승리로 마쳤다. 이제 예수님의 공생애 사역은 마귀의 올무에서 하나님의 백성들을 마음대로 끌어올 수 있는 권능의 사역이 될 것이었다. 실제로 예수님의 공생애 사역 중에 마귀를 물리치는 일을 많이 하셨다. 마귀에게 잡혀있는 아브라함의 후손들을 해방시켜 주셨다. 이는 예수님의 첫 번째 사역에서 마귀의 시험을 이기시고 승리하셨기 때문에 가능한 일이었다. 물론 이 사건으로 마귀를 완전히 멸하신 것은 아니다. 아직 부활의 승리가 남아 있었고, 재림하여 마귀의 권세를 완전히 멸하실 날이 남아 있다. 그래도 예수님의 첫 사역에서 마귀의 시험을 이기고 승리하셨으므로 공생애 사역하는 동안에 마귀의 모든 세력을 제압하시고 하나님의 백성들을 마귀의 세력에서 끌어내셨다. 예수님이 이 세상에 오신 목적 중 하나는 마귀의 세력을 멸하기 위함이라고 하셨다. "죄를 짓는 자마다 마귀에게 속하나니 마귀는 처음부터 범죄함이라 하나님의 아들이 나타나신 것은 마귀의 일을 멸하려 하심이라."(요1서 3:8)

12제자를 세우신 예수 그리스도
새 이스라엘의 기초석

마태복음 10:1-4, 마가복음 6:7-13, 누가복음 9:1-6

하나님 나라의 왕으로 오신 우리 주 예수 그리스도는 자신의 나라를 설립하기 위해서 12기초석을 세우셨다. 그 12기초석이 바로 12사도들이다. 12사도들의 이름은 베드로라 하는 시몬, 그의 형제 안드레, 세베대의 아들 야고보와 그의 형제 요한, 빌립, 바돌로매, 도마, 세리 마태, 알패오의 아들 야고보, 다대오, 가나안인 시몬 그리고 예수님을 판 가룟 유다이다.

예수님이 12명을 사도로 택하심은 소그룹 교육에 가장 적당한 인원이어서 12명을 택한 것이 아니다. 제자 훈련하는 자들은 제자를 훈련하는 가장 적당한 수가 12명임을 강조한다. 그러나 막상 제자 훈련을 할 때는 수가 적을수록 좋다. 구약 시대에 엘리야는 엘리사 한 사람을 택하여 훈련시켰다. 예수님이 12명을 사도로 택하심은 옛 시대에 가나안에 세우신 하나님 나라와 깊은 연관성이 있다. 새 시대에 예수 그리스도께서 세우신 하나님 나라를 더 깊이 이해하기 위해서는 옛 시대에 가나안에 세우신 하나님 나라를 바로 이해해야 한다.

하나님께서 구약 시대에 이루시기를 원하신 목표는 가나안에 이스라엘 나라를 세우는 일이었다. 가나안에 세우신 이스라엘 나라는 땅에 속한 하나님 나라이다. 하나님은 가나안에 세우실 나라를 먼저 아브라함에게 약속하셨다. 그래서 아브라함이 가나안에 세운 하나님 나라의 조상이 되었다. 하나님은 아브라함의 후손으로 이스라엘 나라를 세우는데 12기초석 위에 세우셨다. 하나님은 자신의 나라를 세우는 일을 집 짓는 것과 연결하여 드러내셨다. 하나님은 바울 사도를 통해서 에베소 교회에 말씀하시기를 "너희는 선지자들의 터 위에 세우심을 입은 자라 그리스도 예수께서 친히 모퉁잇돌이 되셨느니라 그의 안에서 건물마다 서로 연결하여 주 안에서 성전이 되어 가고 너희도 성령 안에서 하나님이 거하실 처소가 되기 위하여 그리스도 예수 안에서 함께 지어져 가느니라."(엡 2:20-22)라고 하였다. 하나님 나라는 구약 백성과 신약 백성들이 연합하여 하나님이 거하실 처소가 되는 일이라고 하였다.

하나님은 아브라함에게 약속하신 자신의 나라를 가나안에 세우려고 야곱에게 12아들을 주셨다. 야곱의 사명은 이스라엘의 12아들을 낳아 이스라엘의 12기초석을 세우는 일이었다. 그래서 두 아내 레아와 라헬 그리고 그녀들의 몸종이었던 빌하와 실바를 통해서 경쟁하듯이 아들들을 낳았다. 하나님은 야곱의 이름을 이스라엘로 바꿔 주시고 그 슬하에 12아들을 주시므로 장차 세워질 이스라엘 나라의 12기초석이 되게 하셨다. 하나님은 야곱이 낳은 12아들을 기초석으로 하여 가나안에 약속하신 이스라엘 나라를 세우셨다.

  그러나 하나님의 궁극적인 나라는 가나안에 세운 이스라엘 나라가 아니다. 가나안에 세운 이스라엘은 그림자와 같은 나라였다. 하나님이 세우기 원하신 하나님의 나라는 아들 안에서 세울 새 이스라엘이다. 우리 주 예수 그리스도께서 이 세상에 오심으로 하나님께서 계획하신 대로 새 이스라엘 나라를 시작하셨다. 새 이스라엘 나라는 가나안에 국한된 나라가 아니라 하늘과 온 세상에 세우실 나라이다. 그렇지만 새 이스라엘 나라도 옛 시대에 세우신 이스라엘 나라의 틀을 그대로 가지고 세우신다. 곧 옛 이스라엘을 12지파의 기초석 위에 세웠듯이 새 이스라엘 나라도 12사도의 기초석 위에 세우신다. 이렇게 하나님은 구약의 이스라엘 나라와 새 시대의 새 이스라엘 나라를 서로 연결하신다. 구약 시대에 행하셨던 일과 새 시대에 행하시는 일이 무관하지 않고 서로 깊은 관계성이 있음을 하나님께서는 확증하시는 것이다. 우리에게 오신 예수 그리스도는 구약 이스라엘 백성과 무관하신 하나님이 아니다. 그때, 옛 시대에 이스라엘과 함께 하셨던 하나님이 친히 우리와 같은 몸을 입으신 하나님이시다. 이는 하나님께서 처음에 계획하신 일을 이루시기 위해서 옛 시대로부터 꾸준히 일해 오셨음을 스스로 증거하시는 것이다.

  구약 시대에 하나님께서 12지파를 기초석으로 하여 이스라엘 나라를 세우셨듯이 새 시대에는 12사도를 기초석으로 하여 새 이스라엘 곧 교회를 세우셨다. 예수님은 새 시대의 교회를 12사도들을 기초석으로 하여 그 위에 세우셨다. 예수님께서 십자가에 달리시고 3일 만에 부활하신 목적은 교회를 세우시기 위함이다. 교회는 새 시대에 하나님이 세우시기를 원한 하나님 나라의 공동체이다. 하나님 나라의 왕으로 오신 우리 주 예수 그리스도께서는 자신이 세우실 나라를 위해서 먼저 12사도를 택하셨다. 이는 부활 이후의 영광의 시대에 살고 있는 우리에게 생명을 주시기 위한 초석을 다지기 위해서이다. 지금 모든 교회가 구원의 생명을 얻어 누리게 된 것은 하나님 나라의 왕이신 예수 그리스도께서 12사도를 택하여 12기초석을 삼으시고 하나님의 나라를 세우셨기 때문이다. 지금 우리 성도들이 그 영광을 누리고 있다는 사실을 잊어서는 안 된다.

하나님 나라를 선포하신 예수 그리스도
" 회개하라 천국이 가까이 왔다."

마태복음 3:1-12, 4:1217, 10:1-15

세례 요한이 유다 광야에서 선포하여 이르기를 "회개하라 천국이 가까이 왔느니라."(마 3:2)라고 하였다. 새 시대에 하나님의 나라를 맨 먼저 선포한 사람은 세례 요한이다. 세례 요한은 이를 위해서 태어났다. 광야에서 때를 기다리던 세례 요한은 기한이 차자, 하나님의 백성들에게 회개의 세례를 베풀어 아브라함의 후손들을 예수님께로 안내하였다. 세례 요한은 하나님 나라의 왕이신 예수 그리스도를 세상에 처음으로 소개하였다. 그가 예수님을 세상에 소개하기를 "보라 세상 죄를 지고 가는 하나님의 어린 양이로다."(요 1:29)라고 하였다. 세례 요한은 예수 그리스도가 누구신줄 알았다. 곧 하나님의 아들이요 자기 백성을 구원하기 위해서 유월절 어린 양과 같이 죽임을 당하실 분임을 알았다. 이런 과정은 모두 하나님 나라를 세우기 위함이었다. 그 하나님 나라를 시작하시고 세우실 분이 바로 자기가 소개할 예수 그리스도

임을 알았기 때문에 "회개하라 천국이 가까이 왔느니라"라고 선포한
것이다. 그러나 아직 사람들의 심령은 준비되지 않았다. 누구든지 우
리 주 예수 그리스도를 영접하기 위해서는 반드시 전제되어야 할 것이
회개이다. 그래서 하나님은 세례 요한을 통해서 아브라함의 후손들인
자기 백성들에게 먼저 회개를 선포하셨다. 예수님이 가지고 오신 천국
곧 하나님 나라에 들어가려면 회개가 필수였다. 세례 요한이 외친 회
개는 이전의 모든 것을 다 내려놓고 예수 그리스도에게 집중하는 일이
었다. 잘못된 모든 행위도 고쳐야 했고, 교만하여 높아졌던 마음도 낮
아져야 했다. 부자들은 자신의 재물로 가난한 자들을 억압했던 것도
멈춰야 했다. 군인들도 포악했던 행위들을 그치고 약한 자들을 돌봐야
했다. 그리고 사랑과 은혜를 가지고 오신 우리 주 예수 그리스도를 영
접해야 했다. 하나님이 보내신 메시아가 바로 예수 그리스도임을 믿고
영접해야 했다는 말이다.

예수님께서도 맨 먼저 선포하신 내용이 "회개하라 천국이 가까이
왔느니라."(마 4:17)였다. 세례 요한이 자기가 소개할 예수 그리스도를
생각하면서 "회개하라 천국이 가까이 왔느니라."라고 외쳤다면, 예수
님은 자신이 가지고 온 하나님 나라를 직접 외치신 것이다. 하나님 나
라의 왕 되신 예수님이 이 세상에 오시므로 새로운 하나님 나라가 시
작된 것이다. 가나안의 하나님 나라는 땅에 속한 하나님 나라였다면
예수님이 가지고 온 하나님 나라는 하늘에 속한 하나님 나라이다. 가
나안의 하나님 나라는 그 백성들이 돌비에 새겨진 율법을 따라서 섬기
는 하나님 나라였는데, 예수님이 시작하신 하나님 나라는 자기 백성들

의 마음에 새긴 법으로 성령의 임재하심으로 이루실 나라이다. 그러므로 옛 시대 가나안 땅에 설립된 이스라엘처럼 실패하지 않는 나라다. 새 시대에 예수님이 가지고 오신 하나님 나라와 예수님 자신은 하나로 연합되어 있다. 우리 주 예수 그리스도가 하나님 나라의 전부이다. 예수님은 하나님 나라의 왕이시다. 하나님 나라의 왕이신 예수 그리스도께서 자신의 나라를 시작하시고 그 나라를 이루시고 마지막으로 완성하실 것이기 때문이다. 그래서 "영접하는 자 곧 그 이름을 믿는 자들에게는 하나님의 자녀가 되는 권세를 주셨으니"(요 1:12)라고 하셨다. 그 당시의 사람들이 예수 그리스도를 보는 것은 하나님 나라를 보는 것이다. 예수 그리스도의 음성을 듣는 것이 하나님 나라의 법과 지혜를 듣는 것이다. 예수 그리스도의 이적과 기사를 보는 것이 하나님 나라의 영광을 보고 누린 것이다. 구약 시대에는 하나님을 본 자가 없었다. 그런데 하나님이 친히 사람의 모양으로 자기 백성 중에 오셔서 말씀하시고 만지시고 이적과 기사를 행하셨다. 그래서 예수님이 "회개하라 하나님 나라가 가까이 왔느니라."라고 하신 것이다. 예수님이 시작하신 하나님 나라에 참여하려면 이전의 모든 것을 버려야 한다. 지금까지 따라 했던 율법도 버려야 한다. 이제는 율법이 아닌 다른 방식으로 하나님과 교제할 수 있기 때문이다. 예수님이 곧 율법의 완성이시다. 이제 더 이상 율법의 방식으로 하나님과 교제함이 아니라 아들 안에서 새롭게 하나님과 교제하게 되었다. 그러므로 예수님이 말씀하신 "회개하라."라는 말의 의미는 이전의 모든 것을 폐기하는 것을 의미한다. 우리 주 예수 그리스도만 남기고 모든 것을 폐기해야 한다. 하나라도 남아 있으면 하나님 나라에 합당하지 않다.

예수님이 제자들에게 이스라엘 집의 잃어버린 양에게로 가서 "천국이 가까이 왔다."하고 전파하라고 하셨다. 예수님께서 자신의 12제자를 확정하시고 그들을 처음으로 내보내시면서 하신 말씀이다. 제자들이 나가서 전파할 말씀은 예수님이 가지고 오신 하나님 나라이다. 하나님 나라의 왕 되신 예수 그리스도께서 하나님 나라를 가지고 오셨음을 전파하였다. 제자들은 가는 곳마다 더러운 귀신을 쫓아내고 모든 병과 모든 약한 것을 고쳤는데 이는 모두 예수님이 주신 권능으로 한 일이다. 그러므로 제자들에게 일어난 일들은 모두 예수 그리스도의 권능으로 된 일이었다. 즉 예수님이 아니면 제자들은 아무것도 할 수 없었다. 제자들의 배후에 예수님이 권능으로 계셨다. 제자들이 드러낸 권능들이 바로 천국이 가까이 온 모습이었다. 이전에는 이런 권능이 드러난 적이 없었다. 왜냐면 아직 천국이 가까이 오지 않았기 때문이다. 다른 말로 표현하면 아직 우리 주 예수 그리스도께서 오시지 않았기 때문이다. 제자들과 예수님은 하나로 연결되어 있었다. 제자들이 가는 곳에 예수님이 함께하셨고, 제자들을 영접하는 자는 예수님을 영접함이었다. 그래서 예수님은 제자들에게 이르시기를 "누구든지 너희를 영접하지도 아니하고 너희 말을 듣지도 아니하거든 그 집이나 성에서 나가 너희 발의 먼지를 떨어 버리라 내가 진실로 너희에게 이르노니 심판 날에 소돔과 고모라 땅이 그 성보다 견디기 쉬우리라."(마 10:14-15)라고 하셨다. 제자들을 영접하지 않았다고 이렇게까지 저주를 내릴 필요가 있었을까? 이것은 예수님과 제자들은 하나로 연합되었기 때문이다. 즉, 제자들을 영접하지 않는 것은 예수 그리스도를 영접하지 않고 거절하는 것이며, 이는 하나님 나라를 거절하는 것과 같은 것이다.

그러나 제자들을 영접한 자들은 예수님을 영접함이 되어 하나님 나라의 부요함을 누렸다.

우리 주 예수 그리스도께서 가나안 땅 갈릴리에 가지고 오셔서 시작하신 하나님 나라가 지금은 하늘 보좌와 온 우주에 충만하게 드러났다. 그때에는 하나님 나라가 가까이 왔지만, 지금은 우리 모든 성도가 하나님 나라의 부요함을 누리고 있다. 가까이 온 정도가 아니라 아예 우리가 그 속에 파묻혀 산다. 성부 성자 성령의 영광스러운 교제 안에서 새 생명으로 살고 있다.

자신의 나라의 특성을 드러내신 예수 그리스도

가나 혼인잔치

요한복음 2:1-11

갈릴리 가나에 혼인잔치가 있었다. 예수님의 어머니도 거기에 계셨다. 예수님과 제자들도 혼인잔치에 청함을 받아 참석하였다. 예수님의 어머니와 예수님을 초대한 것을 보면 서로 잘 아는 관계인 것이 분명하다. 그런데 잔칫집에 문제가 생겼다. 잔치에 꼭 필요한 포도주가 떨어졌다. 이 사실을 예수님의 어머니가 예수님께 와서 말하기를 "저들에게 포도주가 없다."라고 하였다. 그러자 예수님은 어머니에게 이르시기를 "여자여 나와 무슨 상관이 있나이까? 내 때가 아직 이르지 아니하였나이다."라고 대답했다. 아들의 대답을 들은 어머니는 곧바로 하인들에게 명하기를 "너희에게 무슨 말씀을 하시든지 그대로 하라."라고 하였다. 바로 가까이에 유대인의 정결 예식을 따라 두세 통 드는 돌 항아리 여섯이 놓여 있었다. 예수님께서 하인들에게 이르시되 "항아리에 물을 채우라."라고 하셨다. 종들은 예수님의 말씀대로 돌 항아리의 아귀까지 물을 채웠다. 예수님은 하인들에게 이르시기를 "이제 떠서 연회장에게 갖다 주라."라고 하셨다. 종들은 돌 항아리에 있는 포도주를 연회장에게 갖다 주었고, 연회장은 그 포도주가 어디서 났는지 알지 못했다. 그러나 물 떠온 하인들은 알았다. 연회장이 신랑을 불러 이르되 "사람마다 먼저 좋은 포도주를 내고 취한 후에 낮은 것을 내거늘 그대는 지금까지 좋은 포도주를 두었도다."라고 하였다. 예수님께서 갈릴리 혼인잔치에서 행하신 표적, 물이 포도주가 된 표적은 첫 번째 표적이다. 예수님은 이 표적을 통해 영광을 나타내셨고 제자들도 예수님을 믿게 되었다.

결론부터 추적해 보면 예수님이 물로 포도주를 만드신 것은 표적이었다. 표적이란 무엇을 지시하는 분명한 증거를 의미한다. 예를 들어 부모가 어린 자식을 잃어버렸는데 잃어버린 자식의 귀밑에 검은 점이 있다면 그 점이 표적이다. 후에 그 아이가 어른이 되어 부모와 만났을 때 부모는 그 아이의 귀밑에 있는 검은 점을 표적으로 알고 자신의 자식임을 확증할 것이다. 예수님이 행하신 첫 번째 표적이 바로 예수님이 하나님의 아들이시라는 표적이다. 그래서 제자들이 이 표적을 보고 예수님을 믿었다.

좀 더 세밀하게 살펴보면 예수님의 어머니가 "포도주가 없다."라고 했을 때 예수님은 어머니의 말을 대수롭지 않게 넘길 수 있었다. "포도주가 없다."라고 하면 "예 그렇군요. 포도주가 떨어졌군요."라고 대답하고 넘길 수 있다. 그런데 예수님은 "저들에게 포도주가 없다."라어머니의 말을 의미 있게 받아들였다. 예수님은 어머니의 중심을 이미 알고 계셨다. 곧 어머니가 예수님 자신에게 이 문제를 해결해 주라는 의미로 받아들였다. 그래서 어머니께 대답하기를 "여자여 나와 무슨 상관이 있나이까. 내 때가 아직 이르지 아니하였나이다."라고 대답했다. 여기서 호칭은 그다지 중요하지 않다. 우리나라 정서상 어머니를 여자여 라고 호칭한 것이 어색할 뿐이지 막상 어머니를 하대한 호칭이 아니기 때문이다. 여기서 중요한 것은 예수님의 어머니가 예수님이 누구이심을 알고 이 문제를 해결해 달라고 요청하였다는 사실이다. 신약 성경에서 예수님이 누구신가에 대해서 가장 먼저 그리고 가장 자세히 알고 있는 사람은 예수님의 어머니 마리아였다. 마리아는 처음에 수태고지를 받을 때부터 예수님이 하나님의 아들이심을 알았다. 자신의 태에 잉태를 시작할 때부터 예수님이 성령으로 잉태된 하나님의 아들임을 분명히 알았다. 그 후에 예수님이 탄생했을 때에 동방에서 온 박사들을 영접하고 그들에게 선물을 받았다. 그리고 예수님이 12살 때에 예루살렘에서 있었던 일은 말할 것도 없고, 예수님이 30세가 될 때까지 한집에서 함께 살았다. 그렇다면 예수님이 하나님의 아들이심을 확실하게 알고 있었다. 예수님의 어머니는 예수님이 이 문제를 해결해 주실 것을 확신했다. 그래서 하인들에게 "너희에게 무슨 말씀을 하시든지 그대로 하라."라고 당부하였다. 이제 예수님의 말씀과 행하심을 살펴보자. 어머니에 대한 예수님의 대답을 눈여겨보면 "여자여 나와 무슨 상관이 있나이까? 내 때가 아직 이르지 아니하였나이다."라고 하였다. 혼인잔치 집에 포도주가 없는 것과 예수님이 무슨 상관이냐는 의미이다. 혼인잔치 집에 포도주가 떨어지는 것은 잔치를 망치는 것이다. 포도주는 꼭 있어야 한다. 바로 그곳에 하늘과 땅을 창조하신 예수님이 계셨다. 혼인잔치와 같은 기쁨이 넘치는 하나님 나라를 가지고 오신 예수님이 거기에 계셨다. 예수님은 자신의 때를 말씀하셨다. "내 때가 아직 이르지 아니하였나이다." 예수님 자신이 하나님의 아들이심을 드러내실 때는 앞으로 계속해서 올 것이다. 가나 혼인잔치에 참석하신 것은 예수님의 공생애 초기에 있었던 일이다. 아직 예수님이 하나님의 아들이심을 드러낼 때가 많이 남아 있지만 지금도 예수님이 하나님의 아들이심을 드러낼 때였다. 그래서 예수님은 하인들에게 돌 항아리에 물을 채우라고 말씀하셨다. 그리고 물을 포도주로 바꾸어 "이제 떠서 연회장에게 주라."라고 명하셨다.

예수님이 가나 혼인잔치에서 물로 포도주를 만들어 혼인잔치를 잔치되게 하신 이 사건, 곧 예수님의 첫 번째 표적을 통해서 자신이 누구시며 자신이 가지고 온 하나님 나라가 어떤 나라임을 드러내신다. 요한복음 1장부터 살펴보면 더욱 분명하게 드러난다. 요한복음의 시작은 예수님이 만물을 창조하신 창조자로 시작한다. 세상을 창조하신 분이 세상에 생명을 주신 분이심을 증거한다. 세상을 창조하시고 생명을 주신 분이 아버지 품속에 있는 독생자요 세상 죄를 지고 가는 하나님의 어린양이라고 소개한다. 그뿐만 아니라 나다나엘을 통해서 예수님은 하나님의 아들이시고 이스라엘의 임금이라고 고백한다. 그리고 요한복음 2장으로 이어진다. 창조자요 생명의 주인이시요 하나님의 독생자요 구세주요 하나님의 아들이시요 이스라엘의 왕이신 예수님이 첫 번째로 드러낸 표적이 물로 포도주 되게 하심이다. 요한복음 1장에서 소개한 대로 예수님이 그런 분이심을 확증한 표적이 물로 포도주 되게 하신 것이다. 이 첫 번째 표적으로 예수님은 진정 창조주이시고 생명의 주인 되심이 확증됐다. 예수님은 아버지의 품속에 계신 독생 하신 아들이심이 분명히 증명됐다. 사람은 물로 포도주를 만들 수 없다. 이런 일은 유일하게 하나님만 하실 수 있는 일이다. 그래서 물로 포도주를 만드신 일은 예수님이 하나님 되심에 대한 표적이다. 태초에 예수님은 아무것도 없는 중에서 말씀으로 천지를 창조하셨다. 첫 번째 표적에서도 말씀으로 물이 포도주 되게 하셨다. 마리아가 하인들에게 "무슨 말씀을 하시든지 그대로 하라."라고 했다. 예수님이 하인들에게 "항아리에 물을 채우라."하고 말씀하셨다. 그리고 이어서 "이제는 떠서 연회장에게 갖다 주라."라고 말씀하셨다. 본문에는 생략되어 있지만 예수님이 물에게 말씀하셨을 것이다. "물아 변하여 포도주가 되라."하고 말이다. 그래서 물이 변하여 포도주가 되었다. 말씀으로 천지를 창조하신 하나님의 아들이 말씀으로 물이 포도주 되게 하셨다. 처음 시작한 하나님 나라도 말씀으로 시작되었다. 동일하게 예수님이 이 세상에 새롭게 가지고 오신 하나님 나라도 말씀으로 시작하셨다. 예수님 자신이 말씀이셨다. 예수님은 자신의 나라를 말씀으로 통치하신다. 예수님은 자신의 나라를 말씀을 선포하므로 확장시킨다. 예수님의 십자가와 부활 그리고 성령 강림으로 세우신 교회도 말씀으로 양육하신다. 우리 가운데 임재하신 성령 하나님도 말씀을 통해서 일하신다. 기독교는 말씀의 종교다. 우리는 말씀 속에서 하나님을 만난다.

새 시대의 복을 선포하신 예수 그리스도
8복

마태복음 5:1-13, 누가복음 6:20-23

"예수께서 무리를 보시고 산에 올라가 앉으시니 제자들이 나아온지라. 입을 열어 가르쳐 이르시되 심령이 가난한 자는 복이 있나니 천국이 그들의 것임이요. 애통하는 자는 복이 있나니 그들이 위로를 받을 것임이요. 온유한 자는 복이 있나니 그들이 땅을 기업으로 받을 것임이요. 의에 주리고 목마른 자는 복이 있나니 그들이 배부를 것임이요. 긍휼히 여기는 자는 복이 있나니 그들이 긍휼히 여김을 받을 것임이요. 마음이 청결한 자는 복이 있나니 그들이 하나님을 볼 것임이요. 화평케 하는 자는 복이 있나니 그들이 하나님의 아들이라 일컬음을 받을 것임이요. 의를 위하여 박해를 받은 자는 복이 있나니 천국이 그들의 것임이라. 나로 말미암아 너희를 욕하고 박해하고 거짓으로 너희를 거슬러 모든 악한 말을 할 때에는 너희에게 복이 있나니 기뻐하고 즐거워하라 하늘에서 너희의 상이 큼이라. 너희 전에 있던 선지자들도

이같이 박해하였느니라."(마 5:1-12)

사람들 대부분은 복을 좋아한다. 특히 우리 민족은 복 받기를 원하여 늘 사용하는 물건에 복(福)자를 새겨 넣었다. 밥그릇, 숟가락, 젓가락, 옷 그리고 복주머니 등에서 복 자를 쉽게 발견할 수 있다. 그래서인지 예수님께서 말씀하신 8복에 대해 많은 관심을 가진다. 안타까운 것은 예수님께서 의도하신 8복에 대해서 제대로 이해하지 못하고 있다는 사실이다. 역사적인 배경은 생략하고 단어의 뜻만 풀어 삶에 적용하는 잘못을 범하고 있다.

성경을 바르게 이해하기 위해서는 반드시 역사적인 토대를 기초로 해야 한다. 그래야 하나님께서 의도하신 말씀을 바르게 이해할 수 있다. 예를 들면 하나님께서 이사야 선지자를 통해서 "동산에 들어가서 그 가운데에 있는 자를 따라 돼지고기와 가증한 물건과 쥐를 먹는 자가 다 함께 망하리라 여호와의 말씀이니라."(사 66:17)라고 말씀하셨다. 현대의 많은 성도는 돼지고기를 즐겨 먹는다. 그렇다면 하나님의 말씀대로 현대 성도들은 다 망하는 것인가? 이는 옛 시대에 하나님께서 자기 백성들을 거룩하게 구별하여 정결한 삶을 위해서 하신 말씀이었다. 새 시대에는 우리 주 예수 그리스도 안에서 거룩함과 정결함이 이루어진다. 시대적인 배경을 생략하고 문자적으로만 해석하면 새 시대에도 돼지고기를 먹어서는 안 된다.

예수님께서 말씀하신 8복을 이해하려면 그 역사적인 배경부터 먼저 이해해야 한다. 이스라엘 백성 중에 메시아를 기다리는 자들은 바벨론 포로에서 돌아와서 새롭게 성전을 지었던 남은 자들이었다. 그들은 포로생활을 끝냈지만, 여전히 세상의 권세 앞에서 고통받는 생활을 했다. 예수님이 이 세상에 오실 때는 로마의 권세 아래서 힘겹게 살고 있었다. 그래서 그들은 다윗의 후손으로 오실 메시아 곧 이스라엘 왕의 오심을 더욱 사모하였다. 이렇게 메시아를 기다리는 이스라엘 백성들 곧 남은 자들은 세상의 풍속과 세상의 정욕을 따르지 않고 마음을 가난하게 하면서 다윗의 후손 이스라엘 왕을 기다렸다. 그들은 이방 권세 아래서 울면서 인내하였다. 때가 되면 메시아가 오셔서 자신들을 이 모든 고통에서 해방시켜 주실 것을 기다리면서 메시아를 기다렸다. 그리고 자신들끼리 서로를 위로하면서 고통 중에 있는 동족들을 긍휼히 여겼다. 이스라엘 백성들의 소망은 오로지 하나님의 아들 메시아의 오심이었다. 그분이 오셔서 자신들을 온전한 의의 길로 인도해 주실 것을 소망하였다. 이런 소망을 가진 하나님의 백성들이 어찌 마음을 정결케 하지 않겠는가? 이렇게 이방의 권세 아래서 고통 중에 있는 백성들의 장점은 바로 연합이다. 이방의 세력과 야합하지 않고 여호와 하나님을 중심으로 하나로 연합했다. 이스라엘 백성들은 약속하신 다윗의 후손 곧 이스라엘 왕 메시아를 기다리면서 고통을 견뎠다. 예수님의 탄생 후에도 헤롯왕이 베들레헴 지경에서 2살 이하의 남자아이들을 모조리 죽였던 사건을 보라. 그때 그 어머니들이 얼마나 통곡했던가? 예수님께서 메시아로 임직식을 하고 세례 요한으로부터 세상에 선포되기까지 많은 고난이 있었다.

8복의 말씀은 예수님께서 자신을 기다린 자기 백성들에게 자신 곧 메시아가 왔음을 선포하신 말씀이다. 세상의 것으로 만족하지 않고 고난 중에서 메시아 자신을 기다린 백성들에게 하나님 나라를 선물하신 말씀이 "심령이 가난한 자는 복이 있나니 천국이 그들의 것임이요."라는 선언이다. 그동안 울었던 자기 백성들에게 이제는 기다리던 메시아가 왔으니 더 이상 울지 말라고 위로하신 말씀이 "애통하는 자는 복이 있나니 그들이 위로를 받을 것임이요"의 말씀이다. 메시아를 기다리며 애통하는 하나님의 백성들에게 최고의 위로는 메시아로 오신 예수님 자신이다. 실제로 예수님은 애통한 자기 백성들의 눈물을 닦아 주셨다. 또한, "온유한 자는 복이 있나니 그들이 땅을 기업으로 받을 것임이요."라고 했다. 온유함이란 악한 자에게 악으로 갚지 않은 것을 말한다. 이방의 세력들이 하나님이 백성들(남은 자)을 억압하고 조롱하였지만, 그들에 대해서 악한 방법으로 대항하지 않고 인내하면서 메시아를 기다렸다. 예수님은 자신을 기다린 온유한 자기 백성들에게 전에 가나안 땅을 기업으로 주심처럼 새롭게 시작하신 하나님 나라 안에 기업이 있게 하실 것이다. "긍휼히 여기는 자는 복이 있나니 그들이 긍휼히 여김을 받을 것임이요." 이방의 세력 밑에서 하나님의 백성들은 서로가 서로를 긍휼히 여겼다. 같은 처지에 있었기에 서로를 위로하고 불쌍히 여기면서 메시아를 기다렸다. 이제 메시아 되신 우리 주 예수 그리스도께서 오셔서 자기 백성을 긍휼히 여겨 주신다. "마음이 청결한 자는 복이 있나니 그들이 하나님을 볼 것임이요." 하나님이 그들 앞에 동일한 육체를 입고 나타나셨다. 마음의 욕심을 따라서 살지 않고 율법을 따라서 거룩하게 살면서 메시아를 기다린 아브라함의 후손들은 이제 자신들 앞에 서 계신 메시아 곧 하나님을 보고 있다. "화평하게 하는 자는 복이 있나니 그들이 하나님의 아들이라 일컬음을 받을 것임이요." 이제 모세의 율법의 방식으로 하나님과 화목케 되는 것이 아니라 우리 주 예수 그리스도 안에서 새롭게 하나님과 교제하는 시대가 도래한 것이다. 지금까지는 이웃 간의 관계도 눈은 눈으로 이는 이로 갚는 삶이었다. 그러나 이제 예수 그리스도 안에서 새로운 이웃 사랑이 시작되었다. 예수 그리스도 안에서 새롭게 화평을 이루어가는 자들은 모두 하나님의 아들의 신분이 주어진다. "의를 위하여 박해를 받는 자는 복이 있나니 천국이 그들의 것임이라." 하나님 나라를 가지고 오신 예수 그리스도는 의를 위하여 박해를 받는 것을 다음 절에서 "나로 말미암아"로 연결하신다. 지금까지 남은 자들이 메시아를 기다리면서 많은 핍박을 받았다. 더 거슬러 올라가면 그리스도의 오심을 준비하는 과정 가운데 있는 자들은 다 핍박을 받았다. 다윗이 사울에게 겪은 핍박을 생각해 보라. 또 선지자들이 당했던 수많은 고통을 기억해보라. 어둠의 세력은 우리 주 예수 그리스도의 사역과 관련하여 항상 대적자로 일한다. 예수님은 자신을 위해서 박해를 받는 자들에게 천국을 선물하신다. 그러나 아직 그 박해가 끝난 것이 아니다. 앞으로도 어둠의 세력들은 천국을 선물로 받은 하나님의 백성들을 욕하고 박해하고 거짓으로 너희를 거슬러 모든 악한 말을 할 것이라고 하였다. 예수님은 이런 박해가 자신 때문이라고 말씀하셨다. 더불어 자기 제자들에게 하늘의 상 때문에 기뻐하고 즐거워하라고 당부하셨다. 예수님 오시기 이전에도 예수님을 기다리면서 고통을 받았고, 예수님이 오신 이후에는 그의 제자라고 박해를 받았다. 그래도 예수님의 제자들은 행복하다. 고통을 받는 것보다 더 큰 행복이 있기 때문이다. 하나님의 아들의 신분을 얻었고 천국을 소유했다. 그리고 하나님 나라의 왕 되신 우리 주 예수 그리스도께서 눈물을 닦아 주시기 때문이다.

하나님 나라를 교훈하신 예수 그리스도
하나님 나라의 비유

마태복음 13:1-52, 마가복음 4:1-34, 누가복음 8:4-15

하나님 나라의 왕으로 오신 우리 주 예수 그리스도께서 하나님 나라에 대한 내용을 비유로 교훈하셨다. 예수님께서 먼저 씨 뿌리는 비유를 말씀하셨다. 씨 뿌리는 자가 씨를 뿌리는데 더러는 길가에 떨어지매 새들이 와서 먹어 버렸고, 더러는 흙이 얇은 돌밭에 떨어지매 싹이 나오나 뿌리가 없으므로 해가 돋은 후에 말라 버렸고, 더러는 가시떨기 위에 떨어지매 가시가 자라서 기운을 막았고, 더러는 좋은 땅에 떨어지매 백배 육십 배 삼십 배의 결실을 하였다. 제자들이 예수님께 묻기를 "어찌하여 그들에게 비유로 말씀하시니이까?"라고 하였다. 예수님은 대답하시기를 "천국의 비밀을 아는 것이 너희에게는 허락되었으나 그들에게는 아니 되었나니 무릇 있는 자는 받아 넉넉하게 되되 없는 자는 그 있는 것도 빼앗기리라."(마 13:11)라고 하셨다. 모든 사람에게 천국의 비밀이 알려지는 것은 아니다. 제자들에게는 허락하시고 무리에게는 허락하지 않으셨다. 예수님은 이에 대해서 더 말씀하기를 "내가 그들에게 비유로 말하는 것은 그들이 보아도 보지 못하며 들어도 듣지 못하며 깨닫지 못함이라."(마 13:13)라고 하셨다. 그리고 예수님은 구약 이사야의 예언이 이루어졌다고 말씀하셨다. "이사야의 예언이 그들에게 이루어졌으니 일렀으되 너희가 듣기는 들어도 깨닫지 못할 것이요 보기는 보아도 알지 못하리라. 이 백성의 마음이 완악하여져서 그 귀는 듣기에 둔하고 눈은 감았으니 이는 눈으로 보고 귀로 듣고 마음으로 깨달아 돌이켜 내게 고침을 받을까 두려워함이라."(마 13:14-15, 사 6:9-10)라고 하셨다. 예수님은 무리에 대해서 마음이 완악한 자들로 규정하시고 그들에게는 천국의 비밀을 감추셨다. 곧 돼지 앞에 진주를 주지 않으심이다. 무리는 예수님이 누구신지 알지 못하였다. 예수님의 많은 이적을 보면서도 메시아로 영접하지 않았다. 그래서 예수님은 무리에게 천국의 비밀을 허락하지 않으셨다. 그러나 제자들에게는 놀라운 말씀을 하셨다. "그러나 너희 눈은 봄으로 너희 귀는 들음으로 복이 있도다. 내가 진실로 너희에게 이르노니 많은 선지자와 의인이 너희가 보는 것을 보고자 하여도 보지 못하였고 너희가 듣는 것을 듣고자 하여도 듣지 못하였느니라."(마 13:16-17) 예수님은 제자들이 천국의 놀라운 비밀을 듣고 보고 있다고 하셨다. 바로 예수 그리스도이시다. 예수님의 얼굴을 보는 것이 하나님의 얼굴을 보는 것이고, 예수님의 음성을 듣는 것이 하나님의 음성을 듣는 것이기 때문이다. 구약 시대에 많은 선지자와 의인들은 하나님의 모습과 하나님의 음성을 이렇게 보고 들을 수 없었다. 그런데 제자들은 직접 보고 들을 수 있는 영광을 누리고 있었다. 예수님은 제자들에게만 씨 뿌리는 비유를 설명해 주셨다. 씨를 뿌린다는 의미는 하나님의 말씀이 선포되는 것을 의미한다. 길가에 뿌려졌다는 것은 말씀을 들었을 때에 사탄이 즉시 와서 그 뿌려진 말씀을 빼앗는 것이요. 돌밭에 뿌려 졌다는 것은 말씀을 듣고 기쁨으로 받지만, 그 속에 뿌리가 없어서 잠시 견디다가 말씀으로 말미암아 환난이나 박해가 일어날 때에 곧 넘어지는 자요. 가시떨기에 뿌려졌다는 것은 말씀을 들으나 세상의 염려와 재물의 유혹에 말씀이 막혀 결실하지 못하는 자요. 좋은 땅에 뿌려졌다는 것은 말씀을 듣고 깨닫는 자니 결실하여 어떤 것은 백배 어떤 것은 육십 배 어떤 것은 삼십 배가 된다는 뜻이다. 이 비유는 예수님이 친히 설명해 주셨으므로 다른 설명이 필요 없다. 예수님이 전해주신 말씀을 듣고 그대로 순종하여 열매를 맺으라는 교훈이다. 하나님의 말씀을 사탄에게 빼앗기지 말고 말씀 때문에 오는 시험을 잘 이기며 세상의 염려와 재물의 유혹을 물리치고 말씀을 따라 열매 맺는 삶이 하나님 나라의 제자들의 삶이라는 것이다.

예수님은 무리에게 천국의 비밀을 또 비유로 말씀하셨다. 천국은 좋은 씨를 자신의 밭에 뿌린 사람과 같다고 하셨다. 좋은 씨를 밭에 뿌렸는데 저녁에 잘 때에 누가 가라지를 덧뿌렸다. 후에 싹이 나고 결실할 때에 가라지가 보여서 종들이 주인에게 이르기를 "주여 밭에 좋은 씨를 뿌리지 아니하였나이까? 그런데 가라지가 어디서 생겼나이까?"라고 물었다. 주인이 대답하기를 "원수가 이렇게 하였구나."라고 하였다. 종들은 지금 당장 가라지를 뽑아 버릴 것을 원했지만 주인은 가라지를 뽑다가 좋은 씨가 같이 뽑힐까 염려해서 추수 때까지 두라고 했다. 주인이 추수할 때에 추수꾼들에게 이르기를 "가라지는 먼저 거두어 불사르게 단으로 묶고 곡식은 모아 내 곳간에 넣으라."라고 했다. 무리를 다 보내고 난 후에 제자들이 예수님께 가라지 비유에 대해서 물었다. 예수님은 제자들에게 자세하게 설명하시기를 "좋은 씨를 뿌리는 이는 인자요 밭은 세상이요 좋은 씨는 천국의 아들들이요 가라지는 악한 자의 아들들이요 가라지를 뿌린 원수는 마귀요 추수 때는 세상 끝이요 추수꾼은 천사들이니 그런즉 가라지를 거두어 불에 사르는 것 같이 세상 끝에도 그러하리라. 인자가 그 천사들을 보내리니 그들이 그 나라에서 모든 넘어지게 하는 것과 또 불법을 행하는 자들을 거두어 내어 풀무 불에 던져 넣으리니 거기서 울며 이를 갈게 되리라. 그 때에 의인들은 자기 아버지 나라에서 해와 같이 빛나리라 귀 있는 자는 들으라."(마 13:37-43) 예수님은 제자들에게 이 세상에서 진행되는 천국의 비밀을 말씀하셨다. 예수님이 오셔서 택한 자기 백성들을 세상에 세우셨다. 특히 예수님의 십자가와 부활로 인해서 이 세상에 교회를 세우셨다. 교회는 예수님이 세상 속에 뿌리신 좋은 씨앗들이다. 그런데 마귀가 악한 아들들인 가라지도 덧뿌린다. 이는 교회 안에 마귀가 뿌려 놓은 가라지도 섞여 있다는 의미이다. 열매를 보면 알 수 있지만 지금 당장은 잘 구분되지 않는다. 가라지는 모든 넘어지는 자들, 불법을 행하는 자들이다. 그러나 예수님은 마지막 날까지 두신다. 마지막 날에 추수꾼들인 천사들이 와서 먼저 가라지를 제거하여 풀무 불에 던져 넣을 것이다. 그리고 알곡들은 아버지 나라에서 해와 같이 빛날 것이다.

예수님은 무리들에게 천국의 비밀에 대해서 계속해서 비유로 말씀하셨다. "또 비유를 들어 이르시되 천국은 마치 사람이 자기 밭에 갖다 심은 겨자씨 한 알 같으니 이는 모든 씨보다 작은 것이로되 자란 후에는 풀보다 커서 나무가 되매 공중의 새들이 와서 그 가지에 깃들이느니라. 또 비유로 말씀하시되 천국은 마치 여자가 가루 서 말 속에 갖다 넣어 전부 부풀게 한 누룩과 같으니라."(마 13:31-33)라고 말씀하셨다.

예수님께서 갈릴리 나사렛에서부터 시작하신 일은 비유로 하신 말씀에서처럼 겨자씨와 같이 작아 보인다. 그러나 후에는 온 세계 모든 족속에게 전파되어 우주적인 하나님 나라를 이루게 될 것이다. 부활하신 예수님께서 제자들을 파송하실 때에 이르시기를 "하늘과 땅의 모든 권세를 내게 주셨으니 그러므로 너희는 가서 모든 민족을 제자로 삼아 아버지와 아들과 성령의 이름으로 세례를 베풀고 내가 너희에게 분부한 모든 것을 가르쳐 지키게 하라 볼지어다. 내가 세상 끝날까지 너희와 항상 함께 있으리라."(마 28:18-20)라고 하셨다. 작은 갈릴리에서 시작된 작은 일이 온 우주적인 큰일이 되었다.

그 영향에 있어서도 마찬가지다. 적은 누룩이 가루 서 말을 전부 부풀게 한 것처럼 우리 주 예수 그리스도의 복음의 영향력이 전 세계 모든 민족을 변화시킬 것이다. 우리가 바로 그 영향력의 증거 아닌가! 그리스도의 복음은 앞으로도 더 많은 사람에게 증거될 것이다.

예수님은 천국의 비밀을 계속해서 비유로 말씀하셨다. "천국은 마치 밭에 감추인 보화와 같으니 사람이 이를 발견한 후에 숨겨 두고 기뻐하여 돌아가서 자기의 소유를 다 팔아 그 밭을 사느니라. 또 천국은 마치 좋은 진주를 구하는 장사와 같으니 극히 값진 진주 하나를 발견하매 가서 자기의 소유를 다 팔아 그 진주를 사느니라."(마 13:44-46) 천국에 대한 이 두 비유는 같은 내용을 반복해서 교훈하시는 것이다. 예수님이 가지고 오신 하나님 나라는 세상 그 어떤 것과도 비교할 수 없는 값진 보물이다. 그래서 모든 것을 다 팔아서라도 그것을 사야 한다. 우리 주 예수 그리스도는 곧 보물이시다. 세상에 주 예수보다 더 귀한 분이 없다. 사도 바울은 그리스도를 발견하고 난 후에 모든 것을 배설물처럼 여겼다고 했다. 우리는 살아도 주를 위하여 살고 죽어도 주를 위하여 죽을 자들이다. 우리의 생명이 곧 예수 그리스도이시기 때문이다.

예수님이 천국에 대해서 또 다른 비유를 말씀하셨다. "또 천국은 마치 바다에 치고 각종 물고기를 모는 그물과 같으니 그물이 가득하매 물 가로 끌어내고 앉아서 좋은 것은 그릇에 담고 못된 것은 내버리느니라. 세상 끝에도 이러하리라 천사들이 와서 의인 중에서 악인을 갈라내어 풀무 불에 던져 넣으리니 거시서 울며 이를 갈리라." (마 13:47-50) 이 비유는 가라지 비유와 유사하다. 의인과 악인 모두가 한 그물 안에 쌓여 있다. 예수님이 가지고 오신 하나님 나라 안에 의인과 악인이 함께 섞여 살고 있다. 중요한 것은 마지막 날에 드러날 것이다. 마지막 날에 천사들이 와서 의인 중에서 악인을 갈라낸다. 걸러낸 악인들을 풀무 불에 던질 것이다. 그래서 지금 의인으로 사는 것이 무엇보다 중요하다. 의인은 곧 하나님의 자녀이며 예수님을 영접하고 따르는 제자들이다. 그러므로 예수 그리스도를 통하지 않고는 의인이 되는 길이 없다. 옛 시대에는 율법을 따라서 할례를 받고 하나님이 정하신 법에 따라서 제사를 드리며 하나님과 교제하고 동행하는 자들이 의인들이었다. 그러나 이제 우리 주 예수 그리스도를 영접하고 제자가 되는 것이 의인이 되는 길이다.

예수님께서는 천국의 비밀을 비유로 말씀하시고 제자들에게 설명해 주셨다. 그리고 제자들에게 물으시기를 "이 모든 것을 깨달았느냐?" 하셨다. 제자들은 "그러하오이다."라고 대답했다. 제자들의 대답을 들은 예수님은 제자들을 천국의 서기관으로 세우셨다. 예수님께서 제자들에게 이르시되 "그러므로 천국의 제자 된 서기관마다 마치 새것과 옛것을 그 곳간에서 내오는 집주인과 같으니라."라고 하셨다. 이는 제자들을 하나님 나라의 백성들을 가르칠 수 있는 서기관으로 임명하신 것과 같다. 제자들은 예수님이 교훈하신 천국의 비밀을 깨달은 자들이기 때문이다. 하지만 바로 사역을 시작하시는 않는다. 후에 성령 하나님이 임재하게 되면 성령 하나님이 그 사역을 감당하도록 하실 것이다. 예수 그리스도의 십자가의 죽으심과 부활 승천하시고, 성령 하나님께서 마가의 다락방에 강림하셨다. 성령을 받은 제자들의 삶은 주의 교회를 새것과 옛것을 곳간에서 내오는 집주인처럼 사람들을 가르쳤다. 이제 그 제자들의 사역이 오늘날 성숙한 그리스도인들에게 주어졌다. 지금 당신은 천국의 제자 된 서기관의 사역을 감당하고 있는가?

생수의 강을 약속하신 예수 그리스도
성령을 약속하심
요한복음 7:37-39

    초막절 마지막 날, 곧 큰 날에 예수님께서 백성들에게 외치시기를 "누구든지 목마르거든 내게로 와서 마시라 나를 믿는 자는 성경에 이름과 같이 그 배에서 생수의 강이 흘러나오리라."(요 7:37-38)라고 하셨다. 예수님이 말씀하신 그 배에서 생수의 강이 흘러날 것이라는 것은 장차 믿는 성도들이 받을 성령이라고 설명하고 있다. "이는 그를 믿는 자들이 받을 성령을 가리켜 말씀하신 것이라."(요 7:39) 그리고 더 분명하게 괄호를 하고 설명하기를 "(예수께서 아직 영광을 받지 않으셨으므로 성령이 아직 그들에게 계시지 아니하시더라.)"(요 7:39)라고 하였다.

    지금 예수님은 공생애 사역 동안 하나님으로서 자기 백성들과 함께 계셨다. 그뿐만 아니라 예수님은 공생애 사역 동안에 자기 백성들과 동일한 육체를 가진 사람 곧 자기 백성들의 대표자로 함께 계셨다. 이처럼 예수님은 완전하신 하나님이시고 완전하신 사람이시다. 이는 하나님 아버지의 뜻을 이루기 위해서이다. 예수님이 오신 목적이 바로 아버지의 뜻을 이루기 위해서 오셨기 때문이다. 이와 관련해서 예수님이 친히 말씀하시기를 "내가 하늘에서 내려온 것은 내 뜻을 행하려 함이 아니요 나를 보내신 이의 뜻을 행하려 함이니라. 나를 보내신 이의 뜻은 내게 주신 자 중에 내가 하나도 잃어버리지 아니하고 마지막 날에 다시 살리는 이것이니라."(요 6:38-39)라고 하셨다.

하나님 아버지께서 원하신 구원은 육체를 가진 예수님이 자기 백성들과 함께 영원토록 함께 하는 것이 아니다. 예수님께서 육체로 머물면서 백성들과 동행할 수 있는 기간은 몇 년에 불과하다. 구속의 사역을 이루시고 나면 하나님께서 그 백성들에게 성령 하나님을 보내주실 것이다. 그래서 예수님은 제자들에게 자신이 떠날 것이라고 말씀하셨다. 그러나 제자들은 예수님이 떠날 것이라는 말씀에 불안이 엄습했다. 예수님은 "너희는 마음에 근심하지 말라 하나님을 믿으니 또 나를 믿으라."(요 14:1)라고 위로하셨다. 예수님은 "내가 떠나가는 것이 너희에게 유익이라"(요 16:7)라고 하시면서 "내가 떠나가지 아니하면 보혜사가 너희에게로 오시지 아니할 것이요 가면 내가 그를 너희에게로 보낼 것이라."(요 16:7)라고 하셨다.

예수님이 초막절의 끝날에 하신 말씀은 나를 믿는 너희에게 장차 성령 하나님을 보내주시겠다는 약속이다. 그러나 예수님의 십자가와 부활 그리고 승천 이전이어서 예수님을 믿는 제자들이라 할지라도 아직 성령을 받지 못하였다. 아직 보편적으로 성령 하나님께서 백성들에게 임재하지 않으셨다.

예수님의 부활 승천으로 이루신 구속의 열매로 모든 하나님의 백성인 교회에 성령 하나님이 임재하시게 된다. 교회에 성령 하나님이 임재하시는 것은 성부 하나님의 뜻이다. 성령 하나님의 임재와 함께하심이 새 시대, 새 백성들에게 주어진 구원이다. 그러므로 예수님의 선언은 온전한 구원을 주실 것에 대한 약속이시다.

하나님은 이미 구약의 선지자들을 통해서 예수 그리스도를 믿는 자들에게 생수의 강이 흘러나오는 은혜가 임할 것이라고 약속하셨다. 즉, 곧 성령 하나님을 받게 될 것이라는 약속이셨다. 그래서 "성경에 이름과 같이"라고 말씀하셨다. 그럼 구약 성경 어디에 이런 약속을 하셨는가?

이 약속은 어떤 한 선지자를 통해서 하신 것이 아니라, 구약의 여러 선지자에게 하신 약속을 종합한 것이다. 먼저 이사야 선지자를 통해서 말씀하시기를 "나는 목마른 자에게 물을 주며 마른 땅에 시내가 흐르게 하며 나의 영을 네 자손에게 나의 복을 네 후손에게 부어 주리니"(사 44:4)라고 하셨고 "여호와가 너를 항상 인도하여 메마른 곳에서도 네 영혼을 만족하게 하며 네 뼈를 견고하게 하리니 너는 물 댄 동산 같겠고 물이 끊어지지 아니하는 샘 같을 것이라"(사 58:11)하고 약속하셨다. 요엘 선지자를 통해서는 말씀하시기를 "그 후에 내가 내 영을 만민에게 부어 주리니"(요엘 2:28)라고 약속하셨다. 이 외에도 여기서 거론하지는 못하지만, 많은 말씀을 찾아볼 수 있다.

개인이 성령 받을 것에 대해서 왜 예수님께서는 배에서 생수의 강이 흘러나오리라고 비유하셨을까? 이는 구약의 약속의 말씀을 그대로 끌어와서 묘사했기 때문이다. "목마른 자에게 물을 주며"라는 말씀을 그대로 인용하신 것이다. 성령 하나님이 임재하게 되면 이제는 더 이상 목마름이 없을 것이다. 왜냐면 그 배에서 생수의 강이 흘러넘칠 것이기 때문이다. 곧 하나님과 함께 하는 삶은 만족함이 가득한 삶이 될 것이라는 것을 의미한다. 예수님이 사마리아 여인에게도 동일한 말씀을 하셨다. "내가 주는 물을 마시는 자는 영원히 목마르지 아니하리니 내가 주는 물은 그 속에서 영생하도록 솟아나는 샘물이 되리라."(요 4:14)라고 하셨다.

예수님의 부활 이후에 모든 성도에게 예수님이 성령을 부어 주셨다. 그래서 모든 성도가 성령 하나님과 함께 임마누엘의 삶을 살고 있다. 이는 목마름이 없는 만족한 삶이다. 우리를 사랑하신 우리 주 예수 그리스도의 사랑이 만족하도록 부요하다. 아버지 하나님께서 아들을 아끼지 아니하시고 우리 모든 사람을 위해서 내어주셨다. 그렇다면 이제 무엇을 아까워하시겠는가? 아들과 함께 하나님 나라의 모든 부요함을 자기 백성에게 부어주셨다. 교회의 영광이 바로 하나님과 교제하는 부요함이다.

073

자기 백성의 신앙 고백을 받으신 예수 그리스도

베드로의 고백

마태복음 16:13-20

예수님과 제자들이 빌립보 가이사랴 지역에 이르렀을 때에 일이다. 예수님이 갑자기 제자들에게 묻기를 "사람들이 인자를 누구라 하느냐?"라고 하셨다. 제자들은 그동안 사람들이 예수님에 대해서 했던 말을 들은 대로 알려 주었다. "더러는 세례 요한, 더러는 엘리야, 어떤 이는 예레미야나 선지자 중의 하나라."라고 제자들은 대답했다. 예수님은 제자들에게 다시 묻기를 "너희는 나를 누구라고 하느냐?"라고 하셨다. 그랬더니 시몬 베드로가 담대하게 대답하기를 "주는 그리스도시오 살아 계신 하나님의 아들이시니이다."(마 16:16)라고 했다. 시몬 베드로의 대답을 들으신 예수님은 매우 기뻐하셨다. 그리고 시몬 베드로에게 말씀하시기를 "바요나 시몬아 네게 복이 있도다. 이를 네게 알게 한 이는 혈육이 아니요 하늘에 계신 내 아버지시니라 또 내가 네게 이르노니 너는 베드로라 내가 이 반석 위에 내 교회를 세우리니 음부의 권세가 이기지 못하리라. 내가 천국 열쇠를 네게 주리니 네가 땅에서 무엇이든지 매면 하늘에서도 매일 것이요 네가 땅에 무엇이든지 풀면 하늘에서 풀리리라."라고 하셨다. 그리고 모든 제자에게 경고하시며 이르시기를 "내가 그리스도인 것을 아무에게도 이르지 말라."라고 당부하셨다.

예수님에 대한 신앙고백이 베드로 사도가 처음은 아니다. 예수님에 대한 신앙고백을 맨 처음 한 사람은 사실 세례 요한이었다. 구약의 마지막 선지자인 세례 요한은 사람들에게 예수님을 소개하는 사명을 가지고 태어났다. 하나님은 세례 요한을 특별하게 준비하셔서 요단강에서 사람들에게 회개의 세례를 베풀게 하셨다. 세례 요한은 예수님을 만나자마자 그분이 하나님의 아들이심을 알았다. 이미 하나님께서 세례 요한에게 이르시기를 "성령이 내려서 누구 위에든지 머무는 것을 보거든 그가 곧 성령으로 세례를 베푸는 이인 줄 알라."라고 하셨다. 그래서 세례 요한은 예수님을 보고 그가 하나님의 아들이심을 증언하였다. "보라 세상 죄를 지고 가는 하나님의 어린양이로다."(요 1:29) 그는 예수님 앞에서 겸손히 낮아졌다. 자신은 물로 세례를 베풀지만, 예수님은 성령과 불로 세례를 주실 분이라고 소개했다. 자신은 능력이 많으신 예수님의 신을 들기도 감당치 못할 자라고 하며, 예수님은 흥해야 하고 자신은 쇠해야 할 것이라고 고백했다. 예수 그리스도가 누구임을 아는 사람은 세례 요한처럼 겸손할 수밖에 없다.

세례 요한 다음으로 예수님을 하나님의 아들로 신앙고백한 사람은 나다나엘이었다. 나다나엘은 빌립을 통해 예수님을 소개받았다. 빌립이 나다나엘에게 말하기를 "모세가 율법에 기록하였고 여러 선지자가 기록한 그이를 우리가 만났으니 요셉의 아들 나사렛 예수니라."라고 전하였다. 나다나엘은 빌립의 말 가운데 '나사렛'이란 단어가 거슬렸다. 그래서 "나사렛에서 무슨 선한 것이 날 수 있느냐?"라고 반문했다. 하지만 끈질긴 빌립의 설득에 나다나엘은 예수님을 만나러 갔다. 예수님은 나다나엘을 보자마자 이르시기를 "보라 이는 참으로 이스라엘 사람이라 그 속에 간사한 것이 없도다."라고 하셨다. 자신에 대한 예수님의 말씀을 들은 나다나엘은 "어떻게 나를 아시나이까?"라고 물었다. 예수님은 나다나엘에게 이르시되 "빌립이 너를 부르기 전에 네가 무화과나무 아래 있을 때에 보았노라."라고 하셨다.

나다나엘은 예수님이 자신이 무화과나무 아래에 있을 때에 보았다는 말씀을 듣고는 "랍비여 당신은 하나님의 아들이시오 당신은 이스라엘의 임금이로소이다."(요 1:49)라고 고백했다. 이는 예수님에 대한 놀라운 신앙 고백이었다. 무화과나무 밑에서 나다나엘에게 무슨 일이 있었는지 우리가 알 방법은 없다. 분명한 것은 나다나엘이 무화과나무 밑에서 하나님과 자신만 아는 어떤 일이 있었을 것이다. 그런데 그 일을 예수님이 정확히 지적하셨으니 예수님을 하나님의 아들이라고 고백한 것이다. 자신의 중심을 아시는 분은 오직 하나님밖에 없음을 알고 고백하였다. 예수님은 나다나엘의 신앙고백을 받으시고 이르시되 "내가 너를 무화과나무 아래에서 보았다 하므로 믿느냐 이보다 더 큰 일을 보리라. 또 이르시되 진실로 진실로 너희에게 이르노니 하늘이 열리고 하나님의 사자들이 인자 위에 오르락내리락 하는 것을 보리라."(요 1:50-51)라고 하셨다. 예수님은 자신에 대한 신앙고백을 한 나다나엘에게 더 큰 영적인 부요한 은혜를 약속하셨다. 앞으로 나다나엘은 하나님이 이루신 큰일을 보게 될 것이다. 예수님이 말씀하신 큰일이 바로 십자가와 부활의 영광일 것이다.

베드로 사도 외에 예수님을 신앙고백한 자 중에 마르다가 있다. 마르다의 오라비 나사로가 죽었을 때의 일이다. 예수님은 사랑하는 나사로가 병들어 죽도록 그냥 두셨다. 그리고 나사로가 죽은 후에 나사로를 깨우러 가자고 하시며 베다니로 가셨다. 이미 나사로는 죽어서 무덤에 장사 된 지 나흘이 되었다. 마르다는 예수님이 오신다는 말을 듣고 마중 나가서 예수님을 만났다. 마르다는 예수님께 "주께서 여기 계셨더라면 내 오라버니가 죽지 아니하였겠나이다. 그러나 나는 이제라도 주께서 무엇이든지 하나님께 구하시는 것을 하나님이 주실 줄을 아나이다."라고 말하였다. 이 말을 들은 예수님은 마르다에게 이르시되 "네 오라비가 다시 살아나리라." 하셨다. 마르다는 대답하기를 "마지막 날 부활 때에는 다시 살아날 줄을 내가 아나이다."라고 하였다. 예수님은 마르다에게 이르시기를 "나는 부활이요 생명이니 나를 믿는 자는 죽어도 살겠고 무릇 살아서 나를 믿는 자는 영원히 죽지 아니하리니 이것을 네가 믿느냐?"라고 하셨다. 이때에 마르다는 예수님에 대해서 신앙고백 하기를 "그러하외다 주는 그리스도시오 세상에 오시는 하나님의 아들이신 줄 내가 믿나이다."(요 11:27)라고 하였다. 마르다의 신앙고백을 들으신 예수님은 나사로의 무덤으로 가셨다. 그리고 나사로를 무덤에서 일으켜 살리셨다. 예수님 자신이 그리스도시요 세상에 오시는 하나님의 아들이심을 확증하신 것이다. 이후로 마르다는 예수님을 얼마나 더 신뢰했겠는가 상상해 보라.

베드로 사도 외에 예수님을 신앙 고백한 또 다른 제자가 있다. 바로 도마이다. 나다나엘, 마르다 그리고 베드로의 신앙고백이 예수님의 십자가 이전의 신앙고백이었다면 도마의 신앙고백은 예수님의 부활 이후의 신앙고백이다. 도마는 쌍둥이였다. 그래서 쌍둥이라는 의미의 디두모라는 수식어가 도마의 이름 앞에 붙어 있다. 예수님께서 부활하신 이후에 제자들에게 첫 번째로 찾아가셨다. 안식 후 첫날 저녁에 제자들이 유대인들이 두려워서 문을 닫고 숨어 있었다. 두려움에 떨고 있는 제자들에게 찾아가신 예수님께서는 "너희에게 평강이 있을지어다." 라고 하셨다. 그리고 손과 옆구리를 보여주시면서 십자가에 못 박히신 예수님 자신임을 확증해 주셨다. 그런데 그 자리에 도마가 없었다. 예수님이 가신 후에 제자들이 예수님이 오셨고 우리가 부활하신 예수님을 보았다고 말했다. 도마는 다른 제자들의 말을 믿지 못하였다. 그래서 "내가 그이 손의 못 자국을 보며 내 손가락을 그 못 자국에 넣으며 내 손을 그 옆구리에 넣어 보지 않고는 믿지 아니하겠노라."라고 하였다. 도마가 다른 제자들에게 이 말을 한 8일 후에 예수님이 다시 제자들에게 찾아오셨다. 그때는 도마도 함께 있었다. 예수님은 제자들에게 평강을 주시며 도마에게 이르시되 "네 손가락을 이리 내밀어 내 손을 보고 네 손을 내밀어 내 옆구리에 넣어 보라. 그리하여 믿음 없는 자가 되지 말고 믿는 자가 되라."라고 하셨다. 부활하신 예수님은 도마의 마음과 말과 모든 행위를 익히 알고 있었다. 그래서 예수님은 도마의 믿음을 도와주기 위해서 오셨다. 도마는 자신 앞에 서 계신 부활하신 예수님과 그 말씀을 듣고 고백하기를 "나의 주님이시오 나의 하나님이시니이다."라고 하였다(요 20:28). 도마는 예수님 손의 못 자국, 옆구리의 창 자국을 보았다. 부활하셔서 자신 앞에 서 계신 예수님을 도마 자신의 주님과 하나님으로 신앙고백 할 수밖에 없었다. 도마의 신앙고백은 부활하신 예수님에 대한 첫 번째 신앙고백이다. 도마의 신앙고백을 받으신 예수님은 도마 이후에 주님을 믿고 신앙고백 할 모든 성도에게 복을 선언하셨다. 예수님께서 도마에게 이르시기를 "너는 나를 본 고로 믿느냐? 보지 못하고 믿는 자들은 복되도다."라고 하셨다. 이 말씀은 먼저는 도마에게 하신 말씀이지만 도마 이후에 모든 성도에게 주신 복의 선언이시다. 우리는 부활하신 예수님을 직접 볼 수 없다. 하지만 예수 그리스도께서 우리의 죄 때문에 십자가에서 죽으시고 3일 만에 부활하셨음을 믿는다. 보지 않고 믿는 우리는 분명 복된 자들이다.

십자가의 길을 준비하신 예수 그리스도
변화산 사건

마태복음 17:1-8, 마가복음 9:2-13, 누가복음 9:28-36

예수님께서 자신의 십자가에서의 죽음과 3일 만에 부활하실 것을 처음으로 말씀하신 이후의 일이다. 예수님께서 베드로와 야고보 그리고 요한을 데리고 높은 산에 올라가셨다. 산 위에 올라가서 예수님께서 제자들 앞에서 변형되셨다. 얼굴이 해같이 빛나고 옷이 빛과 같이 희어졌다. 예수님 옆에 구약시대의 하나님의 일군들인 모세와 엘리야가 함께 있었다. 예수님과 모세와 엘리야가 대화를 나누는데 내용은 장차 예수님께서 예루살렘에서 돌아가실 것에 관한 일이었다. 제자들은 깜짝 놀랐다. 예수님의 변형과 모세와 엘리야의 출현 때문에 놀란 것이 아니라 예수님이 예루살렘에서 돌아가실 것이라는 내용 때문이었다. 모세와 엘리야가 떠나려고 할 때에 베드로가 예수님께 말하기를 "주여 우리가 여기에 있는 것이 좋사오니 우리가 초막 셋을 짓되 하나는 주를 위하여, 하나는 모세를 위하여, 하나는 엘리야를 위하여 하사이다."라고 하였다. 베드로 사도가 그 말을 할 때에 홀연히 빛난 구름이 그들을 덮으며 구름 속에서 소리가 나서 이르기를 "이는 내 사랑하는 아들이요 내 기뻐하는 자니 너희는 그의 말을 들으라."라고 하였다. 이 음성을 들은 제자들은 너무 두려워서 엎드려 있었다. 예수님께서는 두려워하고 있는 제자들에게 손을 대시며 이르시되 "일어나라 두려워하지 말라."라고 하셨다. 제자들이 일어나서 눈을 들어 보매 모세와 엘리야는 떠나고 예수님만 계셨다.

　이 내용이 마태복음과 마가복음, 누가복음에 각각 기록되어 있다. 이처럼 예수님께서 행하신 동일한 사건이 각 복음서에 기록되어 있다 할지라도 각각 증거하려는 내용이 조금씩 다르다. 본서에서 추구하는 바는 복음서마다 다른 증거를 제시하려는 것이 목적이 아니다. 예수님이 오셔서 행하신 일들을 사건적으로 살펴보는 것을 우선으로 삼았다. 그래서 복음서들에서 증거하려는 부분은 생략하고 이 사건에 대한 전체적인 의미에 대해서 살펴보겠다.

　이 사건은 예수님이 자기 백성을 위해서 생명을 내어놓으실 십자가의 길을 준비하신 귀한 사건이다. 상상해 보라. 구약을 대표하는 두 선지자와 신약의 대표되시는 예수님이 미팅을 하셨다. 이는 분명 특별한 일이 예비되어 있음을 의미한다. 그들이 나눈 대화의 주제는 예수님이 예루살렘에서 돌아가실 것이라는 내용이다. 곧 하나님의 아들의 죽음에 대한 내용이다. 메시아로 오신 우리 주 예수 그리스도는 자신의 죽음을 처음부터 알고 계셨다. 하나님은 요셉에게 마리아가 낳을 아들의 이름을 '예수'라고 알려 주셨다. '예수'라는 이름은 '구세주'라는 의미인데 이를 확대하면 "그가 자기 백성을 그들의 죄에서 구원할 자이심이라."(마 1:21)라는 내용이다. 이 '예수'라는 이름 속에 죽음이 포함되어 있다. 자기 백성을 죄에서 구원하려면 반드시 그 죄의 값을 지불해야 하는데, 죄의 값은 사망이기 때문이다.

세례 요한이 예수님을 처음 소개할 때에도 이미 죽음의 의미를 내포하고 있었다. "보라 세상 죄를 지고 가는 하나님의 어린 양이로다."(요 1:29) "세상 죄를 지고 가는"이라는 부분은 죄의 값을 감당해야 하는데 그 값이 사망이다. 그러므로 세상 죄를 지고 가는 것은 하나님의 나라의 죄의 문제를 처리하기 위해서 죽으실 것이라는 내용이 포함되어 있다. 그리고 "하나님의 어린 양이로다." 의 의미는 유월절 어린 양을 말한다. 유월절 어린 양은 반드시 죽어야 한다. 죽어서 자기 백성들의 양식이 되어야 한다. 그러므로 유월절 어린 양이 되신 우리 주 예수 그리스도는 반드시 죽으실 것이다. 자기 백성들의 죄를 위해서 죽으실 것이다. 하나님께서 정하신 제사 제도에서 제물은 생명을 내어놓음이다. 예수님은 제물로 이 세상에 오셨다. 예수님은 자신을 이 세상에 보내신 아버지 하나님의 뜻을 이미 알고 계셨다.

아버지의 뜻은 예수님 자신의 죽음을 통해서 하나님의 백성들을 구원하시는 일이다. 예수님은 자신이 이 세상에 오신 이유에 대해서 말씀하시기를 "내가 하늘에서 내려온 것은 내 뜻을 행하려 함이 아니요 나를 보내신 이의 뜻을 행하려 함이니라. 나를 보내신 이의 뜻은 내게 주신 자 중에 내가 하나도 잃어버리지 아니하고 마지막 날에 다시 살리는 이것이니라. 내 아버지의 뜻은 아들을 보고 믿는 자마다 영생을 얻는 이것이니 마지막 날에 내가 이를 다시 살리리라."(요 6:38-40)라고 하셨다. 예수님은 아버지의 뜻을 이루는 이 일은 자신의 죽음을 통해서 이루실 것을 아셨다.

하나님은 앞으로 있을 예수 그리스도의 십자가의 죽음을 위해서 특별히 모세와 엘리야를 보내셨다. 이미 세상을 떠난 두 선지자를 예수님께 보내신 이유는 바로 예수 그리스도의 십자가의 사건 때문이다. 먼저 모세와 엘리야의 위치에 대해서 살펴보자. 모세는 구약의 대표자이다. 하나님께서 모세를 통해서 자기 백성을 애굽에서 인도하셨다. 모세를 통해서 시내산에서 언약을 맺고, 자기 백성들에게 율법을 주셨다. 따라서 모세는 구약 이스라엘의 대표자이다. 반면에 신약의 대표자는 우리 주 예수 그리스도이시다. 하나님은 구약의 대표자를 신약의 대표자에게 보내시어 중대한 일을 함께 의논하게 하셨다. 엘리야 선지자는 무너진 이스라엘을 새롭게 세운 자이다. 북이스라엘 나라가 오므리왕조를 통해서 바알의 나라가 되어 버렸다. 하나님께서는 바알에게 무릎을 꿇지 않는 신실한 자들 7,000명을 남겨 두셨고 엘리야 선지자를 앞세워 바알의 나라를 하나님 나라로 이끄셨다. 바알에게 무릎을 꿇지 않는 7,000명이 있었지만, 그들은 다 숨어 있었다. 그래서 엘리야 혼자서 바알과 아세라 선지자 850명과 대결해야 했다. 물론 하나님 여호와께서 엘리야와 함께하셨기에 대적자의 숫자는 중요하지 않았다. 하나님은 엘리야를 통해서 자신의 나라를 새롭게 정비하셨다. 꺼져가는 등불을 다시 살리는 역할과 같았다. 하나님은 귀한 사역을 감당한 엘리야를 자신의 보좌로 이끌어 올리셨다. 구약 시대에 선지자로서 큰 역할을 감당한 엘리야를 예수님께로 보내서 중대한 사건을 함께 논의하게 하셨다. 모세와 엘리야의 모든 사역은 장차 오실 메시아 곧 우리 주 예수 그리스도를 목표로 하였다. 그들이 사역한 궁극적인 목적이 예수 그리스도를 통한 하나님의 뜻을 이루는 일이었으므로 그 일의 성취자이신 예수님과 함께 의논하는 것은 당연하다. 모세와 엘리야는 그 일을 이루실 예수님을 찬양하였을 것이다. 십자가에 죽으실 예수님에게 다른 어떤 말을 할 수 있겠는가? 그 일을 이루실 예수님을 높이며 찬양하였음이 분명하다. 예수님은 아버지의 뜻을 이루기 위해서 십자가의 죽음을 앞에 둔 상황에서 구약의 대표자들로 찬양을 받으셨다. 모세와 엘리야의 찬양은 구약의 모든 성도의 찬양이었다. 아담의 타락 이후로 구약의 모든 성도가 바라고 소망한 일이 예수 그리스도 안에서 성취될 것이기 때문이다.

예수님은 이 일에 베드로와 야고보와 요한을 대동하였다. 이들은 제자 중에 대표자들이다. 이들은 예수님이 세우신 새 시대 하나님 나라에 중요한 위치에 있는 자들이었다. 하나님은 구약의 대표자들과 신약의 대표자들을 한자리에 모이게 하시어 장차 이루실 십자가의 일을 찬양하게 하시고 증인되게 하셨다. 베드로와 야고보와 요한은 이 일의 증인들이다.

산 위에서 예수님의 모습이 변형되어 그 얼굴이 해 같이 빛나고 옷이 빛과 같이 희어진 것은 십자가에 죽으실 예수님이 하나님의 아들이심을 분명하게 드러낸 것이다. 여기에 아버지 하나님께서 예수님에 대해서 선언하시기를 "이는 내 사랑하는 자요 내 기뻐하는 자니 너희는 그의 말을 들으라."라고 하셨다. 하나님의 아들의 모습으로 변형되셨고, 아버지께서 "내 사랑하는 아들 내 기뻐하는 자"라고 선언해 주셨다. 이는 십자가에 죽으실 예수 그리스도가 하나님의 아들로서 대속의 죽음을 감당하실 것임을 드러내신 것이다. 더 나아가서 예수님의 변형된 모습은 부활의 모습이기도 하다. 예루살렘에서 십자가의 죽으심으로 끝나는 것이 아니라 새 생명으로 부활하실 것을 미리 보이신 것이다. 그래서 예수님은 산에서 내려오실 때에 십자가와 부활에 대해서 말씀하셨다. "인자가 죽은 자 가운데서 살아나기 전에는 본 것을 아무에게도 이르지 말라."(마 17:9) 그때는 아직 제자들이 예수님의 십자가와 부활이 무엇인지를 잘 알지 못할 때였다. 예수님이 왜 예루살렘에서 죽으셔야 하는지, 어떻게 죽은 자 가운데서 다시 살아날 것인지 그들은 전혀 알지 못할 때였다. 이 사건으로 예수님은 신약의 대표자들에게 십자가에서 죽을 자신이 누구인지와 죽은 후에 부활할 자신의 모습을 분명하게 보여주셨다. 이 사건에서 베드로가 초막 셋을 짓자는 말은 그리 중요하지 않다. 중요한 것은 예수 그리스도가 누구시며, 그분이 이루실 일이 무엇인가가 중요하다. 이것이 복음서 전체의 메시지이기도 하다. 예수님은 이 사건으로 아버지의 뜻을 이루실 십자가의 일을 준비하셨다. 예수님에게 있어서 십자가의 일은 가벼운 일이 아니었다. 예수님의 겟세마네 동산에서의 기도의 내용을 보라. 이 잔(십자가)을 내게서 지나가게 해 달라고 하지 않는가? 십자가의 죽으심이 아버지의 뜻이기에 끝까지 순종하셨다.

새 계명을 주신 예수 그리스도
새 계명(서로 사랑하라)
요한복음 13:31-35

예수님은 자신을 배반하여 팔 가룟 시몬의 아들 유다를 내보낸 후에 제자들에게 말씀하시기를 "지금 인자가 영광을 받았고 하나님도 인자로 말미암아 영광을 받으셨도다. 만일 하나님이 그로 말미암아 영광을 받으셨으면 하나님도 자기로 말미암아 그에게 영광을 주시리니 곧 주시리라. 작은 자들아 내가 아직 잠시 너희와 함께 있겠노라. 너희가 나를 찾을 것이나 일찍이 내가 유대인들에게 너희는 내가 가는 곳에 올 수 없다고 말한 것과 같이 지금 너희에게도 이르노라. 새 계명을 너희에게 주노니 서로 사랑하라. 내가 너희를 사랑한 것 같이 너희도 서로 사랑하라. 너희가 서로 사랑하면 이로써 모든 사람이 너희가 내 제자인줄 알리라."(요 13:31-35)라고 하셨다.

예수님께서 십자가의 죽음을 앞에 두고 마치 유언처럼 새 계명을 주셨다. 예수님이 가룟 유다에게 떡 조각을 주시면서 "네가 하는 일을 속히 하라."라고 말씀하셨다. 예수님이 주신 떡 조각을 받은 후에 가룟 유다에게 사탄이 들어갔다. 이제 가룟 유다는 나가서 예수님을 팔 것이다. 예수님의 십자가의 사건이 일사천리로 진행될 것이다. 예수님은 자신의 십자가의 죽음은 하나님 아버지의 뜻을 이루는 것이기 때문에 영광이라고 표현하셨다. 예수님은 온통 십자가의 죽음만 생각하고 있었다. 그래서 앞으로 제자들과 함께할 시간이 많지 않음을 알았다. 반면에 제자들은 예수님과 함께 있을 시간이 많지 않다는 것을 전혀 알지 못한 채 계속 자신들과 함께 계실 것이라고만 생각했다. 여기서 말한 함께 있음이란 예수님의 육체의 몸으로 함께 있음을 의미한다. 물론 예수님은 영원토록 자기 백성들과 함께하신다. 지금 우리와도 영이신 성령으로 함께 하신다.

특별히 예수님의 공생애 기간에는 제자들과 온전한 사람으로 함께하셨다. 예수님이 제자들에게 의미심장한 말씀을 하시기를 "작은 자들아 내가 아직 잠시 너희와 함께 있겠노라."(요 13:33)라고 하셨다. 이 의미는 잠시 있다가 떠나실 것을 말씀하신 것인데, 이는 십자가에서 죽음을 말한다. 새 계명을 유언처럼 주셨다는 의미가 바로 이것이다. 예수님은 전에 유대인들에게 하셨던 말씀을 제자들에게 상기시키며 이르시기를 "너희가 나를 찾을 것이나 일찍이 내가 유대인들에게 너희는 내가 가는 곳에 올 수 없다고 말한 것과 같이 지금 너희에게도 이르노라."라고 하셨다. 예수님의 유대인들에게 하신 말씀도 십자가의 이야기이다. "내가 유대인들에게 너희는 내가 가는 곳에 올 수 없다."라고 한 것은 십자가의 죽음을 말한다. 예수님은 아버지의 뜻대로 자신의 생명을 내어주는 십자가의 길을 가게 될 것인데 유대인들이 어떻게 그 길을 따라올 수 있겠는가? 예수님은 전에 유대인들에게 하셨던 동일한 말씀을 제자들에게 하셨다. "너희가 나를 찾을 것이나…. 너희는 내가 가는 곳에 올 수 없다고 말한 것과 같이 지금 너희에게도 이르노라." 얼마 지나지 않아 곧, 예수님을 지금처럼 볼 수 없을 것이라는 말이다. 예수님께서는 새 계명을 주시기 전에, 자신이 함께할 수 없음을 먼저 말씀하셨다. 따라서 새 계명이 제자들에는 유언과 같은 무게로 느껴졌을 것이다.

이런 엄중한 상황을 설명하신 후에 드디어 새 계명을 제자들에게 주셨다. 제자들은 이전에 예수님이 말씀하신 무게와 다르게 새 계명을 받았다. 예수님이 새 계명을 신중하게 말씀하셨다. "새 계명을 너희에게 주노니 서로 사랑하라."(요 13:34) 새 계명이라고 하셨으니 옛 계명을 전제하고 있다는 의미이다. 옛 계명은 하나님께서 모세를 통해서 주신 율법이다. 예수님이 이 세상에 오심은 구약의 모든 율법을 완성하시기 위함이다. 예수님이 오셔서 율법을 완성하셨기에 율법 아래서 하나님과 교제하는 시대가 끝이 났다. 이제는 우리 주 예수 그리스도 안에서 새로운 시대가 열렸다. 예수님께서 "새 포도주는 새 부대에 넣어야 둘이 다 보전 되느니라."(마 9:17)라는 말씀이 바로 그 의미이다. 하나님께서 구약 시대에 자기 백성인 이스라엘에게 주신 옛 계명도 사랑의 계명이었다. 우리는 한 율법사가 예수님을 시험하기 위해서 질문한 사건에서 이를 알 수 있다. 한 율법사가 예수님을 시험하기 위해서 묻기를 "선생님 율법 중에서 어느 계명이 크니이까?"라고 하였다. 예수님은 대답하시기를 "네 마음을 다하고 목숨을 다하고 뜻을 다하여 주 너의 하나님을 사랑하라 하셨으니 이것이 크고 첫째 되는 계명이요 둘째도 그와 같으니 네 이웃을 네 자신과 같이 사랑하라 하셨으니 이 두 계명이 온 율법과 선지자의 명령이니라."(마 22:37-40)라고 하셨다. 예수님께서 가장 큰 계명을 말씀하시면서 모든 계명을 요약정리하신 것을 알 수 있다. 곧 사랑이다. 위로는 하나님을 사랑하고 아래로는 이웃을 사랑하는 것을 의미한다. 하나님께서 옛 시대에 자기 백성들에게 주신 율법의 핵심이 사랑이었다.

이제 예수님께서 새 시대 자기 백성들에게 주신 새 계명도 사랑이다. 하나님은 사랑이시다. 그러므로 하나님 중심으로 이루어진 공동체는 사랑의 공동체이다. 예수 그리스도는 아버지의 사랑으로 이 세상에 오셨다. 하나님은 예수님에 대해서 말씀하시기를 "하나님이 세상을 이처럼 사랑하사 독생자를 주셨으니"(요 3:16)라고 하셨다. 예수님은 제자들에게 서로 사랑하라는 새 계명을 주시면서 이르시기를 "내가 너희를 사랑한 것 같이 너희도 서로 사랑하라."라고 하셨다. 예수님은 먼저 사랑의 본을 보이셨다. 그 사랑으로 제자들을 사랑하였으며 제자들은 그 사랑으로 만족했다. 그래서 예수님이 "내가 너희를 사랑한 것같이 너희도 서로 사랑하라."라고 말씀하셨을 때 아멘 할 수밖에 없었다. 왜냐면 지금까지 예수님의 사랑을 넉넉하게 받았기 때문이다. 제자들을 사랑하신 예수님의 사랑은 여기서 멈추지 않는다. 앞으로 제자들을 위해서 자신의 생명을 내어주시기까지 사랑하실 것이다. 예수님의 십자가의 사랑이 앞으로 하나님 나라의 모든 사랑의 근본이 된다. 앞으로 하나님께서 자기 백성들에게 사랑을 명하실 때에 십자가의 사랑을 근거로 제시한다. "그가 우리를 위하여 목숨을 버리셨으니 우리가 이로써 사랑을 알고 우리도 형제를 위하여 목숨을 버리는 것이 마땅하니라."(요일 3:16) 우리가 서로 사랑해야 하는 이유가 바로 이것이다. 예수님께서 우리를 위해서 목숨을 버리셨기 때문이다. 하나님은 죄인 된 우리를 사랑하신 하나님의 사랑의 확증이 예수님의 십자가에서 목숨을 내어주신 사랑이라고 하셨다. "우리가 아직 죄인 되었을 때에 그리스도께서 우리를 위하여 죽으심으로 하나님께서 우리에 대한 자기의 사랑을 확증하셨느니라."(롬 5:8) 예수님은 자기를 믿고 따르는 제자들이 세상에서 사랑의 공동체로 인정받기를 원하셨다.

그래서 새 계명을 주시면서 덧붙여 이르시기를 "너희가 서로 사랑하면 이로써 모든 사람이 너희가 내 제자인줄 알리라."라고 하셨다. 예수님이 하나님 나라의 사랑의 왕이시므로 그의 제자들도 사랑의 제자들이 되어야 한다는 말이다. 그래야 모든 사람이 말하기를 "제자들은 진정으로 예수님의 제자들이다."라고 할 것이다. 예수님께서 제자들에게 마지막으로 당부하신 새 계명, 서로 사랑하라는 우리에게도 적용되는 계명이다.

새 언약을 세우신 예수 그리스도
성만찬

마태복음 26:17-29, 마가복음 14:12-26, 누가복음22:7-23, 요한복음 13:21-30

　예수님은 제자들과 유월절 식사를 하시기를 원하셨다. 왜냐면 이 유월절 식사가 제자들과 먹는 마지막 유월절 식사이기 때문이다. 유월절 식사를 하는 중에 예수님께서 떡을 가지고 축복하신 후에 제자들에게 떼어 주시면서 이르시되 "받아서 먹으라. 이것은 내 몸이니라."라고 하셨다. 저녁 먹은 후에 포도주 잔을 제자들에게 주시면서 이르시되 "이 잔은 내 피로 세우는 새 언약이니 곧 너희를 위하여 붓는 것이라."라고 하셨다. 예수님은 십자가에서 찢기실 자신의 몸과 흘리실 피를 떡과 포도주를 비유로 미리 교훈하셨다. 이는 곧 새 언약식이었다. 실제로 새 언약식이 시행되는 때는 예수님이 십자가에 못 박히시고 피 흘리심으로 이루어졌다. 언약식에 당사자인 예수님께서 십자가에서 죽으실 것이기 때문에 미리 제자들과 함께 유월절 식사를 하시며 하셨다. 제자들이 나눈 빵은 십자가에서 찢기실 예수님의 몸이며, 포도주는 예수님의 피를 의미하였다. 예수님의 새 언약식에 동참하여 예수님의 살과 피를 먹고 마시는 자들은 새 시대 하나님 나라의 거룩한 백성으로 인정되었다. 이 새 언약을 이해하기 위해서는 먼저 옛 언약을 이해해야 한다. 하나님이 옛 시대에 자기 백성과 맺은 옛 언약이 토대가 되기 때문인데, 예수님이 맺은 새 언약은 이 옛 언약의 틀을 그대로 가지고 있다. 우리는 먼저 유월절부터 살펴봐야 한다. 하나님께서 자기 백성을 애굽에서 출애굽 시킬 때에 마지막 10번째 재앙으로 애굽의 사람이든, 동물이든, 모든 장자를 죽였다. 이때, 하나님은 자기 백성들에게는 양이나 염소 중에서 1년 된 흠 없는 수컷을 가족의 수대로 잡아서 그 피를 양을 먹을 집 좌우 문설주와 인방에 바르라고 하셨다. 그리고 양이나 염소는 불에 구워서 먹되 뼈를 꺾지 말고 먹으라고 하셨다. 집 좌우 문설주와 피를 바른 집 안에서 유월절 양을 먹고 있을 때, 하나님의 사자가 애굽에 있는 모든 장자를 죽였다. 그런데 문 좌우 설주와 인방에 어린 양의 피가 있는 집은 그냥 넘어가셨다. 이것이 유월절이다. 이 유월절 식사를 하는 자들은 모두 하나님의 언약 백성이었다. 하나님은 자기 백성에게 명하시기를 "너희는 이 일을 규례로 삼아 너희와 너희 자손이 영원히 지킬 것이니 너희는 여호와께서 허락하신 대로 너희에게 주시는 땅에 이를 때에 이 예식을 지킬 것이라."(출 12:24-25)라고 하셨다. 이스라엘 하나님의 백성들이 유월절 식사로 어린 양의 고기를 먹었다. 당시 먹었던 어린 양의 고기는 땅에 속한 양식이다. 이제 새 시대에 새로운 나라를 가지고 오신 예수님은 자기 백성 된 제자들에게 하늘에서 오신 예수님 자신의 몸을 양식으로 주셨다. 제자들이 먹었던 떡이 바로 예수님의 몸을 의미한다. 예수님의 십자가의 죽으심은 유월절 양으로 죽으심이다. 일찍이 세례 요한이 예수님을 증거할 때 "보라 세상 죄를 지고 가는 하나님의 어린 양이로다."라고 하였다. 그래서 예수님이 유월절에 십자가에 달려 죽으셨다. 그리고 유월절 양을 먹었던 식사가 유월절 어린 양으로 오신 예수 그리스도의 몸을 의미하는 떡과 포도주를 먹음으로 완성되었다. 즉, 유월절 식사가 예수 그리스도 안에서 완성되었다는 의미다. 이제 더 이상 어린 양을 잡아서 유월절 식사를 할 필요가 없게 되었다. 이후로 예수님께서 세우신 교회는 새 언약의 식사를 하므로 완성된 유월절 식사를 하였다.

예수님이 제자들에게 자신의 몸을 양식으로 주심은 유월절 어린 양의 식사뿐만 아니라 이스라엘 백성들이 광야에서 먹었던 '만나'와도 관련이 있다. 예수님께서 자신을 가리켜 말씀하시기를 "내가 곧 생명의 떡이니라. 너희 조상들은 광야에서 만나를 먹었어도 죽었거니와 이는 하늘에서 내려온 떡이니 사람으로 하여금 먹고 죽지 아니하게 하는 것이니라. 나는 하늘에서 내려온 살아 있는 떡이니 사람이 이 떡을 먹으면 영생하리라. 내가 줄 떡은 곧 세상의 생명을 위한 내 살이니라."(요 6:48-51)라고 하셨다. 예수님이 하늘에서 내려온 생명의 떡임을 믿고 그 떡을 먹으면 생명의 떡이신 예수님과 한 몸이 된다. 그리스도와의 온전한 연합을 이루게 된다는 의미이다. 그래서 예수님이 말씀하시기를 "내 살을 먹고 내 피를 마시는 자는 내 안에 거하고 나도 그의 안에 거하나니"(요 6:56)라고 하셨다.

이제 피에 대해서 살펴보자. 포도주가 예수님의 피를 지시함이라고 하였다. "이것은 많은 사람을 위하여 흘리는바 나의 피 곧 언약의 피니라."(막 14:24) 누가복음에서는 새 언약의 피라고 하였다. 구약 유월절 식사에는 어린 양의 피를 마시지 않았다. 그런데 예수님은 새 시대에 행할 유월절 식사에 자신의 피를 제자들에게 마시게 하셨을까? 우리는 우선 하나님께서 구약 시대에 자기 백성들에게 피와 관련하여서 말씀하신 내용을 이해해야 한다. 하나님께서 모세를 통해서 자기 백성들에게 말씀하시기를 "너희가 사는 모든 곳에서 새나 짐승의 피나 무슨 피든지 먹지 말라. 무슨 피든지 먹는 사람이 있으면 그 사람은 다 자기 백성 중에서 끊어지리라."(레 7:26-27)라고 하셨고, 또 "모든 생물은 그 피가 생명과 일체라. 그러므로 내가 이스라엘 자손에게 이르기를 너희는 어떤 육체의 피든지 먹지 말라 하였나니 모든 육체의 생명은 그것의 피인, 즉 그 피를 먹는 모든 자는 끊어지리라."(레 17:14)라고 하셨다. 하나님은 구약 시대에 자기 백성에게 생명과 일체가 되는 피를 먹지 말라고 하셨다. 하나님이 먹지 말라고 하신 것은 아직 허락하지 않으셨다는 의미이기도 하다. 피만 먹지 말라고 하신 것이 아니라 제물의 기름도 먹지 말라고 하셨다. 하나님은 자기 백성에게 아직 제물의 기름도 주지 않으셨다. 하나님은 자기 백성들과 온전한 교제가 주어지지 않았으므로 생명의 양식을 주지 않으셨다. 그런데 예수님께서 유대인들에게 놀라운 선언을 하셨다. 예수님께서 말씀하시기를 "내가 진실로 진실로 너희에게 이르노니 인자의 살을 먹지 아니하고 인자의 피를 마시지 아니하면 너희 속에 생명이 없느니라. 내 살을 먹고 내 피를 마시는 자는 영생을 가졌고 마지막 날에 내가 그를 다시 살리리니 내 살은 참 된 양식이요 내 피는 참된 음료로다. 내 살을 먹고 내 피를 마시는 자는 내 안에 거하고 나도 그의 안에 거하나니 살아계신 아버지께서 나를 보내시매 내가 아버지로 말미암아 사는 것 같이 나를 먹는 그 사람도 나로 말미암아 살리라."(요 6:53-57)라고 하셨다. 예수님의 이 말씀에 의하면 구약의 율법에 피를 먹지 말라고 하신 말씀과 정면으로 위배된다. 이렇게 말씀하신 이유는 이미 예수님 자신 안에서 새로운 관계가 주어졌기 때문에 제자들에게 자신의 피를 지시하는 포도주를 마시게 하셨다. 즉, 자신 안에서 하나님과 새로운 관계가 주어진 것임을 의미한다. 예수님께서 세우신 구원의 식사, 곧 예수님의 살을 먹고 예수님의 피를 마시는 식사는 하나님과의 교제가 온전히 성취된 구원의 식사이다. 예수님은 자신의 교회 안에 이 구원의 식사를 영원토록 주셨다. 누구든지 아버지 하나님과 우리 주 예수 그리스도 그리고 성령의 이름으로 구원의 세례를 받으면 예수님의 살과 피를 지시하는 식사 곧 구원의 식탁에 앉아서 이 생명의 식사를 한다. 주님이 이루신 생명의 식사를 하는 모든 성도는 우리 주 예수 그리스도 안에서 살아가는 영광스러운 새 백성들이다.

다른 보혜사를 약속하신 예수 그리스도
영원한 임마누엘
요한복음 14장 - 16장

　하나님의 말씀인 성경에서 가장 핵심적인 내용은 하나님이 자기 백성과 함께하심이다. 성경 전체 내용이 모두 하나님이 자기 백성과 함께하신 이야기다. 단지 하나님께서 자기 백성과 어떤 방식으로 함께하시느냐이다. 하나님이 에덴동산에서 첫 사람 아담과 하와와 함께하신 때가 있었고, 아담과 하와가 타락하여 에덴동산에서 쫓겨난 이후에 함께 하신 때가 있었다. 이 두 상황에서 하나님이 함께하심이 서로 다르다. 마찬가지로 예수 그리스도께서 육체로 오셔서 공생애 동안에 제자들과 함께하실 때가 있었고, 예수 그리스도께서 부활하시고 승천하신 이후에 함께 하시는 시대가 있다. 이 두 상황도 하나님이 함께하시는 방식이 다르다. 이 장면에서는 하나님이 함께하시는 다른 방식에 대해서 살펴보려고 한다.

　예수님의 또 다른 이름은 '임마누엘'이다. 임마누엘은 하나님이 자

기 백성과 함께하신다는 뜻이다. 예수님이 육체를 입고 오신 하나님이
셨으니 자기 백성과 함께하신 예수님의 임마누엘 이름은 지극히 합당
하다. 예수님은 제자들과 함께하시는 임마누엘이셨다. 물론 제자들뿐
만 아니라 예수님에 의해서 질병에서 고침을 받은 모든 사람이나 이적
과 표적을 행하실 때에 그 자리에 있었던 모든 사람에게도 임마누엘이
셨다. 임마누엘로 자기 백성과 함께하신 예수님은 자기 백성들 곁에서
도우시는 '보혜사'이셨다. 보혜사란 곁에서 도우시는 자라는 의미이
다. 지금까지 보혜사로 제자들 곁에 계셨던 예수님께서 떠나신다고 말
씀하셨다.

예수님께서 제자들에게 이르시기를 "너희가 나를 찾을 것이나,…
너희는 내가 가는 곳에 올 수 없다."(요 13:33)라고 하셨다. 베드로 사도
가 예수님께 "주여 어디로 가시나이까?"라고 물었다. 예수님께서 대
답하시기를 "내가 가는 곳에 네가 지금은 따라올 수 없으나 후에는 따
라 오리라."(요 13:36)라고 하셨다. 예수님이 가신다는 것 때문에 제자들
의 심령에 근심이 가득하였다. 그래서 예수님은 제자들에게 이르시기
를 "너희는 마음에 근심하지 말라 하나님을 믿으니 또 나를 믿으라. 내
아버지 집에 거할 곳이 많도다. 그렇지 않으면 너희에게 일렀으리라.
내가 너희를 위하여 거처를 예비하러 가노니 가서 너희를 위하여 거처
를 예비하면 내가 다시 와서 너희를 내게로 영접하여 나 있는 곳에 너
희도 있게 하리라. 내가 어디로 가는지 그 길을 너희가 아느니라."(요
14:1-4)라고 하셨다. 예수님은 근심하고 있는 제자들에게 의미 있는 말
씀을 하셨다. "내가 너희에게 실상을 말하노니 내가 떠나가는 것이 너

희에게 유익이라. 내가 떠나가지 아니하면 보혜사가 너희에게로 오시지 아니할 것이요 가면 내가 그를 너희에게로 보내리니."라고 말씀하셨다. 예수님의 이 말씀 속에는 마치 예수님과 보혜사가 서로 교대하는 뉘앙스가 있다. 이와 동일하지는 않지만, 예수님이 말씀하신 내용을 이해하는 데 도움이 되는 말씀이 있다. 예수님이 제자들에게 말씀하시기를 "내가 아버지께 구하겠으니 그가 또 다른 보혜사를 너희에게 주사 영원토록 너희와 함께 있게 하리니"(요 14:16)라고 하셨다. 여기서 예수님은 제자들에게 "다른 보혜사"를 보내 주실 것이라고 하셨다. 그렇다면 지금까지는 제자들에게 있어서 예수님 자신이 보혜사가 되셨다는 말이다. 지금까지 제자들 곁에서 제자들을 도우셨던 보혜사 예수님이 떠나가시고 제자들에게 다른 보혜사를 보내주시어 영원토록 함께 있도록 하겠다는 말이다.

예수님은 육체로 오신 하나님이시다. 예수님께서도 사람이셨기 때문에 많은 부분 제한이 있었다. 예수님이 제자들과 함께 갈릴리에 계셨으면 예루살렘에 있는 제자들에게는 함께 계심이 아니었다. 물론 하나님은 온 세상에 충만하게 계신다. 그런데 한 사람의 육체를 입고 오신 예수님의 경우에는 상황이 다르다는 의미다. 예수님이 육체로 계실 때에 무리가 예수님의 이적과 기사를 보려고 찾아다녔다. 예수님 계신 곳으로 가야만 이적과 기사를 볼 수 있었기 때문이다. 예수님이 계신 곳은 이스라엘 땅이었다. 예를 들면 대한민국에 살고 있는 사람은 예수님을 만나려면 이스라엘로 가야 한다. 이것은 궁극적으로 임마누엘이라고 할 수 없을 뿐만 아니라 예수님이 원하시는 구원도 아니었다.

그렇기 때문에 예수님은 십자가에서 죽으시고 3일 만에 부활하셔서 임마누엘을 완성하셨다. 그리고 승천하여 아버지 보좌 우편에 좌정하시어 성령 하나님을 보내 주셨다. 이와 같은 임마누엘을 이루는 과정 때문에 예수님이 제자들을 떠나신다는 말씀을 하셨다. 십자가에 못 박히기 위해서 먼저, 잡히셔야 했다. 십자가에서 피 흘려 죽으셔야 했고, 무덤에 장사 지낸 바 되셔야 했다. 그리고 3일 만에 부활하시고 승천하셔야 했다. 이 모든 과정은 예수님이 제자들을 떠나야만 하실 수 있는 일이었다. 물론 예수님이 붙잡힌 이후에도 제자들이 간간이 예수님을 만나는 경우가 있었다. 베드로가 예수님을 부인할 때도 멀리서 예수님과 눈이 마주쳤다. 예수님이 십자가에 못 박히실 때에도 요한 사도는 십자가 밑에 있었다. 그리고 부활하신 후에는 예수님이 제자들을 몇 차례 찾아오셨다. 그 후에 승천하실 때까지 40일 동안 함께 계셨다. 예수님이 승천하심으로 이전에 육체로 함께 계셨던 예수님과의 동행은 끝이 났다. 예수님이 육체로 계시면서 함께 하신 임마누엘은 종료되었다. 그런데 예수님께서 다시 오시겠다고 하셨다. 예수님께서 제자들에게 이르시기를 "내가 너희를 고아와 같이 버려두지 아니하고 너희에게로 오리라."(요 14:18) 또 말씀하시기를 "너희는 마음에 근심하지도 말고 두려워하지도 말라. 내가 갔다가 너희에게로 온다 하는 말을 너희가 들었나니"(요 14:27-28)라고 하셨다.

지금까지 많은 성경 해석자들이 예수님이 가셨다가 다시 오신다는 이 부분을 예수님의 재림으로 해석했다. 물론 재림과 관련해서 다시 오신다는 본문이 있다. 사도행전 1장에서 승천하신 예수님을 바라보고 있는 제자들에게 천사들이 이르기를 "너희 가운데 하늘로 올려지신 이 예수는 하늘과 가심을 본 그대로 오시리라."라고 하였다. 그런데 요한복음 14장에서 "너희에게로 오리라."는 말씀은 예수님이 자신의 영이신 성령 하나님을 보내주시므로 제자들에게로 오심을 의미한다. 그래서 다른 보혜사 곧 성령 하나님의 오심과 관련하여 말씀하셨다. "내가 아버지께 구하겠으니 그가 또 다른 보혜사를 너희에게 주사 영원토록 너희와 함께 있게 하리니 그는 진리의 영이라 세상은 능히 그를 받지 못하나니 이는 그를 보지도 못하고 알지도 못함이라. 그러나 너희는 그를 아나니 그는 너희와 함께 거하심이요. 또 너희 속에 계시겠음이라. 내가 너희를 고아와 같이 버려두지 아니하고 너희에게로 오리라."(요 14:16-18)

예수님은 장차 제자들에게 임하실 성령 하나님이 자기의 이름으로 오실 것이라고 하셨다. "보혜사 곧 아버지께서 내 이름으로 보내실 성령"(요 14:26) 제자들에게 임하실 성령 하나님이 예수님의 이름으로 오시면 예수님이 오심이다. 장소적인 측면에서 보면 예수님은 하나님 아버지 보좌 우편에 계시고 성령 하나님은 자신의 교회에 임재하신다. 물론 하늘이 열린 시대이기에 하늘과 땅이 하나로 통합되어 있다. 그러므로 성령 하나님은 하늘에도 땅에도 충만하게 계신다. 예수님이 승천하신 이후에는 예수님의 모습은 보이지 않는다. 그런데 분명한 것은 우리 주 예수 그리스도의 이름으로 오신 성령 하나님이 우리와 함께하신다는 사실이다. 주님의 이름으로 오신 성령 하나님이, 믿는 우리가 하나님의 자녀임을 확증시켜 주셨다. 모든 성도는 주님의 이름으로 오신 성령 하나님이 함께하시므로 임마누엘의 영광을 누리고 있음을 안다. 성령 하나님은 이 세상에 있는 모든 교회와 영원토록 함께 하신다. 이렇게 함께 하심이 새 시대, 새 백성들에게 주신 구원이다.

제자에게 배반당하여 팔리신 예수 그리스도

가룟 유다

마태복음 26:17-25, 마가복음 14:10-21, 43-50, 누가복음 22:1-6

예수님의 제자 중의 하나인 가룟 유다가 대제사장들에게 찾아가서 말하기를 "내가 예수를 너희에게 넘겨주리니 얼마나 주려느냐?"라고 하였다. 이 말을 들은 대제사장들은 아직 예수님을 넘겨받지 않았는데 먼저 은 30을 달아서 가룟 유다에게 주었다. 선금을 받은 가룟 유다는 그때로부터 예수님을 넘겨 줄 기회를 찾았다. 그 후에 예수님과 제자들이 마지막 유월절 식사를 하였다. 가룟 유다도 예수님의 제자 중의 한 사람이었으므로 그 자리에 참석하였다. 예수님께서 식사 중에 제자들에게 이르시되 "내가 진실로 진실로 너희에게 이르노니 너희 중의 한 사람이 나를 팔리라."(마 26:21)라고 하셨다. 이 말을 들은 예수님의 제자들은 몹시 근심하면서 각자 자신들은 아니라고 하였다. 예수님께서 다시 말씀하시기를 "나와 함께 그릇에 손을 넣는 그가 나를 팔리라.

인자는 자기에 대하여 기록된 대로 가거니와 인자를 파는 그 사람에게는 화가 있으리로다. 그 사람은 차라리 태어나지 아니하였더라면 제게 좋을 뻔하였느니라."(마 26:23-24)라고 하셨다. 이 말을 들은 가룟 유다가 예수님께 말하기를 "랍비여 나는 아니지요?"라고 하였다. 예수님은 가룟 유다에게 "네가 말하였도다."라고 하셨다. 그런데 아직 제자들은 예수님을 팔 자가 누구인지 알지 못하였다. 그때에 요한이라는 제자가 예수님의 품에 의지하여 누워있었다. 그 곁에 있던 베드로가 요한에게 머릿짓으로 말하기를 예수님께서 말씀하신 자가 누군지 물어보라고 하였다. 요한은 바로 예수님의 턱밑에서 "주여 누구니이까?"라고 물었다. 예수님이 대답하시기를 "내가 떡 한 조각을 적셔서 주는 자가 그니라."라고 하시고 곧 한 조각을 적셔서 가룟 시몬의 아들인 유다에게 주셨다. 떡 조각을 받은 후에 가룟 유다에게 사탄이 들어갔다. 이제 가룟 유다는 사탄이 조종하는 대로 행할 것이다. 이를 아신 예수님은 가룟 유다에게 이르시기를 "네가 하는 일을 속히 하라."라고 하셨다. 예수님과 함께 식탁에 앉은 제자들은 예수님이 무슨 뜻으로 그렇게 말씀하셨는지 알지 못하였다. 어떤 이들은 유다가 돈궤를 맡았으므로 명절에 제자들이 사용할 물건을 사라고 보낸 줄로 생각하였다. 어떤 제자들은 가난한 자들을 도우라는 말씀으로 여겼다. 가룟 유다는 더 이상 그 자리에 있을 수 없었다. 예수님을 넘겨주기로 약속한 것은 아무도 몰라야 하는데, 당사자인 예수님께서 이미 다 알고 계셨던 것이다. 그는 더 이상 그 앞에서 식사를 할 수 없었다. 가룟 유다는 자리를 박차고 나올 수밖에 없었다. 가룟 유다는 곧 바로 대제사장들에게 찾아가서 예수님을 체포할 군인들과 함께 예수님께로 향했다. 그 시각, 예수님께서는 제자들과 함께 기드론 시내 건너편 동산으로 기도하러 가셨다. 가룟 유다도 전에 예수님과 함께 그 동산에서 기도한 적이 있어서 그 장로를 알고 있었다. 가룟 유다가 예수님께 입을 맞추며 "랍비여 안녕하시옵니까?"라고 인사를 하였다. 예수님은 이 인사를 받으시며 이르시기를 "유다야 네가 입맞춤으로 인자를 파느냐?"라고 하셨다. 그러면서 "친구여 네가 무엇을 하려고 왔는지 행하라."라고 말씀하셨다. 군병들이 예수님을 붙잡아 대제사장에게로 끌고 갔다.

예수님은 이 모든 상황에 대해서 제자들에게 이르시기를 "나는 내가 택한 자들이 누구인지 앎이라. 그러나 내 떡을 먹는 자가 내게 발꿈치를 들었다 한 성경을 응하게 하려는 것이니라. 지금부터 일이 일어나기 전에 미리 너희에게 일러둠은 일이 일어날 때에 내가 그인 줄 너희가 믿게 하려 함이로다."(요 13:18-19)라고 하셨다. 하나님은 구약시대에 이미 예수님에게 이런 일이 일어날 것을 다윗을 통해서 말씀하셨다. "내가 신뢰하여 내 떡을 나눠 먹던 나의 가까운 친구도 나를 대적하여 그의 발꿈치를 들었나이다."(시 41:9) 예수님은 다윗을 통해서 하셨던 그 말씀이 지금 자신에게 이루어졌다고 하셨다. 다윗이 장차 메시아에게 임할 일을 미리 말하였는데 그 말씀이 예수님 자신에게서 이루어졌으니 예수님 자신이 메시아 되심을 제자들에게 확증하신 것이다. 처음 가룟 유다를 제자로 택할 때부터 예수님께서는 이미 모든 것을 알고 계셨다. 예수님의 공생애 기간에 많은 사람이 예수님께로 왔다가 떠나갔다. 그래서 예수님께서 열두 제자들에게 이르시기를 "너희도 가려느냐?"라고 하셨다. 이에 시몬 베드로가 대답하기를 "주여 영생의 말씀이 주께 있사오니 우리가 누구에게로 가오리이까? 우리는 주는 하나님의 거룩하신 자이신 줄 믿고 알았사옵나이다."라고 하였다. 이 대답을 들으신 예수님께서 가룟 유다에 대해서 말씀하시기를 "내가 너희 열둘을 택하지 아니하였느냐? 그러나 너희 중의 한 사람은 마귀니라."라고 하셨다. 여기서 너희 중에 한 사람은 마귀라는 지적한 그 한 사람은 가룟 시몬의 아들 유다를 가리켜 말씀하심이었다(요 6:67-71). 모든 것을 알고 계신 예수님께서 3년 동안 가룟 유다를 바라보실 때마다 어떤 마음이셨을까? 예수님 자신에게 주어진 사명 곧 하나님의 뜻을 이루는 일에 대한 생각으로 충만했을 것이다. 또한, 아직은 일어나지 않았지만, 훗날 반드시 치러야 할 십자가의 고난을 예비하셨을 것이다. 그리고 자신이 가야 할 길을 잊지 않았을 것이다. 반면에 가룟 유다에 대해서는 불쌍한 마음이지 않았을까? 자신을 팔 가룟 유다에게 화가 임할 것을 알고 계셨기 때문이다. 오죽하면 이 세상에 태어나지 않는 것이 더 나았을 것이라고 했겠는가! 예수님은 가룟 유다에 대해 이 모든 것을 아시면서도 끝까지 품고 가셨다.

이제 가룟 유다가 예수님을 판 과정에 대해서 살펴보자. 가룟 유다가 대제사장을 찾아가기 전에 먼저 사탄이 그 속에 들어갔다(눅 22:3). 사탄이 가룟 유다에게 들어가서 그를 미혹하였다. 사탄은 예나 지금이나 약점을 담보 잡고 미혹한다. 당시 가룟 유다에게는 어떠한 연약함을 보았을까? 가룟 유다는 돈을 좋아한 사람이었다. 이에 대한 부분은 예수님과 함께 다니는 동안 몇몇 장면에서 충분히 유추할 수 있다.

예수님께서 잡히시기 전에 베다니에서 예수님을 위해서 잔치가 있었다. 그때 마리아가 비싼 향유를 가져다가 예수님의 발에 붓는 헌신이 있었다. 이 모습을 본 가룟 유다가 몹시 불쾌하게 여기면서 말하기를 "이 향유를 어찌하여 삼백 데나리온에 팔아 가난한 자들에게 주지 아니하였느냐?"라고 하였다. 성령님은 가룟 유다의 이 말에 대해서 해석해 주시기를 "이렇게 말함은 가난한 자들을 생각함이 아니요 그는 도둑이라 돈 궤를 맡고 거기 넣는 것을 훔쳐 감이러라."(요 12:6)라고 하셨다. 이렇게 말한 가룟 유다에 대해서 "예수를 잡아 줄 가룟 유다"라고 하였다. 제자들 공동체 안에서 돈 궤를 맡은 가룟 유다가 이전에도 얼마의 돈을 훔쳤을 것이다. 분명 가룟 유다는 돈을 좋아했다. 그래서 사탄은 돈을 좋아하는 욕심을 이용해서 그의 속에 침투하였다. 예수님과 제자들이 유월절 식사를 위해서 한자리에 모였다. 이때, 예수님은 제자들의 발을 씻겨 주셨다. 그런데 성령님은 가룟 유다에 대해 증거하기를 "마귀가 벌써 시몬의 아들 가룟 유다의 마음에 예수를 팔려는 생각을 넣었더라."(요 13:2)라고 하셨다. 이로 보건대 가룟 유다는 거짓을 감추는데 능숙한 자였다. 이미 예수님을 넘겨주시기로 약속하고 대제사장들에게 돈을 받았고, 마음속에 예수님을 팔 생각을 품고 있었다. 동시에 예수님과 함께 마지막 만찬 자리에 있었다. 가룟 유다의 마음이 얼마나 복잡하고 미묘했을까? 그 자리가 얼마나 불편했을까? 하지만 그는 아주 태연하게 행동했다. 오히려 예수님께 "랍비여 나는 아니지요?"라고 되물었다. 마음 중심까지 살피시는 주님께서 그 모습을 보실 때에 어떠했을까? 만약 가룟 유다가 예수님을 배반하여 팔지 않았다면 예수님은 다른 과정을 통해서 붙잡히시고 십자가에 죽으셨을 것이다. 왜냐면 예수님께서 이 세상에서 치러야 할 사역은 자기 백성의 죄를 대속하기 위해서 십자가에서 피 흘려 죽으시는 것이기 때문이다. 하지만 하필이면 사탄에게 미혹되어 그 일에 사용된 가룟 유다에게는 불행한 일이다. 사탄은 그를 붙잡고 끝까지 몰아갔다. 사탄 입장에서 보면 드디어 여자의 후손을 잡는데 큰 공을 세운 가룟 유다에게 상을 줘도 모자랄 판에 그가 스스로 자기 목숨을 버리도록 이끈다. 사탄이 하는 일은 항상 이렇다. 결국은 죽음이다. 가룟 유다가 예수님이 붙잡혀서 정죄됨을 보고 스스로 뉘우쳤다. 전에 제사장들에게서 받은 은 삼십을 가지고 그들을 찾아가서 이르기를 "내가 무죄한 피를 팔고 죄를 범하였도다."라고 하였다. 대제사장들이 가룟 유다에게 이르되 "그것이 우리에게 무슨 상관이냐? 네가 당하라."라고 하였다. 가룟 유다는 예수님의 피 값으로 받은 은 삼십을 성소에 던져 넣고 돌아가서 스스로 목을 매어 죽었다. 가룟 유다의 몸은 곤두박질하여 배가 터지고 창자가 다 흘러나왔다. 그야말로 비참한 죽음을 맞이하였다. 자신의 욕심 때문에 그리스도를 배반하여 팔았던 자의 최후이다. 사탄은 자신에게 미혹된 자를 이렇게 비참한 길로 이끈다. 예수님을 배반하여 팔 때도 사탄이 개입해서 행한 일이었고, 마지막 자살을 선택하여 실행할 때에도 사탄이 개입한 일이었다.

겟세마네 동산에서 기도하신 예수 그리스도

아버지께 순종

마태복음 26:36-46, 마가복음 14:32-42, 누가복음 22:39-46

　예수님께서 유대의 지도자들에게 붙잡히기 전에 제자들과 함께 겟세마네 동산으로 가서 기도하셨다. 예수님의 마음은 고민과 슬픔으로 가득하였다. 베드로와 야고보와 요한을 더 깊은 곳으로 데리고 가서 말씀하시기를 "내 마음이 매우 고민하여 죽게 되었으니 너희는 여기 머물러 나와 함께 깨어 있으라."라고 하셨다. 그리고 좀 더 나아가서 얼굴을 땅에 대고 엎드려 기도하기를 "내 아버지여 만일 할 만하시거든 이 잔을 내게서 지나가게 하옵소서. 그러나 나의 원대로 마시옵고 아버지의 원대로 하옵소서."라고 하였다. 천사가 하늘로부터 기도하는 예수님께로 와서 힘을 더하였다. 예수님은 힘쓰고 애써 더욱 간절히 기도하므로 땀이 땅에 떨어지는 핏방울과 같이 되었다. 예수님은 기도를 마친 후에 제자들에게로 오셨다. 제자들은 자고 있었다. 예수님이 베드로에게 이르시되 "너희가 나와 함께 한 시간도 이렇게 깨어 있을 수 없더냐?? 시험에 들지 않게 깨어 기도하라 마음에는 원이로되 육신이 약하도다."라고 하셨다. 예수님은 다시 두 번째 기도하기 위해서 나아가서 이르시되 "내 아버지여 만일 내가 마시지 않고는 이 잔이 내게서 지나갈 수 없거든 아버지의 원대로 되기를 원하나이다."라고 하셨다. 예수님은 세 번째도 같은 내용으로 기도한 후에 제자들에게로 오셨다. 이제는 제자들에게 이르시기를 "이제는 자고 쉬라 보라 때가 가까이 왔으니 인자가 죄인의 손에 팔리느니라. 일어나라 함께 가자 나를 파는 자가 가까이 왔느니라."라고 하셨다. 이렇게 기도를 마친 후에 예수님은 대제사장들이 보낸 무리에게 붙잡히셨다.

예수님은 자신이 가야 할 길을 이미 알고 계셨다. 대제사장들의 수하들에게 붙잡힐 것도, 잡혀가서 심한 조롱과 멸시를 받을 것도 아셨다. 자신이 받아야 할 채찍뿐만 아니라 십자가에 못 박혀 피 흘려 죽으실 것까지 다 아셨다. 예수님은 자신에게 일어날 일들이 아마도 모두 그림으로 그려졌을 것이다. 예수님은 자신이 당할 고통이 너무 크다는 것을 알았다. 예수님은 하나님의 아들이시다. 또한, 예수님은 연약한 육체를 가진 마리아의 아들이기도 하다. 자지 않으면 피곤하고 먹지 않으면 배고픔을 느끼는 지극히 정상적인 사람이라는 뜻이다. 예수님이 베다니 나사로의 무덤 앞에서는 비통함을 느끼셨다. 지극히 정상적인 완전한 한 사람으로서 감정이 있으신 예수님은 앞으로 자신에게 일어날 일들을 어떻게 담담하게 바라볼 수 있었겠는가? 상상할 수도 없는 고통이 기다리고 있었다. 고민과 슬픔이 가득하여 죽게 될 감정을 느낀 것은 당연하다. 예수님은 자신이 당할 그 일이 바로 몇 분 후면 시작될 것을 아셨다. 그래서 예수님은 그 모든 일을 감당할 수 있는 힘을 구하였다. 먼저 아버지께 자신이 짊어져야 할 짐이 얼마나 무겁다는 것을 표현하기를 "아버지여 만일 아버지의 뜻이거든 이 잔을 내게서 옮기시옵소서."라고 하였다. 여기서 '이 잔은' 예수님이 짊어지실 십자가의 형벌과 고통이었다. 예수님은 죄가 없으시다. 그런데 예수님이 십자가의 형벌과 고통을 받으신 것은 전적으로 하나님 백성들의 죄 때문이었다. 자신의 죄 때문이 아니기에 "이 잔을 내게서 옮기시옵소서."라고 간구하셨다. 이러한 기도는 전적으로 본인이 받을 십자가의 형벌이 죄인들을 위한 일이기 때문에 가능한 것이기도 하다. 예수님은 너무 고통스럽기 때문에 십자가를 짊어지지 않게 해 달라는 기도가 아니라 그 일을 감당할 수 있는 힘을 달라는 기도를 하셨다. 이어지는 예수님의 기도 내용은 온전히 아버지의 뜻을 이루는 기도이다. "내 원대로 마옵시고 아버지의 원대로 되기를 원하나이다." 이 부분에서 예수님의 마음의 중심을 볼 수 있다. 예수님은 아버지의 뜻이 자신을 통해서 온전히 이루어지기를 원하셨다. 이미 예수님은 자신이 이 세상에 오신 목적이 아버지의 뜻을 이루기 위함이라고 고백하였다. 또한, 하나님 아버지의 뜻이 자기 백성을 구원하기 위하여, 십자가에서 대속의 죽음을 의미하는 것도 알았다. 그래서 기도하실 때에 아버지의 원대로 되기를 기도하였다. 예수님은 기도하신 대로 아버지의 뜻을 이루기 위해서 잡히셨고, 십자가에서 자신의 생명을 내어주셨다. 예수님의 겟세마네 기도는 주님을 따르는 모든 성도의 본이 된다. 많은 성도가 하나님께 기도할 때에 자신의 소원을 이루기 위해서 기도한다. 이런 기도는 이방인들의 기도이다. 이방 종교는 자신이 원하는 것을 성취하기 위해서 기도한다.

　모든 사람의 상황이 다르기 때문에 각자 원하는 소원도 각각 다르다. 이방인들은 목숨을 위하여 무엇을 먹을까 무엇을 마실까 몸을 위하여 무엇을 입을까 염려하면서 그와 관련된 것을 구한다. 이와 관련하여 예수님이 말씀하시기를 "이는 다 이방인들이 구하는 것이라. 너희 하늘 아버지께서 이 모든 것이 너희에게 있어야 할 줄을 아시느니라."(마 6:32)라고 하셨다. 그러나 우리의 기도는 우리 자신의 뜻을 이루기 위함이 아니라 하나님의 뜻을 이루기 위한 기도이다. 그래서 예수님께서 제자들에게 무엇을 기도해야 할 것인가 말씀하시기를 "그런즉 너희는 먼저 그의 나라와 그의 의를 구하라 그리하면 이 모든 것을 너희에게 더하시리라."(마 6:33)라고 하셨다. 물론 우리의 삶에 필요한 일용할 양식을 매일 구한다. 이는 매 순간 하나님을 의뢰하는 삶을 그렇게 표현한 것이다. 성도들의 삶의 궁극적인 목적은 하나님의 뜻을 이루는 것이다. 우리 자신들의 건강과 진로 그리고 삶에 필요한 여러 가지를 구할 수 있다. 그러나 그것까지도 하나님의 뜻을 이루기 위함이어야 한다. 자녀들을 위해서도 기도해야 한다. 자녀들의 건강과 지혜와 명철 그리고 진로 등을 하나님께 간구해야 한다. 단 그 모든 간구가 하나님의 뜻을 이루는 내용이어야 한다. 예수님의 겟세마네 기도는 아버지의 뜻을 이루기 위한 모든 하나님 자녀들의 기도 표본이다. 우리도 "나의 원대로 마옵시고 아버지의 원대로 하옵소서."라고 간구해야 한다.

베드로에게 부인 당한 예수 그리스도
베드로의 부인

> 마태복음 26:69-75, 마가복음 14:66-72,
> 누가복음 22:56-62, 요한복음 18:15-18, 25-27

마지막 만찬을 마치고 나서 예수님께서 제자들에게 이르시기를 "오늘 밤 너희가 다 나를 버리리라. 기록된 바 내가 목자를 치니 양의 떼가 흩어지리라 하였느니라. 그러나 내가 살아난 후에 너희보다 먼저 갈릴리로 가리라."라고 하셨다. 예수님의 말씀이 끝나자마자 베드로가 대답하여 이르기를 "모두 주를 버릴지라도 나는 결코 버리지 않겠나이다."라고 장담하였다. 예수님께서 베드로에게 이르시되 "내가 진실로 네게 이르노니 오늘 밤 닭 울기 전에 네가 세 번 나를 부인하리라."라고 하셨다. 베드로는 대답하기를 "내가 주와 함께 죽을지언정 주를 부인하지 않겠나이다."라고 말했다. 곁에 있는 모든 제자도 동일하게 말했다. 그리고 예수님과 함께 겟세마네 동산에서 기도하신 후에 예수님이 붙잡히셨다. 예수님이 붙잡힌 것을 본 제자들이 예수님을 버리고 다 도망하였다. 어떤 제자는 벗은 몸에 베 홑이불을 두르고 끌려가신 예수님을 따라가다가 무리에게 잡히매 베 홑이불을 버리고 벗은 몸으로 도망하였다. 대제사장들의 수하들이 예수님을 끌고 대제사장 가야바에게로 갔다. 베드로는 끌려간 예수님을 멀찍이 따라가서 대제사장의 집 안뜰까지 들어갔다. 그곳에 사람들이 불을 쬐며 모여 있었다. 베드로도 그들 곁에서 불을 쬐고 있었다. 대제사장의 한 여종이 베드로를 보고 이르되 "너도 나사렛 예수와 함께 있었도다."라고 말하자 베드로가 부인하여 이르기를 "나는 네가 말하는 것이 무엇인지 알지 못하고 깨닫지도 못하겠노라."라고 하였다. 베드로의 첫 번째 부인이다. 여종이 베드로를 보고 곁에 서 있는 자들에게 다시 이르기를 "이 사람은 그 도당이라."라고 하였다. 베드로가 맹세하고 또 부인하여 이르되 "나는 그 사람을 알지 못하노라."라고 하였다. 베드로가 두 번째로 예수님을 부인했다. 조금 후에 곁에 서 있던 어떤 사람이 베드로에게 이르되 "너도 진실로 그 도당이라 네 말소리가 너를 표명한다."라고 하였다. 베드로가 이번에는 저주하며 맹세하여 이르기를 "나는 그 사람을 알지 못하노라."라고 하였다. 베드로가 세 번째로 예수님을 부인하는 말이 끝나자마자 닭이 울었다. 베드로는 예수님의 말씀 곧 "닭 울기 전에 네가 세 번 나를 부인하리라."라는 말씀이 생각나서 밖에 나가서 심히 통곡하였다.

　예수님이 대제사장들이 보낸 수하들에게 잡히자 모든 제자가 다 도망하였다. 그래도 베드로는 도망가지 않고 끌려간 예수님을 멀찍이 뒤따라갔다. 그러나 예수님을 모른다고 세 번씩이나 부인했다. 우리는 여기서 이런 질문을 할 수 있다. 예수님의 제자들은 왜 다 도망을 갔을까? 그들의 믿음이 그렇게 약했던가? 베드로의 신앙고백은 거짓이었던가? 물론 믿음이 약하기 때문이라고 할 수 있다. 그러나 이 기간은 제자들이나 베드로가 그렇게 할 수 있는 기간이기도 했다. 제자들이 도망가지 말아야 하고 베드로가 예수님을 부인하지 않았어야 했지만 그럴 수 있는 기간이었다는 말이다. 갑자기 기간을 언급하니 의아할 수 있다. 육체를 입고 오신 예수님이 공생애 기간, 곧 예수님이 대제사장들의 수하들에게 붙잡히기 전까지는 제자들 곁에서 제자들의 모든 것을 돕는 보혜사이셨다. 제자들의 믿음뿐만 아니라 모든 것을 곁에서 도우셨다. 그런 보혜사 되신 예수 그리스도께서 잡히셨다. 예수님은 자신이 잡히실 때에 제자들은 가도록 길을 열어 주셨다. 예수님이 잡히실 때에 이르시기를 "나를 찾거든 이 사람들이 가는 것을 용납하라."라고 하셨다. 이렇게 말씀하신 내용을 해석하기를 "이는 아버지께서 내게 주신 자 중에서 하나도 잃지 아니하였사옵나이다."라는 말씀을 응하게 하기 위함이라고 하셨다.

대제사장들의 무리에게 붙잡히신 예수님은 더 이상 제자들을 도울 수 없었다. 예수님은 제자들에게 더 이상 보혜사가 될 수 없었다. 그래서 예수님께서 잡히시기 전에 말씀하시기를 "오늘 밤에 너희가 다 나를 버리리라. 기록된 바 내가 목자를 치니 양의 떼가 흩어지리라."라고 말씀하셨다. 예수님께서 구약 스가랴 선지자가 예언한 말씀을 인용하셨다. 일찍이 스가랴 선지자가 예언하기를 "만군의 여호와가 말하노라 칼아 깨어서 내 목자, 내 짝된 자를 치라. 목자를 치면 양이 흩어지러니와 작은 자들 위에는 내가 내 손을 드리우리라."(슥 13:7)라고 하였다. 예수님은 자신이 잡히고 제자들이 흩어질 상황을 스가랴 선지자가 예언한 말씀의 성취라고 하셨다. 그래서 예수님이 붙잡힐 때에 제자들이 뿔뿔이 도망하였다. 베드로도 곁에서 돕는 보혜사가 없으니 예수님을 부인하게 되었다. 아무리 예수님을 부인하지 않겠다고 맹세하고 장담하여도 곁에서 도우시는 보혜사가 없으니 그 맹세와 결심도 쉽게 무너진 것이다. 예수님이 십자가에 죽으시기 위해서 잡히실 때로부터 시작해서 예수님의 부활 이전까지의 기간이 제자들에게 있어서 영적인 어둠의 기간이다. 유대인들의 지도자들이 두려워서 예수님을 버리고 도망하는 기간이다. 이 기간에는 제자들이 유대인들을 두려워하여 방문을 걸어 잠그고 떨었던 기간이다. 다행인 것은 이 기간이 짧았다는 점이다. 제자들에게 보혜사가 안 계신 동안이 일주일도 채 되지 않는다.

부활하신 예수 그리스도께서 다시 제자들에게 오셨다. 예수 그리스도께서 부활하심으로 영적 어둠의 기간이 끝나고 새로운 시대가 시작되었다. 부활하신 예수님이 제자들에게 오셔서 보혜사가 되시어 제자들의 믿음을 도와주셨다. 두려워 떨고 있는 제자들에게 평안을 주시고 도마의 믿음을 도우셨다. 며칠 전에 예수님을 3번이나 부인했던 베드로를 다시 회복시켜 주셨다. 예수님은 이렇게 제자들을 도우시면서 40일 동안 계시다가 승천하셨다. 승천하시어 하나님 보좌 우편에 좌정하신 예수 그리스도께서 아버지께로부터 성령을 받아서 자기 백성들에게 보내 주셨다. 예수님이 말씀하신 다른 보혜사가 오셨다. 그분이 바로 예수 그리스도의 이름으로 오신 성령 하나님이시다. 제자들과 영원토록 함께 하시며 도우실 보혜사, 곧 성령 하나님이 오순절 마가의 다락방에 있는 제자들에게 임하셨다. 이제부터 드러날 제자들의 모습은 이전의 모습과는 완전히 다르다. 이전에는 예수님이 잡히실 때에 다 도망갔던 제자들이었다.

그런데 이제 보혜사, 성령 하나님이 함께하시므로 세상에 두려울 것이 없었다. 유대의 지도자들 앞에 당당하게 서서 예수 그리스도를 증거하였다. 전에는 유대의 지도자들이 두려워 계집종 앞에서 예수님을 모른다고 세 번씩이나 부인하였다. 그러나 이제는 그 누구도 두렵지 않다. 며칠 사이에 베드로의 믿음은 온전해졌다. 이는 새로운 시대에 접어들었기 때문이다. 베드로가 변한 것이 아니라 도우시는 성령, 보혜사 성령님이 베드로와 함께하셨기 때문이다. 베드로가 예수님을 부인할 때는 베드로에게 성령 하나님이 임재하기 전이었다. 그때는 베드로를 돕는 보혜사가 없었다. 그래서 베드로는 예수님을 세 번씩이나 부인했고, 제자들은 두려워서 도망하였다. 그들이 그럴 수밖에 없었던 기간이었다.

베드로가 예수님을 부인할 수밖에 없었던 기간이 예수님이 붙잡히실 때로부터 부활 이전까지이다. 이제 부활 이후로부터 시작해서 예수님 재림하실 때까지가 새로운 시대이다. 지금 우리는 새로운 시대 속에 살고 있다. 새로운 시대는 새로운 윤리가 주어진다. 새로운 시대를 살아가는 성도들은 이전의 베드로처럼 예수님을 부인해서는 안 된다. 우리가 살고있는 시대는 영적인 어두움 시대가 아니다. 거듭 말하지만 우리는 새로운 시대를 살고 있다. 그러므로 영적인 어둠의 시대처럼 예수님을 부인해서는 안 된다. 이전의 베드로와 이후의 베드로를 비교해 보라. 우리는 이후의 베드로와 같은 시대에 살고 있다. 생명으로 예수님을 섬기는 시대에 살고 있다는 말이다.

자기 백성에게 버림 당하신 예수 그리스도
살인자 바라바 석방

마태복음 27:11-26, 마가복음 15:6-15,
누가복음 23:13-25, 요한복음 18:38-40

유대인의 지도자들에게 붙잡힌 예수님은 대제사장들과 온 공회 앞에서 심문을 받았다. 그들은 예수님을 죽이려는 증거를 찾았다. 여러 거짓 증인들이 나섰지만 확실한 증거를 찾지 못하였다. 어떤 증인이 말하기를 "이 사람의 말이 내가 하나님의 성전을 헐고 사흘 동안에 지을 수 있다 하더라."라고 하였다. 예수님은 이에 대해서는 침묵하셨다. 대제사장이 예수님께 묻기를 "내가 너로 살아계신 하나님께 맹세하게 하노니 네가 하나님의 아들 그리스도인지 우리에게 말하라."라고 하였다. 예수님께서 이르시되 "네가 말하였느니라. 그러나 내가 너희에게 이르노니 이 후에 인자가 권능의 우편에 앉아 있는 것과 하늘 구름을 타고 오는 것을 너희가 보리라."라고 대답하셨다. 예수님의 대답을 들은 대제사장은 자신의 옷을 찢으면서 예수님이 신성모독을 하였다고 하였다. 그는 함께 있는 모든 사람을 증인으로 세우고 사형 선고를 내렸다. 그러나 대제사장들과 공의회는 예수님을 사형시킬 수 있는 권한이 없었다. 그들은 권한이 있는 총독 빌라도에게 데리고 갔다. 총독 빌라도가 예수님께 "네가 유대인의 왕이냐?"라고 물었다. 예수님은 대답하기를 "네 말이 옳도다."라고 하였다. 대제사장들과 장로들이 여러 가지로 예수님을 고소하였지만, 예수님은 아무 말씀도 하지 않으셨다. 총독 빌라도는 예수님에게 어떤 죄도 찾지 못하였다. 그래서 빌라도가 말하기를 "내가 보니 이 사람에게는 죄가 없도다."라고 하였다. 단지 유대인의 지도자들이 예수님을 시기하여 넘겨준 것으로 생각했다. 빌라도는 예수님이 갈릴리 사람인 것을 확인하고 갈릴리를 통치하고 있는 헤롯에게로 보냈다. 당시에 헤롯에 예루살렘에 와 있었다. 헤롯은 예수님에 대한 소문을 많이 들었기에 예수님을 통해서 이적을 볼 수 있을 것으로 생각했다. 그래서 여러 말로 물었지만, 예수님이 아무 대답도 해 주지 않으셨다. 헤롯 앞에서도 대제사장들과 장로들이 많은 것으로 고발하였지만 예수님은 침묵하셨다. 헤롯은 예수님을 희롱하고 업신여기며 빛난 옷을 입혀 빌라도에게 도로 보냈다. 헤롯과 빌라도가 전에는 서로 원수였는데 그 날에는 서로 친구가 되었다. 빌라도는 예수님에게서 죄를 발견할 수 없어서 때려서 놓겠다고 했다. 그러자 대제사장들과 장로들과 서기관들이 십자가에 못 박으라고 하였다. 빌라도는 명절이 되면 죄수 한 명을 석방하는 전례를 적용하기로 했다. 당시에 바라바라는 죄수가 있었다. 그는 민란을 꾸미고 그 과정에 살인을 저지른 자였다. 이 결정은 유대인의 지도자들이 결정하는 것이 아니라 민중들이 결정하였다. 그래서 빌라도는 살인자 바라바와 예수님을 민중 앞에 세우고 둘 중에 누구를 놓아주기를 원하느냐고 물었다. 뜻밖에도 민중들이 살인자 바라바를 석방하라고 소리쳤다. 이미 대제사장들과 장로들이 민중들을 선동하여 바라바를 택하도록 하였다. 그래서 빌라도가 민중들에게 "그러면 너희가 유대인의 왕이라 하는 이를 내가 어떻게 하랴."라고 물었다. 백성들이 "그를 십자가에 못 박게 하소서, 십자가에 못 박게 하소서."라고 소리 질렀다. 빌라도가 백성들에게 "보라 너희 왕이로다."라고 하자, 백성들이 더욱 소리 질러 "없이 하소서, 없이 하소서, 그를 십자가에 못 박게 하소서."라고 하였다. 빌라도는 그들에게 "내가 너희 왕을 십자가에 못 박으랴?"라고 말하자, 대제사장들이 대답하기를 "가이사 외에는 우리에게 왕이 없나이다."라고 하였다. 결국, 빌라도는 예수님을 십자가에 못 박도록 넘겨주었다.

영적인 눈이 닫혀 있는 대제사장들과 장로들, 서기관들은 감히 자신들의 하나님을 앞에 세워놓고 심문하고 정죄하였다. 유대인의 지도자들을 심문하고 심판하실 분이 바로 예수님이었다. 서로 위치가 바뀌었다. 자신들을 창조하신 분이요, 생명을 주신 분이요, 자신들이 섬기는 그분을 바로 알지 못했기에 엄청난 죄를 범하였다. 무지가 그들을 이끄는 대로 그들은 행했다. 하늘과 땅을 창조하신 하나님, 구약시대에 조상들과 함께 계신 하나님이 육체를 입고 자신들 앞에 서 계시는데 이를 알아보지 못하고 죽이라고 소리치고 있다. 예수님이 자신은 하나님의 아들이라고 알려줘도 오히려 그 말을 고소 거리로 삼았다.

이방의 총독은 예수님에게서 죄를 찾지 못하였는데, 아브라함의 후손들인 유대인들은 예수님께 죄를 뒤집어씌워서 죽이려고 하였다. 결국, 죄가 없으신 예수님과 흉악한 살인자와 함께 나란히 서게 되었다. 선택권은 아브라함의 후손들인 유대인들에게 있었다. 예수님은 백성들이 자신을 버리고 살인자 바라바를 택할 줄 이미 알고 있었다. 예수님은 이번 유월절에 십자가에 달려 죽으실 것이기 때문이다. 군중들은 살인자 바라바를 택하였다. 유대인의 왕이신 예수님이 자기 백성들에게 버림을 받았다. 그동안 예수님이 자기 백성을 위해서 행한 일들이 얼마나 많은가. 예수님을 통해서 고침 받은 환자들의 숫자는 헤아릴 수 없이 많다. 귀신들린 자들에게서는 귀신을 쫓아내어 온전케 해주셨다. 나병 환자들도 치료하여 깨끗하게 해 주셨다. 죽은 자들도 살려 주셨다. 죄인과 세리들의 친구가 되어 주셨고 고통받는 자들의 눈물을 닦아 주셨다. 그동안 예수님은 천국의 교훈들을 힘껏 선포하였다. 그리고 많은 이적과 기사를 통해서 예수님 자신이 하나님의 아들이심을 드러내셨다. 그럼에도 불구하고 백성들은 예수님을 버리고 살인자 바리바를 택하였다. 이미 백성들이 이렇게 선택할 것을 알았지만, 예수님의 마음이 편치는 않으셨을 것이다. 왜냐면 자기 백성들에게 버림을 당한 것이기 때문이다. 예수님은 구약시대에 이스라엘 백성과 함께 하신 이스라엘의 하나님이셨다. 이제는 육체를 입고 베들레헴에 태어나셔서 자기 땅, 유대인의 왕으로 오셨다. 그러나 영적인 소경이 된 자기 백성이 자신들의 하나님을 알아보지 못했다. 더군다나 살인자 바라바를 택하고 자신들의 하나님이요 왕이신 예수님은 십자가에 죽이도록 소리쳤다. 영적으로 소경이 되면 이토록 무서운 결과를 낳는다. 여기에 당시에 하나님의 백성들의 대표자인 대제사장의 말은 더욱 놀랍다. 빌라도 총독이 이르되 "내가 너희 왕을 십자가에 못 박으랴?"라고 하자, 대제사장들이 대답하기를 "가이사 외에는 우리에게 왕이 없나이다."라고 했다. 대제사장들은 이스라엘 온 백성들의 대표자들이다. 그러므로 대제사장들의 말은 온 백성을 대표하는 말이다. 그들이 "가이사 외에는 우리에게 왕이 없나이다."라고 한 것은 하나님을 버린 말이다. 가이사는 이방인들이 신처럼 높이는 왕이다. 당시에 로마 제국을 통치하고 있는 왕이 가이사이다. 그런데 하나님의 백성들의 대표자들이 자신들의 왕이신 하나님을 버리고 이방인의 왕을 자신들의 왕으로 선포했다. 그것도 자신들의 왕 앞에서, 이방인의 왕 가이사를 자신들의 왕으로 고백한 것이다. 여기서 유대인의 왕이신 예수님이 두 번째 버림을 받았다. 첫 번째는 백성들이 자신을 버리고 살인자 바라바를 선택함에서 버림을 받았고, 두 번째로는 백성들의 대표자들인 대제사장들이 자신을 버리고 가이사를 왕으로 선포함에서 또 한 번 버림을 받았다. 이렇게 자기 백성들에게는 버림을 받았지만, 아버지 하나님께서는 온전히 인정을 받으셨다. 이 모두가 아버지 하나님의 뜻을 이루는 과정이었기 때문이다.

자기 백성의 죄를 처리하신 예수 그리스도
십자가

> 마태복음 27:32-44, 마가복음 15:21-32,
> 누가복음 23:26-43, 요한복음 19:17-30

    총독의 휘하에 있는 군인들의 손에 넘겨진 예수님은 자신이 못 박힐 십자가를 짊어지고 골고다 언덕을 향해 가셨다. 지난밤에 핍박과 조롱과 채찍에 맞아 지칠대로 지쳐 있었다. 예수님은 자신이 못 박힐 십자가를 짊어지고 가기에도 버거우셨다. 예수님이 십자가를 짊어지고 가다가 자꾸만 쓰러졌다. 이 모습을 본 로마의 군병이 구레네 사람 시몬이 곁에 있는 것을 보고 그에게 억지로 예수님의 십자가를 지고 골고다 언덕까지 가게 하였다. 예수님의 뒤로 많은 여자의 무리가 울면서 따라왔다. 예수님은 그들을 돌아보며 이르시기를 "예루살렘의 딸들아 나를 위하여 울지 말고 너희와 너희 자녀를 위하여 울라. 보라 날이 이르면 사람이 말하기를 잉태하지 못하는 이와 해산하지 못하는 배와 먹이지 못하는 젖이 복이 있다 하리라. 그때에 사람이 산들을 대하여 우리 위에 무너지라 하며 작은 산들을 대하여 우리를 덮으라 하리라. 푸른 나무에도 이같이 하거든 마른 나무에는 어떻게 되리요."(눅 23:28-31)라고 하셨다.

드디어 골고다(뜻: 해골의 곳)언덕에 도착하였다. 군병들이 십자가 형틀에 예수님의 손과 발을 못 박아 높이 세웠다. 못 박힌 손과 발에서 피가 흘렀다. 예수님은 자신을 십자가에 못 박은 사람들에 대해서 "아버지 저들을 사하여 주옵소서 자기들이 하는 것을 알지 못함이니이다."(눅 23:34)라고 간구하였다. 유대인의 관리들은 십자가에 못 박힌 예수님을 바라보며 비웃으면서 말하기를 "저가 남을 구원하였으니 만일 하나님이 택하신 자 그리스도이면 자신도 구원할지어다."라고 하였다. 군인들도 희롱하면서 "네가 만일 유대인의 왕이면 네가 너를 구원하라."라고 하였다.

예수님은 십자가 위에서 고통받고 있는데 십자가 밑에서는 군병들이 예수님의 속옷을 서로 가지기 위해서 제비를 뽑았다. 예수님의 십자가 위의 죄패에는 '유대인의 왕 예수'라고 썼다. '유대인의 왕 예수'라는 죄패가 히브리어와 로마어와 헬라어로 기록되었다. 골고다 언덕이 성에서 가까우므로 많은 유대인이 이 패를 읽었다. 대제사장들이 빌라도에게 이르기를 "유대인의 왕이라 쓰지 말고, 자칭 유대인의 왕이라 쓰라."고 청하였는데 빌라도는 "내가 쓸 것을 썼다."라고 하며 그들의 요청을 거절하였다. 예수님의 십자가 밑에 어머니 마리아와 이모와 글로바의 아내 마리아와 막달라 마리아 그리고 제자 요한이 있었다. 십자가에 못 박혀 계신 예수님이 곁에 서 있는 제자 요한을 가리키며 어머니에게 말씀하시기를 "여자여 보소서 아들이니이다."라고 하시고, 또 그 제자 요한에게 이르시되 "보라 네 어머니라."고 하셨다. 그 때로부터 그 제자가 예수님의 어머니 마리아를 자신의 집에 모셨다(요 19:25-27). 예수님의 양옆에 두 행악자도 십자가에 못 박혔다. 그중에 한 행악자가 예수님을 비방하면서 말하기를 "네가 그리스도가 아니냐 너와 우리를 구원하라."라고 하였다. 그러자 다른 행악자가 그를 꾸짖어 이르기를 "네가 동일한 정죄를 받고서도 하나님을 두려워하지 아니하느냐 우리는 우리가 행한 일에 상당한 보응을 받는 것이니 이에 당연하거니와 이 사람이 행한 것은 옳지 않은 것이 없느니라."라고 하였다. 그런 후에 그는 십자가에서 고통받고 있는 예수님께 간청하기를 "예수여 당신의 나라에 임하실 때에 나를 기억하소서."라고 하였다. 예수님께서 그를 불쌍히 여기면서 이르시기를 "내가 진실로 네게 이르노니 오늘 네가 나와 함께 낙원에 있으리라."(눅 23:39-43)라고 하셨다. 오전 9시부터 정오가 될 때까지 온 하늘이 어둠이 계속되었다. 예수님이 고통 속에서 부르짖으시기를 "엘리 엘리 라마 사박다니"라고 하셨다. 이를 번역하면 나의 하나님, 나의 하나님, 어찌하여 나를 버리셨나이까? 라는 뜻이었다. 이후에 예수님은 모든 일이 이미 이루어진 줄 아시고 성경을 응하게 하려고 이르시기를 "내가 목마르다."라고 하셨다. 사람들이 신 포도주를 적신 해면을 우슬초에 매어 예수님의 입에 댔다. 예수님께서 신 포도주를 받으신 후에 "다 이루었다."라고 말씀하셨다. 그리고 큰 소리로 "아버지 내 영혼을 아버지 손에 부탁하나이다."라고 말씀하신 후에 머리를 숙이고 영혼이 떠나가셨다. 예수님이 운명하실 때에 성소 휘장이 위에서부터 아래로 한가운데로 찢어졌다. 예수님께서 이렇게 운명하심을 본 백부장이 하나님께 영광을 돌리면서 이르기를 "이 사람은 진실로 하나님의 아들이었도다"라고 하였다. 예수님이 십자가에 못 박힌 날은 준비일이었다. 그다음 날은 안식일로서 큰 날이므로 시체를 십자가에 그대로 둘 수 없었다. 그래서 빌라도에게 시체를 치워달라고 요청하였다. 군인들이 예수님 곁에 못 박혔던 행악자들은 아직 죽지 않아서 그들의 다리를 꺾어 목숨을 끊은 후에 시체를 치웠다. 군병들이 예수님을 살피니 이미 죽었기에 다리를 꺾지 않았다. 그중에 한 군인이 창으로 예수님의 옆구리를 찌르니 피와 물이 나왔다. 이는 시편 34:20절에 "그의 모든 뼈를 보호하심이여 그 중에서 하나도 꺾이지 아니하였도다."의 말씀이 응한 것이다. 또 스가랴 선지자가 예언한 말씀 "그들이 그 찌른바 그를 바라보고" 의 말씀처럼, 한 군인이 창으로 예수님의 옆구리를 찔러 그 말씀도 응하게 하셨다. 이렇게 예언한 말씀이 응하였다는 것은 예수 그리스도가 진정으로 하나님의 아들이시오 약속하신 메시아이심을 확증한 것이다.

예수님의 십자가의 죽음은 이렇게 끝이 났다. 자기 백성들의 모든 죄를 짊어지고 대신 형벌을 받으셨다. 예수님에게는 죄가 없으셨다. 모든 인간은 태어나면서부터 죄인으로 태어난다. 조상들로부터 이어지는 죄가 그대로 전수되어 오기 때문이다. 이것을 신학적인 용어로는 원죄라고 하고 태어나서 자신들이 지은 죄를 자범죄라고 한다. 그러므로 부정모혈로 태어난 모든 사람은 부모들이 죄인들이었으니 죄인의 후손으로 태어난다. 그런데 예수님은 부정모혈로 태어나신 분이 아니다. 하나님의 성령으로 잉태되어 여자의 후손으로 태어나셨기 때문에 죄와 상관없이 출생하셨다. 그리고 십자가에 달려 죽으실 때까지 아무 죄도 범하지 않으셨다. 이렇게 무죄하신 예수님이 가장 혹독한 형벌인 십자가에 못 박혀 형벌을 받으신 것은 오로지 자기 백성들의 죄를 대신해서 형벌을 받으신 것이다. 성령님은 베드로 사도를 통해서 예수님의 십자가의 죽음에 대해서 말씀하시기를 "그리스도께서도 단번에 죄를 위하여 죽으사 의인으로서 불의한 자를 대신하셨으니 이는 우리를 하나님 앞으로 인도하려 하심이라."(벧전 3:18)고 하셨다.

하나님이 모세에게 주신 율법 중에 모든 제사 제도는 예수 그리스도의 십자가를 예표하는 것이다. 구약의 율법 아래서 하나님을 섬긴 이스라엘 백성들은 자신의 죄 사함을 받기 위해서는 짐승을 제물로 하여 반복해서 제사를 드려야 했다. 그런데 이제 우리 주 예수 그리스도께서 자신의 몸을 제물 삼아서 십자가에서 죽으심으로 단번에 영원한 제사를 드린 것이다. 예수님 자신이 친히 대제사장이 되시고 자신의 몸이 제물이 되어 자기 백성을 위한 속죄제가 단번에 영원히 드려졌다. 그래서 운명하시기 전에 "다 이루었다."라고 하셨다. 이제는 소나 양으로 제물을 삼아 속죄제와 다른 제사를 드릴 필요가 없다는 선언이시다. 예수님의 십자가에서 다 완성이 되었기 때문이다. 이제 지성소와 성소로 나누어진 성전과 제물을 태울 제단 그리고 떡 상을 올릴 상과 향불을 피울 향단이나 등불도 필요 없게 되었다. 예수 그리스도의 십자가와 부활로 다 성취되었다. 이전까지는 하나님께서 성전을 중심으로 자기 백성과 교제하셨다. 그런데 예수님께서 이 성전을 헐라고 하셨다. "너희가 이 성전을 헐라 내가 사흘 동안에 일으키리라.… 예수는 성전 된 자기 육체를 가리켜 말씀하신 것이라 죽은 자 가운데서 살아나신 후에야 제자들이 이 말씀하신 것을 기억하고 성경과 예수께서 하신 말씀을 믿었더라."(요 2:19, 21-22) 예수님은 모세의 율법에 의해서 지어진 성전을 허시고 이제 자신의 몸을 성전으로 하는 새로운 교제를 말씀하심이다. 모세의 율법에 의한 성전이 헐어졌으니 성전에서 봉사하는 대제사장과 제사장들도 함께 폐하게 된다. 우리 주 예수 그리스도 안에서 새롭게 교제하는 시대가 도래하였다. 성전 되신 우리 주 예수 그리스도를 머리로 하여 모든 성도가 한 몸으로 연합하여 거룩한 성전으로 지어진다. 또한, 우리 주 예수 그리스도께서 대제사장이 되시고 모든 성도는 제사장이 되어 하나님 나라의 봉사자로 섬기게 된다. 이제 건물로 지어진 하나님의 성전은 기도하는 집이 될 것이다. 후에 하나님은 이 성전까지도 이방의 한 장군을 통해서 헐어버리신다. 이전에는 하나님의 집인 성전을 중심으로 하나님과 교제가 이루어졌지만, 이제는 예수 그리스도 안에서 새로운 교제가 이루어질 것이므로 이제는 예전과 같은 방식의 성전의 역할이 필요 없게 되었다. 하나님은 자기 백성들을 죄에서 구원하기 위해서 독생자 예수 그리스도를 십자가에 달리게 하셨다. 대신 형벌을 받아 죽게 하심으로 자기 백성들을 얼마나 사랑하시는지 확증하셨다. 이제 누구든지 예수 그리스도의 십자가의 죽으심이 자신의 죄 때문임을 알고 예수 그리스도를 믿으면 죄 사함을 받게 된다. 하나님께서 자기 백성의 죄를 십자가에서 처리하셨기에 그 백성들은 하나님의 지혜와 뜻을 그대로 수용하는 것이 믿음이다. 그러므로 누구든지 구원을 받기 위해서는 가장 먼저 자신이 죄인임을 인정해야 한다. 그리고 자기에게는 그 죄를 해결할 어떠한 것도 없음을 깨달아야 한다. 그래야 예수 그리스도의 십자가의 죽음이 자신의 죄 때문이라는 것을 알게 되기 때문이다. 나의 죄 때문에 내가 형벌을 받아 죽어야 할 죽음을 예수님이 대신 죽어 주심을 믿게 된다. 그러므로 누구든지 구원을 받기 위해서는 가장 먼저 예수 그리스도가 하나님의 아들로서 우리와 같은 육체를 입고 오셨음을 믿어야 한다. 그래야 죄 없으신 우리의 구세주가 되실 수 있고, 우리의 대표자가 될 수 있기 때문이다. 그리고 예수 그리스도의 십자가의 죽음이 나의 죄 때문에 죽으신 대속의 죽음임을 믿어야 한다. 그리고 그 주님 앞에 우리 자신의 죄를 회개하며 자백해야 한다. 그럴 때 하나님께서 우리의 모든 죄를 사하신다.

예수님의 십자가는 기독교의 상징이 되었다. 교회가 세워지는 곳에 십자가를 높이 세워 교회임을 표시한다. 많은 사람이 목걸이와 귀걸이와 같은 장식물로도 사용한다. 그러나 우리가 기억해야 할 것은 십자가는 구원을 이루시는 과정이며 그 후에 부활의 영광이 있음을 기억해야 한다. 십자가에 머물러 있어서는 안 된다. 하나님이 이루신 부활의 영광스러움으로 나아가야 한다. 그래야 눈물이 그치고 밝은 새 생명을 누리게 된다.

새로운 길을 내신 예수 그리스도
성전 휘장이 찢어짐

마태복음 27:50-51, 마가복음 15:37-38, 누가복음 23:44-45

예수님이 자기 백성의 죄를 대속하기 위해 십자가에서 죽으실 때에 성전 휘장 한가운데가 위로부터 아래까지 찢어졌다. 우리는 먼저 성전의 휘장이 무엇이고 어떤 역할을 했는가를 이해해야 한다. 하나님은 모세를 통해서 이스라엘 백성과 시내산에서 언약식을 행한 후에 자기 백성과 함께 거할 성막을 지으라고 하셨다. 하나님은 이스라엘의 하나님이 되시고 이스라엘은 하나님의 백성이 되므로 이제 함께 교제하며 동행하기 위해서다. 그런데 성막의 구조가 특이하였다. 성막의 구조가 직사각형 네모의 구조인데 두 칸으로 나누어 하나는 지성소 다른 하나는 성소가 되게 하였다. 하나님은 자신의 보좌를 지성소에 설치하시고 휘장으로 가로막으셨다. 그러므로 하나님의 보좌가 있는 지성서와 성소의 사이에 휘장이 가로막고 있었다. 휘장은 청색 자색 홍색 실과 가늘게 꼰 베실로 짰다. 그러므로 얇은 천이 아니었다. 칼이

나 다른 도구로 쉽게 찢을 수 있는 천이 아니었다. 휘장에는 그룹(천군과 천사)들의 모양을 정교하게 수를 놓았다. 휘장으로 가로막은 지성소 안에는 증거궤를 들여놓았다. 지성소 안에 둔 증거궤 위에는 속죄소를 두었다. 이 속죄소가 하나님의 보좌였다. 하나님의 보좌가 설치된 지성소에는 아무나 들어갈 수 없었다. 만약에 아무나 지성소에 들어가면 하나님이 그를 죽이셨다. 그가 대제사장이든 제사장이든 레위인이든 일반 백성들 누구라도 하나님이 정하신 때 외에 들어오면 죽음을 면치 못했다. 그래서 하나님은 지성소와 성소를 가로막은 휘장을 설치하라고 하시며 "그 휘장이 너희를 위하여 성소와 지성소를 구분하리라."(출 26:33)라고 하셨다. 여기서 중요한 것은 '너희를 위하여'이다. 휘장이 지성소와 성소를 가로막고 있지 않으면 대제사장이나 제사장들이 성소에 들어갈 때에 모두 죽을 것이다. 제사장들은 순번을 정하여 아침마다 향을 올렸고 저녁이면 매일 등불을 켰다. 그리고 떡 상에는 항상 진설병을 두어 주기적으로 교체하였다. 이런 일을 행하기 위해서 제사장들이 성소에 들어가야 했다. 그런데 지성소에 있는 여호와의 보좌가 휘장으로 가려져 있지 않으면 성소에 들어가는 제사장마다 죽을 것이다. 그래서 하나님은 "너희를 위하여 성소와 지성소를 구분하리라."라고 하셨다. 아직 죄의 권능이 심판을 받기 이전이기 때문에 하나님을 가까이서 보면 죽을 수밖에 없었다. 그래서 하나님은 자기 백성을 위해서 휘장을 만들어 가리도록 하였다. 하나님은 때가 되면 자기 백성을 위하여 휘장을 찢으시고 거두실 것이다. 바로 그때가 우리 주 예수 그리스도께서 십자가에서 죽으실 때이다. 자기 백성을 위해서 가리실 때가 있었고, 자기 백성을 위해서 찢으실 때가 있었다. 이게 구약과 신약의 차이다. 율법 아래서 하나님과 교제할 때와 예수 그리스도로 인한 복음 안에서 하나님과 교제할 때의 차이다.

구약 율법 아래에 있을 때의 지성소에 대해서 좀 더 살펴보자. 하나님은 일 년에 딱 한 번 7월 10일 대속죄일에 온 백성을 대표하는 대제사장이 지성소 하나님의 보좌에 들어올 수 있도록 허락하셨다. 이날은 이스라엘 백성들에게 있어서 최고의 영광의 날이었다. 온 백성을 대표한 대제사장이 하나님의 보좌 앞에 나아가는 날이기 때문이다. 대 속죄일에 대제사장이 하나님 앞에 나아가기 위해서는 많은 과정을 거쳐야 했다. 대제사장 아론은 거룩한 세마포 속옷을 입고 세마포 속바지를 입고 세마포 띠를 띠며 세마포 관을 써야 했다. 이 세마포 의복은 거룩한 옷이기에 물로 몸을 씻고 입어야 했다. 아론은 자기를 위하여 속죄 제물로 수송아지를 자기와 자기 가족을 위해서 속죄하였다. 그리고 이스라엘 회중을 위해서 속죄 제물로 숫염소 두 마리와 번제물로 숫양 한 마리를 취하였다. 두 숫염소를 회막 문 여호와 앞에 두고 제비를 뽑았다. 곧 하나는 여호와를 위하고 다른 하나는 아사셀을 위하여 제비 뽑았다. 여호와를 위하여 제비 뽑힌 염소는 속죄제로 드리고 아사셀을 위해서 제비 뽑힌 염소는 산채로 여호와 앞에 두었다가 그것으로 속죄하고 아사셀을 위하여 광야로 보냈다. 아론은 자기와 가족을 위한 속죄 제물 수송아지를 잡고 향로를 가져다가 여호와 앞 제단 위에서 피운 불을 그것에 채우고 또 곱게 간 향기로운 향을 두 손에 채워서 휘장 안에 들어갔다. 아론은 가져간 향기로운 향을 여호와 앞에서 분향하여 향연으로 증거궤 위 속죄소를 가려야만 죽지 않았다. 또 아론은 수송아지 피를 가져다가 손가락으로 속죄소 동편에 뿌리고 또 손가락으로 그 피를 속죄소 앞에 일곱 번 뿌렸다. 아론은 백성을 위한 속죄제 염소를 잡아 그 피를 가지고 휘장 안에 들어가서 수송아지 피로 행함 같이 속죄소 앞에 뿌렸다. 이렇게 하여 이스라엘 자손의 부정과 그들이 범한 모든 죄로 말미암아 지성소를 위하여 속죄하고 또 그들의 부정한 중에 있는 회막을 위하여 속죄하였다. 대제사장 아론이 지성소에 들어가서 자신과 온 가족과 이스라엘 온 백성을 위해서 속죄하고 나올 때까지는 누구든지 회막에 있어서는 안 된다. 아론은 지성소에서 여호와 앞 제단으로 나와서 제단을 위하여 속죄하였다. 곧 수송아지 피와 염소의 피를 가져다가 제단 귀퉁이 뿔에 바르고 손가락으로 그 피를 그 위에 일곱 번 뿌려 이스라엘 자손이 부정에서 제단을 성결케 하였다. 이처럼 지성소와 회막과 제단을 위하여 속죄하기를 마친 후에 살아 있는 염소를 드리는데, 아론은 두 손으로 살아 있는 염소의 머리에 안수하여 이스라엘 자손의 모든 불의와 그 범한 모든 죄를 아뢰고 그 죄를 염소의 머리에 두어 미리 정한 사람에게 맡겨 광야로 보냈다. 그 염소는 이스라엘 백성들의 모든 불의를 지고 멀리 근접하기 어려운 땅에 이르게 되면 그 염소를 광야에서 놓아주었다. 대 속죄일의 아론의 일이 여기서 끝난 것은 아니다. 아론은 회막에 들어가서 지성소에 들어갈 때에 입었던 세마포 옷을 벗어서 회막 안에 두고 거룩한 곳에서 물로 몸을 씻고 자기 옷을 입고 나와서 자신의 번제와 백성의 번제를 위하여 속죄하고 속죄 제물의 기름을 제단에서 불살랐다. 또한,

염소를 아사셀에게 보낸 자는 그의 옷을 빨고 물로 그 몸을 씻은 후에 진영으로 들어왔다. 속죄제 수송아지와 속죄제 염소의 피를 성소로 들여다가 속죄하였기 때문에 그 가죽과 고기와 똥을 특정한 사람에 의해 밖으로 내다가 불살랐다. 이를 불사른 자는 옷을 빨고 물로 그의 몸을 씻은 후에 진영에 들어왔다(레 16:1-28). 이렇게 하여 대 속죄일의 모든 속죄의 일이 끝났다. 하나님은 이런 속죄를 통해서 자기 백성들의 모든 죄를 정결케 하셨다. "이 날에 너희를 위하여 속죄하여 너희를 정결하게 하리니 너희의 모든 죄에서 너희가 여호와 앞에 성결하리라."(레 16:30)

온 이스라엘 백성을 대표한 대제사장이 하나님의 보좌 앞에 나아가려면 이렇게 속죄의 과정을 거쳐서 나아갔다. 일 년에 단 한 차례 그것도 속죄한 후에 잠시 들어갔다 나왔다. 대제사장이 지성소에서 나온 이후로 다음 대 속죄일이 돌아올 일 년 동안 아무도 들어갈 수가 없었다. 천사들은 하나님의 보좌에 함께 있었다. 하나님의 보좌에 두 천사가 마주 보며 서 있었고, 휘장에도 천사의 모습을 수놓았다. 그런 면에서 구약 시대에는 천사들이 하나님의 백성들보다 더 영광스러운 위치에 있었다. 하지만 새 시대, 예수 그리스도 안에서는 상황이 달라진다. 구약 시대에 하나님은 자신의 보좌를 휘장으로 가리고 백성들의 죽음을 막으셨다. 이는 아직 하나님의 백성들의 죄의 문제가 온전히 처리되지 않았기 때문이다. 하나님은 자기 백성의 죄가 온전히 처리되면 가로막고 있던 휘장을 찢어버리실 것이다. 이것은 하나님이 원하시는 일이었다. 하나님 편에서도 얼마나 답답했겠는가. 상상해 보라. 자기 백성들과 막힘이 없이 교제하고 싶은데 그 백성들이 죄 아래서 부정한 모습을 하고 있으니 마음대로 교제할 수 없었으니 말이다. 그래서 하나님은 이 문제를 처리하기 위해서 친히 육체의 몸을 입고 이 세상에 오셨다. 오셔서 자기 백성들의 모든 죄를 짊어지시고 십자가에서 대신 형벌을 받으시므로 처리하셨다. 십자가에서 대속의 죽음으로 자기 백성의 죄를 처리하는 동시에 하나님은 자신의 보좌를 가로막고 있던 휘장을 찢으셨다. 하나님께서 자기 백성에게고 찾아갈 수 있는 길이 열린 것이다. 휘장이 찢어졌으니 이제 누구든지 예수 그리스도 안에서 하나님의 보좌 앞으로 나갈 수 있는 은혜가 주어졌다. 지금 새 백성 된 우리들이 그 영광을 누리고 있다.

무덤에 장사 지낸 바 되신 예수 그리스도
예수님의 장례

마태복음 27:57-61, 마가복음 15:42-47,
누가복음 23:50-56, 요한복음 19:38-42

예수님께서 자기 백성들의 죄를 위해서 십자가에서 대속의 죽음을 치르시고 여전히 그 위에 달려 있었다. 당시에 부자요 공회 의원이었던 아리마대 사람 요셉이란 사람이 있었다. 그는 선하고 의로운 사람이었고 하나님 나라를 기다린 존경받는 자였다. 그는 일찍이 예수님의 제자가 되었지만, 유대인들이 두려워서 이를 숨겼다. 공회 의원회에서 예수님을 십자가에 못 박자고 결의할 때에도 그는 찬성하지 않았다. 요셉은 당돌하게 빌라도 총독에게 찾아가서 예수님의 시체를 달라고 했다. 빌라도 총독은 예수님께서 벌써 죽었을까 하고 이상히 여겨 백부장을 불러서 예수님의 죽음을 확인한 후에 요셉에게 예수님의 시체를 내어 주었다. 일찍이 밤에 예수님께 찾아온 니고데모도 몰약과 침향 섞은 것을 백 리트쯤 가지고 와서 예수님의 시체에 발랐다. 요셉은 깨끗한 세마포를 사서 유대인의 장례법대로 쌌다. 그리고 동산 안에 바위 속을 판 요셉 자기의 새 무덤에 넣어 두고 큰 돌을 굴려 무덤 문을 막았다. 유대인들의 부자들은 장차 자신이 죽은 후에 들어갈 새 무덤을 미리 준비한다. 아리마대 요셉도 부자였으므로 장차 자신이 죽은 후에 들어갈 새 무덤을 미리 준비해 놓았다. 자신이 장차 들어갈 새 무덤에 예수님을 모신 것은 예수님에 대한 요셉의 믿음이었다. 예수님의 장례식에 갈릴리에서 온 여자들도 있었다. 그들은 예수님의 무덤과 그의 시체를 어떻게 두었는지 보고 돌아가서 향품과 향유를 준비하였다. 우리는 여기서 예수님이 자신의 장례와 관련해서 말씀하셨던 것을 되새길 필요가 있다. 예수님 일행이 베다니 마을 곧 죽었던 나사로를 살리신 그 마을에 이르렀다. 그 마을에 나병환자 시몬의 집에서 예수님을 위해서 잔치를 열었다. 마리아가 매우 귀한 향유 한 옥합을 가지고 와서 식사하는 예수님의 머리와 발에 부었다. 그리고 자신의 머리털로 예수님의 발을 닦았다. 이를 본 제자들 특히 가룟 유다가 분개하여 이르기를 "무슨 의도로 이것을 허비하느냐? 이것을 비싼 값에 팔아 가난한 자들에게 줄 수 있었겠도다."라고 하였다. 이런 상황 속에서 예수님은 그들에게 이르시기를 "너희가 어찌하여 이 여자를 괴롭게 하느냐? 그가 내게 좋은 일을 하였느니라. 가난한 자들은 항상 너희와 함께 있거니와 나는 항상 함께 있지 아니하리라. 이 여자가 내 몸에 이 향유를 부은 것은 내 장례를 위하여 함이니라."(마 26:10-12)라고 하셨다. 마리아가 예수님이 십자가에 달려 죽으실 것을 알고 미리 향유를 부었을까? 이에 대해서 우리는 알 수 없다. 그런데 중요한 것은 행여 마리아가 예수님이 십자가에 달려 죽으실 것을 모르고 향유를 부었다 할지라도 예수님께서 마리아가 자신에게 향유를 부은 행위가 자신의 장례를 미리 준비함으로 여기셨다는 사실이다. 유대인의 장례법은 죽은 사람의 몸에 향유를 바른다. 야곱이 죽었을 때에 요셉은 아버지 몸을 향으로 처리하였다. 예수님의 장례식에 참석한 니고데모가 몰약과 침향을 가져왔다. 갈릴리에서 예수님을 따라온 여인들도 향품과 향유를 준비하였다. 마리아가 비싼 향유 한 옥합을 가지고 와서 예수님의 머리와 발에 부은 것은 분명 예수님의 장례를 미리 준비하는 일이었다.

이제 우리는 무덤에 장사 된 예수님께 집중해 보자. 예수님께서 부자의 무덤에 장사 되었다. 하늘과 땅을 창조하신 창조주 하나님이시오, 세상에 생명을 주신 생명의 하나님이 피조물의 형상으로 이 세상에 오신 것도 말할 수 없이 낮아지심이었다. 그런데 이제 죽음에 이르시고 무덤까지 들어가셨다. 세상에 이보다 더 낮아질 수는 없다. 성령님은 빌립보 교회에 주신 말씀 속에서 우리 주 예수 그리스도의 낮아지심을 증거 하셨다. 곧 "그는 근본 하나님의 본체시나 하나님과 동등됨을 취할 것으로 여기지 아니하시고 오히려 자기를 비워 종의 형체를 가지사 사람들과 같이 되셨고 사람의 모양으로 나타나사 자기를 낮추시고 죽기까지 복종하셨으니 곧 십자가에 죽으심이라."라고 말씀하셨다. 가장 낮아지심이 십자가에 죽으심이라고 하였다. 그런데 예수님이 무덤에 들어가심은 십자가의 죽음보다 더 낮아지심이다. 새 시대, 새 백성의 대표자인 우리의 왕이 이렇게 낮아지셨다. 더 이상 낮아질 곳이 없도록 낮아지셨다. 이 세상에 무덤보다 더 비참한 곳이 있을까?

무덤은 모든 소망이 사라진 곳이다. 무덤은 죽은 자들이 들어가는 곳이기 때문이다. 따라서 무덤은 죽음에 대한 확증이다. 그렇다면 예수 그리스도는 확실히 죽으셨다. 이 의미는 자기 백성들의 죗값을 확실하게 치르셨다는 말이다. 만약에 예수님이 십자가에서 완전히 죽지 않으시고 기절만 하셨다면 완전한 사망이 아니기 때문에 자기 백성들의 죗값은 치러지지 않은 것이다. 그리고 부활한 것도 아니다. 기절하였다가 깨어났을 뿐이다. 그러나 십자가에서 확실히 죽으셨다면 완전히 죗값을 치르신 것이다. 따라서 장사 지내는 것은 필수이다. 완전히 죽으신 예수님을 세마포로 싸서 새 무덤에 장사하였다. 무덤은 모든 생명이 사라진 곳이다. 빛도 없고 생명도 없다. 어둠만 존재한다. 생명의 빛이셨던 예수님이셨는데 십자가에 죽으시고 무덤에 장사 됨으로 생명의 빛이 사라졌다. 모든 소망이 사라졌다. 그래서 사람들은 무덤 앞에서 비통함을 눈물로 표현한다. 전에 예수님께서 나사로의 무덤 앞에서 비통해하시며 눈물을 흘리셨다. 예수님은 나사로를 죽음에서 불러낼 것을 알면서도 이렇게 비통해하셨다. 무덤이 죗값으로 죽은 자들을 가두는 곳이었기 때문이었을 것이다. 그것을 아신 예수님 자신이 사망 아래 놓이시고 무덤에 장사 되셨다. 이때까지만 해도 예수님은 사망에게 패배하여 무덤에까지 갇힌 자로 보였다. 곧 아무 소망이 없어 보였다. 아리마대 요셉이 예수님의 시체를 자신의 새 무덤에 장사하면서 실오라기 한 줄 만큼이라도 소망을 가졌을까? 니고데모가 예수님의 시체에 바를 몰약과 침향을 가지고 와서 장례를 치를 때 어떤 기대라도 했을까? 또한, 예수님의 제자 중에 누구 하나라도 십자가에 달려 죽은 축 늘어진 예수님의 시체를 보고 일말의 소망이라도 가졌을까? 아무도 죽음 앞에서, 무덤 앞에서 소망을 가지지 않는다. 제자들과 예수님을 따르던 무리는 예수님이 살아계실 때, 소망을 가졌다. 하지만 예수님의 시체와 무덤 앞에서 소망을 가질 수 없었다. 지금 예수님은 소망과 함께 무덤에 장사되었다.

085

부활하심으로 새 생명을 도입하신 예수 그리스도

부활

마태복음 28:1-10, 마가복음 16:1-8,
누가복음 24:1-12, 요한복음 20:1-10

대제사장들과 바리새인들이 빌라도에게 이르기를 "주여 저 속이던 자가 살아 있을 때에 말하되 내가 사흘 후에 다시 살아나리라, 한 것을 우리가 기억하노니 그러므로 명령하여 그 무덤을 사흘까지 굳게 지키게 하소서. 그의 제자들이 와서 시체를 도둑질하여 가고 백성에게 말하되 그가 죽은 자 가운데서 살아났다 하면 후의 속임이 전보다 더 클까 하나이다."(마 27:62-64)라고 요청하였다. 빌라도가 허락하였고 대제사장들과 경비병들이 함께 가서 무덤을 막은 큰 돌을 인봉하고 굳게 지켰다.

안식일 후 첫날 새벽에 막달라 마리아와 다른 마리아가 예수님의 무덤을 보려고 갔다. 갑자기 큰 지진이 나며 주의 천사가 하늘로부터 내려와 돌을 굴러 내고 그 위에 앉았다. 천사의 모습은 형상이 번개같고 그 옷이 눈같이 희었다. 예수님의 무덤을 지키는 자들이 천사를 무서워하여 떨며 죽은 자 같이 되었다. "천사가 여자들에게 말하기를 너희는 무서워하지 말라 십자가에 못 박히신 예수를 너희가 찾는 줄 내가 아노라. 그가 여기 계시지 않고 그가 말씀하시던 대로 살아나셨느니라. 와서 그가 누우셨던 곳을 보라. 또 빨리 가서 그의 제자들에게 이르되 그가 죽은 자 가운데서 살아나셨고 너희보다 먼저 갈릴리로 가시나니 거기서 너희가 뵈오리라 하라 보라 내가 너희에게 일렀느니라."(마 28:5-7) 고 하였다. 예수님은 말씀하신 대로 3일 만에 부활하셨다.

부활하신 예수님은 가장 먼저 막달라 마리아에게 자신을 나타내셨다. 이 마리아는 전에 예수님이 일곱 귀신을 내어 쫓아 준 여인이었다. 마리아가 무덤 밖에 서서 울다가 무덤 안을 들여다보았다. 거기에 흰 옷 입은 두 천사가 예수님의 시체 놓였던 곳에 하나는 머리 편에 하나는 발 편에 앉아 있었다. 천사가 마리아에게 이르되 "여자여 어찌하여 우느냐?"라고 하자, 마리아가 "사람들이 내 주를 옮겨다가 어디 두었는지 내가 알지 못함이니이다."라고 말했다. 마리아가 이 말을 하고 뒤로 돌이키는데 바로 거기에 부활하신 예수님이 서 계셨다. 마리아는 그분이 예수님인줄 알지 못하고 동산을 지키는 자인 줄 알았다. 부활하신 예수님께서 마리아에게 이르시되 "여자여 어찌하여 울며 누구를 찾느냐?"라고 하셨다. 마리아는 그분에게 이르기를 "주여 당신이 옮겼거든 어디 두었는지 내게 이르소서. 그리하면 내가 가져 가리이다."라고 하였다. 예수님은 "마리아야!"라고 부르시자, 마리아가 "랍오니!"(히브리어로 '선생님')라고 불렀다. 막달라 마리아는 그분이 부활하신 예수님이심을 알았다.

기독교에서 가장 중요한 사건이 예수 그리스도의 부활이다. 예수님의 부활이 없었다면 기독교는 존재하지 않았다. 예수님의 부활이 없었다면 아직도 세상은 사망의 어둠 속에 있을 것이다. 그러나 예수 그리스도께서 사망 권세를 깨뜨리시고 부활하셨다. 무덤을 열고 다시 살아나셨다. 하나님 아버지께서 자신의 뜻을 이루기 위해서 십자가에 달려 죽은 예수님을 사망의 고통에서 풀어 살리셨다. 왜냐면 새 시대의 대표자를 사망에 매여 둘 수 없었기 때문이었다. 예수님은 부활에 대해서는 이미 하나님께서 구약의 선지자들을 통해서 미리 말씀하셨다. 이미 하나님께서는 아브라함에게 모리아의 한 산에서 이삭을 번제로 바치라고 한 사건에서 그리스도의 부활을 드러내셨다. 이삭은 약속의 아들이다.

우리 주 예수 그리스도도 약속의 아들이다. 하나님께서 아브라함에게 약속의 아들인 이삭을 번제로 드리라고 했을 때에 아브라함은 순종하였다. 하나님이 지시하신 산으로 갔고, 번제할 나무와 불과 칼을 가지고 올라갔다. 그리고 이삭을 결박하고 제단 위에 올려놓았다. 아브라함이 칼로 이삭을 죽이려고 할 때에 하나님께서 멈추라고 하셨다. 아브라함은 하나님을 온전히 신뢰하였다. 하나님은 그때에 아브라함의 믿음을 증거하시기를 "그가 하나님이 능히 이삭을 죽은 자 가운데서 다시 살리실 줄로 생각한지라. 비유컨대 그를 죽은 자 가운데서 도로 받은 것이니라."(히 11:19)라고 하셨다. 하나님은 아브라함이 이삭을 번제로 드리는 사건에서 장차 오실 메시아, 예수 그리스도의 부활을 예표하게 하셨다. 또한, 하나님은 다윗을 통해서 미리 말씀하시기를 "내가 여호와를 항상 내 앞에 모심이여 그가 나의 오른쪽에 계시므로 내가 흔들리지 아니하리로다. 이러므로 나의 마음이 기쁘고 나의 영도 즐거워하며 내 육체도 안전히 살리니 이는 주께서 내 영혼을 스올에 버리지 아니하시며 주의 거룩한 자를 멸망시키지 않으실 것임이니이다.

주께서 생명의 길을 내게 보이시리니 주의 앞에는 충만한 기쁨이 있고 주의 오른쪽에는 영원한 즐거움이 있나이다."(시 16:8-11)라고 하셨다. 성령 하나님은 베드로 사도를 통해서 예수 그리스도의 부활에 대해서 증거할 때에 다윗을 통해서 말씀하신 이 말씀을 인용하였다. 이는 다윗왕이 예수님을 가리켜 한 말이었음을 증거하였다. 하나님께서 다윗을 선지자로 세우셔서 예수 그리스도의 부활을 미리 말씀하시기를 "주께서 내 영혼을 스올에 버리지 아니하시며 그의 육신이 썩음을 당하지 아니하시리라."라고 하셨다.

예수님은 자신의 부활에 대한 예표로 요나가 물고기 배 속에서 3일 동안 머물렀던 것을 말씀하셨다. 서기관과 바리새인 몇 사람이 예수님께 표적을 보여 주시기를 원했다. 예수님은 그들에게 이르시되 "악하고 음란한 세대가 표적을 구하나 선지자 요나의 표적 밖에는 보일 표적이 없느니라. 요나가 밤낮 사흘 동안 큰 물고기 뱃속에 있었던 것 같이 인자도 밤낮 사흘 동안 땅 속에 있으리라."(마 12:39-40)라고 하셨다. 구약의 요나 선지자가 물고기 뱃속에서 밤낮 사흘 동안 있다가 나왔다. 그때에 요나 선지자는 큰 물고기 뱃속을 스올, 곧 무덤이라고 했다. 동일하게 예수님도 자신이 밤낮 사흘 동안 땅 속에 있다가 부활하실 것이라는 말씀이었다. 무덤에 장사 지낸 사흘 후에 부활하심이 최고의 표적이라는 말씀이다.

또한, 예수님은 제자들에게 자신의 부활에 대해서 분명하게 말씀하셨다. "이 때로부터 예수 그리스도께서 자기가 예루살렘에 올라가 장로들과 대제사장들과 서기관들에게 많은 고난을 받고 죽임을 당하고 제 삼일에 살아나야 할 것을 제자들에게 비로소 나타내시니"(마 16:21) 이 외에도 몇 차례 더 말씀하셨다. 예수님은 말씀하신 대로 3일 만에 부활하셨다. 예수님의 부활로 이 세상에 새 생명이 시작되었다. 지금까지는 사망이 왕 노릇하고 모두가 사망의 법과 권세 아래 매여 있었다. 죄의 삯은 사망이었기에 누구도 사망의 권세를 이길 자가 없었다. 왜냐면 모두가 다 죄인이어서 자신의 죄로 자신이 형벌을 받아야 했기 때문이다. 죄인은 사망의 권세 아래 매여 있는 자이다. 그러니 사망을 이길 수 없을 뿐만 아니라 자신의 죄값을 치를 수도 없다. 또한, 다른 사람의 죗값을 대신 치러줄 수도 없다. 죄인이 죄인의 죗값을 치를 수 없기 때문이다.

그러므로 죄 없으신 하나님의 아들, 우리 주 예수 그리스도께서 자기 백성들의 죗값을 대신해서 치러 주셨다. 그 죗값이 십자가에서 죽으심이었다. 그리고 이제 예수 그리스도께서 죽은 자들 가운데서 부활하심으로 사망을 이긴 새로운 생명을 가지고 오셨다. 예수 그리스도께서 죽음을 이기고 생명으로 다시 살아나셨다. 지금까지는 사망이 왕 노릇하였지만 이제 사망을 이기고 부활하신 예수 그리스도께서 왕이 되셨다. 새 시대에 새 백성들에게 드러난 하나님의 구원을 바르게 이해하기 위해서 반드시 알아야 할 것이 있다. 그것은 우리 주 예수 그리스도가 새 백성 된 모든 성도의 대표자라는 사실이다. 그래서 성령 하나님은 로마 교회에 이 진리를 드러내시기를 "무릇 그리스도 예수와 합하여 세례를 받은 우리는 그의 죽으심과 합하여 세례를 받은 줄을 알지 못하느냐? 그러므로 우리가 그의 죽으심과 합하여 세례를 받았으므로 그와 함께 장사되었나니 이는 아버지의 영광으로 말미암아 그리스도를 죽은 자 가운데서 살리심과 같이 우리로 또한, 새 생명 가운데서 행하게 하려 함이라.

만일 우리가 그의 죽으심과 같은 모양으로 연합한 자가 되었으면 또한, 그의 부활과 같은 모양으로 연합한 자가 되리라."(롬 6:3-5)라고 하셨다. 그렇다. 예수 그리스도는 우리의 대표자이시다. 새 시대의 모든 새 백성 된 성도들은 모두 예수 그리스도와 연합되어 있다. 그래서 예수 그리스도께서 십자가에 못 박히실 때 우리도 함께 못 박혔다. 동일하게 예수 그리스도께서 부활하실 때에 우리도 함께 연합되어 부활하였다. 우리의 몸은 아직 부활의 몸이 아니지만 예수 그리스도께서 부활하심으로 가지고 오신 새 생명으로 살게 되었다. 그래서 말씀하시기를 "이는 아버지의 영광으로 말미암아 그리스도를 죽은 자 가운데서 살리심과 같이 우리로 또한, 새 생명 가운데서 행하게 하려 함이라."(롬 6:4)라고 하셨다. 장차 새 백성들의 부활, 마지막 날에 주어질 영광의 부활은 아직 약속되어 있다. 나사로의 누이 마르다의 고백처럼 오라비 나사로가 "마지막 날 부활 때에는 다시 살아날 줄을 내가 아나이다."(요 11:24)라고 했다. 그런데 예수님은 마르다에게 그 마지막 날 부활에 대해서가 아니라 지금 드러날 부활의 생명을 말씀하셨다. "나는 부활이요 생명이니 나를 믿는 자는 죽어도 살겠고 무릇 살아서 나를 믿는 자는 영원히 죽지 아니 하리니 이것을 네가 믿느냐?"(요 11:25-26) 여기 "무릇 살아서 나를 믿는 자는 영원히 죽지 아니 하리니"의 말씀에 주목하라. 여기 "살아서"의 의미는 육체로 살아 있을 동안을 말한다. 지금 우리는 육체로 살아 있다. "나를 믿는 자는" 곧 예수 그리스도를 믿는 자이다. 육체로 살아 있는 동안에 예수 그리스도를 믿는 지금 우리들의 상황이다.

그런데 그 다음의 말씀을 보면 "영원히 죽지 아니 하리니"라고 하셨다. 영원히 죽지 아니한다고 했다. 예수님을 믿으면 영원히 죽지 않는가? 나는 그동안 많은 장례예배를 인도했고, 내가 알고 있는 많은 성도가 이 세상을 떠났다. 그렇다면 예수님께서 자기 백성, 성도들에게 거짓말을 한 것인가? 아니다. 예수님께서 "영원히 죽지 아니하리니"라고 하신 것은 부활의 새 생명으로 살게 될 것을 말씀하신 것이다. 누구든지 예수 그리스도를 믿으면 부활의 새 생명으로 살게 된다. 예수 그리스도를 믿으면 그리스도와 연합하여 십자가에서 죽음의 세례를 받았고 예수 그리스도와 연합하여 부활하심으로 죽음을 이긴 새 생명으로 살게 된다. 예수님은 자신이 이루실 부활의 새 생명으로 사는 삶을 가리켜 영원히 죽지 않을 것이라고 묘사한 것이다. 우리 가운데 오신 성령 하나님이 예수 그리스도의 이름으로 오신 부활의 영이시다. 그러므로 성령 하나님과 함께 임마누엘로 동행하는 삶이 바로 새 생명으로 사는 삶이다.

제자들과 연합하신 예수 그리스도
나의 아버지 너의 아버지
요한복음 20:1-18

　새 시대에 새 백성의 대표자가 되신 우리 주 예수 그리스도께서 부활하시어 가장 먼저 제자들에게 하신 말씀은 참으로 중요하다. 부활하신 예수님께서 막달라 마리아에게 제자들에게 전하라고 하시면서 말씀하시기를 "나를 붙들지 말라 내가 아직 아버지께로 올라가지 아니하였노라. 너는 내 형제들에게 가서 이르되 내가 내 아버지 곧 너희 아버지, 내 하나님 곧 너희 하나님께로 올라간다 하라."(요 20:17)라고 하셨다.

　부활하신 예수님은 제자들을 가리켜 "내 형제들"이라고 하셨다. 이는 예수님께서 자기 자신을 제자들과 한 형제로 연합을 말씀하신 것이다. 예수님은 자기 자신을 하나님의 아들로 계시하셨다. 이것을 가리켜 예수님의 자기계시라고 한다. 하나님은 계시의 하나님이시다. 계시란 하나님께서 열어서 보여 주신 것을 의미한다. 만약 하나님께서 열어서 보여 주지 않으면 우리는 어떤 것도 알 수 없다. 하나님께서 이 세상에 맨 먼저 자신의 뜻을 밖으로 계시한 것이 창조이다. 하나님께서 말씀으로 천지를 창조하시므로 하나님의 뜻을 하나님 밖으로 설치하셨다. 이를 가리켜 창조계시라고 한다. 만약에 하나님께서 하늘과 땅, 우주 만물을 창조하지 않으셨다면 하나님만 홀로 계셨을 것이다. 그런데 하나님께서 친히 계획하시고 천지를 자신의 나라로 창조하셨다. 그리고 예수님께서 이 세상에 오셨다. 예수님께서 자신을 계시하지 않으면 아무도 그분을 알 수 없다. 그래서 예수님은 자신을 하나님의 아들이라고 스스로 드러내신 것이다. 예수님은 하나님을 아버지라고 부르셨다. 예수님께서 이르시기를 "내가 아버지 안에 거하고 아버지는 내 안에 거하신 것을 네가 믿지 아니하느냐? 내가 너희에게 이르는 말은 스스로 하는 것이 아니라 아버지께서 내 안에 계셔서 그의 일을 하시는 것이라."(요 14:10)라고 하셨다. 이 외에도 예수님께서 하나님을 아버지라고 부르시므로 예수님 자신이 하나님의 아들이심을 스스로 계시하셨다. 마지막 대제사장들에게서 심문을 받을 때에도 예수님이 하나님의 아들이라고 계시하신 것이 그들을 분노하게 만든 원인이다. 대제사장이 예수님께 묻기를 "내가 너로 살아계신 하나님께 맹세하게 하노니 네가 하나님의 아들 그리스도인지 우리에게 말하라."라고 하였다. 예수님은 대답하시기를 "네가 말하였느니라. 그러나 내가 너희에게 이르노니 이 후에 인자가 권능의 우편에 앉아 있는 것과 하늘 구름을 타고 오는 것을 너희가 보리라."(마 26:63-64)라고 하셨다. 예수님은 또한, 하나님의 아들에게 드러날 확실한 증거인 권능의 우편에 앉음과 하늘 구름을 타고 오실 것을 말씀하셨다. 이처럼 예수님은 자기 자신이 하나님의 아들이심을 분명히 하셨다. 그뿐만 아니라 공생애 기간에 제자들과 형제로서의 관계로 행하셨다. 하나님의 아들로 오신 예수님은 제자들에게 천국의 교훈을 하실 때에 하나님을 제자들의 아버지로 호칭하였다. 구제에 대해서 교훈하실 때에 이르시기를 "네 구제함을 은밀하게 하라 은밀한 중에 보시는 너의 아버지께서 갚아 주시리라."(마 6:4)라고 하셨다. 예수님께서 기도에 대해서 가르치실 때에도 이르시기를 "너는 기도할 때에 네 골방에 들어가 문을 닫고 은밀한 중에 계신 네 아버지께 기도하라 은밀한 중에 보시는 네 아버지께서 갚으시리라."(마 6:6)라고 하셨다. 예수님은 제자들에게 구체적인 기도를 가르쳐주시며 이르시기를 "너희는 이렇게 기도하라 하늘에 계신 우리 아버지여 이름이 거룩히 여김을 받으시오며,"(마 6:9)라고 하셨다. 예수님은 외식으로 금식하지 말라고 가르치면서 이르기를 "이는 금식하는 자로 사람에게 보이지 않고 오직 은밀한 중에 계신 네 아버지께 보이게 하려 함이라. 은밀한 중에 보시는 네 아버지께서 갚으시리라."(마 6:18)라고 하셨다. 사실 예수님께서 이 세상에 우리와 같은 육체를 입고 오신 이유가 여기에 있다. 우리와 같은 육체를 입고 오셔야만 우리의 형제가 될 수 있기 때문이다. 만약에 하나님께서 우리와 같은 육체가 아닌 다른 피조물의 모습으로 오셨다면 어찌 우리의 형제가 될 수 있겠는가? 천사의 모습으로 오셨다면 우리와 같은 형제가 될 수 없다. 또 다른 하나님의 모습으로 오셔도 우리의 형제가 될 수 없다. 동물들의 왕이라고 하는 사자의 모습으로 오셨어도 우리의 형제가 될 수 없다. 우리의 구원자이신 예수 그리스도가 우리의 형제가 되려면 반드시 우리와 같은 육체를 가져야 했다. 우리와 같은 육체와 우리와 같은 인격체여야만 한다. 그래서 하나님이 육체의 모습으로 이 세상에 오셨다. 그리고 기꺼이 우리의 형제가 되셨다. 우리의 형제 중에서도 맏형이 되셨다. 큰 형님이 되셔서 자신의 모든 동생을 아버지의 품으로 이끌고 가신다. 하나님은 히브리서에서 말씀하시기를 "거룩하게 하시는 이와 거룩하게 함을 입은 자들이 다 한 근원에서 난지라. 그러므로 형제라 부르시기를 부끄러워하지 아니하시고 이르시되 내가 주의 이름을 내 형제들에게 선포하고 내가 주를 교회 중에서 찬송하리라 하셨으며…… 이는 확실히 천사들을 붙들어 주려 하심이 아니요 오직 아브라함의 자손을 붙들어 주려 하심이라. 그러므로 그가 범사에 형제들과 같이 되심이 마땅하도다."(히 2:11-12, 16-17)라고 하셨다. 부활하신 예수님께서 "내 형제들"이라고 하신 말씀은 이루 말 할 수 없이 영광스러운 칭호이다. 우리의 큰 형님 되시는 예수 그리스도는 자신에게 속한 형제들을 영원토록 책임지실 것이다. 제자들이 먼저 예수님을 형제라고 부른 것이 아니라 예수님께서 먼저 제자들에게 형제라고 부르셨다. 이는 자신의 모든 형제를 온전히 도우실 수 있기 때문이다. 부활하신 예수님은 우리의 맏형이 되셔서 자신에게 속한 모든 형제를 생명으로 이끌기 위해서 아버지께 간구하셨다. "나는 세상에 더 있지 아니하오나 그들은 세상에 있사옵고 나는 아버지께로 가옵나니 거룩하신 아버지여 내게 주신 아버지의 이름으로 그들을 보전하사 우리와 같이 그들도 하나가 되게 하옵소서. 내가 그들과 함께 있을 때에 내게 주신 아버지의 이름으로 그들을 보전하고 지키었나이다..... 내가 비옵는 것은 그들을 세상에서 데려가시기를 위함이 아니요 다만 악에 빠지지 않게 보전하시기를 위함이니이다..... 그들을 위하여 내가 나를 거룩하게 하오니 이는 그들도 진리로 거룩함을 얻게 하려 함이니이다..... 아버지여 아버지께서 내 안에, 내가 아버지 안에 있는 것 같이 그들도 다 하나가 되어 우리 안에 있게 하사 세상으로 아버지께서 나를 보내신 것을 믿게 하옵소서." (요 17:11, 12, 15, 19, 21) 이처럼 예수님은 자신의 제자들과 한 형제로 자신을 묶으시고 모든 형제를 아버지의 영광의 품으로 이끌고 가셨다. 예수님이 하나님의 아들이시면 형제 된 우리도 하나님의 아들이다. 예수님에게 성령이 임재하셨다면 형제 된 우리에게도 성령 하나님이 임재하셨다. 예수님이 하나님 보좌 우편에 계신다면 형제 된 우리도 하나님 보좌 우편에 함께 앉아 있다. 맏형 되신 우리의 큰 형님 예수님을 온전히 높이며 찬양 드리자.

자기 백성들에게 평강을 주신 예수 그리스도

부활의 선물

요한복음 20:19-29

부활하신 예수님께서 가장 먼저 제자들을 찾아가셨다. 안식 후 첫날 저녁때에 제자들이 유대인들을 두려워하여 모인 곳에 문들을 닫고 있었다. 제자들은 새벽부터 막달라 마리아에게 예수님이 부활하셨다는 소식을 전해 들었다. 그런데 아직 부활하신 예수님을 만나지 못했으니 막달라 마리아의 말이 사실인지 확인할 길이 없었다. 그런데 부활하신 예수님께서 제자들 가운데 오셔서 이르시기를 "너희에게 평강이 있을지어다."라고 인사하셨다. 예수님을 본 제자들은 놀라고 무서워하여 그 보는 것을 영으로 생각했다. 예수님은 제자들에게 이르시되 "어찌하여 두려워하며 어찌하여 마음에 의심하느냐 내 손과 발을 보고 나인 줄 알라. 또 나를 만져 보라. 영은 살과 뼈가 없으되 너희 보는 바와 같이 나는 있느니라."라고 하셨다. 그리고 제자들에게 손에 못 자국과 옆구리의 창 자국을 보여 주셨다. 이렇게 보여 주심은 자신이 십자가에 못 박혔던 그들의 스승임을 확증하기 위해서이다. 제자들은 부활하신 예수님을 보고 기뻐하였다. 부활하신 예수님은 또다시 제자들에게 말씀하시기를 "너희에게 평강이 있을지어다. 아버지께서 나를 보내신 것 같이 나도 너희를 보내노라."라고 하셨다. 그리고 제자들을 향하여 숨을 내쉬면서 이르시기를 "성령을 받으라. 너희가 누구의 죄든지 사하면 사하여질 것이요 누구의 죄든지 그대로 두면 그대로 있으리라."라고 하셨다.

부활하신 예수님께서 제자들에게 처음으로 찾아오셔서 두 번씩이나 "너희에게 평강이 있을지어다."라고 말씀하셨다. 유대인들은 만나면 서로 평강에 대한 인사를 하였다. 그런데 예수님이 제자들에게 하신 평강에 대한 말씀은 간단한 인사 정도가 아니다. 부활하신 예수님께서 제자들에게 평강을 선물하신 말씀이다. 예수님이 십자가 지시기 전에 제자들에게 장차 이루어질 일을 말씀하시면서 평강에 대해서 언급하시기를 "이것을 너희에게 이르는 것은 너희로 내 안에서 평안을 누리게 하려 함이라. 세상에서는 너희가 환난을 당하나 담대하라. 내가 세상을 이기었노라."(요 16:33)라고 하셨다. 그동안에 하나님의 백성들이 평안을 누리지 못한 것은 사탄의 권세가 크게 활동했기 때문이었다. 그래서 세상 사람들뿐만 아니라 하나님의 백성들까지도 사망의 그늘 아래에 있었다. 사방에서 강하게 활동하는 사망의 세력으로 하나님의 백성들까지도 두려움에 사로잡혔다. 예수님의 제자들을 보라. 그들은 분명 하늘과 땅을 창조하신 예수 그리스도의 제자들이었다. 그러나 어둠의 세력이 당시에 유대 지도자들을 통해서 예수 그리스도를 대적하여 죽이는 상황을 목격하자 두려움에 사로잡혀 도망하고 숨었다. 어둠의 세력은 유대 지도자들뿐만 아니라 로마의 권세를 통해서도 드러났다. 그들에 비해 자신들은 아무 힘이 없는 것처럼 보였다. 이스라엘 왕으로 오신 자신들의 스승 예수 그리스도께서 아무 힘을 쓰지 못한 것처럼 보였다. 그래서 어떤 제자들을 예수님이 십자가에 죽으심을 보고 낙심하여 고향으로 내려가기도 하였다. 반면 예수님은 자신이 십자가에 달려 죽으면, 제자들에게 이런 상황이 될 것이라고 알고 계셨다. 그리고 자신의 부활을 통해 제자들에게 다시 새 힘을 주실 것도 아셨다. 그래서 미리 제자들에게 "세상에서는 너희가 환난을 당하나 담대하라. 내가 세상을 이기었노라."라고 말씀하신 것이다. 이제는 더 이상 어둠의 세력에 두려워하지 말라는 말씀이다. 사람에게 두려움이 있는 것은 죽음 때문이다. 그런데 예수 그리스도께서 죽음을 이기시고 새 생명으로 부활하셨다. 이제 누구든지 부활하신 우리 주 예수 그리스도 안에서 평안을 누릴 수 있게 되었다. 예수님은 자기 백성들에게 그 평안을 주시려고 부활하셨다.

원래 예수 그리스도는 평강의 왕이시다. 하나님께서 이사야 선지자를 통해서 장차 오실 예수 그리스도에 대해서 증거하기를 "한 아기가 우리에게 났고 한 아들을 우리에게 주신 바 되었는데 그의 어깨에는 정사를 메었고 그의 이름은 기묘자라 모사라 전능하신 하나님이라. 영존하시는 아버지라. 평강의 왕이라 할 것임이라."(사 9:6)라고 하였다. 또한, 이사야 선지자는 예수님의 사역에 대해서 예언하기를 "그때에 맹인의 눈이 밝을 것이며 못 듣는 사람의 귀가 열릴 것이며 그때에 저는 자는 사슴 같이 뛸 것이며 말 못하는 자의 혀는 노래하리니,"라고 하였고, 또 "주 여호와의 영이 내게 내리셨으니 이는 여호와께서 내게 기름을 부으사 가난한 자에게 아름다운 소식을 전하게 하려 하심이라 나를 보내사 마음이 상한 자를 고치며 포로 된 자에게 자유를 갇힌 자에게 놓임을 선포하며"라고 하셨다. 평강의 왕으로 오신 예수님은 이 예언이 자신에게 이루어졌다고 하셨다.

실제로 예수님의 공생애 사역을 들여다보면 고통받은 자기 백성 곧 아브라함의 후손들에게 평강을 주시는 분으로 드러난다. 귀신에게 매여 시달리는 자들에게 귀신을 내어 쫓아 주시므로 평강을 주셨다. 여러 가지 질병으로 고통받는 자기 백성들을 치료하시어 질병의 고통으로부터 안식을 주셨다. 예수님께서 십자가 지시기 위해서 예루살렘으로 들어가실 때에 어린 나귀 새끼를 타고 가심을 보라. 하나님이 스가랴 선지자를 통해서 자기 백성에게 구원을 베푸실 왕이 겸손하여 나귀 새끼를 타고 예루살렘에 입성할 것을 미리 말씀하시기를 "시온의 딸아 크게 기뻐할지어다. 예루살렘의 딸아 즐거이 부를지어다. 보라 네 왕이 네게 임하시나니 그는 공의로우시며 구원을 베푸시며 겸손하여서 나귀를 타시나니 나귀의 작은 것 곧 나귀 새끼니라."(슥 9:9)라고 하였다. 겸손하신 예수 그리스도는 자기 백성에게 평강을 주시는 왕이시다. 부활하신 예수님께서 제자들에게 주신 평강은 죄를 사유하심이 전제된다.

하나님의 나라 안에 살고 있는 하나님의 백성들에게 평강이 사라진 이유는 죄 때문이었다. 처음에 하나님이 창설하신 에덴동산은 평강과 기쁨의 동산이었다. 하나님과 그 백성인 아담과 하와가 영광스러운 교제를 이루며 평강을 누리며 살았다. 그러나 아담과 하와의 죄로 인해 그 평강이 깨지고 두려움이 찾아왔다. 하나님과 함께 교제하며 누렸던 평강이 산산조각 났다. 사실 평강은 마음에 느껴진 감정의 문제가 아니라 관계의 문제이다. 범죄한 아담과 하와의 마음에 평강이 사라진 것은 하나님과의 관계가 흐트러졌기 때문이다. 아담과 하와가 에덴동산에서 쫓겨난 이후로 구약의 모든 상황은 평강이 사라진 모습이다. 하나님께서 자기 백성 중에 오셔서 장막을 치시고 동행하여도 휘장 밖에 두심을 보라. 하나님의 성막과 관련된 모든 제도가 온전한 평강이 주어진 모습이 아니다.

하나님이 그 백성의 헌신을 받으셔도 십분의 일만 받으셨다. 하나님이 자기 백성과 교제하는데도 오직 제사장들만 가까이 오게 하셨다. 먹고 마시는 것도 제한적으로 주셨다. 이 모두는 아직 온전한 평강을 주지 않았다는 증거이다. 하나님은 자신의 백성들에게서 사라져버린 평강을 다시 회복시키기 위해서 친히 우리와 같은 육체를 입으시고 이 세상에 오셨다. 그래서 가장 먼저 죄의 문제를 처리하기 위해서 십자가에서 대속의 죽음을 죽으셨다. 이제 자기 백성의 죄의 문제가 처리되었다. 하나님과 그 백성 사이에 가로막혔던 성전의 휘장을 찢으시고 하나님께서 자기 백성에게로 오시는 길이 열렸다. 하나님과의 관계가 온전한 관계로 회복되었다. 그래서 부활하신 예수님이 자기 제자들에게 평강을 선언하신 것이다. 당시에 제자들의 상황은 이전이나 이후나 아무것도 달라진 것이 없었다. 제자들의 재산이 예수님의 부활로 늘어나지 않았다. 건강이 더 좋아진 것도 아니다. 예수님의 부활 이후에 제자들의 직급이 더 높아진 것도 아니었다. 오히려 예수님의 부활 이후에 예수님께서 약 40일 동안 제자들과 함께 계시다가 승천하셨다. 그러므로 전에 예수님이 육체로 계실 때와 비교하면 상황은 더 어려워졌다. 곧 예수님의 부활 이전에는 육체로 계신 예수님과 동행하였는데 이제 육체로 함께 하신 예수님도 떠나셨다. 물론 성령 하나님이 함께 하셨다. 그런데 부활하신 예수님께서 제자들에게 "너희에게 평강이 있을지어다."라고 말씀하셨다. 이는 예수님의 부활로 하나님과의 동행과 교제가 온전해질 것이라는 의미이다.

영원토록 하나님과 함께하는 평강, 하나님 앞에서 쫓겨나지 않는 평강이 주어질 것이다. 이제 제자들은 우리 주 예수 그리스도 안에서 아버지의 품속에 있게 될 것이다. 세상에 이보다 더 큰 평강이 어디에 있겠는가? 부활하신 예수님께서 제자들에게 주신 평강이 그 이후에 예수 그리스도를 믿는 모든 성도에게 동일하게 주어졌다. 지금 이 시대의 성도들도 부활하신 아들 안에 있는 평강을 선물로 받았다. 평강의 왕이신 우리 주 예수 그리스도께서 주신 평강은 성령 하나님이 자기 백성 중에 임재하심으로 온전히 드러났다. 새 시대에 새 백성들이 누리는 평강은 부활의 영으로 오신 성령 하나님과 동행하는 삶이다. 언제 어디서나 성령 하나님이 함께하시므로 성도들의 평강은 유지된다. 그래서 성령님은 골로새 교회에 말씀하시기를 "그리스도의 평강이 너희 마음을 주장하게 하라. 너희가 평강을 위하여 한 몸으로 부르심을 받았나니 너희는 또한, 감사하는 자가 되라."(골 3:15)라고 하셨다. 그리스도의 평강은 성령 하나님이 함께하는 평강이다. 곧 성령 하나님이 우리의 마음을 주장하심이 그리스도의 평강이고 우리는 이와 같은 평강을 위해서 한 몸으로 부르심을 받았다.

부활 후에 제자의 신앙 고백을 받으신 예수 그리스도

도마의 고백

요한복음 20:24-29

열두 제자 중에 디두모라는 도마가 있다. 그는 쌍둥이였다. '디두모'라는 의미가 쌍둥이라는 뜻이다. 부활하신 예수님께서 처음 제자들에게 오셨을 때에 도마는 거기에 없었다. 다른 제자들이 도마에게 이르기를 "우리가 주를 보았노라."라고 하였다. 이 말을 들은 도마는 "내가 그의 손의 못 자국을 보며 내 손가락을 그의 못 자국에 넣으며 내 손을 그의 옆구리에 넣어 보지 않고는 믿지 아니하겠노라."라고 하였다. 제자들 간에 이런 대화를 나눈 8일 후에 부활하신 예수님께서 제자들에게 다시 나타나셨다. 이번에는 도마도 다른 제자들과 함께 그 자리에 있었다. 살아나신 예수님께서 제자들이 모여 있는 집 안에 찾아오셨다. 모든 문이 닫혔는데 예수님께서 제자들 가운데 서셨다. 예수님은 제자들에게 이르시기를 "너희에게 평강이 있을지어다."라고 하셨다.

그리고 예수님은 도마에게 이르시기를 "네 손가락을 이리 내밀어 내 손을 보고 네 손을 내밀어 내 옆구리에 넣어 보라. 그리하여 믿음 없는 자가 되지 말고 믿는 자가 되라."라고 하셨다. 도마는 부활하여 살아 계신 예수님을 친히 눈으로 보았다. 그리고 부활하신 예수님의 음성을 직접 들었다. 도마는 고백하기를 "나의 주님이시오 나의 하나님이시니이다."라고 하였다. 도마의 신앙고백을 들으신 예수님은 말씀하시기를 "너는 나를 본 고로 믿느냐? 보지 못하고 믿는 자들은 복되도다."라고 하셨다.

예수님의 부활 이전에도 예수님을 하나님의 아들, 이스라엘의 왕으로 신앙 고백한 제자들이 있었다. 하지만 예수님께서 부활하신 후에 신앙 고백으로는 도마의 신앙고백을 기록하였다. 물론 다른 제자들도 부활하신 예수 그리스도를 온전히 믿었다. 그래서 그들 모두가 예수 그리스도의 부활의 증인들이 되었다. 복음서에는 예수 그리스도의 부활의 사건이 뒷부분에 기록되어 있기에 제자들의 신앙고백과 사역에 대한 내용은 사도행전에서 찾아볼 수 있다. 사도행전으로 넘어가면 제자들의 신앙고백과 사역들이 풍성하게 드러난다. 베드로 사도는 마가의 다락방에 성령 하나님이 임재하신 일을 설명할 때에 예수 그리스도를 주와 그리스도로 고백한다. 베드로 사도는 증거하기를 "그런즉 이스라엘의 온 집은 확실히 알지니 너희가 십자가에 못 박은 이 예수를 하나님이 주와 그리스도가 되게 하셨느니라."(행 2:36)라고 하였다.

나머지 제자들도 부활하신 예수 그리스도를 하나님의 아들로 구세주로 고백하고 사역하였다. 일곱 집사 중 한 사람인 스데반 집사도 부활하신 예수 그리스도를 유대의 지도자들에게 증거하였다. 그는 부활하신 예수님을 증거하는 일로 돌에 맞아 죽으면서 고백하기를 "주 예수여 내 영혼을 받으시옵소서!"라고 하였다. 스데반은 사도가 아니었다. 이렇듯 많은 신앙 고백들이 있지만, 예수님이 도마의 신앙고백을 성경에 기록함은 이와 관련하여 중요한 내용을 교훈하려는 의도가 있었다. 처음에 도마는 예수님의 제자임에도 불구하고 부활하신 예수님에 대해서 믿지 않았다. 다른 제자들이 부활하신 예수님을 만났다고 증거 했음에도 불구하고 자신의 손으로 못 자국을 만져보고 창 자국을 만져봐야지 믿겠다고 하였다. 그래서 예수님께서 도마의 믿음을 돕기 위해서 친히 도마에게 찾아갔다. 그리고 도마에게 자신의 손의 못 자국과 옆구리의 창 자국을 보여 주시면서 만져보라고 하였다. 예수님은 도마의 믿음을 돕기 위해서 이렇게 해 주셨다. 도마는 부활하신 예수님을 자신의 두 눈으로 친히 보았다. 예수님이 손의 못 자국과 옆구리의 창 자국을 만져 보라고 했지만, 도마는 차마 만질 수가 없었다. 도마는 예수님의 손에 있는 못 자국과 옆구리의 창 자국을 만지지 않고 부활하신 예수님에 대해서 고백하였다. "나의 주님이시오 나의 하나님이시니이다." 도마의 신앙고백을 들으신 예수님은 중요한 말씀을 선언하셨다. 예수께서 이르시되 "너는 나를 본고로 믿느냐 보지 못하고 믿는 자들은 복되도다."라고 하셨다.

    예수님이 승천하신 후에 예수님을 믿는 모든 성도는 부활하신 예수님을 보지 못하고 믿게 될 것이다. 이 시대를 살고있는 우리도 부활하신 예수님을 한 번도 본 바가 없다. 그런데 우리는 우리 주 예수 그리스도께서 부활하시어 하늘과 땅의 왕이심을 믿는다. 예수님은 이렇게 자신을 보지 않고 믿는 모든 성도에게 복을 선언하셨다. 이를 위해서 도마의 신앙고백을 사용하였다. 도마에게 주어진 상황이 이 복을 선언하기에 가장 적합하였다. 대부분의 사람은 자신의 눈으로 직접 보는 것만 인정한다. 하나님을 믿지 않는 사람들은 자신들의 눈으로 하나님을 보지 않았기 때문이다. 만약에 하나님을 눈으로 볼 수 있고 천사를 볼 수 있다면, 하늘과 땅을 창조하신 하나님 앞에서 어찌 감히 머리를 들 수 있겠는가? 인간의 작은 지혜와 쥐꼬리만한 지식과 몇 푼 안 되는 물질 가지고 위세를 부리는 것은 참으로 어리석은 일이다. 그들의 눈에는 하나님이 보이지 않기 때문에 눈에 보이는 외적인 것을 가지고 교만을 부린다. 그래서 예수님은 도마의 믿음을 예로 든 후에 예수 그리스도를 믿는 모든 성도에게 복을 선언하셨다. 부활하신 예수님은 도마의 신앙고백 곧 주님과 하나님으로 고백하는 것을 받으셨다. 그리고 예수님을 봄으로 믿는 도마의 신앙고백과 이후에 예수님을 보지 않고 믿을 후대의 성도들을 비교하셨다. 부활하신 자신을 보고 믿은 도마의 신앙고백보다 자신을 보지 않고 믿을 새 시대의 교회들이 훨씬 복된 자들임을 선언하셨다. 이와 같은 복을 선언하신 주님의 말씀은 태초에 천지를 창조하신 주님의 말씀과 동일한 능력의 말씀이다. 이 시대에 부활하신 예수님의 모습을 보지 않고 믿은 우리는 모두 예수님이 선언하신 복을 받은 자들이다. 부활하시어 하늘과 땅의 권세를 가지신 예수님이 선언하신 복을 받은 자들이 되었으니 이보다 더 영광스러운 복은 없을 것이다.

베드로에게 사명을 주신 예수 그리스도
교회를 향한 사명

요한복음 21:15-23

부활하신 예수님은 제자들에게 자주 찾아가셨다. 이번에는 디베랴 호수에서 물고기를 잡고 있는 제자들에게 찾아가셨다. 밤새도록 물고기를 잡지 못한 제자들에게 그물을 배 오른편에 던지라고 하시어 큰 물고기를 153마리나 잡도록 하셨다. 부활하신 예수님은 물가에서 아침을 준비해 놓으시고 지친 제자들에게 아침을 먹이셨다. 그리고 베드로에게 집중하셨다. 예수님께서 갑자기 베드로에게 질문하시기를 "요한의 아들 시몬아 네가 이 사람들 보다 나를 더 사랑하느냐?"라고 하셨다. 갑자기 질문을 받은 베드로는 대답하기를 "주님 그러하나이다. 내가 주님을 사랑하는 줄 주님께서 아시나이다."라고 하였다. 베드로의 대답을 들으신 예수님은 말씀하시기를 "내 어린 양을 먹이라."라고 하셨다. 부활하신 예수님은 두 번째 베드로에게 물으시기를 "요한의 아들 시몬아 네가 나를 사랑하느냐?"라고 하셨다. 베드로는 또 대답하기를 "주님 그러하나이다. 내가 주님을 사랑하는 줄 주님께서 아시나이다."라고 했다. 예수님은 베드로에게 "내 양을 치라."라고 하셨다. 부활하신 예수님은 세 번째 베드로에게 물으시기를 "요한의 아들 시몬아 네가 나를 사랑하느냐?"라고 하셨다. 동일한 질문을 세 번씩이나 받은 베드로는 마음에 근심이 되었다. 그래도 예수님의 질문에 대답해야만 했다. 베드로는 예수님께 대답하기를 "주님 모든 것을 아시오매 내가 주님을 사랑하는 줄을 주님께서 아시나이다."라고 했다. 예수님은 베드로에게 말씀하시기를 "내 양을 먹이라."라고 하셨다. 예수님은 베드로에게 덧붙여 말씀하시기를 "내가 진실로 진실로 네게 이르노니 네가 젊어서는 스스로 띠 띠고 원하는 곳으로 다녔거니와 늙어서는 네 팔을 벌리리니 남이 네게 띠 띠우고 원하지 아니하는 곳으로 데려가리라."라고 하셨다. 이는 베드로가 어떠한 죽음으로 하나님께 영광을 돌릴 것을 말씀하심이었다. 예수님은 베드로에게 또 말씀하시기를 "나를 따르라."라고 하셨다.

부활하신 예수님과 베드로의 대화를 통해 예수님이 무엇을 가장 중요하게 생각하고 계신가를 발견할 수 있다. 바로 예수님의 양이다. 예수님께서 베드로의 대답을 들으시고 반복해서 하신 말씀이 "내 어린 양을 먹이라.", "내 양을 치라.", "내 양을 먹이라."이다. 부모의 관심은 항상 자녀들에게 있듯이 예수님의 마음은 예수님의 양들에게 있다. 예수님의 어린양이나 양은 모두 교회를 의미한다. 예수 그리스도를 믿어 하나님의 자녀가 된 모든 성도를 일컬어 내 어린양, 내 양이라고 하셨다. 새 시대 새 백성들은 모두 교회이다. 우리 주 예수 그리스도께서 교회의 머리가 되시고 모든 성도는 예수님의 몸으로 연합되어 있다. 모든 성도는 예수 그리스도의 몸이고 양들이다. 교회의 주인이 되신 우리 주 예수 그리스도는 자신의 양들이 건강하게 성장하기를 원하신다. 이를 위해서 영적인 양식인 하나님의 말씀으로 잘 먹어야 한다. 주님의 교회에서 하나님의 말씀을 맡은 자들은 하나님의 말씀을 바르게 이해하고 해석하여 주님의 양들인 성도들에게 잘 선포해야 한다. 말씀을 통해서 하나님의 마음과 하나님의 뜻을 그대로 전달해야 한다. 세상의 지식이나 자기 경험을 전파해서는 안 된다. 오로지 하나님의 생명의 지식과 하나님 나라의 교훈을 증거해야 한다. 구약 시대에 가장 비참한 자들이 거짓 선지자들이었다. 거짓 선지자들은 하나님의 말씀이 아닌 사탄의 뜻을 전하였다. 그러므로 거짓 선지자들은 하나님의 백성들을 멸망의 길로 인도하였다. 하나님은 거짓 선지자들을 반드시 심판하셨다. 구약 시대에는 선지자들이 하나님께로부터 직접 말씀을 받아서 백성들에게 전하였다. 그러므로 하나님이 말씀을 주지 않으면 주실 때까지 기다려야 했다. 말씀을 주신 분도 하나님이시고 말씀을 주지 않으신 분도 하나님이시다. 하나님은 자신의 때에 자신의 방식으로 선지자들에게 말씀을 주셨다. 진정한 선지자들은 하나님이 주신 말씀만 전하였다. 그래서 참 선지자들은 백성들에게 하나님의 말씀을 선포할 때에 먼저 "여호와께서 가라사대, 혹은 하나님이 말씀하시기를"이라고 말한 후에 선포하였다. 그러나 거짓 선지자들은 하나님이 말씀을 주지 않았는데도 거짓으로 하나님의 말씀이라고 전하였다. 예수님은 베드로에게 자신의 어린양과 양들을 먹이라고 하셨다. 앞으로 예수님께서 베드로에게 자신의 어린양을 먹일 말씀을 주실 것이다. 베드로는 예수님이 주신 말씀으로 어린양과 양들을 먹일 것이다. 베드로 자신에게는 예수님의 어린양과 양들을 먹일 양식이 없다. 그들에게 먹일 양식은 하늘의 양식이어야 했다. 베드로는 하늘 양식으로 오신 우리 주 예수 그리스도와 그의 말씀으로 먹일 것이다. 그래서 예수님은 사도들에게 자기 자신과 하나님의 말씀을 공급해 주셨다. 그 말씀들을 성경에 기록하여 새 시대의 교회에게 선물로 주셨다. 신약성경이 교회에 주어졌다. 여전히 예수님의 관심은 자신의 어린양과 양들에게 있다. 오늘날도 생명의 양식으로 예수님의 어린양과 양들을 잘 먹여야 한다. 이 책임이 말씀을 맡은 목회자들에게 있다. 목회자들은 이미 기록된 하나님의 말씀인 성경을 통해서 하나님의 마음과 뜻을 잘 헤아려야 한다. 거짓 선지자가 되어서는 안 된다. 기록된 말씀에 가감해서는 안 된다.

예수님은 자신의 어린양과 양들을 먹이고 칠 베드로의 중심을 먼저 살피셨다. 세 번씩이나 "네가 나를 사랑하느냐?"라고 물으셨다. 예수님이 원하는 자신의 교회의 사역자들은 무엇보다 예수님을 사랑하는 자여야 했다. 많은 성경 해석자들이 예수님이 베드로에게 세 번씩이나 "네가 나를 사랑하느냐?"라고 질문한 것은 베드로가 예수님을 세 번 부인했기 때문이라고 연결시킨다. 얼마든지 유추할 수 있는 해석이다. 필자도 부인하지는 않는다. 전혀 무관하다고 할 수는 없을 것이다. 그러나 그보다 더 중요한 것은 예수님을 따르는 자의 마음에 대한 강조이다. 우리는 많은 경우에 예수님께서 "내 어린양을 먹이라. 내 양을 치라. 내 양을 먹이라."는 말씀에 집중하다 보면 다른 부분의 말씀을 놓칠 때가 있다. 예수님은 베드로에게 "나를 따르라."라고 하셨다. 이 말씀을 두 번씩이나 하셨다. 예수님께서 베드로의 죽음과 관련하여 말씀하신 후에 "나를 따르라."(요 21:19)라고 하셨다. 또한, 요한에게 종말에 대한 부분에 관심 갖지 말라고 하시면서 이르시기를 "내가 올 때까지 그를 머물게 하고자 할지라도 네게 무슨 상관이냐 너는 나를 따르라."(요 21:22)라고 하셨다. 예수님은 자신을 따르는 자들이 마땅히 갖추어야 할 마음에 대해서 이전에 제자들에게 말씀하셨다. 예수님께서 말씀하시기를 "아버지나 어머니를 나보다 더 사랑하는 자는 내게 합당하지 아니하고 아들이나 딸을 나보다 더 사랑하는 자도 내게 합당하지 아니하며 또 자기 십자가를 지고 나를 따르지 않는 자도 내게 합당하지 아니하니라. 자기 목숨을 얻는 자는 잃을 것이요 나를 위하여 자기 목숨을 잃은 자는 얻으리라."(마 10:37-39)라고 하셨다.

예수님이 이전에 교훈하셨던 제자도와 부활 이후에 베드로에게 질문한 내용이 서로 깊이 연결되어 있다. 이는 예수님을 따르는 제자가 되기 위해서는 예수님을 누구보다 더 사랑해야 함을 나타낸다. 부모와 형제와 처자와 형제와 자매보다 예수님을 더 사랑해야 한다. 그래서 예수님은 베드로에게 질문하기를 "이 사람들보다 나를 더 사랑하느냐?"라고 하셨다. 예수님을 따르는 제자에게 가장 중요한 덕목이기 때문이다. 예수님께서 동일한 질문을 세 번씩이나 반복한 것은 예수님을 사랑하는 것이 중요했기 때문이다. 무엇이든지 중요한 것을 강조하기 위해서는 반복한다. 제자로서 예수님을 따르기 위해서는 반드시 누구보다 예수님을 사랑해야만 했다. 그래서 예수님은 베드로에게 동일한 질문을 반복해서 세 번씩이나 하셨다. 이미 베드로는 예수님을 사랑하고 있었다. 곧 제자로서 갖추어야 할 덕목을 갖추고 있었다. 예수님도 베드로의 마음을 알고 계셨다. 그렇지만 예수님은 베드로에게 동일한 질문을 세 번씩이나 하시면서 함께 있는 다른 제자들에게도 제자의 도를 교훈하셨다. 이제 앞으로 베드로가 해야 할 일이 분명해졌다. 예수님의 어린양과 양들을 먹이고 돌보는 일이다. 예수님을 따르는 모든 제자는 예수님을 누구보다 사랑해야 하고 예수님의 양 무리를 먹이고 돌봐야 한다.

자신의 일군들을 파송하신 예수 그리스도
하나님 나라의 확장

마태복음 18:16-20, 마가복음 16:14-18, 누가복음 24:36-48, 사도행전 1:8

부활하신 예수님은 제자들과 함께 갈릴리의 한 산에서 만났다. 이 산은 예수님께서 제자들과 자주 가셨던 산이었을 것이다. 그래서 부활하신 예수님은 제자들에게 그 산으로 오라고 하셨고 거기서 만났다. 제자들은 부활하신 예수님을 뵙고 경배하였다. 그러나 어떤 제자들은 아직 부활하신 예수님에 대해서 의심하는 자들도 있었다. 이런 의심은 오래가지 않았다. 후에 마가의 다락방에 성령 하나님이 임재하시므로 모두 해소되었다. 부활하신 예수님께서 제자들에게 말씀하시기를 "하늘과 땅의 모든 권세를 내게 주셨으니 그러므로 너희는 가서 모든 민족을 제자로 삼아 아버지와 아들과 성령의 이름으로 세례를 베풀고 내가 너희에게 분부한 모든 것을 가르쳐 지키게 하라 볼지어다. 내가 세상 끝날까지 너희와 항상 함께 있으리라."라고 하셨다.

이 장면은 부활하신 예수 그리스도께서 자기 제자들을 온 세상 모든 민족에게로 파송하는 내용이다. 먼저 부활하신 예수님은 자신이 누구인지 선언하셨다. 곧 "하늘과 땅의 권세를 내게 주셨으니"라고 말씀하시므로 자신이 하늘과 땅의 권세를 가졌다고 하셨다. 보냄을 받은 자는 누구의 명령으로 보냄을 받았느냐가 중요하다. 보냄을 받은 자는 보낸 자의 권위 안에 있는 것이며 그 권위를 가지고 가는 자이다. 각 나라에는 세계 여러 나라에서 온 대사들이 있다. 그들은 모두 자기 나라의 최고 통치자의 권세로 온 자들이다. 그 나라의 최고 통치자가 명령하여 보냈으므로 그 나라를 대표한다. 또한, 그렇게 대우한다. 동일하게 예수 그리스도께서 제자들을 온 세상 모든 민족에게 파송하면 제자들은 예수 그리스도의 이름과 권세로 간다. 그러므로 중요한 것은 보낸 자의 권세이다. 보낸 자의 권세가 높으면 높을수록 보냄을 받은 자는 당당할 것이다. 제자들을 파송하신 예수 그리스도는 하늘과 땅의 권세를 가지셨다. 원래 예수 그리스도는 하늘과 땅을 창조하신 창조주 하나님이시다. 곧 하늘과 땅의 주인이시다. 그런데 육체를 입고 죄인의 모습으로 오시므로 그분이 그렇게 위대하신 분임을 알지 못하였다. 아니 그분의 위대함이 잠시 감추어졌다. 자기 땅에 오매 자기 백성이 알지 못하였다. 그래서 사람들이 자신들의 하나님을 함부로 대했다. 결국, 십자가에 죽였다. 그런데 하나님 아버지께서 죽음에서 다시 살리시어 하늘과 땅의 권세를 주셨다. 이제 이 세상의 모든 권세는 하늘과 땅의 권세를 가지신 우리 주 예수 그리스도에게 복종해야 한다. 부활하신 예수 그리스도는 하늘과 땅의 권세를 가지고 제자들을 파송하신다. 누구도 하늘과 땅의 권세를 가진 분의 명령을 거역할 수 없다. 또한, 누구도 하늘과 땅의 권세를 가진 분의 파송을 막을 수도 없다. 예수님이 육체를 입고 계실 때는 죄인들의 대표자로 오셨고 아직 죄의 문제가 처리되지 않았기 때문에 아직 하늘과 땅의 권세가 주어지지 않았다. 예수님은 죄가 없었지만, 죄인들의 대표자로 죄인들과 연합되어 있었기에 죄인의 자리에 있었다. 그래서 죄인들이 겪는 모든 수모와 고통을 함께 겪으셨다. 그러나 죄가 없으므로 자기 백성을 위한 대속의 죽음으로 죄의 형벌을 받으셨다. 그리고 죽음에서 부활하셨다. 여전히 자기 백성들의 대표자로서 연합되어 있지만, 사망을 이기시고 새 생명으로 부활하셨다. 부활하는 예수 그리스도에게 하나님께서는 하늘과 땅의 권세를 주셨다. 전에는 육체에 매였고 죄 없이 죄에 매였지만 이제 부활의 몸을 입으셨고 죄의 형벌인 사망을 이기셨기에 더 이상 죄에 매이지 않으셨다. 부활하신 예수님은 이제 우리와 동일한 육체가 아니다. 물론 살과 뼈가 없는 영도 아니다. 그분은 하늘과 땅을 통치하는 큰 권세를 가진 만 왕의 왕이시다. 이렇게 큰 권세를 가지신 분이 제자들을 온 세상 모든 민족에게로 파송하신다. 하늘과 땅의 권세를 가지신 예수님이 제자들을 온 세상 모든 민족에게로 보내시는 것을 보면 그분의 목적을 알 수 있다. 곧 온 세상을 하나님 나라로 회복하기 위함이다. 태초에 하늘과 땅을 하나님 나라로 창조하였는데 그 나라가 죄로 말미암아 타락하여 망가졌다. 하나님의 형상과 모양대로 지음을 받은 사람들이 하나님을 경배하지 않고 우상을 숭배하는 세상이 되었다. 이제 하늘과 땅의 왕으로 오신 우리 주 예수 그리스도께서 온 세상에 있는 모든 민족과 족속들을 다시 하나님 앞으로 부르신다. 이 일에 제자들을 파송하신다. 온 세상 모든 사람이 여호와 하나님을 경배할 수 있도록 복음을 전한다. 모든 민족이 여호와 하나님을 경배할 그때, 하나님의 나라는 온전히 회복될 것이다. 예수님께서 제자들에게 말씀하시기를 "너희는 가서 모든 족속으로 제자를 삼아 아버지와 아들과 성령의 이름으로 세례를 베풀고"라고 하셨다. 이는 복음을 전하여 영접하는 자들에게 삼위 하나님의 이름으로 세례를 베풀라는 말이다. 제자들이 나가서 가장 먼저 해야 할 일이 복음을 전하는 일이다. 복음의 내용은 우리 주 예수 그리스도의 인격과 사역이다. 예수님이 누구이심을 전하는 일이다. 예수 그리스도께서 이루신 일을 선포해야 한다. 주께서 자기 백성을 위해서 이 세상에 오심에서부터 시작해서 대신 형벌을 받으신 십자가의 죽음과 죽음을 이기시고 새 생명으로 부활하심을 증거해야 한다. 지금도 교회의 머리가 되시어 자신의 교회를 붙들고 계심과 장차 세상의 모든 불법과 악을 심판하시고 자신의 나라를 온전히 세우실 것을 선포해야 한다. 하나님의 택하신 자들은 이 복음을 듣고 우리 주 예수 그리스도를 영접할 것이다. 그러면 그들에게 아버지와 아들과 성령의 이름으로 세례를 베푼다. 세례를 받은 그들은 예수 그리스도가 머리가 되신 교회가 될 것이다. 이 일은 제자들의 힘으로 하는 것이 아니라 주님의 이름으로 보내실 성령 하나님이 오셔서 주도적으로 행하신다. 성령 하나님은 복음의 사역자들에게 권능을 주셔서 복음을 힘 있게 선포하도록 하신다. 하나님의 일군들은 성령의 권능을 힘입어 예루살렘과 온 유다와 사마리아와 땅끝까지 나아가서 생명의 복음을 전할 것이다. 제자들의 사명이 복음을 전하여 세례를 베푸는 것으로 끝난 것이 아니다. 세례를 받은 하나님의 자녀들은 이제 막 태어난 영적인 어린아이이다. 제자들의 사명은 어린양을 먹이고 보살피는 것이다. 그래서 예수님은 제자들에게 이르시기를 "내가 너희에게 분부한 모든 것을 가르쳐 지키게 하라."라고 하셨다. 제자들은 세례를 받아 하나님의 자녀로 거듭난 어린양들을 하나님의 말씀으로 양육해야 한다. 그래서 성숙한 그리스도인으로 세워야 한다. 그래야 교회 된 그리스도인들이 세상을 이길 수 있다. 모든 죄의 유혹을 넉넉히 물리치고 어둠의 모든 세력을 제압하고 승리할 수 있다. 여기서 우리는 하늘과 땅의 권세를 가지신 예수님이 제자들을 파송하는 시기를 눈여겨봐야 한다. 이전에는 예수님이 제자들을 온 세상 모든 민족과 족속에게로 보내지 않으셨다. 전에 예수님께서 제자들을 보내실 때는 이스라엘의 잃어버린 양에게로 가라고 하셨다. 예수님께서 하나님 나라를 전파하기 위해서 열두 제자를 보내실 때에 말씀하시기를 "이방인의 길로도 가지 말고 사마리아의 고을에도 들어가지 말고 오히려 이스라엘 집의 잃어버린 양에게로 가라."(마 10:5-6)라고 하셨다. 그때는 왜 제자들에게 멀리 이방민족에게 가지 말라고 하시고, 지금은 왜 세상 모든 민족에게 가라고 하실까? 이는 복음의 완성과 관련이 있다. 예수님의 부활 이전에는 아직 선포해야 할 복음이 완성되지 않았다. 십자가와 부활 그리고 승천하심과 성령 강림이 이루어져야 선포될 복음이 완성된다. 그래서 공생애 기간에는 제자들을 이스라엘 집의 잃어버린 양에게로만 보냈다. 그런데 이제 십자가와 부활 그리고 승천과 성령 강림으로 선포될 복음이 완성되었다. 이제 이 복음이면 모든 어둠의 세력을 타파하고 생명의 역사가 이루어질 것이다. 하늘과 땅의 권세를 가지신 우리 주 예수 그리스도께서 제자들에게 주신 사명이 뚜렷해졌다. 제자들은 자신들에게 주어진 사명이 무엇임을 확실히 알았다. 이제 제자들은 하늘과 땅의 권세를 가지신 예수님의 명령을 받들어 모든 민족과 족속에게로 나가게 된다. 온 세상을 주와 그리스도의 나라로 회복하기 위해서 생명으로 섬기게 될 것이다. 부활하신 예수님께서 제자들에게 약속하여 말씀하시기를 "볼지어다. 내가 세상 끝날까지 너희와 항상 함께 있으리라."라고 하셨다. 제자들에게 있어서 가장 중요한 것은 하늘과 땅의 권세를 가지신 예수 그리스도께서 함께하심이었다. 그들만 보내시는 것이 아니다. 사명을 주어 세상에 보내신 예수 그리스도께서 그들과 함께하신다. 물론 누구든지 우리 주 예수 그리스도를 영접하여 하나님의 자녀가 되면 성령 하나님이 임재하셔서 함께 하신다. 그런데 부활하신 예수님께서 제자들에게 함께 하시겠다는 의미는 사명을 이루는 일에 함께하시어 열매를 맺도록 도우시겠다는 뜻이다.

하늘과 땅의 권세를 가지신 부활하신 예수 그리스도께서 제자들에게 명하신 이 사명은 비단 제자들에게만 주어진 사명이 아니다. 오늘 이 시대를 살아가는 모든 성도도 감당해야 할 사명이다. 온 세상이 주와 그리스도의 나라가 될 때까지 이 사명을 다해야 한다.

만 왕의 왕으로 등극하신 예수 그리스도
승천

마가복음 16:19-20, 누가복음 24:50-53, 사도행전 1:9-11

부활하신 예수 그리스도께서 제자들과 40일 동안 함께 계시다가 하나님 보좌 우편으로 승천하셨다. 물론 40일 동안에도 계속 함께 계신 것은 아니었다. 어떤 때는 함께 계셨다가 어떤 때는 제자들만 있을 때도 있었다. 예수님이 십자가에 달려 죽으시기 전에는 제자들과 늘 함께 계셨다. 그런데 부활하신 이후에는 제자들만 두시고 홀연히 떠나신 적도 있으셨다. 또한, 제자들이 모여 있는 방에 홀연히 나타나기도 하셨다. 부활하신 예수님은 이렇게 제자들과 40일 동안 함께 하시면서 확실한 많은 증거로 자신이 부활하셨음을 확증하셨다. 또한, 이 40일 동안에 하나님 나라의 일을 말씀하셨다. 이제 부활하신 예수님은 하나님 보좌 우편으로 승천하셔야 했다. 예수님께서 제자들을 데리고 베다니 앞 감람원으로 가셨다. 예수님은 승천하시기 전에 제자들에게 당부하시기를 "예루살렘을 떠나지 말고 내게서 들은 바 아버지께서 약속하신 것을 기다리라. 요한은 물로 세례를 베풀었으나 너희는 몇 날이 못 되어 성령으로 세례를 받으리라."라고 하셨다. 당시까지도 제자들은 예수님께서 승천하실 것이라는 사실을 모르고 있었다. 그래서 제자들은 예수님에게 "이스라엘 나라를 회복하심이 이때니이까?"라고 물었다. 제자들의 질문에 예수님은 대답하시기를 "때와 시기는 아버지께서 자기의 권한에 두셨으니 너희가 알 바 아니요, 오직 성령이 너희에게 임하시면 너희가 권능을 받고 예루살렘과 온 유대와 사마리아와 땅 끝까지 이르러 내 증인이 되리라."라고 하셨다. 그리고 손을 들어 제자들을 축복하시고 그들이 보는 앞에서 하늘로 올라가셨다. 조금 지나니 구름이 승천하신 예수님을 가리어 보이지 않았다. 그래서 제자들이 하늘을 쳐다보고 있는데 흰 옷 입은 두 사람이 그들 곁에 서서 이르기를 "갈릴리 사람들아 어찌하여 서서 하늘을 쳐다보느냐? 너희 가운데서 하늘로 올려 지신 이 예수는 하늘로 가심을 본 그대로 오시리라."라고 하였다. 제자들은 승천하신 예수님께 경배하고 큰 기쁨으로 예루살렘에 돌아와 늘 성전에서 하나님을 찬양하였다.

　　부활하신 예수 그리스도가 하나님 보좌 우편으로 승천하지 않으시면 우리의 구원이 이루어지지 않는다. 새 시대 새 백성들의 구원은 하나님 보좌 우편의 구원이다. 우리의 구원은 땅에 속한 구원이 아니라 하늘에 속한 구원이기 때문이다. 구약 시대의 구원이 땅에 속한 구원이었다. 그래서 하나님의 보좌가 땅에 설치되었다. 모세 시대 때부터 시작해서 솔로몬 성전을 짓기 전까지는 이동하는 성막에 하나님의 보좌가 설치되었다. 그리고 솔로몬이 예루살렘에 하나님의 성전을 지었을 때는 하나님의 보좌가 예루살렘 솔로몬의 성전에 설치되었다. 모두가 땅에 세워진 성막이고 성전이었다. 그래서 하나님께서 자기 백성들을 부르시면 하나님의 백성들은 땅에 설치된 하나님의 보좌 앞으로 나아갔다. 땅에 자신의 보좌를 설치하신 하나님은 자기 백성들에게 복을 주실 때에도 땅의 것으로 복을 주셨다. 이것이 구약 시대에 살았던 하나님의 백성들의 구원이었다. 그러나 신약 시대의 구원은 하늘에 속한 구원이다. 그래서 우리의 대표자가 되신 우리 주 예수 그리스도께서 부활하신 후에 하늘 보좌 우편으로 승천하셨다. 하나님의 보좌가 하늘에 설치되었다. 그 보좌에 우리의 대표자이신 우리 주 예수 그리스도께서 좌정해 계신다. 그분과 모든 새 시대의 성도들은 하나로 연합되어 있다. 예수 그리스도는 머리이고 모든 성도는 그분의 몸이다. 머리와 몸이 분리되어 있지 않고 하나를 이루듯이 우리의 대표자이신 예수 그리스도께서 하나님 보좌 우편에 좌정하셨으면 우리도 그 자리에 함께 있는 것이 된다. 하나님의 보좌 우편 그 자리에 함께 앉은 것이 우리의 구원의 영광스러움이다. 우리의 대표자 예수 그리스도의 관심은 바로 하나님 보좌 우편에 좌정하심이었다. 왜냐면 그곳이 대표자 되신 예수님이 자기 백성을 이끌고 갈 마지막 자리이기 때문이다. 모세를 생각해 보라. 모세의 유일한 소망은 애굽에 있는 하나님의 백성들을 약속의 땅 가나안으로 인도하는 일이었다. 그는 불순종하여 약속의 땅에 들어가지 못했지만, 그의 소망은 하나님의 백성들을 가나안에 입성시키는 일이었다. 결국, 모세는 그 일을 이루지 못하고 여호수아가 이루었다. 동일하게 하나님의 아들 우리 주 예수 그리스도는 자기 백성을 아버지의 보좌 우편으로 인도하는 것이 목표였다. 이는 하나님의 아들이요 구세주로서 정해진 일이었다. 그래서 예수님께서 마지막 유월절을 지키기 위해서 예루살렘으로 올라가려고 결심할 때 성령님은 누가를 통해서 기록하시기를 "예수께서 승천하실 기약이 차 가매 예루살렘을 향하여 올라가기로 굳게 결심하시고"(눅 9:51)라고 하셨다. 여기에 보면 "예수께서 승천하실 기약이 차 가매"라는 부분을 주목하라. 예수님의 사역에 궁극적인 목표는 승천이었다는 것을 알 수 있다. 아버지 하나님의 품속에 있는 독생하신 아들이 사람의 모습으로 이 세상에 오셨다. 이에 대해서 성령 하나님은 빌립보 교회에 설명하시기를 "그는 근본 하나님의 본체시나 하나님과 동등 됨을 취할 것으로 여기지 아니하시고 오히려 자기를 비워 종의 형체를 가지사 사람의 모양으로 나타나사"(빌 2:6-8)라고 하셨다. 사람의 모양으로 오신 하나님의 아들은 아버지께 순종하시어 십자가에 달려 죽으셨다. 이는 전적으로 자기 백성을 위한 대속의 죽음이었다. 예수님이 이 세상에 오심은 십자가의 대속의 죽음만이 목표가 아니었다. 이는 구원을 이루는 한 과정이다. 예수님은 장사된 지 3일 만에 부활하셨다. 예수 그리스도의 부활로 사망을 이긴 새 생명이 시작되었다. 하지만 아직 완성된 것은 아니다. 우리 주 예수 그리스도께서 행하실 궁극적인 목표는 자기 백성을 모두 이끌고 하나님 보좌 우편으로 승천하신 일이다. 하늘에서 오신 하나님의 아들이 다시 하늘로 올라가셨다. 예수님이 니고데모에게 말씀하실 때에 이르시기를 "하늘에서 내려온 자 곧 인자 외에는 하늘에 올라간 자가 없느니라."라고 하셨다. 하늘에서 내려오신 우리 주 예수 그리스도께서 다시 하늘로 올라가시면 우리의 구원이 완성된다. 우리의 대표자가 다시 하늘로 올라가서 아버지께로부터 성령을 받아서 자기와 연합된 새 백성들에게 보내 주실 것이기 때문이다. 성령 하나님은 오순절에 마가의 다락방에 자신의 강림하심에 대해서 베드로 사도를 통해서 설명하시기를 "하나님이 오른손으로 예수를 높이시매 그가 약속하신 성령을 아버지께 받아서 너희가 보고 들은 이것을 부어 주셨느니라."라고 하였다. 새 백성의 대표자인 우리 주 예수 그리스도께서 승천하여 하나님 보좌 우편에 좌정하시면 아버지와 성령으로 함께 교통하신다. 성부 하나님, 성자 하나님, 성령 하나님이 함께 교제를 이루신다. 이것을 하나님 안에서의 교제라고 한다. 이미 하늘이 열렸으므로 하나님 안에서의 교제를 하나님의 자녀 된 성도들에게 허락하셨다. 새 백성들의 대표자이신 예수 그리스도께서 승천하시어 하나님 보좌 우편에 좌정하시어 하나님 안에서 누리는 교제를 완성하셨다. 우리의 대표자는 그 완성된 교제에 자신과 연합되어 있는 새 백성들을 동참시킨다. 그 하나님 안의 교제에 동참시키기 위해서 아버지께로부터 성령 하나님을 받아서 자기 백성들에게 보내 주셨다. 그 사건이 마가의 다락방에 임재하신 성령 강림 사건이다. 예수님은 이 일을 위해서 미리 기도하시기를 "아버지여 내게 주신 자도 나 있는 곳에 나와 함께 있어 아버지께서 창세전부터 나를 사랑하시므로 내게 주신 나의 영광을 그들로 보게 하시기를 원하옵나이다."(요 17:24)라고 하였다. 성령 하나님은 바울 사도를 통해서 새 시대의 모든 성도의 영광에 대해서 이르시기를 "긍휼이 풍성하신 하나님이 우리를 사랑하신 그 큰 사랑을 인하여 허물로 죽은 우리를 그리스도와 함께 살리셨고(너희는 은혜로 구원을 받은 것이라.)또 함께 일으키사 그리스도 예수 안에서 함께 하늘에 앉히시니"라고 하였다. 그렇다. 새 시대 새 백성들은 예수 그리스도와 함께 십자가에 못 박혔고, 예수 그리스도와 함께 부활하였다. 또한, 우리 주 예수 그리스도와 함께 하늘에 앉힌 바 되었다. 그리고 아버지와 아들과 성령 하나님 곧 삼위일체 하나님의 영광스러운 교제에 동참자가 되었다. 이는 우리의 대표자가 되신 예수 그리스도의 승천으로 이루어진 영광이다. 예수 그리스도의 승천은 혼자 승천하신 것이 아니라 자기 백성 된 모든 성도를 이끌고 승천하신 것이다. 아직 우리는 땅에 살고 있지만 이미 하늘이 열렸고, 우리의 대표자가 승천하여 하나님 보좌 우편에 좌정하셨다. 그곳이 우리의 자리이다. 승천하시고 우리의 구원을 이루신 예수 그리스도에게 합당한 찬양과 영광을 돌리자.

092

무너진 12기초석 중 하나를 회복하신 예수 그리스도

맛디아

사도행전 1:12-26

예수님을 배반하여 판 가룟 유다를 대신해서 12사도에 가입할 자를 뽑는 내용이 본문의 이야기이다. 성령 하나님은 가룟 유다를 대신해서 맛디아를 택하여 12사도의 반열에 세웠다. 가룟 유다 없이 나머지 11명의 사도로 충분하지 않았을까? 왜 굳이 1명을 더 사도로 세워서 12명을 채웠을까?

예수님이 이 세상에 오신 목적은 교회를 세우기 위해서이다. 예수님이 십자가에 죽으시고 3일 만에 부활하신 목적은 바로 자신의 교회를 설립하기 위함이다. 옛 시대에 가나안에 이스라엘을 설립하신 하나님께서 우리와 같은 몸으로 친히 오셔서 교회를 설립하셨다. 하나님께서 가나안에 세우신 이스라엘 나라 곧 하나님 나라를 12지파 위에 세우셨다. 그래서 하나님은 야곱에게 12아들을 주셔서 그들로 이스라엘

12지파를 삼으셨다. 어둠의 세력은 가나안에 이스라엘 나라를 설립을 막기 위해 12기초석으로 삼을 야곱의 12아들 중의 하나를 죽이려고 하였다. 바로 요셉이었다. 하지만 하나님은 요셉을 애굽의 국무총리가 되게 하여 애굽의 모든 백성의 생명과 하나님의 언약 백성들의 생명까지 살렸다. 하나님은 11번째의 요셉을 이스라엘의 장자가 되게 하시어 장자의 권리인 두 몫을 차지하게 하셨다. 이스라엘의 12기초석 중에 요셉의 지파가 두 지파(므낫세 지파, 에브라임 지파)를 차지하게 되었다.

어둠의 세력은 12지파 중에 한 지파를 무너뜨리기 위해서 호시탐탐 기회를 노렸다. 이스라엘 백성들이 가나안에 입성한 후에 12지파 중에 베냐민 지파가 없어질 위기에 처했다. 베냐민 지파의 불량배들이 레위 사람의 첩을 욕보이고 죽게 하였다. 이 일로 이스라엘 11지파와 베냐민 지파가 전쟁을 하였다. 이 전쟁으로 베냐민 지파의 용사들은 거의 죽음을 당했다. 전쟁이 끝났을 때에 이스라엘 백성들이 하나님 앞에 앉아서 큰 소리를 울면서 이르기를 "이스라엘의 하나님 여호와여 어찌하여 이스라엘에 이런 일이 생겨서 오늘 이스라엘 중에 한 지파가 없어지게 하시나이까?"라고 하였다. 하나님은 11지파들로 하여금 베냐민 지파에 은혜를 베풀게 하여 다시 회복할 수 있도록 하였다. 하나님은 이미 시내산에서 12지파 위에 나라를 조직하셨다. 이제 그 조직된 이스라엘 나라가 다윗왕 때에 온전히 12지파 위에 나라가 세워졌다.

새 시대의 왕으로 오신 우리 주 예수 그리스도께서는 옛 시대에 12지파 위에 이스라엘 나라를 설립하신 것처럼 12사도를 세우셨다. 이는 12기초석 위에 자신의 교회를 세우기 위해서이다. 그래서 공생애 사역

초기에 12제자를 불러 12사도로 임명하였다. 즉, 구약과 신약의 연계성 때문이다. 옛 시대에 12지파 위에 땅에 속한 하나님 나라 곧 이스라엘 나라를 세우신 하나님께서 이제 새로운 12위에 하늘에 속한 하나님 나라 곧 교회를 설립하신다. 그래서 반드시 12사도여야 했다.

그런데 어둠의 세력은 12기초석 중의 하나를 무너뜨렸다. 곧 가룟 유다로 하여금 우리 주 예수 그리스도를 배반하게 하였다. 어둠의 세력은 기초석 하나를 무너뜨려 하나님이 세우려고 하신 하나님 나라를 세우지 못하도록 방해하였다. 이렇게 하여 새 시대에 교회를 세우기 위한 12기초석 중의 하나가 무너졌다.

교회의 주인이 되신 우리 주 예수 그리스도는 기초석을 온전히 완비한 후에 자신의 교회를 세우신다. 그래서 오순절 성령 강림이 있기 전에 먼저 무너진 12기초석 중의 하나를 회복하신다. 그 일이 가룟 유다 대신에 맛디아를 세우는 일이다. 제비 뽑아 맛디아를 택하여 12사도에 합류시켰다. 무너졌던 한 기둥이 회복되었다. 이제 12기초석이 다 완비되었으므로 성령 하나님이 임재하시어 새 시대의 첫 교회인 예루살렘 교회가 탄생하였다. 그래서 사도행전 1장 마지막 부분에서 맛디아를 세우신 후에 곧바로 이어서 사도행전 2장에 오순절 성령 하나님이 강림하시어 새 시대에 첫 교회가 탄생한다.

새 시대에 우리 주 예수 그리스도께서 세우신 교회는 12사도의 기초석 위에 세워진 교회이다. 따라서 교회의 주인이신 우리 주 예수 그리스도를 통해서 부르심을 받은 12사도들의 위치는 참으로 중요하다. 그들이 새 시대 교회의 12기초석이기 때문이다.

교회를 설립하시고 성령으로 생명을 주신 예수 그리스도

성령 강림

사도행전 2:1-42

오순절에 120여 명의 제자가 다 같이 한곳에 모여서 기도하기 시작했다. 이는 하나님이 약속하신 성령 하나님을 기다리는 특별한 기도 모임이었다. 하나님은 약속하신 대로 성령 하나님을 보내 주셨다. 홀연히 하늘로부터 급하고 강한 바람 같은 소리가 온 집 안에 가득했다. 조금 후에 불의 혀처럼 갈라지는 것들이 각 사람 위에 임하여 거기 있던 모든 사람에게 성령이 충만하게 임했다. 그리고 성령이 말하게 하심을 따라 다른 언어들로 말하기 시작하였다. 그때 외국에서 살고 있었던 경건한 유대인들이 오순절을 지키기 위해서 각국으로부터 예루살렘에 와서 머물고 있었다. 그들은 소리가 나는 곳으로 모여들기 시작했다. 그런데 120여 명의 제자가 성령의 말하게 하심을 따라 각각 자신들이 살던 나라의 언어(외국어)로 말하는 것을 들었다. 외국에서 온 경건한 유대인들이 다 소동하며 놀라 신기하게 여기면서 이르기를 "보라 이 말하는 사람들이 다 갈릴리 사람이 아니냐? 우리가 우리 각 사람이 난 곳 방언으로 듣게 되는 것이 어찌 됨이냐? 우리는 바대인과 메대인과 엘람인과 또 메소보다미아, 유대와 갑바도기아, 본도와 아시아, 브루기아와 밤빌리아, 애굽과 및 구레네에 가까운 리비야 여러 지방에 사는 나그네 곧 유대교와 유대교에 들어온 사람들과 그레데인과 아라비아인들이라. 우리가 다 우리의 각 언어로 하나님의 큰일을 말함을 듣는 도다."라고 하였다. 외국에서 온 경건한 유대인들이 자신들이 살던 나라의 언어로 하나님의 큰일을 들으면서 다 놀라며 당황하였다. 어떤 사람들은 조롱하면서 말하기를 "그들이 새 술에 취하였다."라고 하였다.

성령 하나님은 베드로 사도를 통해서 지금 일어나고 있는 상황을 자세하게 설명하였다. 베드로 사도가 열한 사도와 함께 서서 거기에 모인 사람들에게 설명하기를 "유대인들과 예루살렘에 사는 모든 사람들아 이 일을 너희로 알게 할 것이니 내 말에 귀를 기울이라. 때가 제3시니 너희 생각과 같이 이 사람들이 취한 것이 아니라. 이는 곧 선지자 요엘을 통하여 말씀하신 것이니 일렀으되 하나님이 말씀하시기를 말세에 내가 내 영을 모든 육체에 부어 주리니 너희의 자녀들은 예언할 것이요 너희의 젊은이들은 환상을 보고 너희 늙은이들은 꿈을 꾸리라. 그때에 내가 내 영을 내 남종과 여종들에게 부어 주리니 그들이 예언할 것이요 또 내가 위로 하늘에서는 기사를 아래로 땅에서는 징조를 베풀리니 곧 피와 불과 연기로다. 주의 크고 영화로운 날이 이르기 전에 해가 변하여 어두워지고 달이 변하여 피가 되리라. 누구든지 주의 이름을 부르는 자는 구원을 받으리라, 하였느니라. 이스라엘 사람들아 이 말을 들으라. 너희도 아는 바와 같이 하나님께서 나사렛 예수로 큰 권능과 기사와 표적을 너희 가운데서 베푸사 너희 앞에서 그를 증언하셨느니라. 그가 하나님께서 정하신 뜻과 미리 아신 대로 내준 바 되었거늘 너희가 법 없는 자들의 손을 빌려 못 박아 죽였으나 하나님께서 그를 사망의 고통에서 풀어 살리셨으니 이는 그가 사망에 매여 있을 수 없었음이라. 다윗이 그를 가리켜 이르되 내가 항상 내 앞에 계신 주를 뵈었음이여 나로 요동하지 않게 하기 위하여 그가 내 우편에 계시도다. 그러므로 내 마음이 기뻐하였고 내 혀도 즐거워하였으며 육체도 희망에 거하리니 이는 내 영혼을 음부에 버리지 아니하시며 주의 거룩한 자로 썩음을 당하지 않게 하실 것임이로다. 주께서 생명의 길을 내게 보이셨으니 주 앞에서 내게 기쁨이 충만하게 하시리로다, 하였으므로 형제들아 내가 조상 다윗에 대하여 담대히 말할 수 있노니 다윗이 죽어 장사되어 그 묘가 오늘까지 우리 중에 있도다. 그는 선지자라 하나님이 이미 맹세하사 그 자손 중에서 한 사람을 그 위에 앉게 하리라 하심을 알고 미리 본 고로 그리스도의 부활을 말하되 그가 음부에 버림이 되지 않고 그의 육신이 썩음을 당하지 아니하시리라 하더니 이 예수를 하나님이 살리신지라. 우리가 다 이 일에 증언이로다. 하나님이 오른손으로 예수를 높이시매 그가 약속하신 성령을 아버지께 받아서 너희가 보고 듣는 이것을 부어 주셨느니라. 다윗은 하늘에 올라가지 못하였으나 친히 말하여 이르되 주께서 내 주에게 말씀하시기를 내가 네 원수로 네 발등상이 되게 하기까지 너는 내 우편에 앉아 있으라 하셨도다. 하였으니 그런즉 이스라엘 온 집은 확실히 알지니 너희가 십자가에 못 박은 이 예수를 하나님이 주와 그리스도가 되게 하였느니라."(행 2:14-36)라고 하였다.

베드로의 설명을 들은 사람들의 마음에 찔림이 있었다. 그래서 그들이 베드로와 다른 사도들에게 "형제들아 우리가 어찌할꼬"하면서 물었다. 베드로 사도가 다시 그들에게 이르기를 "너희가 회개하여 각각 예수 그리스도의 이름으로 세례를 받고 죄 사함을 받으라. 그리하면 성령의 선물을 받으리니 이 약속은 너희와 너희 자녀와 모든 먼 데 사람 곧 주 우리 하나님이 얼마든지 부르시는 자들에게 하신 것이라."라고 알려 주었다. 이 외에도 여러 말로 확증하고 권하기를 "너희가 이 패역한 세대에서 구원을 받으라."라고 하였다. 놀랍게도 이 말을 받은 사람들이 믿고 세례를 받았다. 그 숫자가 무려 3,000명이 넘었다. 그들이 모두 사도의 가르침을 받아서 서로 교제하고 떡을 떼며 오로지 기도하기에 힘썼다(행 2:37-42).

일반적으로 이 사건을 오순절 성령 강림이라고 부른다. 오순절 성령 강림은 성령 하나님께서 자기 백성들에게 오신 날이다. 마치 예수 그리스도께서 육체를 입고 동정녀 마리아의 태를 통해서 이 세상에 오심과 같다. 예수 그리스도도 인격적인 하나님이시고 성령 하나님도 인격적인 하나님이시다. 많은 성도가 성령 하나님을 인격적인 하나님으로 이해하기보다는 어떤 신비한 능력 개념으로 생각을 한다. 성령 하나님은 분명한 인격적인 하나님이시다. 인격적이라는 것은 예수님과 마찬가지로 지식과 감정, 의지를 가지고 우리와 교제하신다는 의미이다. 어떤 사람들은 성경을 잘 못 이해하여 구약은 성부 하나님의 시대이고 예수님께서 육체로 사역하신 공생애 기간은 성자 하나님의 시대, 오순절 성령 강림 이후는 성령 하나님의 시대라고 한다. 이것은 성경을 단편적으로만 이해한 오해이다. 하나님께서 자신의 나라로 천지를 창조하실 때부터 마지막 예수님께서 재림하시어 자신의 나라를 완성하실 때까지 항상 성부, 성자, 그리고 성령 하나님이 함께 일하신다. 아버지는 아들을 통하여 일하시고 아들은 성령으로 행하신다. 아버지 하나님은 아들을 통하지 않고는 일하지 않으신다. 곧 하나님 아버지의 일하심은 항상 아들을 통해서만 드러난다.

또한, 아들이신 예수 그리스도는 성령을 통하지 않고는 행하지 않으신다. 오순절 성령 하나님이 임재하신 것도 예수 그리스도께서 아버지께로부터 받아서 자기 백성들에게 보내신 것이다. "하나님이 오른손으로 예수를 높이시매 그가 약속하신 성령을 아버지께 받아서 너희가 보고 듣는 이것을 부어 주셨느니라."(행 2:33)라고 말씀하셨다. 하나님 보좌 우편에 좌정하신 예수님은 성령 하나님을 오순절 날에 보내 주셨다. 오순절은 유월절의 안식일 다음 날부터 시작해서 일곱 번째 안식일이 지난 다음 날인 50일째 되는 날이다. 그래서 이날을 칠칠절이라고도 부른다. 오순절은 하나님의 백성들이 기업으로 얻은 땅에서 곡식을 수확하는 일과 관련된 절기이기도 하다. 수확하기 위해서 곡식에 낫을 대는 첫날부터 일곱 주를 세어 그다음 날 첫 이삭의 한 단을 여호와 앞에 흔들어 드리는 절기이다. 그래서 맥추절이라고도 한다. 중요한 것은 오순절에 첫 열매를 여호와께 드린다는 것이다. 곧 첫 열매의 날이다. 성령 하나님이 임재하심으로 우리 주 예수 그리스도께서 이루신 구속의 첫 열매가 수확되었다. 구약 시대에 오순절에 첫 열매를 드리는 것처럼 예수 그리스도께서 생명의 섬김을 통해서 새 시대에 첫 교회, 곧 첫 열매가 드려졌다. 구약 시대의 오순절에 소망하고 바라는 일이 성령 하나님이 새 백성들에게 임하시므로 성취되었다. 또한, 이스라엘 백성들이 유월절을 시작으로 출애굽하여 시내산에서 도착하여 율법을 받았다. 출애굽한 이스라엘 백성이 시내산에서 하나님과 언약이 체결되고, 율법을 받으므로 그 결실이 이루어졌다.

후에 오순절의 절기의 달이 이스라엘 백성들이 시내산에서 율법을 받은 달과 동일한 달이다. 그래서 하나님께서 자기 백성 이스라엘에게 율법을 주신 날이 오순절이 아닐까하고 유추한다. 하나님과 언약을 맺고 율법을 받은 후에, 이스라엘 거룩한 공동체가 태동하였다. 새 시대에 오순절에 성령 하나님이 함께하시는 생명의 공동체인 첫 교회가 탄생하는 것과 무관하다고 할 수 없다. 예수님은 오순절에 모든 것을 맞추었다. 우리의 대표자로 오신 예수 그리스도 구세주께서 유월절 어린 양으로 십자가에서 대속의 죽음을 죽으셨다. 사망을 이기시고 3일 만에 부활하신 예수님은 제자들과 함께 40일 동안 머무셨다. 그리고 승천하여 10일 후에 성령 하나님을 보내 주셨다. 예수님께서 일부러 50일이라는 날짜를 맞추셨음을 볼 수 있다. 이는 예수님이 행하신 구속의 모든 일이 곧 구약의 완성이기 때문이다. 유월절 이후 50일째 되는 오순절 날에 첫 열매를 드렸다. 마찬가지로 오순절 성령 강림은 우리 주 예수 그리스도의 십자가와 부활 그리고 승천하신 구속 사건의 첫 열매이다. 결국, 예수님이 이루신 모든 구속의 일들은 하나님의 영이신 성령 하나님께서 자기 백성들에게 임재하셔서 영원토록 함께 하시는 생명이다. 이렇게 함으로 예수님의 또 다른 이름 '임마누엘'이 온전히 성취되었다. 에덴동산에서 아담과 하와가 타락하여 쫓겨난 이후에 하나님의 백성들이 가장 소망한 것 중의 하나는 하나님의 영과 함께 하는 생명이었다. 타락 이후 하나님은 선택하신 몇몇 사람들에게만 자신의 영을 보내셨다. 곧 선지자와 제사장, 왕에게만 자신의 영을 보내셨다. 그 외에도 성막을 만든 브살렐과 오홀리압 그리고 사사들에게 자신의 영을 보내 주셨다. 이는 직무를 위한 함께 하심이었다. 하나님의 일을 위해서 함께 하셨다가 그 일을 마치면 떠나시는 방식이셨다. 하나님이 이렇게 행하심은 아직 죄의 권세가 심판을 받지 않았기 때문이었다. 그때는 하나님께서 자기 백성들과 온전한 연합의 교제가 이루어지지 않았다. 그런데 이제 구원자 예수 그리스도께서 십자가에 죽으시고 3일 만에 부활하시고 승천하셔서 하나님 보좌 우편에 좌정하셨다. 자기 백성의 모든 죄의 문제를 해결하셨고, 죽음을 이긴 새 생명이 시작된 것이다. 비로소 하나님과 그의 백성인 성도들의 온전한 교제가 가능해졌다.

하나님은 자신의 영을 자기 백성에게 보내주시므로 자기 백성과 온전한 연합의 교제를 이루신다. 그래서 성령 하나님이 자기 백성들에게 임재하셨다. 구약시대의 백성들이 소망하고 바라던 일은 예수 그리스도로 인해 성취되었다. 하나님은 예수 그리스도의 십자가를 통해 가로막혔던 휘장을 찢으시고 자기 백성들에게 오셨다. 오순절에 성령 하나님이 주의 제자들에게 강림하심으로 드디어 교회가 온전한 교회의 모습으로 완성되었다. 성령 하나님이 임재하기 전에는 제자들만 있었다. 그런데 성령 하나님이 임재하므로 이제 임마누엘의 공동체가 되었다. 이것이 바로 교회이다. 예수님이 이 세상에 오셔서 십자가에 죽으시고 부활하신 목적은 교회를 세우기 위함이었다. 교회가 교회 되기 위해서는 반드시 성령 하나님이 함께하셔야만 했다. 성령 하나님이 강림하여 제자들과 함께하시므로 하나님이 함께하시는 교회가 될 수 있는 것이다. 이로써 하나님이 함께하신 구원 받은 교회가 지상에 드러났다. 주님의 교회가 사람들의 모임이 아니라 하나님의 영이 함께 하는 새 생명체가 되었다. 드디어 이 세상에 어둠을 밝히는 빛과 생명의 공동체인 교회가 탄생하였다.

자신의 교회에 거짓을 용납하지 않으신 예수 그리스도

아나니아와 삽비라

사도행전 5:1-11

부활하신 예수님께서 자신의 영으로 함께하는 새 생명의 공동체인 교회가 예루살렘에 세워졌다. 예수님의 열두 제자를 중심으로 시작되었다. 믿는 무리들이 한 마음이 되어 모든 물건을 서로 통용하고 하나님이 주신 모든 재물을 서로 나누며 하나님을 닮은 공동체가 형성되었다. 구브로에서 태어난 레위 족속 요셉은 자신의 밭을 팔아 그 값을 가난한 자들에게 나눠주라고 사도들에게 맡겼다. 그리고 자신의 밭을 팔았던 아나니아와 삽비라 부부도 있었다. 이들은 예루살렘 교회의 교인이었다. 이 부부도 가난한 자들을 돕기 위해 밭을 팔았으나 남편인 아나니아가 밭을 판 값에서 얼마를 감추었다. 아내 삽비라도 이를 알았다. 아나니아가 밭을 판 값이라고 하면서 베드로 사도 앞에 갖다 주었다. 그러나 이미 성령 하나님께서 베드로 사도에게 아나니아의 행위가 거짓임을 알려 주셨다. 베드로 사도가 아나니아에게 이르기를 "아나니아야 어찌하여 사탄이 네 마음에 가득하여 네가 성령을 속이고 땅 값 얼마를 감추었느냐? 땅이 그대로 있을 때에는 네 땅이 아니며 판 후에도 네 마음대로 할 수가 없더냐? 어찌하여 이 일을 네 마음에 두었느냐? 사람에게 거짓말한 것이 아니요 하나님께로다."라고 하였다. 하나님은 그 자리에서 아나니아의 생명을 취하셨다. 이 일을 듣는 사람들이 다 두려워하였다. 젊은 사람들이 아나니아의 시체를 메고 나가서 장사하였다. 세 시간쯤 지나 아나니아의 아내 삽비라가 남편에게 일어난 일을 알지 못하고 베드로에게 왔다. 베드로 사도가 삽비라에게 "그 땅 판 값이 이것뿐이냐? 내게 말하라."라고 물었다. 삽비라가 "예 이것뿐이라."라고 대답하였다. 베드로가 삽비라에게 이르되 "너희가 어찌 함께 꾀하여 주의 영을 시험하려 하느냐? 보라 네 남편을 장사하고 오는 사람들의 발이 문 앞에 이르렀으니 또 너를 메어 나가리라."라고 하였다. 베드로 사도의 말이 끝나자마자 삽비라가 베드로의 발 앞에 엎드러져 죽었다. 젊은 사람들이 삽비라가 죽은 것을 보고 메어다가 그의 남편 옆에 장사하였다. 예루살렘 온 교회와 이 일을 듣는 모든 사람이 하나님을 두려워하였다.

성령 하나님의 임재하심으로 예루살렘 교회가 막 탄생하였다. 온 세상에 유일하게 주님의 교회가 탄생한 것이다. 이렇게 시작된 교회는 오직 성령의 인도하심으로 운영되었다. 처음에 성령 충만함을 받은 제자들을 성령의 말하게 하심을 따라 하나님의 큰일을 선포하였다. 베드로 사도는 성령의 지시하심을 따라 예루살렘 사람들과 각국에서 온 경건한 유대인들에게 하나님의 뜻을 설교하였다. 성령의 감동하심을 받은 사람들은 자신의 재산을 팔아 가난한 자들을 섬겼다. 모든 일이 오직 성령의 인도하심을 따라서 행해졌다. 그런데 아나니아와 삽비라는 성령의 인도하심을 따라 행하지 않고 사탄에 미혹되었다. 성령님이 베드로 사도를 통해서 이를 드러내시기를 "아나니아야 어찌하여 사탄이 네 마음에 가득하여 네가 성령을 속이고 땅 값 얼마를 감추었느냐?"라고 하였다. 성령에 의해서 운영되고 있는 예루살렘 교회 안에 사탄의 역사가 드러났다. 교회의 주인이 되신 우리 주 예수 그리스도는 이제 막 설립된 자신의 교회 안에 사탄의 활동을 용납하지 않으셨다. 그래서 아나니아를 심판하여 생명을 취하였다. 이는 교회를 사랑하시는 주님의 열정이시다. 우리는 여기서 구약 시대에 드러났던 두 사건을 떠올릴 수 있다. 하나는 에덴동산에서 있었던 일이다. 에덴동산은 오직 하나님의 영으로 인도하심을 받아 말씀에 순종하는 동산이었으나 첫 사람 아담과 하와가 말씀에 불순종하였다. 이로 인해 하나님은 아담과 하와에게 죽음을 선포하시고 에덴동산 밖으로 쫓아냈다. 하나님의 동산에는 하나님의 영이신 성령의 감동과 역사만 있어야 한다. 사탄이 활동하는 곳이 아니다. 에덴동산에서 쫓겨난 아담과 하와가 접근하지 못하도록 하나님께서는 에덴동산에 두루 도는 화염검을 두었다. 하나님은 죄에 대해서 엄격하시다.

    구약의 또 다른 하나는 아간의 사건이다. 애굽에서 나온 하나님의 거룩한 공동체 이스라엘이 가나안에 입성하여 첫 성인 여리고를 심판하였다. 하나님은 이 전쟁에서 자기 백성 이스라엘로 하여금 전적으로 말씀에 순종하도록 명령하셨다. 여리고성을 함락하기 위한 하나님의 작전은 인간의 상식으로는 이해할 수 없는 작전이었다. 즉 오직 하나님만을 의지하라는 명령이었다. 그 명령은 이렇다. 제사장 일곱이 양각 나팔을 잡고 언약궤 앞에서 행진하고, 언약궤를 멘 제사장들은 그 뒤를 따르고 모든 군사들은 여호와의 언약궤 뒤를 따라서 여리고성 주위를 하루에 한 바퀴를 돌았다. 돌면서 양각 나팔을 잡은 일곱 제사장들은 나팔을 불었다. 무장한 군인들은 나팔을 분 일곱 제사장 앞에서 행하였다. 그리고 군사들은 침묵하였다. 오직 일곱 양각 나팔을 가진 제사장들의 나팔 소리만 울려 퍼졌다. 마지막 일곱째 날에는 성을 일곱 번 돌았다. 성을 일곱 번째 돌 때 여호수아가 백성들에게 외치라고 하였다. 나팔소리와 함께 백성들이 외칠 때에 여리고성이 무너졌다. 하나님의 방식으로 성을 함락한 후, 하나님은 여리고성과 그 성 가운데 있는 모든 것을 여호와께 온전히 바치라고 하였다. 여호와께 바친 것 중에서 어떤 것도 개인적으로 취하지 말라고 하였다. 만약에 어떤 물건이든 개인이 취하면 고통을 당하게 될 것이라고 경고하였다. 그런데 아간이 시날 산 아름다운 외투 한 벌과 은 이백 세겔과 금 오십 세겔을 탐내어 자신의 장막 밑에 숨겼다. 하나님은 아간과 그의 온 가족과 그가 훔친 물건들과 그의 장막과 소들과 나귀들과 양들을 아골 골짜기로 끌고 가서 돌로 치고 불사르고 그 위에 돌무더기를 쌓았다. 아간에게 속한 것은 지푸라기 하나까지도 모두 불태우고 남기지 않았다. 하나님은 가나안 땅에 막 시작된 정복 전쟁에서 자신의 말씀에 불순종한 개인과 그에게 속한 모든 것을 제거하셨다.

새 시대에 예수 그리스도의 십자가의 죽음, 부활 승천을 통해 하나님의 영이 자기 백성들에게 보내졌다. 그리고 마침내 첫 교회가 탄생되었다. 그런데 이제 막 탄생한 자신의 교회 안에 사탄이 활동하도록 둘 수 없었다. 그래서 사탄에게 미혹되어 성령을 속인 아나니아와 삽비라를 심판하셨다.

예루살렘 교회 성도들은 이 사건을 통해 하나님의 성령을 속이면 어떻게 되는지 똑똑히 목도하였다. 이를 통해 교회는 사도들에 의해서 운영되지 않고 오직 하나님의 성령에 의해서 운영된다는 사실을 확실히 알았을 것이다. 왜냐면 사도들이 아나니아와 삽비라를 죽인 것이 아니라 성령 하나님이 죽이셨기 때문이다. 사람에게 잘 보이기 위해서 어떤 일을 행할 것이 아니라 중심을 살피시는 하나님의 성령의 인도하심을 받아야 함도 알았을 것이다.

오늘 이 시대의 교회도 역시 성령 하나님이 주도적으로 경영하신다. 그렇다면 오늘 날에도 교회 안에서 사탄에게 미혹되어 성령을 속이고 거짓과 욕심을 드러낸다면 하나님이 죽이실까? 우리가 한 가지 알아야 할 사항이 있다. 하나님 나라는 발전적이다. 역사도 발전적이다. 역사는 후퇴하는 법이 없다. 어린아이가 자라서 어른이 되듯이 하나님 나라도 계속해서 성장해 간다. 온 세상에서 오직 예루살렘 교회 하나밖에 없었던 그때에는 교회가 연약한 어린아이와 같았다. 어떤 부분이 부족한 것이 아니라 규모나 진리를 이해하는 부분에서 이제 막 태동한 교회였다는 의미이다. 막 태동하는 교회에 사탄의 활동이 드러나면 그 교회가 어떻게 되겠는가? 그러나 지금은 온 세계 모든 민족에게 주님의 교회가 확장되어 있다. 그러므로 사탄의 활동이 드러난다고 해도 성숙한 교회가 능히 제압하고 감당할 수 있다. 교회 안에 사탄의 활동이 드러나면 성령 하나님께서 처리하시지만 아나니아와 삽비라처럼 당장 심판하여 죽이는 방식으로 처리하지 않으신다. 그러나 사탄의 활동으로 인한 죄에 대해서 반드시 합당한 심판을 행하신다. 교회의 주인은 예수 그리스도이시다. 그러므로 교회의 주인 되신 예수 그리스도께서 자신의 교회를 영원토록 붙드시고 책임지신다.

자신의 일군을 부르신 예수님
사울, 다메섹 도상 사건
사도행전 9:1-19, 22:6-16, 26:12-18

　예수 그리스도를 대적하는 사울이라는 사람이 있었다. 그는 많은 주의 제자들을 핍박하고 결박하여 감옥에 가두는 일을 하였다. 그는 예수님의 제자들에 대해서 살기가 등등하여 대제사장에게 가서 다메섹 여러 회당에 가져갈 공문을 청하였다. 공문의 내용은 예수 그리스도를 따르는 사람은 남녀를 막론하고 결박하여 예루살렘으로 잡아오는 일이었다. 사울은 대제사장에게서 받은 공문을 가지고 몇몇 부하들을 데리고 다메섹으로 향했다. 사울 일행이 다메섹에 가까이 이르렀을 때에 홀연히 하늘로부터 빛이 그를 둘러 비췄다. 사울은 땅에 엎드러졌다. 갑자기 하늘에서 소리가 들리기를 "사울아 사울아 네가 어찌하여 나를 박해하느냐? 가시 채를 뒷발질하기가 네게 고생이니라."라고 했다. 사울은 "주여 누구시니이까?"라고 물었다. 하늘에서 사울에게 이르시기를 "나는 네가 박해하는 예수라. 일어나 너의 발로 서라.

내가 네게 나타난 것은 곧 네가 나를 본 일과 장차 내가 네게 나타날 일에 너로 종과 증인을 삼으려 함이니 이스라엘과 이방인들에게서 내가 너를 구원하여 그들에게 보내어 그 눈을 뜨게 하여 어둠에서 빛으로, 사탄의 권세에서 하나님께로 돌아오게 하고 죄 사함과 나를 믿어 거룩하게 된 무리 가운데서 기업을 얻게 하리라."라고 하셨다. 사울과 같이 갔던 사람들은 소리만 듣고 아무도 보지 못하여 말을 못 하고 서 있었다. 사울은 눈이 어두워져 앞을 보지 못하여 사람의 손에 이끌려 다메섹의 유다의 집으로 들어갔다. 사울은 사흘 동안 보지도 못하고 먹지도 마시지도 못하였다. 하나님은 다메섹에 사는 제자 아나니아를 사울에게 가라고 하셨지만 사울에 대한 소문을 익히 알고 있는 아나니아는 가고 싶지 않았다. 그런데 하나님께서 아나니아에게 이르시기를 "가라 이 사람은 내 이름을 이방인과 임금들과 이스라엘 자손들에게 전하기 위하여 택한 나의 그릇이라. 그가 내 이름을 위하여 얼마나 고난을 받아야 할 것을 내가 그에게 보이리라."라고 하셨다. 아나니아가 주의 명령을 받들어 유다의 집에 있는 사울에게로 가서 그에게 안수하여 이르기를 "형제 사울아 주 곧 네가 오는 길에서 나타나셨던 예수께서 나를 보내어 너로 다시 보게 하시고 성령으로 충만하게 하신다."라고 하였다. 안수가 끝나자 즉시 사울의 눈에서 비늘 같은 것이 벗겨지고 다시 보게 되었다. 사울은 그 자리에서 세례를 받고 음식을 먹었다.

　예수 그리스도의 궁극적인 목적은 온 세상을 하나님 나라로 온전히 회복시키시는 것이다. 이 일을 이루기 위해서는 많은 주의 일군들이 필요하다. 예수님 자신이 완성하신 복음을 온 세상 모든 사람에게 전해야 하기 때문이다. 예수님은 온 세상을 가리켜 추수해야 할 밭으로 비유하셨다. 예수님께서는 칠십 명의 제자들을 두 명씩 짝을 이뤄 마을로 보내시면서 이르시기를 "추수할 것은 많되 일꾼이 적으니 그러므로 추수하는 주인에게 청하여 추수할 일꾼들을 보내 주소서 하라."(눅 10:2)라고 하셨다. 영적인 눈이 닫힌 사람들은 세상을 그냥 세상으로 보지만, 예수님은 온 세상을 추수해야 할 밭으로 보셨다. 그래서 예수님께서 말씀하시기를 "너희는 넉 달이 지나야 추수할 때가 이르겠다, 하지 아니하느냐? 그러나 나는 너희에게 이르노니 너희 눈을 들어 밭을 보라 희어져 추수하게 되었도다. 거두는 자가 이미 삯도 받고 영생에 이르는 열매를 모으나니 이는 뿌리는 자와 거두는 자가 함께 즐거워하게 하려 함이라."(요 4:35-36)라고 하셨다. 예수님은 자신이 일꾼을 택하시고 부르신다. 부활하신 후 하늘과 땅의 권세를 모두 가진 예수님은 원하는 자는 누구든지 자신의 일꾼으로 부르신다. 열두 사도를 택하여 부르실 때에 예수님이 원하는 자들로 부르셨다. 고기 잡는 어부들이었던 베드로와 야고보와 요한에게 사람 낚는 어부가 되게 하려고 부르셨다. 갈릴리 호수 어촌 사람인 그들을 불러 하늘의 일꾼으로 사용하셨다. 예수님은 자신의 일꾼을 부르실 때에 사람의 지혜가 아닌 하나님의 지혜로 행하신다. 사람의 지혜는 가장 똑똑하고 잘난 사람을 택하여 일을 맡긴다. 예수님이 큰 권세를 가진 분이시기에 얼마든지 세상에서 지혜롭고 유능한 자를 택하여 일꾼으로 삼을 수 있다. 그런데 성령 하나님이 고린도 교회에 주신 말씀에 이르시기를 "형제들아 너희를 부르심을 보라 육체를 따라 지혜로운 자가 많지 아니하며 능한 자가 많지 아니하며 문벌 좋은 자가 많지 아니하도다. 그러나 하나님께서 세상의 미련한 것들을 택하사 지혜 있는 자들을 부끄럽게 하려 하시고 세상에 약한 것들을 택하사 강한 것들을 부끄럽게 하려 하시며 하나님께서 세상에 천한 것들과 멸시받은 것들과 없는 것들을 택하사 있는 것들을 폐하려 하시나니 이는 아무 육체도 하나님 앞에서 자랑하지 못하게 하려 하심이라."(고전 1:26-29)라고 하셨다. 이렇게 예수님이 자신의 일군을 미련한 것들과 약한 것들과 천한 것들 그리고 멸시받은 것들을 택하시는 것은 복음의 능력과 영광을 위해서이다. 하나님 나라의 일은 사람을 자랑하는 것이 아니라 우리 주 예수 그리스도와 그분이 이루어 놓으신 생명의 복음을 자랑하는 것이기 때문에 사람들의 지혜와 지식, 강함은 복음의 빛을 가릴 수 있기 때문이다.

예수님은 자신의 교회를 박해하고 핍박하는 사울을 자신의 일군으로 부르셨다. 이는 자신의 일군을 부르시는 또 다른 측면이다. 교회를 대적하는 사울에 대해서 마땅히 그 죄에 대한 심판을 해야 마땅한데 교회의 주인 되시는 예수님께서 전적으로 은혜를 베푸셨다. 사울에서 바울이 되어 사역을 하다가 예수님이 자신을 부르실 때를 회상하면서 고백하기를 "내가 전에는 비방자요 박해자요 폭행자였으나 도리어 긍휼을 입은 것은 내가 믿지 아니할 때에 알지 못하고 행하였음이라. 우리 주의 은혜가 그리스도 예수 안에 있는 믿음과 사랑과 함께 넘치도록 풍성하였도다. 미쁘다 모든 사람이 받을 만한 이 말이여 그리스도 예수께서 죄인을 구원하시려고 세상에 임하셨다 하였도다. 죄인 중에 내가 괴수니라. 그러나 내가 긍휼을 입은 까닭은 예수 그리스도께서 내게 먼저 일체 오래 참으심을 보이사 주를 믿어 영생 얻는 자들에게 본이 되게 하려 하심이라."(딤전 1:13-16)라고 하셨다. 바울은 당시에 엘리트 중의 엘리트였다. 그는 로마의 시민권을 가진 자였으며 존경받는 율법 교사인 가말리엘 문하에서 율법을 배웠다. 그래서 모세의 율법에 능하였다. 그는 아브라함의 후손으로 히브리인 중의 히브리인이었다. 바울은 자신에 대해서 말하기를 "나는 지극히 크다는 사도들 보다 부족한 것이 조금도 없는 줄로 생각하노라. 내가 비록 말에는 부족하나 지식에는 그렇지 아니하니 이것을 우리가 모든 사람 가운데 모든 일로 너희에게 나타내었노라."(고후 11:5-6)라고 하였다. 바울의 약점은 딱 하나, 주의 교회를 핍박하고 잔해했던 일이다. 그런데 예수님께서 바울에게 은혜를 베풀어 용서하시고 복음 증거자로 부르심은 예수님의 지혜이다. 적이 아군이 된 것은 큰 반전이다. 전에 복음을 대적했던 자가 이제 그 복음을 전하는 자로 세움을 입었다. 얼마나 통쾌한 일인가? 세상에 미련한 자가 지혜로운 자를 부끄럽게 하고 세상에 약한 자가 강한 자를 부끄럽게 하는 것도 통쾌한 일이다. 그런데 교회를 잔해하고 핍박했던 자가 교회가 되어서 세상에 복음을 증거하고 모든 성도들의 본이 된다는 것은 얼마나 놀라운 은혜인가! 성도들의 본이 된 바울은 다른 성도들에게 권면하기를 "내가 그리스도를 본받는 자가 된 것 같이 너희는 나를 본받는 자가 되라."라고 하였다. 교회를 핍박하던 자가 당당하고 자신감 넘치게 권면하는 자리에 서게 되었다.

하나님 나라의 일군을 택하시고 부르신 예수님의 지혜에 감탄할 뿐이다.

이방 세계에 자신의 교회를 설립하신 예수 그리스도

교회의 주인

사도행전 8장-28장

예수님께서 이 세상에 오신 목적은 교회를 세우기 위함이다. 부활하시어 하늘과 땅의 권세를 가지신 예수 그리스도는 자신의 제자들을 온 세상 모든 족속에게로 보내신다. 보냄을 받은 제자들은 나아가서 복음을 증거하고 지역마다 교회를 세운다. 처음에 예루살렘에 교회가 세워졌다. 사도들을 중심으로 한, 주의 제자들이 예루살렘 교회 안에 머물러 있었다. 교회의 주인 되신 예수님은 예루살렘뿐만 아니라 온 유대와 사마리아 그리고 땅끝까지 복음이 전파되어 자신의 교회가 세워지기를 원하셨다. 예수님은 스데반의 일로 예루살렘 교회 안에 머물러 있는 제자들을 사방으로 흩으셨다. 예수님은 빌립을 사마리아로 보내서 복음을 선포하고 표적도 드러나게 하시어 남녀가 세례를 받아, 사마리아 교회를 세우셨다. 이 소식을 들은 베드로와 요한도 사마리아에 내려가서 교회의 설립을 도왔다.(행 8:4-25). 빌립은 에디오피아 사람 곧 에디오피아 여왕 간다게의 모든 국고를 맡은 관리인 내시에게 복음을 전하고 세례를 주어 보내므로 에디오피아에 교회가 설립되게 하였다.(행 8:26-39) 에디오피아까지 가지 않았지만 내시에게 복음을 전하여 세례를 베풂으로 그가 본국으로 돌아가서 주님의 교회로 세워졌다. 이 외에도 아소도의 여러 성에 복음을 전하여 주님의 교회가 설립되게 하였다.

다메섹 교회가 있었음을 알 수 있다. 예수님은 룻다에 제자들을 보내어 교회가 설립되었다. 예수님은 베드로 사도를 룻다 교회에 보내어 중풍병으로 8년째 침상에 누워있는 애니아를 자신의 이름으로 낫게 하셨다.(행 9:32-35) 욥바에도 주의 제자들이 복음을 전하여 욥바 교회가 설립되었다. 욥바 교회는 선행과 구제를 많이 하는 도르가 성도가 있었는데 그가 병들어 죽었다. 주님은 베드로 사도를 보내어 도르가를 살리므로 교회를 더욱 든든히 세우셨다.(행 9:36-43) 예수님은 베드로 사도를 가이사랴에 있는 백부장 고넬료의 가정에 보내어 그의 친척과 가까운 친구들에게 복음을 전하고 세례를 베풀게 하여 교회를 세우셨다.(행 10:1-48) 예수님은 자신의 제자들로 안디옥에 있는 헬라인들에게 복음을 전하여 안디옥 교회가 설립되었다.(행 11:19-26) 성령님은 성숙한 안디옥 교회를 통해서 바나바와 바울을 살라미에 보내어 주의 복음을 전하게 하였다. 바나바와 바울은 비시디아 안디옥에서 복음을 전하여 교회가 설립되었다.(행 13:13-52) 성령님은 바울과 바나바를 이고니온으로 보내어 복음을 전하게 하였고, 루스드라와 더베에 가서도 하나님 나라를 선포하게 하였다.(행 14:1-6). 바나바와 바울은 처음 파송을 받았던 안디옥 교회로 돌아오는 길에 버가에 들러서도 복음을 전하였다. (행 14:19-28) 성령님은 바울과 디모데를 밤에 환상을 통해서 아시아에서 유럽으로 부르셨다. 그들은 마케도냐의 첫 성인 빌립보에서 복음을 전하여 교회가 설립되었다. 성령님은 빌립보에 이미 하나님을 섬기는 루디아를 예비하시어 바울과 실라를 돕게 하였다. 바울과 실라는 빌립보의 감옥에까지 갇혔지만, 주의 권능으로 석방되었다. 성령님은 바울과 실라를 데살로니가로 보내어 복음을 전하게 하여 데살로니가 교회를 설립하셨다.(행 17:1-9)

바울과 실라는 성령님의 인도하심으로 베뢰아로 가서 복음을 전하여 많은 그리스도인을 얻었다. (행 17:10-15) 성령님은 바울을 아덴으로 보내어 그곳에 있는 에피쿠로스와 스토아 철학자들에게 복음을 전하였다. 바울은 아레오바고에 서서 하나님의 복음을 선포하였다.(행 17:16-34) 바울은 고린도로 갔다. 거기서 아굴라와 브리스길라를 만나 함께 천막 만드는 일을 하면서 복음을 전하였다. 실라와 디모데도 마케도냐에서 내려와 합류하였다. 그들은 고린도에 1년 6개월을 머물면서 복음을 전하여 고린도 교회가 설립되었다.(행 18:1-11) 바울이 에베소에 잠깐 머물면서 복음을 증거하였다. 아볼로도 에베소에 가서 예수의 복음을 전하였다. 그런데 요한의 세례만 알았다. 그래서 브리스길라와 아굴라가 아볼로에게 하나님의 도를 더 깊이 가르쳤다. 후에 바울이 다시 에베소로 가서 석 달 동안 회당에서 하나님 나라에 대해 강론하고 이 년 동안 두란노 서원에서 날마다 가르쳤다. 이렇게 하여 에베소 교회가 든든히 세워졌다.(행 19:1-20) 성령님은 바울을 헬라에 보내어 석 달 동안 머물게 하였다. 바울이 머문 석 달 동안 헬라에도 교회가 세워졌을 것이다. 그 후에 바울은 드로아에서 동역자들을 만나 이레를 머물렀다. 그들이 드로아에 있는 성도들과 밤중까지 강론하며 떡을 떼었다. 유두고라는 청년이 창문 난간에 앉아 말씀을 듣다가 떨어져서 죽었다. 주님은 바울을 통해서 유두고를 다시 살렸다. (행 20:7-12) 성령님은 바울을 로마로 보냈다.

비록 결박된 죄수의 몸이었지만 가택 연금된 상태에서 바울에게 온 많은 사람에게 하나님 나라를 전파하고 주 예수 그리스도에 관한 모든 것을 담대하게 전하였다(행 28:16-31). 이 외에도 성령 하나님은 자신의 일군들을 세계 각 곳으로 보내어 복음을 전하게 하시고 그곳에 교회를 세우셨다. 오늘날 우리가 속해 있는 교회들도 성령 하나님이 복음의 일군들을 통해서 복음을 선포하게 하심으로 세운 교회이다. 전 세계적으로 그 숫자가 얼마나 많겠는가? 가히 헤아릴 수 없이 많다. 앞으로도 주님의 교회는 더 많이 세워질 것이다. 온 세상 모든 민족이 우리 주님의 백성이 될 때까지 성령님은 멈추지 않으실 것이다. 그 일에 쓰임 받은 주의 일군들은 영광을 누릴 것이다. 복음을 전하는 아름다운 발걸음이여 축복 있으라.

악한 세력으로부터 자신의 교회를 지키신 예수님

하늘과 땅의 왕

사도행전 4장 - 28장

　예수 그리스도께서 오셔서 회복하신 하나님 나라의 구체적인 모습이 교회로 드러났다. 죄악으로 망가진 세상 속에서 우리 주 예수 그리스도의 부활의 새 생명으로 탄생한 것이 교회이다. 교회의 주인이 되신 예수 그리스도께서 자신의 교회를 먼저 예루살렘에 세우셨다. 그 후에 점점 확장하여 사마리아와 그 외의 지역으로 확대해 가셨다. 성령 하나님께서는 자신의 일군을 통해서 쉬지 않고 일하신다. 이것은 사탄도 마찬가지다. 어둠의 세력들도 교회를 대적하는 일에 열심을 내었다. 어둠의 세력들은 먼저 예루살렘 교회를 무너뜨리려고 하였다. 예수님의 제자들이 예루살렘 백성들에게 부활하신 예수 그리스도와 부활을 전하였다. 사도들이 선포한 이 복음을 듣고 오천 명이나 믿었다. 그뿐만 아니라 부활하신 예수 그리스도는 사도들을 통해서 미문 앞에 앉아서 구걸하는 나면서부터 앉은뱅이를 일으켜 세워 온전케 하였다. 예수님의 이름으로 표적과 이적이 곳곳에서 나타났다. 이를 못마땅하게 여긴 제사장들과 성전 맡은 자들, 사두개인들이 사도들을 결박하여 감옥에 가뒀다.

그리고 다음 날, 관리들과 장로들, 서기관들과 대제사장들 곧 안나스와 가야바, 요한과 알렉산더와 그 문중이 다 참여하여 베드로와 요한을 앞에 세우고 심문하였다. 베드로와 요한은 두려움 없이 그들 앞에서 예수 그리스도를 담대해 증거하였다. 그들은 베드로와 요한을 위협하면서 예루살렘에서 예수의 이름으로 설교하지 못하게 했다. 이 위협을 받은 베드로와 요한은 더욱 담대해 말하기를 "하나님 앞에서 너희의 말을 듣는 것이 하나님의 말씀을 듣는 것보다 옳은가 판단하라 우리는 보고 들은 것을 말하지 아니할 수 없다."라고 하였다. 유대의 지도자들은 사도들을 위협하고 놓아 주었다. 이 일로 예루살렘 교회는 더욱 간절히 기도하며 하나님을 의뢰하였다. 부활하신 주님은 자신의 제자들을 통해서 백성들에게 표적과 기사를 많이 드러냈다. 이로 인해 믿고 주께 나오는 자가 더 많아졌다. 예루살렘뿐만 아니라 그 부근의 수많은 사람의 질병이 치료되고 더러운 귀신들린 사람들도 회복되었다. 이것이 몹시 불편하고 화가 난 대제사장들과 사두개인의 당파들은 사도들을 붙잡아 감옥에 가뒀다.

부활하신 예수님께서 밤중에 사자를 보내어 옥문을 열고 사도들을 끌어냈다. 사도들은 아침 일찍부터 성전에 서서 백성을 가르쳤다. 성전 맡은 자들과 부하들이 성전에서 가르치고 있는 사도들을 붙잡아 다시 공회 앞에 세우고 심문하기를 "우리가 이 이름으로 사람을 가르치지 말라고 엄금하였으되 너희가 너희 가르침을 예루살렘에 가득하게 하니 이 사람의 피를 우리에게로 돌리고자 함이로다."라고 하였다. 이에 베드로 사도가 대답하기를 "사람보다 하나님께 순종하는 것이 마땅하니라. 너희가 나무에 달아 죽인 예수를 우리 조상의 하나님이 살리시고 이스라엘에게 회개함과 죄 사함을 주시려고 그의 오른손으로 높이사 임금과 구주로 삼으셨느니라. 우리는 이 일에 증인이요 하나님이 자기에게 순종하는 사람들에게 주신 성령도 그러하니라."(행 5:17-32)라고 하였다. 공회가 사도들을 죽이려고 할 때에 예수님은 존경받는 바리새인 가말리엘을 통해서 제자들을 지키셨다. 그들은 사도들을 채찍질하며 예수의 이름으로 말하는 것을 금하고 놓아 주었다. 사도들은 예수님의 이름으로 능욕 받는 일을 두려워하지 않았다. 이를 합당하게 여겼기 때문이다.

그러므로 그들은 날마다 집에 있든지 성전에 있든지 가르치기와 전도하기를 그치지 않았다. 예루살렘 교회에 하나님의 말씀이 왕성하므로 제자들의 숫자가 더 많아지고 허다한 제사장들의 무리도 예수님을 믿었다. 예수님은 예루살렘 교회가 행할 구제를 위해서 일곱 집사를 세웠다. 예수님은 일곱 집사 중에 스데반 집사에게 은혜와 권능을 주시어 민간에 기사와 표적이 드러나게 하셨다. 스데반이 회당에서 강론할 때에 외국에서 온 자들이 있었다. 곧 구레네인, 알렉산드리아인, 그리고 길리기아와 아시아에서 온 자들이었다. 그들이 스데반과 논쟁이 붙었다. 그들은 스데반이 지혜와 성령으로 말함을 당하지 못하게 되자, 사람들을 매수하여 스데반을 고소하였다. 고소의 내용은 스데반이 모세와 하나님을 모독하는 말을 하였다고 했다. 그들은 백성과 장로, 서기관들을 충동질 하였다. 스데반이 공회 앞에서 재판까지 받게 하려고 거짓 증인까지 세웠다. 거짓 증인들은 말하기를 "이 사람이 이 거룩한 곳과 율법을 거슬러 말하기를 마지 아니하는 도다. 그의 말이 나사렛 예수가 이곳을 헐고 또 모세가 우리에게 전하여 준 규례를 고치겠다."라고 말했다고 했다. 스데반은 대제사장들과 공회 앞에서 구약 아브라함으로부터 시작해서 하나님의 일하심을 조목조목 열거한 후에 마지막으로 예수 그리스도를 담대하게 증거했다. 그들이 스데반의 증거를 듣고 마음이 찔려 그를 향하여 이를 갈더니 결국 성 밖으로 끌고 나가 돌로 쳐서 죽였다.

얼마 전에는 예수 그리스도를 십자가에 못 박아 죽이더니 이제는 예수님의 제자 스데반을 돌로 쳐서 죽였다. 이렇게 하여 스데반 집사는 예루살렘 교회의 첫 순교자가 되었다. 그들이 스데반 집사를 죽인 것은 예루살렘 주님의 교회를 핍박하는 일이었다. 스데반 집사를 죽인 이후에 예루살렘 교회에 큰 박해가 주어졌다. 그래서 사도들을 제외한 많은 제자가 유대와 사마리아 모든 땅으로 흩어졌다. 교회를 박해하는 세력은 예루살렘에서 그치지 않고 이웃 지방에까지 퍼져갔다. 사울이 예수님의 제자들을 위협하고 박해하기 위해서 대제사장들에게서 공문을 구비하여 다메섹으로 향했다. 부활하신 주님은 다메섹에 있는 자신의 교회를 보호하기 위해서 다메섹 도상에서 사울을 만나셨다. 그날 이후 주님의 교회를 잔해하던 사울은 예수님을 만나고 잔해를 멈췄을 뿐만 아니라 우리가 익히 아는 바대로 바울 사도가 되었다. 이는 교회의 주인 되신 예수님이 자신의 교회를 지키신 한 예이다. 주님의 교회를 핍박하는 일은 유대의 지도자들만이 아니었다. 헤롯왕도 손을 들어 교회를 박해하였다. 헤롯왕은 요한의 형제 야고보 사도를 칼로 죽였다. 교회를 박해했던 유대인들은 이 일을 기뻐했다. 헤롯은 유대인들이 기뻐하는 것을 보고 베드로 사도도 결박하여 감옥에 가두었다. 헤롯왕은 야고보를 죽인 것처럼 다음 날 베드로를 죽이려고 하였다. 그래서 예루살렘 교회는 베드로 사도를 위해서 간절히 기도하였다. 부활하여 살아 계신 예수님은 자기 백성들의 기도를 들으시고 밤중에 천사를 감옥에 보내어 베드로 사도를 이끌어 냈다.

얼마 후에 예수님은 사자를 보내어 교회를 박해한 헤롯왕을 치므로 벌레에 먹혀 죽었다. 교회의 주인 되신 예수님은 자신의 교회를 핍박하고 박해하는 세력에 대해서는 반드시 심판하신다. 주님의 교회를 대적하는 세력들은 멀리 이방의 교회까지 드러났다. 바울과 바나바가 비시디아 안디옥과 유대인의 회당에서 하나님의 말씀을 힘 있게 선포하였다. 주님은 그들의 손으로 표적과 기사를 행하였다. 어두움의 세력들을 이를 방해하여 이방인과 유대인과 관리들이 두 사도를 모욕하고 돌로 치려고 하였다. 예수님은 두 사도에게 지혜를 주시어 그들을 피하게 하셨다.(행 14:1-7) 예수님은 바울과 바나바를 루스드라로 보내어 그곳에서도 표적을 드러내고 주의 말씀을 선포하였다. 사탄은 안디옥과 이고니온에 있는 유대인들을 동원하여 루스드라에 있는 무리를 충동하였다. 그들은 바울을 돌로 친 후, 죽은 줄 알고 성 밖으로 내쳤다.(행 14:8-28) 예수님은 바울의 생명을 붙들어 주시어 건강을 회복시켜 주셨다. 바울과 실라가 빌립보에서 기도하며 복음을 전할 때에 귀신들린 여종에게서 귀신을 내어 쫓았다. 그래서 여종은 자유를 얻게 되었다. 그러나 어둠의 세력은 여종의 주인을 충동하여 바울과 실라를 고소하여 빌립보의 감옥에 가두었다. 예수님은 밤중에 바울과 실라를 빌립보 감옥에서 끌어내셨다.(행 16장) 바울 사도가 데살로니가에서 전도할 때에 유대인들이 시기하여 불량배들을 동원하여 성을 요란하게 하고 바울에게 해를 끼치려고 찾았다. 그때도 이미 주께서 바울에게 지혜를 주셔서 악한 유대인들을 피하게 하시므로 악한 자들의 손에 넘겨주지 않으셨다.

그들은 바울을 찾지 못하자 바울을 도운 야손을 고소하므로 야손이 보석금을 내고 풀려났다. 바울은 자신이 예루살렘에 올라가면 결박될 것을 알았다. 그래도 바울은 예루살렘으로 올라갔다. 바울이 예루살렘 성전에 갔는데 거기서 아시아에서 온 유대인들이 무리를 충동하여 바울을 붙잡았다. 그들이 바울을 고소하는 내용은 바울이 각처에서 유대인과 성전과 율법을 비방하였고, 헬라인을 데리고 성전에 들어가므로 성전을 더럽혔다는 죄목이었다. 그들이 바울을 성 밖으로 끌고 나가서 죽이려고 했다. 그러나 예수님은 백부장을 통해서 바울을 구하셨다. 바울은 로마 시민권자이므로 황제에게 상소하여 로마에 가서 재판을 받기 원했다. 하나님은 바울에게 이르시기를 "담대하라 네가 예루살렘에서 나의 일을 증언한 것 같이 로마에서도 증언하여야 하리라."(행 23:11)라고 하셨다. 유대인들은 바울을 죽이기 위해서 당을 지었다. 그들은 바울을 죽이기 전에는 먹지도 마시지도 않겠다고 결심하였다. 하나님은 바울의 생질로 하여금 이 사실을 알게 하여 바울이 그들의 손에 죽지 않도록 보호하셨다. 교회의 주인 되신 우리 주 예수 그리스도는 자신의 교회를 끝까지 붙드시고 지키신다.

예수님은 자신이 세운 일군들이 어둠의 세력들로부터 갖은 고난을 겪는 것을 아신다. 성령님은 자기 일군들의 고난의 의미에 대해서 이르시기를 "형제들아 우리가 아시아에서 당한 환난을 너희가 모르기를 원하지 아니하노니 힘에 겹도록 심한 고난을 당하여 살 소망까지 끊어지고 우리는 우리 자신이 사형 선고를 받은 줄 알았으니 이는 우리로 자기를 의지하지 말고 오직 죽은 자를 다시 살리시는 하나님만 의지하게 하심이라. 그가 이같이 큰 사망에서 우리를 건지셨고 또 건지실 것이며 이 후에도 건지시기를 바라노라."(고후 1:8-10)라고 하셨다. 예수님은 자신의 교회를 영원토록 지키신다. 아무리 어둠의 세력이 대적하여도 주님의 교회는 왕성하게 되어 주의 나라를 이루게 될 것이다.

죽은 자의 상황을 말씀하신 예수 그리스도

잠자는 자

데살로니가 전서 4:13-18

성도들이 죽으면 육체와 영혼이 분리되어 육체는 흙에서 왔으므로 흙으로 돌아가고 영혼은 낙원으로 간다. 낙원에 들어간 영혼은 예수 그리스도의 재림 때까지 안식을 누린다. 예수님께서 호령과 천사장의 소리와 하나님의 나팔 소리로 친히 하늘로부터 강림하실 때에 그리스도 안에서 죽은 자들이 먼저 부활한다. 그때, 육체로 살아 있는 자들보다 죽은 자들이 먼저 부활한다. 그 후에 육체로 살아 있는 자들이 부활하여 항상 주와 함께한다.

구약시대에는 하나님께서 자신의 백성들에게 죽음 이후에 대해서 말씀하지 않으셨다. 왜냐면 아직 하늘이 열리지 않았고, 죽음을 이긴 생명이 오지 않았기 때문이다. 그래서 구약 시대에 믿음의 선진들이 죽으면 조상의 묘실에 들어갔다고 기록하고 있다. 아브라함의 죽음에 대해서 기록하기를 "아브라함의 향년이 백칠십오 세라 그의 나이가 높고 늙어서 기운이 다하여 죽어 자기 열조에게로 돌아가매"(창 25:7-8)라고 하였다. 야곱도 죽기 전에 유언하기를 "내가 내 조상들에게로 돌아가리니 나를 헷 사람 에브론의 밭에 있는 굴에 우리 선조와 함께 장사하라."(창 49:29)라고 하였다. 그리고 야곱이 숨을 거두어 "그의 백성에게로 돌아갔더라."(창 49:33)라고 기록하였다. 다윗왕의 죽음에 대해서 기록하기를 "다윗이 그의 조상들과 함께 누워 다윗성에 장사되니"(왕상 2:10)라고 했다. 다윗의 아들 솔로몬왕의 죽음에 대해서도 기록하기를 "솔로몬이 그의 조상들과 함께 자매 그의 아버지 다윗의 성읍에 장사되고"라고 하였다.

지금까지 구약시대의 믿음의 선진들의 죽음에 대해서 살펴보았는데, 성경이 그들의 죽음에 대해서 공통적으로 설명하고 있는 것은 그들이 조상들에게 돌아갔다고 한 것이다. 그 이상을 말하지 않는다. 이는 아직 그 이상이 열리지 않았기 때문이다. 옛 시대에는 하늘이 열리지 않았다. 하늘에서 오신 분이 없었다. 하나님께서 자신의 보좌를 땅에 설치하고 계셨는데 그 보좌도 휘장으로 가려져 있었다. 하나님께서는 자신이 보좌를 지성소에 설치하시고 휘장으로 지성소와 성소를 가로막게 하시어 아무나 지성소에 들어오지 못하게 하셨다. 땅에 있는 하나님의 보좌도 가려져 있는데 어떻게 하늘의 영광스러운 보좌를 알 수 있겠는가? 하나님께서 사람을 창조하실 때에 이르시기를 "우리의 형상을 따라 우리의 모양대로 우리가 사람을 만들고 그들로 바다의 물고기와 하늘의 새와 가축과 온 땅과 땅에 기는 모든 것을 다스리게 하자."(창 1:26)라고 회의를 하셨다. 여기에 보면 성부 하나님과 성자 하나님과 성령 하나님이 의논하시어 사람을 창조하신다. 이는 삼위 하나님을 증거하는 본문이 아니라 하나님의 어전 회의라고 할 수 있다. 삼위일체 하나님에 대한 증거는 태초부터 계셨지만 새 시대에 와서 확증된다. 기독교의 모든 신학은 우리 주 예수 그리스도 안에서 완성되기 때문이다.

하나님의 두 번째 어전 회의는 욥기에서다. "하루는 하나님의 아들들이 와서 여호와 앞에 섰고 사탄도 그들 가운데에 온지라. 여호와께서 사탄에게 이르시되 네가 어디서 왔느냐? 사탄이 여호와께 대답하여 이르되 땅을 두루 돌아 여기저기 다녀왔나이다. 여호와께서 사탄에게 이르시되 네가 내 종 욥을 주의하여 보았느냐? 그와 같이 온전하고 정직하여 하나님을 경외하며 악에서 떠난 자는 세상에 없느니라. 사탄이 여호와께 대답하여 이르되 욥이 어찌 까닭 없이 하나님을 경외하리이까? 주께서 그와 그의 집과 그의 모든 소유물을 울타리로 두르심 때문이 아니니이까? 그의 손으로 하는 바를 복되게 하사 그의 소유물이 땅에 넘치게 하셨음이니이다. 이제 주의 손을 펴서 그의 모든 소유물을 치소서 그리하시면 틀림없이 주를 향하여 욕하지 않겠나이까? 여호와께서 사탄에게 이르시되 내가 그의 소유물을 다 네 손에 맡기노라. 다만 그의 몸에는 네 손을 대지 말지니라. 사탄이 곧 여호와 앞에서 물러 가니라."(욥 1:6–12) 욥기에 계시된 하나님의 회의는 하나님과 하나님의 아들들 그리고 사탄까지 함께 드러난다.

하나님은 또 이사야 선지자를 통해서도 드러내셨다. "웃시야왕이 죽던 해에 내가 본즉 주께서 높이 들린 보좌에 앉으셨는데 그의 옷자락은 성전에 가득하였고 스랍들이 모시고 섰는데 각기 여섯 날개가 있어 그 둘로는 자기의 얼굴을 가리었고 그 둘로는 자기의 발을 가리었고 그 둘로는 날며 서로 불러 이르되 거룩하다. 거룩하다. 거룩하다. 만군의 여호와여 그의 영광이 온 땅에 충만하도다."(사 6:1-3)

또한, 하나님은 에스겔 선지자에게 하나님의 영광스러운 보좌를 보여 주셨다. "그 머리 위에 있는 궁창 위에 보좌의 형상이 있는데 그 모양이 남보석 같고 그 보좌의 형상 위에 한 형상이 있어 사람의 모양 같더라. 내가 보니 그 허리 위의 모양은 단 쇠 같아서 그 속과 주위가 불 같고 내가 보니 그 허리 아래의 모양도 불같아서 사방으로 광채가 나며 그 사방 광채의 모양은 비 오는 날 구름에 있는 무지개 같으니 이는 여호와의 영광의 형상의 모양이라 내가 보고 엎드려 말씀하시는 이의 음성을 들으니라."(겔 1:26-28)

이처럼 하나님께서 하늘의 어전 회의의 모습을 계시하시고 하늘 보좌의 영광을 드러내셨을지라도 자기 백성의 죽음 이후에 드러난 부요함에 대해서는 말씀하지 않으셨다. 또한, 하나님은 에녹과 엘리야 두 사람을 죽음을 통하지 않고 직접 데려가셨다. 그렇지만 그들이 승천한 이후에 그들에게 주어진 영광에 대해서는 말씀하지 않으셨다. 아직 하늘이 열리지 않았기 때문이다.

마침내 예수 그리스도께서 오셔서 다시 승천하심으로 인해 하늘이 열리게 된다. 예수님께서 니고데모와의 대화 중에서 말씀하시기를 "하늘에서 내려온 자 곧 인자 외에는 하늘에 올라간 자가 없느니라."(요

3:13)라고 하시므로 자신이 하늘에서 내려오셨고 또 하늘로 올라가실 것임을 말씀하셨다. 하늘에서 내려오신 우리 주 예수 그리스도께서는 비로소 하나님의 자녀들의 죽음 이후에 드러날 영광스러운 부요함을 말씀하신다.

예수님께서 부자와 거지 나사로의 죽음 이후에 드러난 상황을 자세하게 드러내셨다. 예수님께서 이 비유를 말씀하신 의도는 죽음 이후의 상황을 설명하려고 하신 것은 아니었다. 그러나 모든 사람이 알고 싶어 하는 죽음 이후의 상황을 자세하게 들여다볼 수 있는 비유이다. 거지 나사로는 상처투성이로 부자의 대문에서 굶주려 죽는다. 하나님은 거지 나사로의 영혼을 천사들에게 받들어 아브라함의 품에 안긴다. 부자도 죽었다. 부자의 영혼은 거지 나사로와는 달리 불타는 음부에 들어가서 고통을 당하였다. 음부의 불꽃 가운데서 고통 하는 부자는 눈을 들어 아브라함의 품에 있는 나사로를 보았다. 고통 중에 있는 부자가 아브라함에게 청하기를 "아버지 아브라함이여 나를 긍휼히 여기사 나사로를 보내어 그 손가락 끝에 물을 찍어 내 혀를 서늘하게 하소서 내가 불꽃 가운데서 괴로워하나이다."라고 하였다. 아브라함이 부자에게 이르기를 "얘 너는 살았을 때에 좋은 것을 받았고 나사로는 고난을 받았으니 이것을 기억하라. 이제 그는 여기서 위로를 받고 너는 괴로움을 받느니라. 그뿐 아니라 너희와 우리 사이에는 큰 구렁텅이가 놓여 있어 여기서 너희에게로 건너가고자 하되 갈 수 없고 거기서 우리에게 건너 올 수도 없게 하였느니라."(눅 16:19-31)라고 하였다. 이 외에도 예수님은 하나님 나라의 교훈을 하실 때에 세상 끝에 드러날 상황을 말씀하시기를 "인자가 그 천사들을 보내리니 그들이 그 나라에서 모든 넘어지게 하는 것과 또 불법을 행하는 자들을 거두어 내어 풀무 불에 던져 넣으리니 거기서 울며 이를 갈게 되리라. 그때에 의인들은 자기 아버지 나라에서 해와 같이 빛나리라. 귀 있는 자는 들으라."(마 13:41-43)라고 하셨다. 부자와 거지 나사로의 비유에서의 상황은 세상 끝날이 아니다. 세상 끝날 이전에 죽은 자들의 상황과 마지막 날에 드러날 상황이 서로 연결되어 있다. 부자가 들어간 음부의 불꽃과 마지막 날에 불법을 행하는 자들이 들어갈 풀무 불이 연결되어 있다는 말이다. 또한, 아브라함의 품에 안겨 있는 나사로와 아버지 나라에서 해 같이 빛나는 의인들이 연결되어 있다.

이 외에도 예수님은 악인들이 들어갈 풀무 불에 대한 것과 의인들이 들어갈 영광에 대해서도 여러 차례 말씀하였다. 예수님이 십자가에 달려 죽으시기 전에 한편 강도에게 말씀하시기를 "내가 진실로 네게 이르노니 오늘 네가 나와 함께 낙원에 있으리라."(눅 23:43)라고 하셨다.

그리고 부활하신 이후에 성령 하나님을 통해서 고난받은 자기 교회에게 죽음 이후에 드러날 영광에 대해서 말씀하셨다. 먼저 스데반 집사에게 하늘의 영광을 보여 주셨다. "스데반이 성령 충만하여 하늘을 우러러 주목하여 하나님의 영광과 및 예수께서 하나님 우편에 서신 것을 보고 말하되 보라 하늘이 열리고 인자가 하나님 우편에 서신 것을 보노라."(행 7:55-56)라고 하였다. 이는 개인의 죽음 이후에 드러날 영광의 모습은 아니었으나 순교를 앞둔 스데반에게 하나님의 보좌의 영광스러운 모습을 잠시 보이신 것이다. 스데반은 이 모습을 보았기 때문에 돌에 맞아 죽으면서 부르짖기를 "주 예수여 내 영혼을 받으시옵소서."(행 7:59)라고 하였다. 그리고 자신에게 돌을 던진 자들을 위해서 기도하기를 "주여 이 죄를 그들에게 돌리지 마옵소서."(행 7:60)라고 하였다. 이후에 스데반은 죽었다. 성령 하나님은 스데반의 죽음을 "자니라."라고 묘사하였다. 이는 죽음이 끝이 아니라는 것을 암시한다. 잠자는 사람이 얼마 후에 다시 깨어 일어나는 것처럼 그리스도 안에서 죽은 자들이 그리스도의 재림 때에 부활할 것이기 때문이다. 어둠의 세력들은 예수님의 몸 된 교회를 박해하고 잔해하였다. 초대 교회는 이 고난을 겪어야 했다. 많은 주의 복음의 일군들이 죽었다. 고난 속에서도 복음 증거하기를 포기하지 않았던 초대 교회의 성도들은 먼저 순교를 당한 성도들의 죽음 이후의 삶에 대해서 궁금해했다. 동역자들이 결박되어 갇히고 죽는 모습을 보면서 앞으로 자신들도 동일한 고난을 겪을 것으로 생각하였다.

성령 하나님은 고난 중에 있는 교회를 위로하고 격려하기 위해서 죽음 이후의 비밀을 말씀해 주셨다. 죽음의 비밀을 담대히 말씀하신 근거는 역시 우리 주 예수 그리스도의 부활이다. 교회의 머리가 되신 예수 그리스도께서 십자가에 죽으시고 무덤에 장사 되었지만, 3일 만에 죽음을 이기시고 새 생명으로 부활하셨다. 새 시대의 대표자이신 예수 그리스도께서 죽음을 이기셨으므로 이제 자기 백성의 죽음 이후에 드러날 영광스러운 비밀을 말씀하셨다. 성령 하나님은 성도들의 죽음에 대해서 말씀하시기를 "하늘에서 음성이 나서 이르되 지금 이후로 주 안에서 죽는 자들은 복이 있도다, 하시매 성령이 이르시되 그러하다. 그들이 수고를 그치고 쉬리니 이는 그들이 행한 일이 따름이라."(계 14:13)라고 하셨다. 영광스러운 낙원에서 예수 그리스도께서 재림하실 때까지 안식을 누린다. 우리 주 예수 그리스도께서 재림하실 때에 그리스도 안에서 죽은 자들이 먼저 부활하여 주님과 함께 영원토록 함께 살 것이다.

자신의 교회에 말씀을 주신 예수 그리스도
교회를 향한 소망

로마서- 요한 계시록

태초부터 하나님은 자기 백성에게 말씀하셨다. 자신의 형상과 모양대로 창조하였고 함께 교제하고 동행하기로 작정하셨기 때문이다. 이를 위해서는 반드시 말씀이 필요하다. 말씀 없이 어떻게 교제할 수 있겠는가? 또한, 하나님께서 자신의 뜻을 자기 백성에게 계시해야만 그 백성이 하나님의 뜻과 계획을 알 수 있다. 하나님이 자신의 뜻과 계획을 말씀을 통해서 드러내지 않으시면 백성들은 알 길이 없다. 그러므로 하나님은 자기 백성에게 반드시 말씀하신다. 하나님께서 자신의 나라를 경영하시는 방식이 말씀하시고 그 말씀하신 바를 성취하시는 방식으로 일하신다. 그래서 기독교는 계시의 종교이다. 하나님이 말씀을 통해서 자신의 인격과 사역을 드러내신다. 옛 시대에 하나님은 이스라엘 자기 백성과 언약을 맺으시고 율법을 주셨다. 그때 하나님은 모세에게 자신의 말씀을 기록하라고 하셨다. "여호와께서 모세에게 이르시되 너는 이 말들을 기록하라. 내가 이 말들의 뜻대로 너와 이스라엘과 언약을 세웠음이니라."(출 34:27)라고 하셨다. 모세는 하나님의 명령대로 언약의 모든 말씀을 기록하였다. 모세가 기록한 율법의 말씀은 하나님의 하나님 되심과 하나님이 명하신 내용들이다. 이스라엘 백성들은 모세가 기록한 말씀을 통해서 하나님이 누구이심을 배웠다. 또한, 자신들이 누구임을 알았고, 하나님이 무엇을 원하는지도 알았다. 그뿐만 아니라 하나님이 어떤 일을 행하셨는가도 알게 되었다. 하나님은 자기 백성 이스라엘을 말씀을 통해서 인도하시고, 말씀을 통해서 양육하셨다. 이스라엘 백성들이 말씀에 순종할 때에 복을 받았고, 말씀을 버릴 때에 심판을 받았다. 하나님의 백성들의 복과 저주는 말씀에 대한 반응에서 결정되었다.

태초에 세상을 말씀으로 창조하시고, 이스라엘 백성에게 말씀을 주신 하나님이 친히 육체를 입고 이 세상에 오셨다. 성령 하나님은 요한 사도를 통해서 예수 그리스도를 말씀으로 소개하였다. "태초에 말씀이 계시니라. 이 말씀은 하나님과 함께 계셨으니 이 말씀은 곧 하나님이시니라. 그가 태초에 하나님과 함께 계셨고 만물이 그로 말미암아 지은 바 되었으니 지은 것이 하나도 그가 없이는 된 것이 없느니라. 그 안에 생명이 있었으니 이 생명은 사람들의 빛이라."(요 1:1-4)하고 증거했다. 그리고 말씀 되신 하나님이 육신을 입었다고 하였다(요 1:14). 이렇게 말씀이 육신이 되신 우리 주 예수 그리스도께서 십자가에 죽으시고 부활하심으로 교회를 세웠다. 교회는 말씀의 주인 되신 예수 그리스도의 몸이다. 말씀 되신 예수님은 사도들을 통해서 자신의 교회에 말씀을 주신다. 교회에 임재하신 성령 하나님은 진리의 영이시다. 그래서 성령 하나님은 말씀과 함께 일하신다. 우리 주 예수 그리스도께서 이루신 복음은 오로지 말씀을 통해서만 전파된다. 그러므로 반드시 말씀을 선포해야 한다. 말씀 선포 없이 어떻게 예수 그리스도를 소개할 수 있겠는가? 말씀 선포 없이 어떻게 예수 그리스도께서 행하셨던 구속의 사건을 전파할 수 있겠는가? 그래서 교회의 주인 되신 우리 주 예수 그리스도는 제자들에게 말씀을 선포하고 가르치라고 하셨다. 예수님께서 승천하시기 전에 제자들에게 명하시기를 "너희는 온 천하에 다니며 복음을 전파하라."(막 16:15)라고 하셨다. 또한, 성령님은 디모데에게 명하시기를 "너는 말씀을 전파하라 때를 얻든지 못 얻든지 항상 힘쓰라."(딤후 4:2)라고 하셨다. 어둠의 세력이 장악하고 있는 곳에 우리 주 예수 그리스도의 복음의 말씀이 선포되면 어둠이 물러가고 생명이 시작된다. 이렇게 시작된 생명이 곧 교회이다. 복음의 말씀이 선포되어야만 교회가 탄생한다. 이 세상의 모든 교회는 우리 주 예수 그리스도의 복음의 선포로 탄생하였다. 또한, 이렇게 태어난 교회는 예수 그리스도의 말씀으로 인해 성장한다. 교회의 주인 되신 예수님께서 자신의 교회를 말씀으로 양육하시기 때문이다. 성령 하나님은 말씀하시기를 "너는 배우고 확신한 일에 거하라. 너는 네가 누구에게서 배운 것을 알며 또 어려서부터 성경을 알았나니 성경은 능히 너로 하여금 그리스도 예수 안에 있는 믿음으로 말미암아 구원에 이르는 지혜가 있게 하느니라. 모든 성경은 하나님의 감동으로 된 것으로 교훈과 책망과 바르게 함과 의로 교육하기에 유익하니 이는 하나님의 사람으로 온전하게 하며 모든 선한 일을 행할 능력을 갖추게 하려 함이라."(딤후 3:14-17)라고 하였다. 그래서 예수님은 자신의 교회마다 합당한 말씀을 보냈다. 예수님은 자신의 종 바울을 통해서 로마서를 로마 교회에 보내시고, 고린도 전후서를 고린도 교회에, 갈라디아서를 갈라디아 교회에 각각 보내셨다. 예수님은 감옥에 있는 바울 사도를 통해서 에베소서를 에베소 교회에, 빌립보서를 빌립보 교회에, 골로새서를 골로새 교회에 그리고 빌레몬서를 빌레몬의 집에 있는 교회에 보냈다. 또한, 데살로니가 전후서를 데살로니가 교회에 보내시고 주님의 교회를 돌보고 있는 디모데와 디도에게도 각각 말씀을 보냈다. 이 외에도 본도, 갈리디아, 갑바도기아, 아시아와 비두니아 등에 있는 성도들에게도 말씀을 보냈다. 각 교회의 상황은 지역과 문화 그리고 인종이 달랐기 때문에 각기 필요한 말씀이 달랐다. 교회마다 주신 말씀은 다르지만, 목표는 동일하다. 믿음의 반석 위에 굳게 서서 어둠의 세력을 이기고 승리하기 위함이었다. 그러므로 각기 필요하고 합당한 말씀을 주셨다. 물론 자신들에게 주어진 서신만 말씀으로 받은 것은 아니다. 구약의 말씀뿐만 아니라 다른 교회에 보내진 말씀도 서로 돌려가며 함께 받아서 읽었다. 성령님이 골로새 교회에 말씀을 보내면서 당부하시기를 "이 편지를 너희에게서 읽은 후에 라오디게아인의 교회에서도 읽게 하고 또 라오디게아로부터 오는 편지를 너희도 읽으라."(골 4:16)라고 하였다. 그렇지만 지금 우리가 살고있는 이 시대처럼 말씀이 부요하지 못했다. 중요한 것은 교회의 주인 되신 예수 그리스도께서 자신의 교회에 필요한 말씀을 주셨다는 사실이다. 성령 하나님은 말씀과 함께 일하시고 말씀을 통하여 일하신다. 교회는 오로지 주님이 주신 말씀 안에서 하나님을 만나고 하나님의 뜻을 깨닫는다. 성도들은 말씀을 통해서 잘못된 것을 고치고 믿음 위에 굳게 선다. 하나님의 백성들은 하나님이 주신 말씀 없이는 아무것도 할 수 없다.

아들 안에서 자신의 나라를 완성하신 하나님

재림

마태복음 24:29-31, 요한계시록 11:15, 21장-22장

하나님 보좌 우편에 좌정하사 하늘과 땅의 왕으로 통치하신 우리 주 예수 그리스도께서 세상 끝날에 재림하실 것이다. 하늘과 땅의 권세를 가지신 예수님이 재림하시기 전에 징조가 있을 것이라고 하셨다. 먼저 많은 적그리스도가 일어나리라고 했다. 많은 사람이 예수님의 이름으로 와서 자기가 그리스도라고 하여 사람들을 미혹할 것이다. 거짓 그리스도들과 거짓 선지자들이 일어나서 큰 표적과 기사를 보여주면서 택한 성도들을 미혹할 것이다. 그래서 난리와 난리, 소문이 퍼지게 될 것이다. 민족이 민족을 대적하여 일어나고, 나라와 나라가 서로 대적하게 될 것이다. 재난이 시작되는데 곳곳에 기근과 지진이 일어나게 된다. 세상 어둠의 세력들이 예수님을 섬기는 성도들을 핍박하고 환난에 넘겨주고 죽이기도 할 것이다. 형제가 형제를, 아버지가 자

식을 죽는 데에 내주며 자식들이 부모를 대적하여 죽게 할 것이다. 많은 성도가 실족하게 되고 서로 미워하게 될 것이다. 또한, 많은 거짓 선지자들이 일어나서 사람들을 미혹하게 될 것이다. 불법이 성행하고 많은 사람의 사랑이 식을 것이다(마 24:4-28). 그때 해가 어두워지며 달이 빛을 내지 아니하며 별들이 하늘에서 떨어지며 하늘에 있는 권능들이 흔들릴 것이다. 그 날에 예수 그리스도께서 호령과 천사장의 소리와 하나님이 나팔 소리로 친히 하늘로부터 강림하신다. 인자 되신 우리 주 예수 그리스도께서 구름을 타고 능력과 큰 영광으로 오신다. 주님은 먼저 천사들에게 명하여 하나님의 나라에서 모든 넘어지게 하는 것과 불법을 행하는 자들을 모아 풀무 불에 던져 넣을 것이다. 곧 "두려워하는 자들과 믿지 아니하는 자들과 흉악한 자들과 살인자들과 음행하는 자들과 점술가들과 우상 숭배자들과 거짓말하는 모든 자들은 불과 유황으로 타는 못에 던져지리니 이것이 둘째 사망이라."(계 21:8)라고 했다. 반면에 예수님이 큰 나팔 소리와 함께 천사들을 보내 택하신 자들을 하늘 이 끝에서 저 끝까지 사방에서 모으실 것이다. 하나님이 자기 백성들에게 이르시기를 "이루었도다. 나는 알파와 오메가요 처음과 마지막이라. 내가 생명수 샘물을 목마른 자에게 값없이 주리니 이기는 자는 이것들을 상속으로 받으리라. 나는 그의 하나님이 되고 그는 내 아들이 되리라."(계 21:6-7)라고 하셨다. 그때에 처음 하늘과 처음 땅 그리고 바다가 다 새롭게 되어 새 하늘과 새 땅이 될 것이다. 하늘에서 거룩한 성 새 예루살렘이 내려오는데 신부가 신랑을 위해서 단장한 것 같을 것이다(계 21:1-2). 그 날에 하나님께서 자기 백성과 함께하면서 그 백성의 모든 눈물을 닦아 주실 것이다. 다시는 사망이 없고 애통하는 것이나 곡하는 것이나 아픈 것이 다시 있지 아니할 것이며 처음 것들이 다 지나갈 것이다. 보좌에 앉으신 하나님이 만물을 새롭게 할 것이기 때문이다. 예수님께서 재림하시는 목적은 심판이 아니다. 궁극적으로 하나님 나라의 완성이다. 태초에 하늘과 땅을 하나님 나라로 창조하신 하나님께서 마지막 날에 오셔서 그 나라를 완성하실 것이다. 처음 창조된 하나님 나라가 사탄의 미혹으로 인해 죄가 시작되었고, 그 죄가 장성하여 온 세상을 어둡게 하였다. 창조의 하나님이 친히 육체를 입고 오셔서 십자가에서 죄의 문제를 처리하였다. 그리고 사흘 만에 죽음을 이기고 부활하시어 자신의 나라 안에 새로운 생명을 도입하셨다. 부활하시어 하늘과 땅의 권세를 가지신 만 왕의 왕 예수님께서 자신의 제자들을 온 세상 모든 족속에게로 보내어 생명의 복음을 전파하게 하셨다. 예수님께로부터 보내심을 받은 복음의 일꾼들이 땅끝까지 나아가 복음을 전하여 교회를 세웠다. 예수님으로부터 복음 전파의 명령을 받은 교회는 온 세상에 주와 그리스도의 나라가 되기 위해 끊임없이 말씀을 전한다. 그리고 세상 끝날에 하나님 나라의 왕이신 우리 주 예수 그리스도께서 다시 오셔서 하나님 나라를 완성하신다. 창조의 중보자이신 우리 주 예수 그리스도께서 구원의 중보자가 되신다. 세상을 창조하시면서 역사를 시작하신 하나님께서 재림하시어 역사를 마무리하실 것이다. 온 세상을 향한 하나님의 궁극적인 목적은 하나님 나라가 완성되는 일이다. 성령 하나님은 이 목적과 소망을 가진 교회가 고난 중에 있을 때에 말씀하시기를 "일곱째 천사가 나팔을 불매 하늘에 큰 음성들이 나서 이르되 세상 나라가 우리 주와 그의 그리스도의 나라가 되어 그가 세세토록 왕 노릇 하시리로다."(계 11:15)라고 하셨다. 처음부터 역사를 주관하시고 세상을 통치하신 분이 하나님이시다. 하나님은 자신의 나라의 완성을 향해 역사를 이끄신다. 그래서 모든 역사는 세상 끝에 드러날 하나님 나라의 완성을 향해 나아간다. 지금 우리가 살고있는 세상 속에 많은 나라가 있지만 마지막에는 모든 나라가 우리 주와 그리스도의 나라가 될 것이다. 하나님이 처음 세상을 창조하신 목적이 바로 하나님 나라이기 때문이다. 하나님은 일찍이 다니엘 선지자를 통해서 우리 주 예수 그리스도께서 완성하실 하나님 나라에 대해서 말씀하셨다. "내가 또 밤 환상 중에 보니 인자 같은 이가 하늘 구름을 타고 와서 옛적부터 항상 계신 이에게 나아가 그 앞으로 인도되매 그에게 권세와 영광과 나라를 주고 모든 백성과 나라들과 다른 언어를 말하는 모든 자들이 그를 섬기게 하였으니 그의 권세는 소멸되지 아니하는 영원한 권세요 그의 나라는 멸망하지 아니할 것이니라."(단 7:13-14)라고 하였다. 이는 하나님의 아들이신 우리 주 예수 그리스도께서 시작하신 하나님 나라를 완성하실 것에 대한 말씀이다. 지금도 영원한 권세를 가지신 우리 주 예수 그리스도께서 자신의 일군들을 통해서 자신의 나라를 확장하고 계신다. 그러나 여전히 세상은 예수 그리스도가 하늘과 땅의 왕이심을 알지 못한다. 불순종의 죄에 빠져서 허우적거린다. 그래서 하늘의 권세로 복음을 선포하는 교회가 힘이 없어 보이기도 한다. 그러나 역사를 주관하신 우리 주 예수 그리스도께서 세상에 유일한 생명의 빛으로 교회에 사명을 주셨다. 교회는 어두운 세상을 생명의 빛으로 비추는 유일한 소망이다. 세상이 이 사실을 알지 못하여 진리를 대적할지라도 교회는 주님이 주신 사명을 다해야 한다. 다른 한편으로 교회는 재림하셔서 만물을 새롭게 하시고 하나님 나라를 완성하실 예수 그리스도를 손꼽아 기다린다. 하나님 자녀들의 거룩함을 유지하면서 매일 매일 다시 오실 우리 주 예수 그리스도를 소망한다. 예수님께서 약속하시기를 "내가 진실로 속히 오리라."라고 말씀하셨다. 이 땅의 모든 성도는 이 약속을 붙잡고 고백한다. 아멘, 주 예수여 어서 오시옵소서!